# 聚焦苏南现代化示范区建设

## 镇江发展研究报告

主　　编　曹当凌

执行主编　潘法强　李　坚

江苏大学出版社
JIANGSU UNIVERSITY PRESS

镇江

图书在版编目(CIP)数据

聚焦苏南现代化示范区建设：镇江发展研究报告 /
曹当凌，潘法强，李坚主编. —镇江：江苏大学出版社，
2013.12
ISBN 978-7-81130-662-0

Ⅰ.①聚… Ⅱ.①曹… ②潘… ③李… Ⅲ.①地方经
济－经济建设－调查报告－镇江市 ②社会发展－调查报告
－镇江市 Ⅳ.①F127.533

中国版本图书馆 CIP 数据核字(2013)第 315881 号

**聚焦苏南现代化示范区建设：镇江发展研究报告**

主　　编/曹当凌
执行主编/潘法强　李　坚
责任编辑/芮月英　常　钰
出版发行/江苏大学出版社
地　　址/江苏省镇江市梦溪园巷 30 号(邮编：212003)
电　　话/0511-84446464(传真)
网　　址/http://press.ujs.edu.cn
排　　版/镇江文苑制版印刷有限责任公司
印　　刷/句容市排印厂
经　　销/江苏省新华书店
开　　本/718 mm×1 000 mm　1/16
印　　张/21.5
字　　数/372 千字
版　　次/2013 年 12 月第 1 版　2013 年 12 月第 1 次印刷
书　　号/ISBN 978-7-81130-662-0
定　　价/48.00 元

如有印装质量问题请与本社营销部联系(电话:0511-84440882)

# 高举改革创新旗帜
# 全力推进苏南现代化示范区建设
## （代序）

/杨省世＊/

　　当前,改革已进入攻坚期和深水区。站在这一历史时点,改革需要"回头看",深刻总结经验教训,也要"向前看",以更大的勇气和智慧全面深化改革。我们用纵向比较的视角回顾:改革开放以来,镇江正是依靠持续不断的改革创新,激发了活力,抓住了机遇,各个方面都发生了巨大变化。实践充分说明,改革是推动发展的根本动力。用横向比较的视角分析:也正是因为改革的力度、深度不够,镇江发展与苏南其他城市相比才出现了落差,较长时间才处于"平缓发展期"。再用面向未来的视角瞻望:振兴镇江的根本出路在改革开放,我们要深入贯彻落实党的十八届三中全会精神,全力推进改革攻坚。

## 一、镇江改革的积极探索

　　改革开放以来,镇江改革对全省具有深远意义的贡献,是在乡镇企业异军突起的初期,率先发展、敢闯敢干,形成了"四千四万"精神。踏遍千山万水、吃尽千辛万苦、说尽千言万语、历经千难万险的"四千四万"精神,20世纪70年代末从扬中"供销员经济"发轫,在苏南"开花结果",成就了苏南乡镇工业的奇迹。镇江改革的成效,除了面上推进的改革以外,主要是两个层面的七项改革:
　　第一个层面是列入国家试点的改革。一是医疗卫生制度改革。1994年,

---

＊ 作者系中共镇江市委书记。

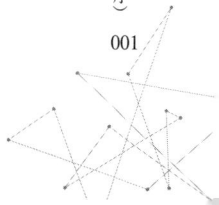

率先开展医疗保障制度改革试点。2009年,启动"新医改",即以公立医院改革为核心,同步推进基本医疗保障、基本药物制度、基层医疗卫生服务体系、基本公共卫生服务等医药卫生体制五项重点改革。组建纵向一体化的两大医疗集团,建立医院与基层社区分工协作机制,推进基层医疗卫生机构标准化建设全覆盖,开展家庭健康责任团队服务,改革医保支付方式,合理引导常见病、慢性病患者向基层社区转移等,通过上述举措,初步形成"小病在社区、大病进医院、康复回社区、健康进家庭"的就医新格局。二是中小企业改革。1997年底,镇江作为全国唯一试点城市,承担了联合国开发计划署"小企业改革与发展"项目,率先建立信用担保制度,2000年成为全国10个中小企业服务体系建设试点城市之一。率先推出"建行——淡马锡模式"和"中小企业贷款券",累计为中小企业贷款35亿元,较好解决了中小企业融资难题。三是学前教育体制改革。2010年起,承担国家学前教育体制改革试点任务,全省首家编制学前教育设施布局专项规划,建立学前教育经费长效保障机制,迅速增加学前教育师资力量和公共资源,形成以政府主导为特征的学前教育改革模式,初步探索出了破解"入园难、入园贵"的难题和保障幼儿"入好园"的有效路径,目前在公办园和省优质园就读的幼儿比例提高到了80%。

第二个层面是自主推进并产生广泛影响的改革。一是"三新"建设。2007年起,推进以新市镇、新园区、新社区建设为主要内容的新型城镇化和城乡发展一体化改革实践,在15个试点镇、25个新园区、101个新社区进行试点,做到规划全覆盖、每镇派驻规划师,突出产城融合、强村富民,坚持分类指导、特色发展,有效促进了生产要素优化配置、各类资本进农村、农民向市民转变,累计新增耕地1.8万亩,节约建设用地1.4万亩,新增集中居住人口11.1万人。丹阳市被中农办确定为农村改革试验联系点、全省农村改革试验区,句容戴庄农业合作社发展经验在全省推广。二是行政审批制度改革。2005年起,实施"两集中、两到位",全面实行联办会审、并联审批制度。目前,全市行政审批主体和许可审批事项进驻市行政服务中心比例分别达100%和97.7%,列全省第一。今年还承担了网上行政服务国家标准的制定工作。同时,大力开展简政放权,镇江新区成为全省拥有审批权限最多的国家级开发区。三是社会管理机制创新。将社区划分为若干管理网格,实施网格化管理;开通"网上居委会",搭建社区管理新平台。"网格+网络"社区管理服务模式在全国推广。扬中市"四个一"联系服务群众机制,有效打通了基层组织服务群众的"最后一米"。四是科技体制改革。积极创新知识产权投融资服

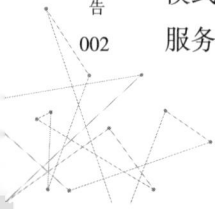

务,率先开展知识产权质押融资、成立科技支行和科技小额贷款公司,产生全国专利保险第一单。丹阳创成全国首家军民融合发展产业示范基地。

这些改革实践,主要分布于经济、民生、社会领域,有的成效大些,成为"镇江模式";有的仍处于起步、摸索阶段,效果有待评估;有的还存在不足,出现了新情况、新问题,需要在下一步改革中着力解决。

## 二、改革实践中对一些问题的认识与思考

改革实践的过程,一定意义上就是不断思考新问题、解决新问题的过程。由改革引发的思考很多,结合镇江改革的实践,主要有四个方面:

**1. 防止运动式、碎片化改革。** 镇江有一些改革醒悟得早、行动也快,但缺乏持续深化的韧劲和系统思维,改革的红利没有实现最大化,"起了个大早、赶了个晚集"。最典型的,"四千四万"精神发端于镇江,但却在苏锡常结出了乡镇工业发展的更大成果。具体分析改革的工作层面,主要是存在"运动式"和"碎片化"两个问题。运动式改革有两点表现:一是轰轰烈烈一阵风,满足于"即期效应",有的虎头蛇尾、半途而废,有的对阶段性成效没有及时加以巩固、深化和拓展,出现回潮和反复。比如中小企业改革全国试点,在解决中小企业发展难题上深化和突破不够,试点的效益没有充分体现。二是有的改革在方案、政策设计和推进过程中,脱离实际、机械落实、大包大揽,存在"一刀切"的问题,没有很好地坚持因地制宜、因时而变,可行性、操作性和认同度、参与度不够,不仅改革的推进落实打了折扣,而且挤压了基层的创新空间。运动式改革虽然能够抓住"时空效应",一鼓作气解决一些问题,但也容易带来后遗症。碎片化改革也有两点表现:一是局限于"点"、失之于"散",顶层设计、系统谋划、整体推进不够,改革的突破性不大。这方面我们有一个正面案例,社会管理"两网融合"虽然是来自最基层的"小项改革",但我们由点及面,及时上升为制度设计,引发了社会管理更深层次的改革创新,取得惠民生、增和谐的良好效果。二是存在那种把常规工作举措改头换面就当作改革的形式主义倾向,在事关全局的重大改革上谋划不深、用力不足,这也是当前改革碎片化的一个突出问题。实践中我们感到,现在基层的改革活力有所弱化,甚至改革的实践相对滞后于顶层的推动,究其原因,有以下两个方面:一方面,改革进入"深水区",剩下的大多是"硬骨头",改革难度加大;另一方面,上下联动和统筹推进不够,对基层改革实质性的指导、激励和支持以及政策措

施的配套性和操作性有待加强。在下一步改革中，我们将注重可持续、防止"运动式"，注重系统性、防止"碎片化"，切实把改革设计与经济社会发展的战略谋划结合起来，把改革推进与转变发展方式结合起来，把重要领域和关键环节改革与苏南现代化建设示范区的实践结合起来，奋力实现改革的重大突破。

**2. 改革的最大难点在于"自我革命"**。在这个问题上，关键就在于厘清政府与市场、与社会之间的关系，打破既有的利益格局，实现政府职能的真正转变。改革，难就难在"自我革命"。结合镇江行政管理体制改革实践，我们深感，简政放权、转变职能虽然已经迈出了一大步，但是人民群众的满意度并没有相应提高。简政放权、转变职能还需要与动真碰硬改进作风结合起来，下更大决心、以更大力度纵深推进，切实解决简政放权中存在的"放虚不放实、放内不放外、放明不放暗、放责不放利"的突出问题，把该放的权坚决放开、放到位，该管的事扎实管住管好。我们重点在三个方面下工夫：第一是"放"——放权基层，释放活力。除规划权外，所有的审批权限都放给镇江新区和各个省级开发区，全面提高审批权限集中度。同时加强专项督查，坚决防止一放了之、变通截留等问题。第二是"减"——减权减费，惠及企业。对市级43家部门的行政权力和涉企收费进行拉网式梳理，严格按照国家和省有关规定进行清理，最大限度缩短审批时限，全面规范收费行为。第三是"转"——转变职能，重在服务。建立公共资源交易中心，加强市场监管，把重点放到食品安全、生态安全等人民群众反映强烈的领域上来。进一步创新公共服务提供方式，整合职责，把重点放到"保基本、补短板、兜底线"上来，提供更多更有效的公共服务。

**3. 坚持以开放倒逼改革**。这个问题对于镇江有着特别强的针对性。改革有两种类型：一种是"内源型"，如以家庭联产承包责任制为核心的农村改革；另一种是"外源型"，主要就是开放倒逼式改革。为什么镇江的改革突破不大，对外开放的氛围不浓、领域不宽、层次不高是一个主要症结。与苏州开放度对比，我市利用外资总量仅为苏州的1/4；外贸依存度29.7%，远低于苏州的173.9%；国家级开发区仅1家，苏州已有12家。开放的大潮，催生了苏州很多先行先试的重大改革。这说明：开放对于改革具有显著的倒逼作用，开放倒逼改革是全面深化改革的重要路径。当前，随着上海自贸区的建立，被称之为第四波"开放倒逼改革"的浪潮即将到来。同时，整个对外开放的形势和格局发生了重大转变，尤其是开放型经济转型升级明显加快，总体上已经超越了传统"三外"工作的初级阶段，但镇江仍面临传统开放还不充分、"高

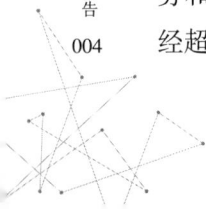

端开放"形势逼人的双重压力,推动以开放倒逼改革就显得尤为紧迫。我们将开展深度研究,紧紧抓住机遇,充分利用自贸区的扩散效应和改革示范效应,全力争取新一轮的改革红利。一是以"三个国际化"全面提升开放层次,进一步强化改革动力。谋划推动产业、城市、人才的全方位国际化,使镇江注入更多国际化新元素,更具现代感,为深化改革营造良好环境。二是重点打造战略平台,以高水平的"引进来"促进改革。把镇江中瑞生态产业园、海峡两岸新材料产业合作示范区等新型园区载体和平台建设好,坚持在招商选资的同时,大力引入先进的理念、技术和制度,倒逼外资外贸领域、经济领域乃至更深层次的改革。

**4. 科学考核政绩同样是改革的紧迫任务。**改革的核心目的在于促进发展、改善民生,科学考核政绩也是为了把各级干部的政绩观转到科学发展、造福百姓上来。两者在指向上具有一致性,转变考核方式本身就是深层次的改革,有什么样的"指挥棒",就会有什么样的发展方式。这个问题越到基层感受越深。近年来,随着科学发展观的深入贯彻落实,地方发展在指导思想上逐步转向科学发展的轨道,但在工作实践中,传统考核的惯性仍然很大,偏重速度与规模、忽视质量和效益的问题仍然突出,各类检查评比仍然过多过滥,调整考核导向、机制和方式已到了必改、可改的时候了。从我市情况来看,镇江面临着争先赶超和转型升级的双重压力,我们在考核上做了大的调整和优化。围绕苏南现代化示范区建设,在省新版现代化指标体系基础上,加压奋进增加科技进步贡献率、每万人社会组织数 2 个补充指标,新兴产业销售收入占比、旅游总收入等 9 个特色指标,加大对争先进位核心指标、经济运行质量和效益、科技创新和人才以及生态和民生指标的考核力度。围绕增强考核的科学性,分别制定出台辖市区、市级机关部门和镇(街道)三大考核体系,将 57 个镇(街道)考核对象分为城市发展、工业主导、农业生态三大类别,形成了重点指标有差异、量质指标相结合的评价体系,鼓励镇和街道特色发展、又好又快发展。我们感到,只有把"指挥棒"调整好,从"物本考核"尽快转变为以民生为重的"人本考核",才能切实消除"以 GDP 论英雄"的惯性,树立正确的发展导向。

### 三、下一步深化改革的几点打算

**1. 经济改革重在激发市场主体活力。**新形势下,我们力求从新的工作角度切入,深化经济改革。一是以"三集"发展为抓手,激发企业转型的活力。

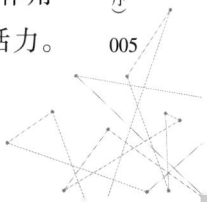

针对镇江产业"小、散、低"的突出问题,出台《关于加快推进产业集中集聚集约发展的意见》,打破行政区划限制,全面优化整合产业布局,重点建设 20 个先进制造业园区、30 个现代服务业集聚区和 30 个现代农业园区,明确各自规划定位,突出园区功能提升,大力促进企业向园区集中,产业向高端集聚,资源高效集约利用。狠抓北汽、无线产业园等优质大项目和龙头企业,增创央企招引的新优势,着力构建以企业为主体的区域创新体系,集中力量打造 15 条产业链,培育特色产业集群。以"帮困解难服务月"活动为载体,优化涉企服务,破解发展难题,创造企业转型的好环境。二是以"人才特区"为目标,激发科技创新的活力。实施具有一定突破性的 20 条人才政策,落实建立技术交易平台、推广企业技术招标等改革措施,高标准规划建设高校园区,积极推进国家级高新区创建,以知识产权质押融资、创投、科贷为重点深化金融创新,这一系列举措,目标就是要构建"人才特区"。我们还将大力转化驻镇高校的优势,促进政产学研金紧密融合,重点推动江苏大学汽车和农机专业、江苏科技大学船舶专业的优势加快转化为产业优势,同时大力发展高职教育,筹建镇江高职院,着力解决高技能人才紧缺问题。三是以优化环境为支撑,激发全民创业的活力。全面审视和改进创业环境的不足,实打实地打破阻碍民间资本进入的"玻璃门""弹簧门"。重点在降低创业门槛上狠下工夫,推进工商登记改革,简化和取消前置审批,清理不必要的资质资格许可和认定;在完善创业服务上狠下工夫,落实促进小微企业发展"镇江版 20 条",完善四级创业服务平台;在打造创业载体上狠下工夫,建设一批创业示范园,新建一批省级创业孵化示范基地。

2. **牢牢坚持社会领域改革的民生导向。**重点强化三个思维、突出三个方面改革:一是增强"底层思维",突出深化"收入倍增"方面的改革。改善民生,必须更多关注社会底层。围绕收入倍增目标,积极改革社会收入分配制度,建立向"平均线"以下群体倾斜的收入增长机制,重点抓好农民、企业职工、中低收入者和困难家庭四个群体的增收。深入开展"百村万户"双达标行动,完善下派干部驻村担任"第一书记"工作机制、"多对一"结对帮扶机制和"不脱贫不脱钩"目标考核机制,确保到 2015 年所有村集体经营性收入达到 70 万元以上,农村低收入农户人均纯收入超过 6000 元。二是增强"普惠思维",突出深化基本公共服务均等化方面的改革。立足人人享有社会保障,整合城乡居民基本养老和医疗保险制度,开辟外来人员社保"绿色通道",推进社保制度和人群"两个全覆盖",加强城乡困难群体制度化援助,稳步提高保障水平。

继续保持医疗、教育的先行改革优势，重点推动免费教育向学前和高中阶段延伸、扩大中等职业教育免学费政策范围等等，持续提高公共服务供给能力和普惠水平。同时加快市场化步伐，有力促进非基本公共服务多样化，满足各个层次的社会需求。三是增强"底线思维"，突出深化社会管理方面的改革。进一步巩固"长安杯"成果，更大力度抓源头抓基础抓机制。重点针对征地拆迁、"信访不信法"等社会矛盾，在社会稳定风险评估、网络舆情引导管控、和谐社区建设等关键环节上建立健全长效机制，着力构建社会管理和服务新模式。以事业单位改革为重点，推进政事、事企分开和管办分离，积极有序发展各类新型社会组织，推进公益服务的主体多元化和方式多样化。

**3. 着力破解城镇化和城乡发展一体化三大难题。** 现在苏南已到了以城乡发展一体化提升城镇化质量的新阶段。我们以"三新"建设为抓手，着力破解"人、地、钱"三大难题。一是紧紧抓住"人的城镇化"这个核心。实施"两个置换"，即以农民宅基地及住宅置换城镇房产和补偿资金，以农民土地承包经营权置换社会保障和股份，畅通农民进城渠道，镇江新区在这方面已有成功实践；大力推进劳务合作和股份合作"两大合作"，增加农民收入；积极探索农村养老保险与城镇职工养老保险接轨、就近统一配置菜地等个性化服务，消除农民"被上楼""被进城"的疑虑。但目前来看，最大的问题还是"半城镇化"现象尚未消除，特别是被征地农民的就业和保障、农民新社区的管理等问题，影响了城镇化质量。我们将在统筹考虑户籍与各项社会福利改革的同时，研究一次性解决农民进"城保"的问题，并进一步理顺新社区管理体制，通过"稳定就业＋公共服务＋安居"，有序推进农业转移人口向市民的转变。二是有效突破土地这个瓶颈。强化规划引领，从优化城乡空间布局入手，把组团式发展作为总体思路，并通过实行规划审查会和首席规划师制度，从源头上提高城乡建设的资源集约化水平。继续有序实施"万顷良田"工程，在完善集体土地流转机制、土地承包经营权让渡、宅基地退出补偿、盘活农村闲置建设用地等方面进一步探索，充分挖掘城镇化建设用地的潜力。三是着力解决"钱从哪里来"这个突出难题。我市现有五大投融资平台是城市建设的主力，其中城投、交投融资余额分别达到280亿元、180亿元，总体保持了健康运营；"三新"建设中建立的19个农村融资平台，是城镇化建设的主力，融资总额74亿元，带动全社会累计投入资金总量达到604亿元，显现出了不可替代的重大作用。显然，在现阶段解决"钱从哪里来"的问题，融资平台和"土地财政"仍是主渠道。对这个问题要慎

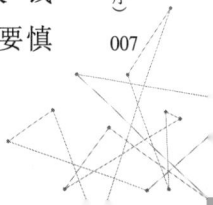

重处理。以土地注入为主要方式的融资平台,既是我国特色市场化改革的产物,也是长期以来在地方政府财权与事权不匹配的体制下形成的。当前,加快发展、改善民生的压力很大,人民群众对城市发展的要求越来越高,如果对融资平台采取"一刀切"限贷等措施,将会带来多方面的震荡。关键是有效防范风险,提高融资平台的运营管理水平,逐步转变以土地注入为主的单一融资模式。

**4. 创新生态文明建设体制机制。**生态是镇江最大的优势,但环境问题也比较突出,东部谏壁地区、西部韦岗片区、主城区两翼化工园区是群众关注的热点。省委罗志军书记在省委十二届五次全会镇江组讨论时,希望镇江在生态文明建设上走在前、做试点、当示范。这对我们是巨大的鼓舞和鞭策。我们将把生态文明建设作为"两个率先"的重要标杆,围绕"现代化山水花园城市"的总体定位,在全省率先实施主体功能区规划,全力推进生态文明建设综合改革试点,加速提升城市生态竞争力。我们有信心把这个领域的改革试点抓成具有国家示范意义的重大亮点。重点在三个方面推进改革创新:一是创新生态空间开发模式。优化国有土地空间开发,在主城区生态资源最集中的区域,建设现代产业集聚、科技人才汇集、城乡统筹发展、生活品质优越的生态文明先行区,实现35%建设空间、65%生态空间的开发目标。同时深入开展生态修复、生态建设和森林城市、人居环境奖创建,积极推进国家低碳城市试点,率先推行碳评估制度。二是创新生态环境监管机制。高标准建设融为一体的环保检测中心、数据中心和应急中心,建立常态化巡查、群防群治、从严问责等长效机制,以最严密的制度保护生态环境,下决心解决好群众反映强烈的水、大气污染和局部地区居住环境脏乱差的问题,全力构建天蓝、地绿、水净的宜居环境。三是创新生态补偿机制。《国家主体功能区规划》提出,各生态功能区未来进行生态维护建设和提供基本公共服务的财政资金,将主要依靠财政转移支付。但仅仅依靠财政转移支付,对生态功能区的未来发展还不能形成足够支撑。生态文明建设投入与实际需求还存在较大差距,资源有偿使用和生态补偿等机制没有全面建立,排污权交易、绿色信贷、环境责任保险等仍处于探索与试点阶段。比如句容市10个镇中,有5个镇列入限制开发区域,未来必将面临财政增支减收的困境。我们正在研究设立生态补偿专项基金,计划根据财力每年增加补充,并积极争取国家、省级环境保护和生态建设财政专项资金支持。

当前,镇江正在认真贯彻落实党的十八届三中全会和习近平总书记系

列重要讲话精神,全力推进苏南现代化示范区建设。我们要高举改革创新旗帜,进一步加强对改革发展新问题的探索与研究,深入解放思想,不断开阔思路,全面深化改革,充分激发活力,向着建设现代化新镇江的美好前景开拓奋进。

2013 年 12 月

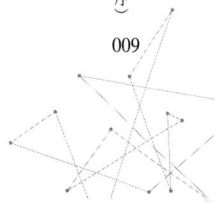

# 目　录

## 一、现代化示范区建设综合研究

## 二、创新型经济研究

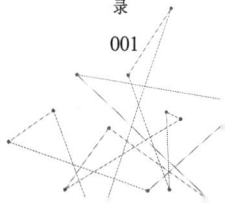

# 三、农业现代化研究

# 四、新兴服务业发展研究

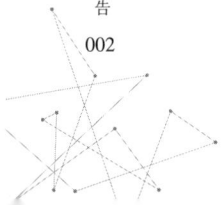

## 五、城乡建设与生态文明研究

## 六、社会事业与社会管理研究

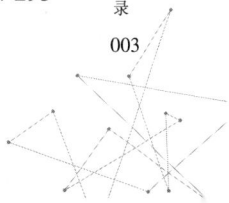

项目化安排　载体化推动　制度化管理　让志愿者成为城市的精神品牌

以法治思维和法治方式为导向　开展公安机关执法能力建设研究

# 一、现代化示范区建设综合研究

# 突出优势　提升品质　加速转型
## 建设现代化历史文化名城*

/张颢瀚/

## 一、全球与中国经济走势

把握全球经济发展趋势与中国经济发展的走势,对于确立镇江明年以及未来五年的发展目标,科学确立经济增长速度都十分重要。按照习近平总书记对江苏提出的新要求,省委、省政府对江苏小康与现代化指标作出新的调整,使之更加符合转型发展的要求。

当前,受美国金融危机的影响,世界经济环境发生深刻变化,全球经济发展速度都在下降。金融危机以后世界经济发展速度是不是就快了,能不能再快,多长时期后会再快,这是决策者需要考虑的重要问题。实际上本轮经济的下滑表面看是受美国和欧洲金融危机的影响,但根源不在金融危机,而支撑全球包括支撑中国经济增长的以计算机、信息技术为代表的高科技产业在此前就走下坡路了。任何产业都有成长期、成熟期、衰退期,这一轮整个经济的下行,是由以美国为主导的高科技产业特别是信息产业引起的,而金融危机只是加快了下滑的速度。支撑一个国家的经济要素就是支柱产业。我国经济从1978年的改革开放到2007年经历近30年的高速增长。江苏经济同样经历了30多年的高速增长。这个速度一方面是因为中央准确把握全球经济发展趋势,顺应经济全球化的特点,作出了科学决策,积极实施对外开放战略;同时,省委战略决策正确,大力发展外向型经济。另一方面是因为中国经

2013年10月15日,受中共镇江市委邀请,江苏省社科联党组书记、常务副主席,江苏省"333人才工程"中青年首席科学家,享受国务院特殊津贴专家,省委决策咨询专家张颢瀚同志到镇江,给市委中心组学习扩大会作加快实施苏南现代化示范区建设辅导报告,本文根据报告录音整理而成。

济适应了世界的经济发展趋势,积极承接世界产业的转移,带来了一个高速发展期。欧美原有的支柱产业大规模向发展中国家转移,主要是向劳动力等生产要素低廉的中国转移。产业的转移带来了资本与先进设备、先进技术、先进的管理和海外人才。在生产产品的同时,把海外的市场也带来了。苏南地处沿海,毗邻上海,承接产业转移优势明显,出现了数量巨大的外资企业,逐步形成了世界制造业基地,但民族的产业很少,多数都是外资企业。

苏南的外向型经济特征特别明显,生产的产品主要是外销,产品主要出口到欧美。欧美转移来的主要是制造业。制造业在欧美国家已经是落后的、高耗能的、劳动密集的、赚钱不多的产业。转移来后,苏南产业主要是以制造为主。美国和欧盟制造业转移后,制造业产品市场就形成了空心化,为中国产品出口到发达国家提供了巨大的机遇,也带来了江苏多年近15%的高速增长。

金融危机后,世界经济环境发生了深刻变化,今后至少10到20年,都不具备继续大规模发展出口导向型经济的条件,不能再完全依靠外向型经济带动,因为这种经济高速发展的条件不会再存在。经济发达的欧美国家,深受金融危机影响,市场不景气,经济增长速度非常慢,中国的出口受阻,产能过剩,出口增速逐渐下降。因此我们的经济发展必须要由外向内转型,要苦练内功。

经济由外需向内需转型,动力要靠消费来拉动,但消费拉动是有前提的,不能以为想消费拉动就能够拉动,这要看中国经济是否发展到以消费为主的拉动阶段。消费拉动要靠整个居民的支付能力、购买能力做支撑,这个支撑力就是靠收入。国家的全面小康、现代化还没有实现,仅仅靠居民的较低收入不可能实现以消费为主拉动经济的快速增长。再加上我们各种社会保障问题、教育问题、养老问题、住房问题等都有待进一步解决,群众心里没有底,有一些结余资金也不敢大手大脚使用,把钱放在银行以防不测,这些因素都直接影响消费。那么,如何看待中国消费对经济发展的贡献率占51%的问题?我觉得同一个现象要看它的本质,这个51%主要是消费上来了,但是出口占比下来了。出口大幅度下降,形成了消费所占比率的上升,实际上消费没有起到主要拉动的作用。

经济发展的投资、出口、消费这"三驾马车"中,出口受海外市场低迷的影响不能拉动,消费又不能承担第一拉动力的重任,目前投资仍是拉动主力。也有专家学者认为,能够依靠发展创新型经济,靠创新拉动,遗憾的是,中国的创新型经济发展困难重重,并没有到达创新拉动的阶段。目前苏南特别是镇江,必须把投资作为一个拉动力。投资不在于要不要投,关键在于投资结构、投资方向,是不是能投资到有市场前景的、有较高附加值的产品生产上。因此投资要考虑投资方向、效益、结构的优化,这才是投资的核心和关键所在。

## 二、面临复杂的形势和任务

镇江的发展,面临着复杂形势。苏南现代化示范区建设目标是在经济高速发展时期制定的,现在中国经济发展速度降了下来,处于转轨中速发展的新阶段,无疑会给镇江的苏南现代化示范区建设目标的实现带来困难。从地理位置上看,苏南是一个整体,但苏锡常的发展水平、产业结构与基础、城市建设、民生指标,特别是居民收入等指标都已经在比较高的平台上,而镇江与它们相比有较大差距,镇江要与苏锡常同步实现现代化,面临的任务和压力是苏南五市中最大的。

镇江市委召开的六届六次全会上,杨省世书记做了重要讲话,全面地梳理了镇江发展的条件,对未来如何实现现代化,特别是对苏南现代化示范区建设做了一个全面的阐述。规划既包括国家“十二五”规划的内容,也包括江苏“十二五”规划的内容,既包括苏南现代化的内容,也包括沿江开发、沿海开发的战略内容。作为纲领性的文件,专门对镇江的产业特色、产业优势、城市发展、城市人口、基础设施、民生、生态、农业现代化作出了规定,思路清晰、明确,可操作性强。从确定的产业目标来讲,镇江要成为全国重要的高端装备制造基地、新材料产业基地、区域物流基地、研发基地和休闲中心,把经济发展最重要的支柱产业基本上都提到了。最后的目标是成为现代化的山水花园城市和旅游文化名城,这个目标更有高度和内涵。

国家对整个苏南现代化示范区建设也赋予了一些政策,这些政策就是先行先试的政策。这个先行先试与早期深圳、广州实行的先行先试有本质的区别,深圳、广州的先行先试是靠国家让利、真金白银的政策推行出来的先行先试,那样的先行先试基本上都能作出成绩来,达到预期目标。而现在的先行先试是靠我们自己的实践,闯出一条适合我们自己的路去走,并没有真金白银的特殊优惠政策在里面,这是难点所在。

把镇江列为苏南现代化示范区建设的五个城市之一,我们不仅受到鼓励,而且更有压力。苏南五市,从经济发展的基础,社会发展的水平,发展创

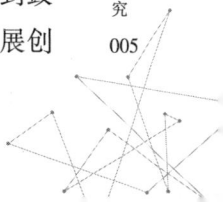

新型经济的能力、基础和条件来看,镇江显然是处于较弱势的状态。2012年全省人均 GDP 是 68347 元,镇江市是 80000 元,刚好超过全省 10000 多元,在苏南来讲却是最低的城市之一,与苏州、无锡相比,甚至还不到它们的一半,由此可见镇江的现代化的任务是十分艰巨的。

当然,镇江的苏南现代化示范区建设也有自己的优势。镇江的生态环境保护全国一流,镇江的现代生态农业江苏领先,工业经济产业结构特色明显,创新型经济发展势头良好,高新技术产业产值占比在全省领先。特别是镇江市委市政府制定的发展目标是切实可行的,在"四大行动计划"、产业升级、城乡建设、创新创业的基础上,六届六次全会又提出了具有可操作性的"发力起跑线,聚焦特色化"的积极思路,包括打造更具有活力的创意城市等,这些思路已经形成了镇江发展的未来方向。

### 三、突出优势、提升品质、加速转型的基本思路

面对国内外迅速变化的形势,镇江市委市政府就苏南现代化示范区建设作出了规划和部署,提出了一系列科学的、具有可操作性的举措。下面我就如何加速推进苏南现代化示范区建设提一些建议,仅供参考。

**1. 认准区域优势**

发展要依靠潜质,最大的潜质就是自己的优势。优势就是竞争力,潜在的优势就是最大潜力所在,关键是能否把优势发展好,不管是发达地区还是欠发达地区都是如此,必须要把优势凸显出来。

镇江相对于周边城市正在进入一个由弱向强的时期。一个城市的辐射能力,取决于当时特定阶段主导的交通优势,一天能够来回的距离,这是能够打造的强辐射的范围。以前镇江的区位优势是最弱的,上海的辐射力强,但对于镇江的辐射渐行渐远,渐行渐弱,镇江接受到的辐射很少。镇江虽然距离南京近,但是南京早期辐射能力弱,也处在一个尴尬的地位,产业对外没有多少辐射。从上海到南京包括镇江,已经形成了一小时的都市圈。对于这样的区位优势,需要特殊的思考。国家即将启动长江经济带发展战略,要把这个经济带打造成中国新的经济支撑带。不仅仅是经济支撑带,它还构成了中国经济的两大骨架,一个是沿海,一个是长江。这两个经济带是中国经济的重要脊梁。世界经济的 85% 在沿海、沿江,中国长江经济带的优势,就是中国未来的第二大经济优势带,镇江就在其中,这对于镇江而言是重大的发展机

遇。这样的一个经济带不仅支撑中国,而且更重要的是适应中国经济发展方向的功能转变。沿海经济带主要是外向型经济。长江经济带主要是拉动内需的,正好适应了"十八大"提出的扩大内需为主的战略,因此这样的经济带形成以后,整个交通的骨干体系都在进行调整,这个力度很大,这样的调整就是为了将经济带凸显出来。这样的经济带,对于镇江来说也是一个优势。

江苏实施的苏南现代化示范区建设战略、南京都市圈战略,两大战略镇江都位列其中。特别是省委、省政府提出南京都市圈建设的重大战略是非常重要的,有利于在上海和武汉之间建设以南京为中心的都市圈,有利于推动宁镇扬经济的一体化,有利于江苏经济的集聚发展,有利于镇江产业的加速融合。

**2. 强化特色产业优势**

经济是由产业构成的,实际上经济就是产业,所以发展经济必须盯住产业才能找到钥匙,找到路径。发展特色经济,其实就是发展最有优势的特色产业。如何看待镇江的特色产业优势?并不一定是人无我有才是特色,人有我强也是特色,不管人家有没有,但是镇江发展潜力最大的,别的市未必能够发展起来的,也是特色。对于镇江来讲,装备制造、绿色化工、特种金属、新材料、造纸五大产业特色鲜明。五大产业占全市工业销售收入的绝大部分。2012 年全市销售收入为 5949 亿元,而五大产业占了 5073 亿元,成为镇江真正的支柱产业。五大产业中装备制造产业占了 40% 多,增长速度为 17.7%,利税增长了 20.5%,是增幅最大的产业,因此装备制造产业既是特色产业、优势产业,又是支柱产业,这是镇江未来要下大力气打造的产业。绿色化工产业排在第二,销售收入 1200 亿元,增长速度 16.6%,基本上和其他产业的增幅平均数差不多,但利税超过平均值,效益是不错的,但要注意环境容量,控制总量,提升质量,发展循环型经济,保护好环境。以鼎盛铝业、天工集团、飞达集团等企业为代表的特色金属的销售增幅排在最前面,利税是 14.8%,利润增长达 17.2%。需要考虑的是这个产业是否具有成长性。据了解,镇江的特色金属产业走转型升级、规模发展之路,是具有成长性的产业,也许现在利润不高,因为龙头企业还处在起步期、过渡期、科研转型期,一般来说效益比较低是正常的。如果这些规模企业都投产达产,增长速度一定是比较高的,可以作为未来的重点产业,作为增长性产业来重点发展。以碳纤维等为代表的新材料产业,是镇江重点打造的六大新兴产业之一,已经具有较好基础。丹阳市、镇江开发区都将其作为重点战略性新兴产业在打造,虽然目前体量

一、现代化示范区建设综合研究

007

小，但必须要作为优势和特色产业来打造，未来将有巨大的增长空间。造纸产业属于传统型产业，是典型的轻化工产业。尽管镇江的造纸业具有较高的技术含量，但造纸业属于高耗能、有污染、低效益的产业，而资源与能源是国家经济发展最主要的瓶颈，因此，造纸业在镇江的五大产业中发展前景是最欠佳的，未来如何发展，能否转型升级，如何转型升级，需要镇江重点关注和研究。

从特色优势来讲，刚在镇江落户的北汽集团华东制造基地，圆了镇江人民数十年的汽车梦，为镇江的经济开辟了一片新天地，也给镇江未来的发展增加了一个新的增长点，因此它的发展前景非常可观。国家把扩大内需作为重大战略，根据对中国户均拥有小汽车量的情况分析，小汽车的销售还会处于一个上升期，国家可能会利用高税率适度控制进口汽车，但各类特殊的汽车市场空间很大，特别是镇江发展汽车产业，有江苏大学的车辆工程等专业的技术支撑，将为镇江汽车产业的发展插上腾飞的翅膀。

还有像农业机械制造，市场空间很大，发展前景被十分看好。镇江高校资源丰富，江苏大学前身是农机学院，农业机械具有学科优势，可以作为镇江农机制造的重要的技术支撑，江苏大学本身也要下全力把它作为为地方服务的主打项目之一，调整相关学科，把国家、省里的科研经费尽量往这方面调整集中，力争把它建成世界知名、国内一流的重点学科。

江苏科技大学的船舶制造等专业在全国也是很有特色的。镇江发展船舶产业，不仅是搞船舶焊接。船舶焊接赚的是铁皮钱，能不能利用江苏科技大学掌握的核心技术，把它的技术优势转化成为产业优势，使镇江的船舶及海洋工程产业有所提升，哪怕是用三五年走出第一步，这也很重要。镇江船舶制造与海洋工程产业有一定基础，关键是要有高校的核心技术支撑。江苏科技大学应该把科研和技术攻关与地方船舶和海洋工程产业发展有机结合起来，开展协同创新，实现校地双赢。校企的联合，更需要镇江地方政府制定各项激励政策，往前推进。

一个城市确定和培育优势产业，我想三点是必须考虑的：一是市场行情和技术保障，看开发的产品有没有人要，能不能形成市场。二是市场规模。这个对于作为支柱产业更加重要，如果技术方向很好，但是市场规模太小，那也是需要慎重的。三是市场潜力空间。市场潜力决定着投资者敢不敢投钱，投多少钱，如果规模很大，但市场很容易饱和，钱就不能投得太多，大规模的投资必须考虑市场预期和投资回报周期。

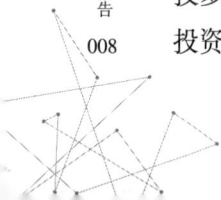

### 3. 突出生态优势

这个生态优势有两种功能,第一是现代化的目标功能,第二是环境保障功能。20世纪90年代引进外资的时候,没有把生态优势作为目标,而是作为条件。实际上优良的生态环境既是优势条件,更是习近平总书记提出的现代化的重要目标,离开这个目标,人民认同和满意的现代化就难以实现。对镇江而言,必须打好生态优势牌,将生态优势转化为发展优势和产业优势。

### 4. 谋划两类发展空间

两类空间应该分开来谋划,一是行政空间,二是功能空间。行政空间具有各自为政的特点,各辖市都只管自己的行政区域内的经济发展,往往会出现各辖市区产业的同质化竞争倾向,因此必须对行政空间进行谋划。从行政空间来看,镇江目前可以从四个行政组团来分析。一是主城区。这里的优势特色比较突出,中心位置比较集中,生态比较好,区位濒临长江,靠近南京,文化产业发展最突出,有利于旅游业的发展。二是扬中。扬中是地处长江中的一个岛,陆地面积比较小,以前以纯农业为主,改革开放后经济发展较快。由于体量太小,经济总量并不大,但潜质很好。目前该区域已经建成为国家重要的工程电气基地,一定要把工程电气品牌做大,发挥优势。同时,扬中地处长三角经济圈,拥有深水岸线资源,具有交通优势,可以大力发展现代物流业。三是丹阳。丹阳已经是国家和江苏的重要制造业基地,经济在镇江市里占的比重较大,像制造业、眼镜业、特色金属冶炼、新材料等产业都具有优势,中等企业比较多,百亿级大企业和境内外上市公司数量在镇江都名列前茅,这是它的特点,如果可以形成特色,在区域内饱和后能否在区域外形成产业链,这是发展空间所在。四是句容。句容山地丘陵比较多,最大的优势是生态优势,另外一大优势是区位优势,靠南京最近,产业构成也很有特色,主要是传统产业。房地产既属于新兴产业也属于传统产业,通过区位优势,制定优惠政策,吸引南京的技术和人才,积极发展高科技产业,这方面句容很有潜力。

如果从功能板块看,就是要打破行政空间,根据各地产业特点和优势,进行整合发展,有利于做强做特镇江的产业。像丹阳的以碳纤维为代表的新材料产业,如果在丹阳一个区域内发展,难度很大。实际上,镇江经济开发区也在发展以碳纤维为代表的新材料产业,已经有一定的规模,完全可以按照功能空间来进行整合,突破行政空间的制约,延伸到其他行政空间,这样就能形成镇江的新材料品牌的区域优势。比较典型的还有句容,句容与南京交界的

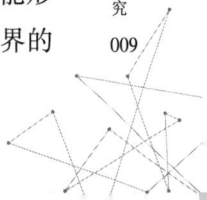

地方已经形成了几个一体化的功能区,发展的趋势很好,像碧桂园已经形成了生活服务的功能区,这就要一体化的规划,不能单独发展。如果从功能区角度,起码要研究两个方面的问题:一是差别化,有差别就有市场空间,有差别就不会形成恶性竞争。二是高端化,高端化不但是竞争力也是生命力,只有高端化才能打败其他竞争者。因此在功能区的范围内不但要考虑差别化也要考虑高端化。

### 5. 推集群促创新

镇江要按照优势进行整合,形成发展的规模效益。从镇江的优势和现代化需要来看,第一是生态体系,第二是基础体系,第三是产业体系,第四是创新体系,第五是政策体系。五大体系以生态体系为支撑,这是镇江的整体优势。生态体系能不能成为一个城市的支撑,就是要看其覆盖面有多大。以基础体系为骨干,就要在地面上形成可以看得见的构架,以产业体系为中心,以创新体系为动力,以政策体系为保障,完成对优势的整体融合。关于产业体系,我们镇江已经形成了符合未来发展方向的产业体系,关键是如何进一步按照市场的发展方向、潜质、未来的规模、国际与国内市场的需要做进一步的归类处理。园区是规划产业的重要制高点,现在很多产业都以园区为基础,基本上是在线和片两个构架上形成体系,线就是主要的交通干道,片就是园区,这个空间体系对于一个新兴产业在哪里布点至关重要。集中集聚是现代化的方向,产业集聚也是我们保持住生态优势的重要方式。

创新体系的建立对于经济的健康发展极为重要,特别是在经济转型发展中,实施科技与人才战略,更需要建设好创新体系。镇江经过多年的努力,实际上已经形成了创新的框架。镇江产业门类较多,区位优势和产业优势正在逐步显现,对企业的吸引力在增强。能够把国家部属央企、世界五百强企业、中国五百强企业吸引来落户,这对镇江创新体系的建设和完善十分重要。例如像北汽集团华东基地项目,实际上它自身就有一个较为完整的创新体系,落户镇江后,政府就需要搭建平台,把这样的创新体系连接得更紧密些,通道更大些,有利于建设覆盖全市企业的完整的创新体系。我们应该对创新体系做一些梳理,明确创新要素之间的关系,了解创新体系建设过程中存在的问题,有针对性地加以解决。实际上在我们国家,在创新体系的构建上,目前还是各自为战、各搞一套、相互脱节的。大学以及科研院所有科研力量和技术,难以寻找可以嫁接的企业和项目;企业进行技术研发和新品开发,需要研发力量和技术,却很难寻找到满意的研发力量和技术。产学研三者之间相互脱离,需要政府这只强有力的推手,搭建产学研合作平台,将它们紧密联系起来,建设好集群式创新体系。

用好三个创新源。经济就是产业,要发展经济就是要把优势产业做大做强。产业靠创新,创新靠人才、靠技术。创新源就是指适应产业、经济发展的人才和技术。镇江的创新要走到全国前列,必须用好三个创新源。第一个创新源是国际级的。绝对不可以忽视国际尖端的创新型人才和技术的引进。在国内,现在产生的创新效益,多是与引进人才相关联的。第二个创新源是国家级的。改革开放30多年,国家级大学、研究院包括部属大企业都有较强的人才队伍和技术力量,他们对江苏有感情,同时江苏的文化、生态、经济环境都不错,他们愿意到江苏来。像这种国家级的技术和人才的引进,比省级的更容易见效。据镇江社科联潘法强主席介绍,镇江近年十分注重对央企的招商,十分注重国家级创新源的引进。引进一个北汽集团整车项目,等于是把人才和技术一次性引进,综合性引进。第三个创新源是省级的,这也很重要,更多优势体现在配套上,体现在培养的学生很管用,体现在前景很好。这三个创新源不能忽视,各有特色,镇江要对特色产业进行分类梳理,用好三个创新源。

## 6. 打造镇江特色的城镇化

城镇体系对镇江来说是非常重要的,是骨干。因为一方面我们在江南看到的是城镇化,同时国家正在研究城镇化的规划,特别是提出来打造镇江特色的城镇化,因此我们应该从新的时代背景下来看城镇化。这个城镇化不能搞成大规模人口往城市里集聚,也不能搞成房地产化,真正的城镇化如果靠这两个"化"后患很多。城镇化一是要解决农民工的出路问题,还有一个要解决经济拉动问题。实际上真正的城镇化既有农村人口向城市的集聚化,更有农民的市民化,没有农民向市民的转变就不是城镇化,这个问题不解决会引发很多社会政治问题。再一个是现代化,城镇化的目标是现代化,农村的现代化就是要实现农业现代化和农民的现代化,因此从这个意义上来讲,镇江特色的城镇化,从城市讲是建设高标准的现代山水园林城市,从乡村讲是建设江南的美丽山村,这是镇江的特色。以城镇现代化为目标,以农业现代化为基础,以城乡一体化为主体,以空间生态化为支撑,这样才是真正的城乡一体化的目标。镇江特色的城镇化应该有这些要素在里面,镇江城镇化体系起码应该以山水园林城市、美丽乡村来做支撑。

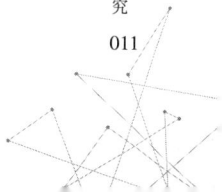

## 四、优势转型与转化

省委省政府、市委市政府当前关注的焦点是产业转型。这个转型不是看GDP，也不是看规模速度的增长，而是看能否实现产业结构的转变、城市生态的优化。转型成功与否直接关系到"中国梦"的实现。习近平总书记指出江苏的发展关键是转结构，而不是比速度。实际上转型已经是国家发展的战略动力。在苏南率先实现现代化这个战略背景下，也只有经过全面转型，才能实现这个目标。

转型是当前的一项战略任务。现在的经济速度为什么上不去，实际上是经济转型、产业升级的任务才起步，产业结构、经济结构还在原来的框架范围内，新兴的、赚钱的产业是有，但是规模小，没有形成规模效应，这样的现象不仅是在中国，全世界都是如此，解决这个问题的最重要的途径就是创新。这样的转型既决定了产业结构的转型升级，也决定了我们的发展不能再走传统的路径，同时也决定了发展模式的转化，决定了一个国家和地区能不能跳过"中等收入陷阱"。因此要提前谋划、未雨绸缪。苏南的发展面临新的问题，制造业产能过剩，可能投入得越多，生产能力越大，产能过剩越多。因此习近平总书记明确提出，产能过剩是最大的经济障碍。这是江苏也是镇江面临的最大的战略难题。转型不能是各家一样的路径、一样的特色，转型升级应该是各有特点，各有优势，要把握自己的优势所在，实现转型。

对镇江来讲，如何把优势和转型有机结合起来，可以思考的空间很多，起码应该把镇江发展的优势转化成一种形象优势、发展优势。如何转化为形象优势，再转化为发展优势，我觉得应将形象转化形成三张名片，一是文化名片，二是旅游名片，三是产品的品牌名片。这三张名片是转型的亮点，有了这三张名片就具有竞争力的优势。要把镇江的优势转化为新的形象，在文化优势上形成文化名片。产业没有名片形成不了效应，一旦有了名片效应，价格就是原来的几倍。

镇江是一座有3000年历史的历史文化名城，文化资源十分丰富，尽管相邻的南京、扬州等城市文化也比较发达，但是镇江的历史文化底蕴深厚，文化特色鲜明。长期以来，镇江主打的文化还不够清晰，文化优势没有彰显出来，还没有把文化优势转化为旅游优势和经济优势。镇江应运用丰厚的文化资源，形成较强的吸引力，把地域文化、特色文化与旅游业结合起来，把旅游作

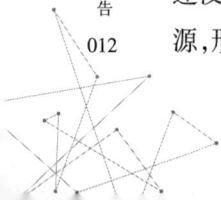

为主打产业推出来,打造现代化山水花园城市和旅游文化名城的文化名片。

镇江的三国文化、明清文化、宗教文化,等等,知名度都很高,影响的范围也很广,都是十分具有竞争力的文化潜质,是发展旅游业的要素。我经过研究认为,镇江的旅游优势可以用四个字来概括,就是"山水佛国"。在我国,只有镇江"山"的文化最多,金山、焦山、北固山有"文化之山""诗词之山"的美誉,千百年来,引无数文人墨客留下"满眼风光北固楼"等千古绝唱。镇江的"水"是包含文化的水,长江与运河在镇江交汇,长江是中国的母亲河,古运河有千年历史,影响力也很大。文化内涵最深的"水"是"水漫金山",就在镇江,这是妇孺皆知的。镇江的山水不但具有自然山水的优势,而且蕴含着文化山水。佛,全国佛教看江苏,江苏佛教看镇江。北固山、金山、焦山、宝华山都是天下闻名的山,这几个山都与佛相关,山秀而且佛在这儿。"山水佛国"既有山水文化又有佛的文化,就成了人们心目中旅游的圣地。这个"国"一是指三国文化,一是指吴国文化。整个苏南被归为吴文化区,而镇江的文化归为哪类不是太清晰。吴文化文章做得最多的是无锡,有人说镇江也是吴文化,我觉得这个吴文化不是吴越文化而是东吴文化,因为苏南的吴文化,大多是与吴越文化并提的文化,而镇江影响力更大的吴文化是孙权的东吴文化,想到三国时期的都会想到镇江,因此我认为这个"国"应以东吴为主。所以这个"山水佛国"的"国"可以以三国为主,包含东吴文化更是佛之"国"。"山水佛国"完全可以体现山水镇江、生态之都的优势。镇江的真山真水在江苏是第一,大家都公认,山水之都不但山好水好,而且具有特殊的文化优势,因此镇江的山水是百看不厌的,这是很明显的优势,关键在打造。

文化优势转化为旅游优势和经济优势,需要政府政策机制的推动和行业内部的策划推动。因为这么多的文化资源优势是分散的,需要政府加以重点打造推出,这个需要一系列的政策。政策除了是保障更是动力所在,一定要把政策作为动力来用,不要仅仅作为保障。同时行业光靠政府的支持是不够的,行业自己也要做好推荐工作,即推荐发展规划、发展路径、发展优势、发展潜质。推荐形式可以多种多样,信息时代,利用网络甚至微博都可以推荐,推荐也能形成竞争力,因此是不可或缺的。

杨省世书记在今年镇江市委六届六次全会的报告中明确提出,在苏南现代化示范区建设中,"发力起跑线,聚焦特色化",提出要注重工作的规范化、制度化、个性化。个性化就是特色,规范化就是动力和保障,打造特色鲜明的示范亮点,亮点就更能够吸引眼球,知名度更高、竞争力更大。镇江在改革开放初期创立了"四千四万"精神,"四千四万"是一种精神,更是一种勇气和责任,如果没有"四千四万"精神,就不会有江苏、苏南的今天。在当前新的转型时期,特别需要有"四千四万"精神做支撑。在全力实施苏南现代化示范区建设的特殊时期,镇江面临复杂的经济形势,面临重大的战略任务。我坚信,在镇江市委市政府的领导下,按照省委书记罗志军的要求,按照苏南现代化示范区建设规划的宏伟目标,大力弘扬"四千四万"精神,咬定目标,坚定信念,不怕困难,勇于创新,勇往直前,镇江的苏南现代化示范区建设一定能做得更好。

# 中国(上海)自由贸易试验区建设对镇江经济发展的影响与对策研究

/陶忠元/

以改革、开放、自由、创新、升级为核心内涵的上海自贸试验区的建设标志着我国改革开放迈入了新的阶段,也是打造中国经济升级版和上海建设国际经济、金融、航运和贸易四大中心的重要载体。上海自贸试验区位于长三角区域对外开放的前端,对处于长三角区域的镇江市及其他周边城市都将产生极其深刻的影响。

## 一、镇江与上海自贸试验区的关系特征

### 1. 地理关系特征

镇江地处以上海为"龙头"的长江经济开放带"龙颈"位置,是沪宁经济走廊上的一个重要城市,拥有较为优越的区位条件——华东地区重要的交通枢纽,镇江港是长江流域上的第三大航运中心,连接内陆,通江达海,镇江境内京沪高铁、沪宁高铁、沪蓉高速公路、扬溧高速公路、312国道、104国道等通达全国各主要城市。

镇江距离上海自贸试验区约250公里,自沪宁城际高铁开通之后,每天有117趟列车经由镇江驶往上海,日间每趟列车之间间隔不到15分钟,全程总耗时最快仅需一个小时,快速便利的交通条件增强了镇江与上海之间的要素流动性,产业的发展也不再受传统的地理位置制约。从现有的时空条件来看,在镇江安家、在上海工作不再成为匪夷所思之事。镇江和苏南其他城市一样,越来越能感受到与上海的同城化。另一方面,镇江背靠广阔的内陆腹地,在当前强调区域经济协调发展的过程中,可作为内陆地区对外开放的综

合通道,成为连接内陆腹地和自贸试验区的重要纽带。

**2. 产业关系特征**

自"十二五"以来,镇江以转变经济发展方式为主线,紧扣稳增长、调结构、惠民生的发展主题,经济发展速度平稳较快,近5年地区生产总值年均增长均高于12%,结构效益持续改善。2012年实现地区生产总值2630.4亿元,人均生产总值达83912元,位列长三角各城市的第七名。

镇江产业结构较5年前也有所改善,2007年三次产业结构比为4.1：59.1：36.8,而2012年为4.4：54.0：41.6,服务业增长的速度总体快于工业的增长速度。在制造业领域,高技术产业发展迅猛,2012年全市高新技术产业完成产值2814.42亿元,同比增长25%,占全市规模工业产值的45.71%,位居全省第一。其中,智能装备制造业和新材料制造业共计完成工业总产值2056.14亿元,占全市高新技术产业产值的73.06%。新材料、新能源、电子及通讯设备、航空航天、仪器仪表、电子计算机及办公设备和医药制造业占高技术产业产值的26.94%。另外,五大新兴产业实现了销售收入2208.6亿元,同比增长35.1%。可见,高技术产业、新兴产业的发展速度要明显快于传统产业的发展速度。良好的经济增长势头以及产业结构的高级化演进为迎接上海自贸区的各种机遇和挑战奠定了坚实的基础。

在区域经济协调发展的主线下,上海自贸试验区的建设会加速上海及其他长三角城市的产业结构调整。上海作为窗口城市将加速发展高端现代服务业,而周边城市则可更好地利用这个"窗口"发展具有比较优势的配套、后援产业。上海自贸试验区的建设增强了中国大陆对于国外要素的吸引力,一方面,能为镇江等其他长三角城市引进国外先进的装备和技术提供更通畅的渠道,另一方面,上海服务业的快速发展或将"挤出"上海从事高端装备制造、先进技术设计的高技术人才,为镇江吸引高技术人才提供了契机。

**3. 人文关系特征**

长三角地区各城市之间地缘相近、人缘相亲,有着相同深厚的吴越文化底蕴。从长三角区域的产业布局看,上海与江苏的制造产业同构率为90%(沪浙为70%)。产业结构趋同演变为相同人才资源上的争夺,资源的趋利性使得这些年镇江乃至江苏的高级人才不断地向上海流动,致使镇江现有的人才竞争力尚不具备优势。至2012年底,镇江培育引进国家"千人计划"总数仅为30人,参与研究与实验发展的人员为2.5万人,远远低于上海的17.05万人,也低于苏州、无锡、宁波等其他长三角城市。

上海自贸试验区建设势必进一步加快上海产业结构的软化,人才供需结构也将随之调整,之前所吸纳的制造业高级人才或将出现返流,甚至出现基于人脉的团队流动。同时,随着高铁的快速发展,长三角城市群之间的关系趋于扁平化,人员流动的速度迅速提高,最终有望形成长三角人才池,实现各城市共享高级人才资源。此外,上海自贸试验区本身也可以成为引进国内外高级人才的窗口。

## 二、上海自贸试验区建设给镇江经济发展带来的机遇

### 1. 获得更优质的高端服务

上海自贸试验区的建设中,一个非常重要的任务就是要促进上海现代服务业的发展。首批进驻上海自贸试验区的 36 家企业悉数属于金融、通信、贸易、物流等现代服务行业。而国务院已公布的自贸试验区政策当中的金融改革和放开外商投资管制,意在鼓励外资进入自贸试验区投资现代服务业。根据"制造业—服务业协同发展"原理,制造业是服务业发展的前提和基础,服务业则是制造业的补充。许多服务业部门的发展需要依靠制造业的发展,因为制造业是服务业产出的重要需求部门。而服务业尤其是生产者服务业是制造业劳动生产率得以提高的前提和基础,没有发达的生产者服务业支撑,就不可能形成具有较强竞争力的制造业部门。

上海自贸试验区是全国、尤其是长三角的对外开放平台,是一个面向长三角的生产性服务业的供给平台。镇江拥有世界主要的锚链生产基地、全球单厂规模最大的高档铜版纸生产基地、中国最大的汽车发动机缸体和醋酸生产基地,是新材料、航空设备、交通设备、船舶及船用设备、工程电器、五金工具、眼镜、香醋等先进制造业基地。上海自由贸易试验区为镇江对内、对外贸易提供了一个很好的服务业平台,"海、陆、空"一体化的物流格局和金融自由化为镇江制造业产品的输出提供了全方位的便利。可见,上海自贸试验区将推动生产性服务业高端化发展,进而为镇江制造业提供更加优越而高效的服务。

### 2. 加快镇江创新型经济的发展

外资外商风险投资(VC)和私募股权投资(PE)对于促进中小创新型企业的发展非常重要,它们相当于中小创新型企业的助推器。以金融改革为核心的上海自贸试验区不仅吸引了银行及保险企业进驻,一些嗅觉灵敏的 PE 机

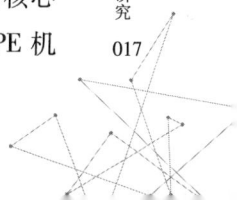

构亦不甘落后。日前,首批入驻上海自贸试验区的 25 家 PE 机构名单浮出水面,其中不乏弘毅投资、硅谷天堂等国内知名 VC/PE 机构的名字。与众多企业、金融机构在自贸试验区"跑马圈地"的出发点一样,国内 VC/PE 机构也在第一时间登陆自贸试验区,以谋求在自贸试验区内享受更多优惠、便利的投资条件及政策。上海自贸试验区允许符合条件的中资银行在自贸试验区从事离岸金融活动,允许符合条件的外资金融机构设立外资银行等,使得在自贸试验区内设立海外并购基金,条件得天独厚。除了金融自由度的诱惑,自贸试验区的"投资自由"也为 PE/VC 打开了运作空间。这都将成为周边区域创新型经济快速发展的助推器。

资本市场的自由化进程为创新型、创业型企业发展提供多元化融资渠道。而中小创新型企业的孵化有利于自主创新。虽然镇江近年来在新能源、新材料等板块取得了长足发展,但创新型经济的快速发展仍然受制于资金与技术瓶颈。上海自贸试验区作为高端服务业集聚地,在这两方面均具有独特的优势。镇江地处长三角腹地,毗邻沪宁高铁线,从镇江到上海搭乘高铁仅需 56 分钟,这为镇江享受上海自贸试验区的金融自由与创新服务,发展本地创新经济提供了得天独厚的条件。

### 3. 强化镇江开放型经济的优势

过往的经验证明,以上海为龙头的每一轮开放,江苏都会千方百计以"贴进""跟进"来"对接"和"呼应",而自贸试验区的建设是重大的体制机制变革,要求在更深层次上推动开放型经济全面升级,否则很可能在未来的区域竞争中被迫扮演制度模仿及经济依赖者的角色。作为"境内关外"的上海自贸试验区,要实现商品和要素的完全自由流动,其开放性不言而喻。但上海自贸试验区作为一个自由开放的平台,其开放型经济的实质性发展还有赖于周边实体经济的支撑。这为镇江开放型经济再次飞跃提供了新的机遇。

近年来,镇江开放型经济总体上保持平稳较快的增长态势。2013 年 1 - 9 月,镇江进出口总额为 75 亿美元,同比增长 6.2%;新批千万美元以上项目 78 项,同比增长 90.2%;协议利用外资 19 亿美元,同比增长 70.5%;实际利用外资 18 亿美元,同比增长 66.5%。开发区一般预算收入、规模以上工业增加值、工业产品销售收入均取得较快增长。从 2013 年前 9 个月的相关数据来看,镇江开放型经济发展可谓突飞猛进,也证明了镇江开放型经济发展潜力较大。在当前镇江开放型经济发展的基础上,借力上海自贸试验区这一开放平台的建立,有助于加快镇江开放型经济的跨越式发展,并进一步强化镇江

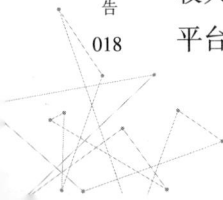

开放型经济的优势地位。

### 4. 优化产业空间的布局

上海自贸试验区建设不仅将带动长三角范围内要素资源的重新整合,也将吸引全球的要素资源向长三角区域集中,导致长三角区域内产业空间结构的重新布局,形成以上海为中心,沿江河、铁路、公路向周边梯度延伸的圈层式产业空间结构。镇江作为苏南现代化示范区的重要一员以及长三角经济圈核心成员之一,要素流动的空间壁垒日趋弱化,在上海自贸试验区带动下的产业空间重新布局不可避免。

镇江境内拥有穿城而过的运河、312 国道、沪宁高铁、京沪高铁,北濒长江,这些勾勒出了区域内要素自由流动的动脉,产业空间的布局也必将重新调整。在长三角圈层式产业空间重构的背景下,镇江要紧抓时机,结合资源、交通、区位的特性,扬长避短,优化产业空间布局。

### 5. 倒逼镇江产业结构的升级

上海自贸试验区的建设是打造我国经济升级版的主动开放措施之一,这一开放战略将倒逼我国改革开放的深化,从而为经济发展争取新一轮的改革红利。同时,上海自贸试验区将进一步加强上海的中心城市地位,吸引相关要素向自贸试验区快速集中,给镇江也带来倒逼改革的良机。

上海自贸试验区可能会使上海与镇江生产性服务业的发展落差进一步拉大,跨国公司可能倾向于把产品运输至上海自贸园区的全球分拨中心进行综合调配,上海自贸试验区可能成为跨国公司总部选址的首选之地。但在长三角区域内生产要素重新配置的过程中,镇江应该正确认识到自身的优势与特点,准确定位本地区产业发展的战略方向,变劣势为优势,毕竟上海自贸试验区只是一个交易平台,只有当布局在周边区域的交易者参与其中时,该交易平台才能充分发挥其作用。因此,在区域要素即将发生大变局的当前,产业结构调整在所难免,当然结合镇江本地主导产业发展趋势、大项目的投资进展,提高本地产业结构的高度化和合理化,这将为镇江产业结构升级提供全新的综合性发展机遇。

## 三、上海自贸试验区建设对镇江经济发展的挑战

### 1. 高端服务业要素资源外流趋势增强

上海自贸试验区建成后,在外贸、外资、金融等各个领域将逐步凸显其优

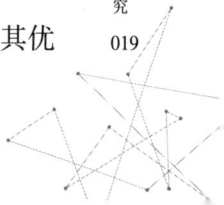

势。在外贸领域,实施货物进口自由,无配额限制,不缴纳进口税,货物转口自由,无需缴税,同时放松外汇管制等优惠政策,逐步推进贸易便利化,推动向离岸自由贸易、服务贸易转变。在外资领域,试行外资的准入前国民待遇,以备案制代替审批制。在金融领域,实行利率市场化、汇率自由汇兑、金融业对外开放、产品创新及相关金融离岸业务等。上述利好因素对产品生命周期短、时间价值突出的外资企业以及外商风险投资和私募股权投资有着极大的吸引力。更为重要的是,更多的外资企业倾向于将财务中心、运营中心、营销中心等最为核心的功能性企业总部设立在上海(或地域更为临近的城市)。2013年5月8日,镇江市人民政府办公室制定了《关于加快总部经济发展若干政策的意见(试行)》,旨在通过加快发展总部经济,提升经济发展质量,增强城市综合竞争力。上海自贸试验区的建设将对包括镇江在内的长三角地区产生巨大的"虹吸效应",更多优质资源将在上海集聚,这无疑增加了镇江发展总部经济尤其是现代服务业总部经济的难度(类似的问题在长三角地区的其他城市同样存在)。

**2. 产业升级的既定路径难以实践**

上海自贸试验区建成后,实行的利率市场化、汇率自由汇兑、金融业对外开放、产品创新及相关金融离岸业务等优惠政策将有利于跨国公司内部的全球调拨资金和拓展业务,再加上其他税收、外贸、外资领域形成的有利条件,将加快现代高端制造业和以现代金融业、大型外贸、物流为核心的现代服务业入驻上海的步伐,这将对镇江的相应产业形成一定的"挤出效应",不利于现代高端制造业和现代服务业在镇江的聚集发展。据此,镇江应针对上海自贸试验区的建设对自身产业发展规划进行重新评估和调整。

**3. 港口物流业转型压力增大**

上海自贸试验区建成后,将按照"境内关外"模式运作,实行"一线(国境线)逐步彻底放开,二线(与非试验区的连接线)高效管住,区内自由流动"的政策,在物流运输方面,能够有效地简化国际船舶运输经营许可流程,提升国际航运建设水平,使上海迅速朝国际航运和物流中心的方向迈进。对镇江而言,虽然由于位于长江和运河的交汇处而具有一定的港口优势,但随着上海自贸试验区的建设,上海港口物流的规模优势、集成优势、通关便利优势得到进一步强化,镇江港口物流区位优势的发挥将受到一定的制约,加剧镇江与上海之间港口物流发展的"马太效应"。

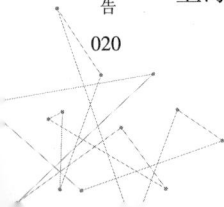

## 四、新形势下加快镇江经济发展的思路与对策

面对新的形势,我们应及时跟踪自贸区政策信息发布,深入剖析新政目标、内容及其效应,主动适应、动态调整、扬长补短,完善镇江地方经济发展的总体布局与动力组合,进一步提升地方开放型经济发展的水平、效率以及城市综合竞争力。

### 1. 鼓励各类主体主动对接自由贸易试验区

自 2013 年 9 月 29 日自贸试验区挂牌运行以来,各地加快了与自贸区对接的方案研究与行动实施,积极在自贸区内新建企业、设置窗口。上海市工商局自贸试验区分局的统计显示,除挂牌之日有 36 家企业入驻试验区外,10 月 1 日－27 日新增登记企业 208 家,比 2012 年同期的企业数增长了近 4 倍,注册资金总额已超过 35 亿元。其中内资企业 188 家,外资企业 20 家;贸易业 122 家,投资和资产管理业 36 家。截至 11 月 22 日,自贸试验区已接待企业、个人咨询和办理业务超过 5.8 万人次,其中企业办理核名近 6000 家,通过"工商一口受理"共办结新设企业 1434 家,其中外资新设企业 38 家,外资注册资本超过 5.6 亿美元,平均每家注册资本近 1500 万美元。内资新设企业 1396 家,内资注册资本超过 347 亿元,平均每家注册资本近 2500 万元。自贸试验区门户网站每天访问点击量达到 180 万次,试验区改革效应正在不断显现。

就此而言,镇江市也应主动出击,在对区内政策、企业及窗口类型的现状、趋向等进行跟踪调研的基础上,围绕镇江市国民经济与社会发展"十二五"规划的目标定位,开展要素禀赋、经济结构、产业特色、优势培育的新一轮梳理,发动政府职能部门并引导特色优势产业、骨干企业等在自贸区内设立各种信息窗口和运作平台,增强镇江开放型经济—自贸试验区—国际市场的内外联动。尤其在自贸试验区新建企业方面,进一步强化资源整合和优势凝聚,为其提供全方位的便利服务和资金、技术、人才等各类要素的支撑。

### 2. 制定合理的自贸区后援产业规划

对于中国宏观经济总体及上海、镇江等地方经济而言,自贸试验区是深度链接国际市场、全球经济的前沿窗口,区外各地除了通过直接介入自贸试验区这一平台参与新型分工模式下的国际经贸合作外,还可以借助自贸试验区的媒介与桥梁作用深化开放型经济的发展。围绕自贸试验区的建设与营运,长三角区域及上海、镇江等地或将引发新一轮的产业布局调整。镇江应

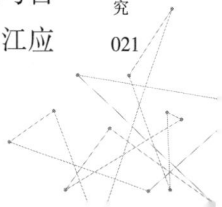

紧扣自贸试验区建设的目标及其实践进程,紧密结合自贸试验区、长三角区域及上海、镇江等地产业布局现状及其演进趋向,立足于产业链关系及其梯度分工要求,拓展和深化镇江产业与自贸试验区内产业、上海产业乃至长三角区域各地产业之间的相互配套、协作和支撑关系,诸如产品制造加工、物流集散服务、资金融通服务、技术研发与创新等,并通过进一步提升先进加工制造产业、现代物流服务产业、特色产业的集聚程度,打造能够后援自贸试验区内相关业务营运的若干产业基地。

**3. 加快推进镇江创新集聚区建设**

上海自贸试验区不仅是提升我国对外开放水平与成效的运作平台,也是引入创新环境、要素推进我国创新型经济发展的重要载体与场所。无论着眼于对接自贸试验区运作的角度,还是立足于地方经济持续发展动力的生成与强化方面,加快创新步伐、提高创新效率乃是镇江经济发展的核心与关键。借鉴自贸试验区的目标与环境设计理念,推进镇江创新环境建设,激发各方创新动能,加大创新要素引入力度,加强与区内 PE/VC 的联系,增强金融支持服务,以创新产业的发展为载体,以创新产业的集聚为依托,加快镇江各类创新集聚区的建设步伐。尤其要在统筹规划、整合集成、突出特色、共建共享的基础上,强化技术、人才、资金、服务等创新要素的流动与集聚,整合既有高新技术产业园区、创新产业园区、科技孵化中心的创新资源与力量,重点支持和推进"产、学、研、用合作创新集聚区""科技服务产业创新集聚区"的建设。

**4. 增强要素的自由流动和流入引力**

上海自贸试验区的建设增强了要素流动的广度、强度与自由度,对处于长三角区域且临近上海的镇江产生了要素(资本、技术、人才等)流动效应。为弱化自贸试验区对镇江内部要素流出的"虹吸效应"以及外部要素特别是高端要素流入的"替代效应",并按照十八届三中全会关于发挥市场在资源配置中决定性作用的阐述,有必要进行镇江要素流动制度的重构与区位优势的再造。一方面,除有关"负面清单"管理所作规定之外,应逐步撤销有碍于要素自由流动的各种行政管制与市场准入限制措施。另一方面,围绕进一步增强区位吸引力,在要素流入的便利性、配套性、获利性、成长性等方面创造更为完备的环境,多一份服务、少一点索取,多一些共利、少一点博弈,多一回合作、少一点摩擦,在努力维系现有要素优势的同时,重点加强高新技术项目、科技创新项目、先进专利技术成果和高端科技人才的引进,尤其要抓住上海产业结构软化引发的先进制造业高端人才引进和自贸试验区人才集聚效应

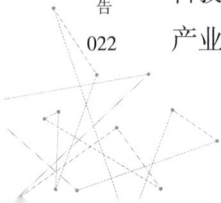

下的人才输入。

### 5. 明确镇江港口的发展定位

伴随着自贸试验区以及上海国际航运中心的建设,长三角区域现代物流产业将进入一个快速发展时期,各地物流产业规模的急剧扩张也将进一步提升业内竞争的激烈程度。较长时期以来,受单纯和传统的"运输、装卸"节点定位所限,有着悠久历史的镇江港口在上下游港口的挤压中生存发展。按照现代港口物流发展和对接自贸试验区的贸易物流要求,在扩张镇江港口物流规模的同时,着力推进内外部结构调整,基于地域分工与流体分工相结合,整合现有港口资源,并进一步加快港口功能的升级换代,即向具有"提供分拨、增值服务、信息处理"等物流功能的综合物流节点方向演进。合理规划物流的节点与流程设计,加强港口物流与公路、铁路、航空等物流的衔接,以港口物流为枢纽,构建以集装箱为媒介的多式联运体系和物流网络系统,完善物流信息平台建设,增强物流综合服务能力,降低物流成本,提高物流效率。抓住自贸区建设过程中扩大"启运港退税"政策试点范围的良机,为地方外贸企业争取更为便利的运作环境,增强镇江的区位吸引力。

### 6. 积极争取地方自贸园区建设

上海自贸试验区作为探索我国全面深化改革和扩大对外开放新路径、新模式的尝试,其主旨之一就是要形成可复制、可推广的经验,并示范、服务于全国的发展。从这一意义上说,待自贸试验区建设及其运作经验逐步趋向成熟之后,自贸区也必将呈现"多点开花"。镇江目前已建有出口加工区,并正在积极申报其"升级版"——综合保税区,此后还应进一步做好保税港、保税物流园区的规划设计与软硬件建设等前期准备工作,以便在短期内实现与上海自贸试验区的高效对接;而从长期来看,一旦将来时机与条件具备,即可加入至地方性自贸区建设行列,促使镇江开放型经济更上一个新的台阶。

# 宁镇扬经济板块差异性与互补性特征研究

/冯 缨 邵利明/

## 一、同城化发展中宁镇扬差异性实证分析

差异,表征事物之间的相互区别,有外在差异和内在差异之分。外在差异主要是指事物彼此间表现出的不同点,而内在差异则是事物内部具有的对立因素和对立趋势。本文研究的同城化发展中宁镇扬的差异性,所指的"差异"是不同城市之间的差异性,属于不同事物彼此之间的不同点,即外在差异。

### 1. 宁镇扬三地城市规划及差异

南京作为宁镇扬地区的核心和领头羊,带动镇江和扬州的发展。城市功能布局是:根据以长江为主轴,以主城为核心,结构多元,间隔分布,多中心,开敞式的都市发展区空间格局,深入实施跨江发展战略,继续推进"十大功能板块"建设(如表1所示),加快提升"五个中心",南拓北进。中心是指中心城区,包括老城区、南部新城区、东部新城区、河西新城区和江北新城区。在更高起点上推进沿江开发,以江海联运港为重点,以仙林副城为核心,加快宁镇扬一体化进程。拉动南北发展轴,以铁路南京南站、软件园、空港新城、六合马鞍机场、江北轻轨建设等重点区域和重大项目建设为依托,完善轴线上重要板块的功能,利用南北轴发展,促进北部地区和中西部地区的交流与合作,进一步实现江南江北融合,增强对苏北、皖东的辐射。

**表1　南京市十大功能板块建设重点**

| 序号 | 功能板块名称 | 建设重点 |
|---|---|---|
| 1 | 河西新城 | 建设金融集聚区、高端服务业集聚区、文化体育中心和滨江宜居城区 |
| 2 | 南部新城 | 建设功能齐全、环境优良、交通便捷、综合服务功能辐射全市的都市新中心和文化休闲、绿色宜居新城 |
| 3 | 浦口新城 | 建设有科技、生态、滨江、宜居特色的新城 |
| 4 | 麒麟科技创新园 | 建设国际化科技研发园区和国际化生活社区 |
| 5 | 城南历史文化街区 | 建设历史文化街区和旅游景区 |
| 6 | 下关滨江改造 | 建设成为高端商贸、商务服务集聚发展的滨江新区 |
| 7 | 江心洲生态科技岛 | 建设智慧生态岛 |
| 8 | 燕子矶片区整治 | 建设滨江新城区 |
| 9 | 保障性住房建设 | 建设岱山、丁家庄、花岗、上坊等占地10平方公里的四大保障房组团 |
| 10 | 明外郭－秦淮新河百里风光带 | 建成18个节点公园,形成15平方公里的绿色生态屏障,打造环绕于南京主城外围的百里风光带 |

资料来源:《南京市国民经济和社会发展第十二个五年规划纲要》

镇江——长三角重要的区域中心城市,依托长江港口和山水旅游、历史文化资源优势,建设以装备制造、精细化工、新材料、新能源、电子信息为主的先进制造业基地、区域物流中心和旅游文化名城。在"十二五"规划中,镇江市政府提出:按照"西进南扩北延东整合"的总体思路,加快"一城两翼三区四组团"城市框架构建,改变沿江带状布局现状,实现由单核带状向多核块状组团发展模式转变,提升城市空间资源利用效率和空间生长能力。"西进",加快主城西部开发建设,整体规划润扬大桥以东、312国道以北的土地综合利用,以南徐新城和润州区政府建设为重点,带动西部板块的整体活跃发展;"南扩",以京沪高铁站建设为契机,加快檀山路两侧、312国道周边,特别是檀山路和九华山路之间的土地开发,打通南徐新城与丹徒新城之间的联系,使丹徒新城尽快融入市区,得到更好发展,也使镇江主城越过南山,向南拓展,直面沪宁经济走廊;"北延",将长江及湿地真正利用为城市发展的资源,高标准建设北部滨水区和世业洲旅游度假区,形成城市最具特色和吸引力的板块,打造镇江不可复制的、城市滨江闪亮品牌;"东整合",推进城市东部发展板块整合,调整现行区划管理,使谏壁镇融入大港整体规划发展,形成合力,使丁卯融入主城一体化发展,打造城市次中心。"一城两翼三区四组团",就是打造以镇江主城为核心,高资和大港为两翼,北部滨水区、世业洲度假区、南山风景区为主要生态旅游空间,老城、南徐新城、丹徒新区以及丁卯新城四个功能组团的城市主骨架,形成山、水、城相融的开放式的城市结构,实现城市的"可生长"目标。

扬州——宁镇扬板块的有机组成部分,发挥其自身的历史文化和产业优势,建设以电子、装备制造、新材料、新能源为主的先进制造业基地和生态人文宜居城市。"十二五"期间,扬州将以建设"创新扬州、精致扬州、幸福扬州"为目标,"发展创新型经济、建设创新型城市"为主线,全面建成全国文明城市、国家生态城市、国家森林城市,成功申报世界文化遗产城市。按照城乡统筹、布局合理、资源集约、功能完善、以大带小的原则,着力构建"一带一轴"城镇空间布局。"一带"是沿江城镇带,以扬州市区为核心,以江都、仪征城区为两翼,加快扬州市区与江都、仪征城区及各个卫星镇的空间、功能整合,形成"一体两翼"都市区发展新格局,成为长三角沿江主轴线上的重要组成部分。"一轴"是淮江城镇发展轴,以宝应、高邮城区及范水、邵伯等重点中心镇为节点,形成辐射东部腹地、产业特色鲜明的城镇发展轴。在"一带一轴"周边,规划曹甸、射阳湖、临泽、三垛、菱塘、小纪、郭村、谢集、大仪等重点中心镇,带动周边乡镇共同发展。形成以扬州中心城市为核心、以县城为支撑、以重点中心镇为节点、以一般镇和农村新型社区为基点的较为科学合理的城镇体系。打造扬州主城区、古运河和大运河沿线风光轴与东片养生休闲度假区、南片滨江时尚休闲度假区、西片运动健身休闲体验区、北片环湖自然生态旅游区的"一城一轴四片"的旅游板块,重点加强新老城区交接处、城市出入口、主次干道、河道沿线的景观设计和景观塑造,加强生态园林绿化建设,建设国家生态园林城市,进一步提升城市品质。

**2. 宁镇扬产业规划的差异性分析**

（1）第一产业的差异。从三市第一产业中各行业的产值来看,南京在农业上略有优势,扬州在林业、畜牧业、渔业及农林牧渔服务业上均占有优势,而镇江各行业均缺乏优势;从农业主要产品的产量来看,南京的主导产品为油料、蔬菜和水产品,扬州在粮食、棉花、肉类和禽蛋的产量上都高于其余两市,而镇江在各类农产品产量上都缺乏优势。南京第一产业占GDP的比重较低,但主要产品的产量较高,其产业结构处于相对优势地位。而镇江第一产业占GDP比重较南京高,但主要产品的产量较低,其产业结构不太合理。

（2）第二产业的差异。纵观宁镇扬三市的经济发展情况,可以发现宁镇扬还是处于工业化发展时期,"十二五"规划的要求也是以工业化带动城镇化发展,故第二产业仍是宁镇扬地区产业发展的主角。通过聚类分析,宁镇扬三市第二产业有以下特点:

一是宁镇扬三市第二产业产业间影响程度存在差异。由表2可知,宁镇扬三市的第二产业产业间的影响程度存在差异,据南京市的聚类结果来看,大多数产业可以分为第一类和第四类,而镇江和扬州的产业分类较为分散,表明南京的第二产业按工业行业分组的产业间规模效益的相似度比较高,互相影响比较大,与镇江和扬州不同。

表2　宁镇扬三市分5类聚类分析结果

| 产业编号 | 产业名称 | 南京聚类 | 镇江聚类 | 扬州聚类 |
|---|---|---|---|---|
| 11 | 黑色金属矿采选业 | 1 | 1 | 1 |
| 12 | 非金属矿采选业 | 1 | 5 | 1 |
| 13 | 农副产品加工业 | 1 | 2 | 2 |
| 14 | 食品制造业 | 1 | 4 | 1 |
| 15 | 酒、饮料和精制茶制造业 | 1 | 1 | 3 |
| 16 | 纺织业 | 1 | 2 | 2 |
| 17 | 纺织服装、服饰业 | 1 | 3 | 4 |
| 18 | 皮革、毛皮、羽毛及其制品和制鞋业 | 2 | 2 | 2 |
| 19 | 木材加工和木、竹、藤、棕、草制品业 | 2 | 3 | 2 |
| 110 | 家具制造业 | 1 | 1 | 1 |
| 111 | 造纸和纸制品业 | 5 | 1 | 2 |
| 112 | 印刷和记录媒介复制业 | 1 | 1 | 1 |
| 113 | 文教、工美、体育和娱乐用品制造业 | 1 | 4 | 2 |
| 114 | 石油加工、炼焦和核燃料加工业 | 1 | 3 | 1 |
| 115 | 化学原料和化学制品制造业 | 3 | 3 | 5 |
| 116 | 医药制造业 | 1 | 2 | 2 |
| 117 | 化学纤维制造业 | 1 | 2 | 1 |
| 118 | 橡胶和塑料制品业 | 1 | 2 | 2 |
| 119 | 非金属矿物制品业 | 3 | 3 | 2 |
| 120 | 黑色金属冶炼和压延加工业 | 4 | 5 | 2 |
| 121 | 有色金属冶炼和压延加工业 | 3 | 4 | 2 |

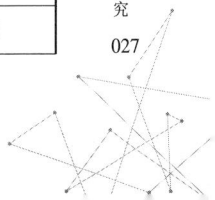

| 产业编号 | 产业名称 | 南京聚类 | 镇江聚类 | 扬州聚类 |
|---|---|---|---|---|
| 122 | 金属制品业 | 1 | 5 | 2 |
| 123 | 通用设备制造业 | 4 | 2 | 2 |
| 124 | 专用设备制造业 | 1 | 1 | 4 |
| 125 | 交通运输设备制造业 | 1 | 4 | 4 |
| 126 | 电气机械和器材制造业 | 4 | 2 | 5 |
| 127 | 计算机、通信和其他电子设备制造业 | 1 | 3 | 5 |
| 128 | 仪器仪表制造业 | 1 | 4 | 4 |
| 129 | 其他制造业 | 4 | 4 | 4 |
| 130 | 废弃资源综合利用业 | 4 | 3 | 2 |
| 131 | 金属制品、机械和设备修理业 | 1 | 1 | 1 |
| 132 | 电力、热力生产和供应业 | 1 | 1 | 3 |
| 133 | 燃气生产和供应业 | 4 | 4 | 4 |
| 134 | 水的生产和供应业 | 4 | 4 | 4 |

二是宁镇扬三市第二产业主导产业略有侧重。从聚类结果来看,第一类产业的特点是固定资产价值最高,资产负债较大,营业收入、利税、利润都比较高,从业人员平均数多,这些产业是比较典型的主导产业。宁镇扬三市的主导产业中都有化工、机械制造等产业,但也略有不同。南京主导产业中的文教、工美、体育和娱乐用品制造业以及计算机、通信和其他电子设备制造业是镇江和扬州相对较弱的产业,而镇江的主导产业之一的造纸和纸制品业,在南京和扬州却发展得相对薄弱。

三是宁镇扬三市第二产业中高效益产业存在差异。在聚类分析结果中我们发现,一些产业投入不大,但是营业收入比较高,像农副产品加工业、医药制造业等都属于这些产业,这类产业在宁镇扬三市的产业分布中也有差异,南京的农副产品加工业和医药制造业就属于第一类各种比重都比较大的,而在镇江和扬州就属于第二类,效益比较高,故这个差别使得南京能够在这两个产业上向镇江和扬州转移。

**(3)第三产业的差异。** 从宁镇扬三市第三产业各项代表性指标来看,如表3所示,南京在第三产业各项指标上都占有绝对优势,其第三产业相对发达,镇江和扬州在货运、批发零售业和旅游业上与南京相差最大。扬州在邮电业、零售业、金融及医疗方面比镇江有优势,但在交通运输业、旅游业及教育上镇江的发展相对较好。

表3　2011年宁镇扬三市第三产业基本情况

| 城市 | 旅客周转量(亿人公里) | 货物周转量(亿吨公里) | 邮电业务收入(亿元) | 批发零售业零售额(亿元) | 住宿餐饮业零售额(亿元) | 旅游总收入(亿元) | 居民储蓄存款(亿元) | 保费收入(亿元) | 高校在校学生(万人) | 卫生机构(个) |
|---|---|---|---|---|---|---|---|---|---|---|
| 南京 | 367.31 | 3918.81 | 105.18 | 2422.59 | 247.71 | 1106.23 | 3968.03 | 194.08 | 80.85 | 2270 |
| 镇江 | 119.05 | 83.56 | 26.79 | 585.74 | 72.33 | 386.02 | 1115.64 | 57.92 | 11.63 | 854 |
| 扬州 | 53.40 | 22.66 | 44.89 | 767.55 | 78.50 | 370.70 | 1427.87 | 72.98 | 7.78 | 1982 |

数据来源:《宁镇扬三市2011年国民经济和社会发展统计公报》

**3. 产业布局的差异性分析**

从宁镇扬三市国民经济和社会发展第十二个五年规划可以看出,宁镇扬三市在产业布局上存在较大差异。

南京的产业布局为:制造业——主城区大力发展现代服务业,郊区县加快发展先进制造业。以新兴产业和优势产业为重点,引导先进制造业向郊县(栖霞区、江宁区、浦口区、六合区和溧水县、高淳县)集中集聚集群发展,把郊县建设成为全市重要的先进制造业承载基地。以南京经济技术开发、高新技术开发区和南京化学工业园区为依托发展高新技术产业。服务业——根据各城区的地理位置,依托周边商贸商务区、产业园、科技园、旅游集聚区及资源优势推动城区服务业特色化发展。都市型生态高效农业——实施农业"1115"工程,重点扶持建设江宁台湾农民创业园、江苏白马现代农业产业园等现代农业园区15个。

镇江的产业布局为:制造业——在提升优化沿江产业布局的同时,加大沿沪宁高速公路及支线、沿扬溧高速、沿泰州大桥引线等重要交通干线两侧产业开发,加快布局沿运河产业带,推进全市制造业由沿长江"一"字形布局向南部纵深发展,形成沿江主轴和多条纵向发展轴相配套的产业发展态势,重点打造重型装备、船舶及配套、汽车及配套、电力电器制造、工程机械制造等五大装备制造基地。服务业——依托镇江中心城区和三个辖市主城,形成一个中心、三个组团的主布局结构。现代农业——因地制宜,重点发展城市近郊都市型农业、丘陵山地经济林果及特色种植养殖、平原圩区优质粮食、沿江特色水产等四大板块。

扬州的产业布局为:制造业——沿江沿河开发,推进汽车船舶、机械装备、石油化工等支柱产业向高端化、品牌化发展,以创新型园区、特色园区、大学科技城为主阵地,优化建设"创新扬州"的载体平台。服务业——突出发展软件与信息服务业、现代物流业、旅游业、金融业和文化产业五大重点产业,重点建设江苏信息服务产业基地(扬州)、开发区"扬州智谷"、扬州科技新城、维扬"文化创意产业园"、江都扬州软件园和江苏仪征高新技术创业服务中心六大载体。打造物流发展"1+8"模式布局,大力发展京杭大运河水上集装箱物流。现代农业——加快建设沿江现代高效农业、生态休闲农业基地,大力发展科技农业。

**4. 社会保障体系的差异性分析**

**(1) 社会保障基本状况差异。**宁镇扬三市在城乡居民人均可支配收入上呈现出从南京→镇江→扬州递减的趋势(如表4所示),这与三市的经济发展水平是紧密相连的。年末城镇登记失业率上,镇江比扬州和南京略低,在城镇社保和农村养老保险的覆盖率上,镇江的情况比扬州、南京略差,但总体上三市的社会保障水平均较高。

**表4　2011年宁镇扬三市社会保障基本情况**

| 基本情况 | 单位 | 南京 | 镇江 | 扬州 |
|---|---|---|---|---|
| 城市居民人均可支配收入 | 元 | 32200 | 26637 | 24780 |
| 农民人均纯收入 | 元 | 13108 | 12825 | 11217 |
| 年末城镇登记失业率 | % | 2.65 | 2.33 | 2.56 |
| 新型农村养老保险覆盖率 | % | 99.88 | 97.9 | 99.7 |
| 城镇职工社会保险覆盖率 | % | 98 | 98 | 98.5 |

本数据根据《宁镇扬三市2011年国民经济和社会发展统计公报》整理得到。城镇职工社会保险覆盖率为城镇职工养老、医疗、失业保险覆盖率的均值。

**(2) 医疗保险差异。**医保方面,三个城市之间能顺畅办理养老保险关系转移接续、退休人员的养老金待遇核定。扬州与南京实现了双向异地住院人员的实时结算,但宁镇扬三地在医保方面还存在较大的差异,尤其镇江作为全国医改"两江"试点,其医保的制度设计和经办模式与宁扬有着很大的区别。镇江着重于制度设计,用周密科学的制度设计规避一放就乱,比如,采取了参保者一级个人账户上的钱不能动,但可以横向转移支付等措施,这样既扩大了使用范围,又仍有严格的界定,使得医保基金有互助共济性,符合中国文化传统。而南京和扬州则采取了着重于提高个人账户划账保底额,在加大二次补偿力度等方面提高医疗保险的惠民政策,故宁镇扬三地只能在服务理念和服务体系上实现接轨。

**(3) 最低工资标准差异。** 宁镇扬三市社会保障明显差异的一个方面就是最低工资标准,这关系到老百姓的切身利益,老百姓对宁镇扬同城化发展最关心的莫过于对自身利益的影响。江苏省根据地区不同将最低工资标准划分为三类,南京市区、镇江市区属于一类地区,扬州市区、南京溧水区、高淳区、镇江丹阳市、扬中市、句容市属于二类地区,扬州仪征市属于三类地区。2013 年 7 月 1 日起,一类地区的最低工资标准由 1320 元提高到 1480 元,二类地区的最低工资标准由 1100 元提高到 1280 元,三类地区的最低工资标准由950 元提高到 1100 元。宁镇扬同城化以后,三个城市的最低工资标准还有待调整。

**(4) 养老保险社会化管理差异。** 社会化管理指在社会保险的养老保险中,企业退休人员实行管理服务社会化,具体是指职工办理退休手续后,其管理服务工作与原单位分离,养老金实行社会化发放,人员移交城市街道和社区实行属地管理,由社区服务组织提供相应的管理服务。

鉴于宁镇扬三市社区建设发展不平衡的情况,南京城市化建设较为完善,故比较全面地实现了养老保险的社会化管理,而镇江和扬州在城市化推进中完成情况不如南京,虽然如句容等地区已经初步实现了养老保险全面社会化管理,但还有部分地区采取了由社会保险经办机构管理、委托企业主管单位或企业代管等过渡办法。

## 二、基于现代化建设的宁镇扬互补性实证分析

互补性是指由于客观上存在区域差异,区域与区域之间在城市规划、产业规划以及市场建立等方面有着十分密切的联系,故而彼此间取长补短、各取所需、相互协调、共同发展。互补性以区域间人口和自然资源空间分布不均衡为前提,却又是人口和自然资源空间分布不均衡的结果。宁镇扬同城化发展必须立足于宁镇扬三市实际经济发展、社会建设、民主法治、人民生活、生态环境等方面的基础,充分发挥各自的优势,实现规模化的融合性发展,体现同城化发展的整体性优势。

### 1. 文化产业融合发展

文化产业增加值占 GDP 比重这个指标的权重最大,表明宁镇扬在同城化

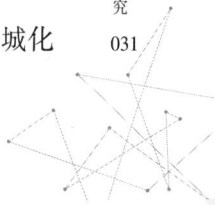

发展中,想要率先基本实现现代化,必须重点发展文化产业。同时,南京和镇江的文化产业发展水平相当,而扬州则相对较弱,故在文化产业的发展方面,扬州需要加强与南京和镇江的交流。宁镇扬三市都有着丰富的旅游资源,南京在体育产业方面明显优于镇江和扬州,文化产业的融合发展将是同城化发展中宁镇扬优势互补的一个重要领域。

**2. 知识产权效益互补**

百亿元 GDP 发明专利授权数这个权重也比较大,南京在这个指标上面明显弱于镇江和扬州,但是从 R&D 经费占 GDP 比重来看,南京又明显高于镇江和扬州,说明南京在知识产权投入上并不比镇江和扬州少,可是在知识产权的管理和应用上可能没有镇江和扬州效益高,故知识产权综合能力提升的合作将是宁镇扬同城化发展中的另一个重要领域。

**3. 人才资源流通互动**

国民平均受教育年限这个指标能很好地反映出一个地区的人力资本水平,南京的国民平均受教育年限在全省排名第一,要高出镇江 1 年,高出扬州近 2 年。南京的教育资源非常丰富,在全国城市教育竞争力中名列前位,目前拥有像南京大学、东南大学等各类高等学校 38 所,其中"211 工程"高校达 8 所,为宁镇扬同城化发展提供了丰富的人才资源。镇江、扬州应该借助南京在培养人才资源方面的优势,提高产学研合作水平,加速宁镇扬同城化发展后的产业结构升级,加快基本实现现代化的步伐。

**4. 公共服务福利共享**

城乡公共服务支出占财政支出的比重能够比较全面地反映一个地区社会管理和公共服务的水平。南京在城乡公共服务支出方面明显优于镇江和扬州,同城化发展过程中,南京在社会管理和公共服务方面的社会效益将会溢出,镇江和扬州的市民能够共享这方面的效益,将会增强宁镇扬同城化发展中市民精神上的归属感,提升市民对同城化建设的支持度,有利于宁镇扬边界区域政府建设工作的推进。

## 三、加快宁镇扬同城化发展的对策研究

通过对宁镇扬同城化发展的理论研究和实证研究,本文辨析了宁镇扬同城化发展的差异性和互补性特征,并在此基础上,提出按照突出重点、先易后难、循序渐进、稳步实施的工作思路,积极推进宁镇扬在各个领域的同城化建

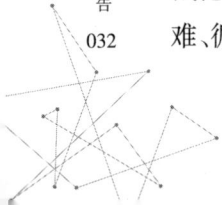

设,深化宁镇扬同城化发展的对策研究。

**1. 深化宁镇扬同城化体制建设**

宁镇扬同城化过程中,首先要发挥政府作用,建立以同城化城市间政府合作体制建设为主的包括企业和社会中介组织等多层次参与的区域化协调发展体制。一方面要建立条块结合的网络状工作机制,各城市政府要建立都市圈领导小组和工作机构。另一方面要建立各方参与的工作机制,完善工作制度。深化宁镇扬同城化的体制建设主要包括如下内容:

**(1) 联席会议制度建设**。现代化的经济体制下,城市群同城化发展的观念要从行政区发展转变为经济区发展,淡化行政区的明显界限,着重区域内部的社会经济效益,以社会经济效益最大化以及可持续发展为目标,实现不同城市间以经济为纽带的集聚化发展。然而淡化行政区的界限本身就是个难题,区域经济的发展离不开地方政府的引导,区域间城市的地方政府都有着明确的职责和分工,所以,即使是同一个上级部门,合作工作还是难以推进。显然宁镇扬同城化的过程中,建立三市高层领导小组、市长联席会议、分管市长工作协调会、联席会议办公室和专责小组等多层面的工作运行机制,完善联席会议制度是淡化行政区界限的有效方法。联席会议制度属于网络状工作机制(如图1所示):第一级是高层领导小组,负责总体方案制定、同城化整体规划等工作;第二级分为市长联席会议、分管市长工作协调会议、联席

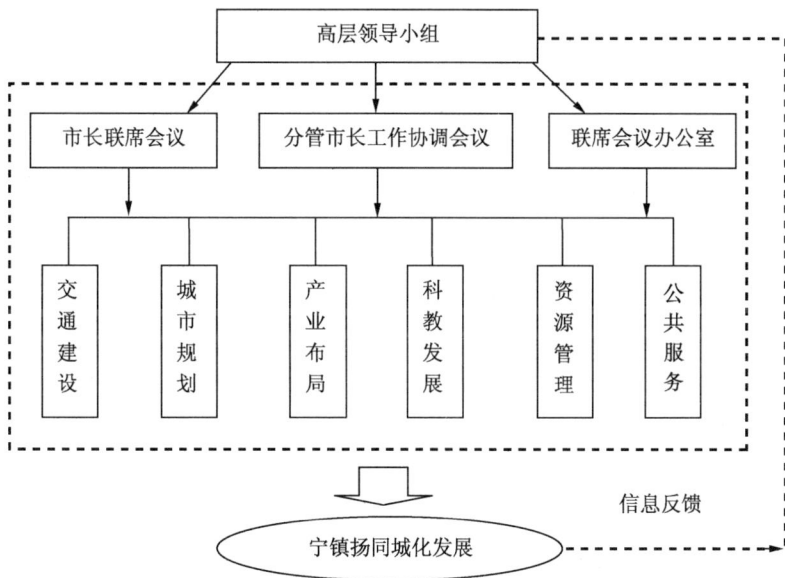

**图1 宁镇扬同城化发展的联席会议制度路线图**

会议办公室,主要负责同城化的城市间各个部门的协调和调运;第三级为交通、科教等部门单位在同城化实施进程中的直接合作,具体推进同城化发展。

**(2)专家咨询委员会建设。**同城化建设理念的提出在国内已有数年,但无论是理论还是实践,都处于"摸着石头过河"的探索阶段。为了使宁镇扬同城化建设少走弯路,建立高层次的专家咨询委员会将是十分有效的途径。聘请中央部委、省级部门及高校、科研机构专家组建立宁镇扬同城化专家咨询委员会,对存在的热点、难点问题进行研究,为规划编制与衔接、项目安排与实施、区域品牌建设、机制体制创新、法规政策制定等事项提供咨询,定期举办"宁镇扬同城化"论坛。

**(3)宁镇扬同城化共同发展基金建设。**宁镇扬同城化建设体制保障的另一个方面就是政府扶持。新型的合作协调机制中,除了使用传统的政府行政力进行区域协调外,还要引进利益补偿机制和公共投资等经济协调力,借鉴武汉城市圈和广西北部经济区的做法,探索建立宁镇扬共同发展基金,在重大基础设施建设、产业转移和园区共建、生态补偿、排污权交易、公共服务均等化等方面共同分担与受益,推进重大领域的突破,强化《宁镇扬三市重点领域合作协议》的实施。

**2.构建宁镇扬同城化发展机制**

通过对宁镇扬同城化的发展现状分析,可以找出宁镇扬三市在同城化发展中存在的问题,基于此可以提出具有针对性的具体措施。而要使这些措施形成标准化的可操作流程,就必须对宁镇扬同城化发展过程的机制进行研究。本文基于对同城化发展中宁镇扬差异性和互补性特征的分析,以产业规划、城市空间、政府合作、市场构建等为研究对象,深入探讨宁镇扬同城化发展的互补机制、协调机制和调控机制。

**(1)宁镇扬同城化发展互补机制的构建。**宁镇扬同城化发展的互补性特征主要表现在城市规划互补、空间结构互补、经济流量互补和产业结构互补。城市规划互补构成了同城化发展互补机制的基础,空间结构互补是同城化发展互补机制的天然禀赋,经济流量互补和产业结构互补构成了宁镇扬同城化互补机制的主体,综合各因素的互补形成了宁镇扬同城化发展的互补机制,如图2所示。

宁镇扬同城化发展的主要互补性因素有地理位置、制度因素、资源要素和产业基础等。其中宁镇扬地缘相邻,具有同城化发展的基础,而制度因素主要考虑的是在城市规划中,综合宁镇扬城市间的最大利益而形成的共同建

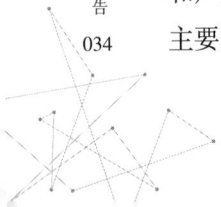

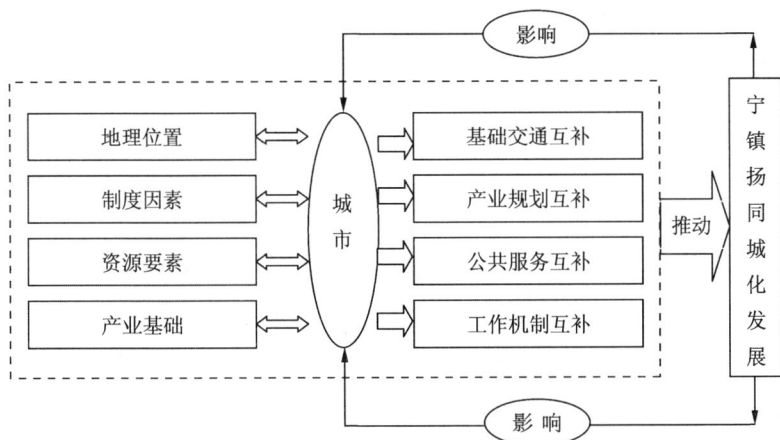

**图 2　宁镇扬同城化发展互补机制**

设,特别体现在城市建设的边缘结合地带和城市交通网建设上。资源要素主要体现在城市之间经济联系的要素,包括人流、物流、资金流、技术流等在内的经济流量,这些经济流量通过城市之间的流通互补,推动宁镇扬的同城化发展。产业互补是同城化发展的主要动力,结合城市规划、城市空间和城市间经济流量等因素,通过宁镇扬各政府的引导,产业得以优化发展,同城化水平进一步提升,形成宁镇扬城市发展良性循环,构成宁镇扬同城化发展的互补机制。

**（2）宁镇扬同城化发展协调机制的构建。**宁镇扬同城化发展的协调机制主要包括两个方面:一是宁镇扬经济板块产业协调发展的机制,二是同城化发展背景下政府的协调机制。

宁镇扬产业之间的协调发展方式主要有两类:一是水平合作方式,是指经济板块内的企业主动联系在一起,共同探索创新趋势,研究国际市场需求变化的应对策略;二是垂直合作方式,是指功能互补的企业之间,通过供应、服务和客户关系网络将产业链条内的生产商、供应商、贸易商、顾客等联系在一起。基于此,学者江心英、曹恒高等提出宁镇扬产业协调发展的三大机制分别是:产业链协调发展机制、竞争合作发展机制、共享式产业协调发展机制。

宁镇扬同城化发展背景下政府的协调机制是各城市政府间为推进同城化发展而在政策等方面作出调整,它主要包括政府引导产业间合作、重大交通项目合作、新兴园区共同建设、信息交流平台建设、政策协同等方面。宁镇扬同城化发展的协调机制如图 3 所示。

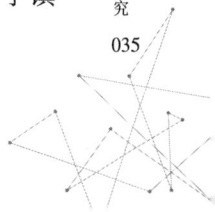

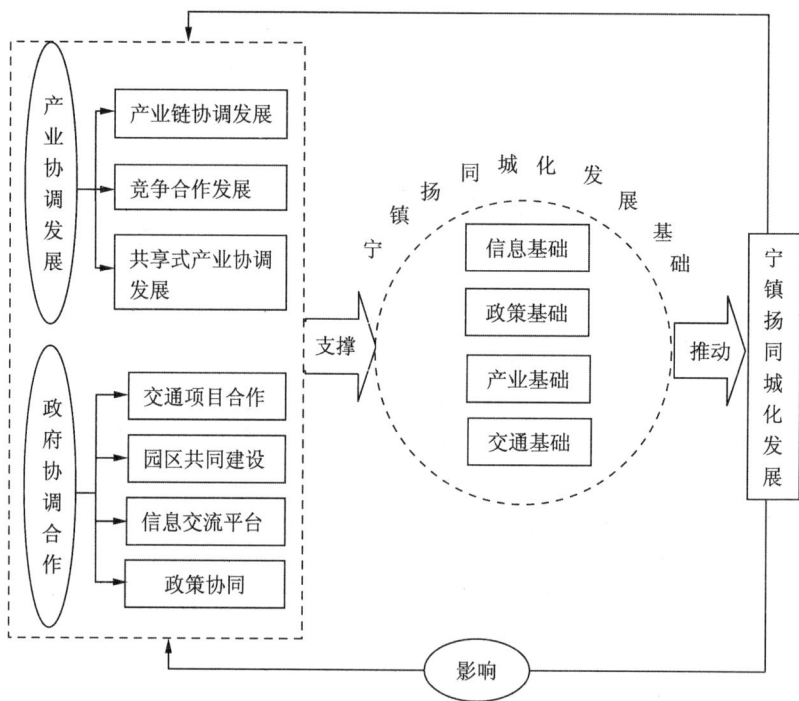

**图 3　宁镇扬同城化发展的协调机制**

**（3）宁镇扬同城化发展调控机制的构建。**借鉴西方国家的经验与实践，基于市场化的发展机制，打破区域间的行政分割，宁镇扬经济板块可以建立一个跨行政区的联合机构和监督机构，管辖区域事物，沟通和平衡各方利益，协调解决对区域经济发展有重要影响的问题。因此，可以在宁镇扬区域内建立由板块内城市或地区政府及有关部门和区域经济专家组成的宁镇扬经济板块发展指导委员会，对板块内经济协调发展提出战略性、方向性的指导意见，并统一调控板块内企业、交通部门和政府相关单位，形成政府调控机制，共同完成宁镇扬同城化向高水平方向发展。

**3. 推进宁镇扬交通网络建设**

宁镇扬三市地缘相邻，具有同城化发展的天然优势，缩短镇江、扬州与南京的时间距离，是宁镇扬同城化建设的基础性条件。

**（1）宁镇扬城际轨道交通项目。**轨道交通由于具有用地省、运量大、投资小、运行时间稳定等优点，一些发达地区的公共交通中，轨道交通都是核心的组成部分。宁镇扬同城化建设中，必然需要列入城际轨道交通项目，目前三市的发改委、交通、规划、住建等部门已经共同开展前期研究论证与沟通对接,合作编制完成三市城际轨道交通规划。目前规划中的南京到扬州仪征、南京到镇江句容的轨道交通线均已启动预可行性研究。进一步,南京可考虑对接地铁2号线和禄口机场,向东南延至镇江句容,重点加强沿线小城镇布局规划。镇江和扬州的轨道交通可考虑连接镇江南站、镇江站、扬州站、泰州机场等交通站点。

**(2)高速公路构建"环"。**尽快开工建设南京绕城高速公路、扬滁高速公路、京沪高速公路南延段(江都—界牌),以及浦仪高速公路,完成宁通公路六合—江都段的高速化改造,实现高速公路"环"的构建。依托普通干线公路,积极推进城际快速公路建设与改造,完善城际间公路干线配置,有力引导区域空间格局的形成,重点推进沿江背部高等级南京段、宁镇公路(G312)、宁丹公路(S122)、宁杭公路(G104)、宁通公路建设;重点完成243省道的高速化改造,改善扬州、镇江与禄口机场间的公路联系。

**(3)形成环状城际铁路。**通过对宁镇扬交通同城化的现状分析我们可以发现,南京至镇江的铁路交通十分发达,而扬州至南京的铁路就相对薄弱,扬州与镇江之间则没有铁路,对于城际客运和货运都有影响,形成环状城际铁路将给宁镇扬交通同城化带来极大的利益。形成环状铁路的重点将是推进连淮扬镇铁路建设,发挥长江三角洲北翼南北向交通通道功能,引导产业集聚,促进区域协调发展。

连淮扬镇铁路是江苏中部贯通南北的重要通道。北起连云港,经灌云、灌南,后进入淮安市,经涟水至淮安南站;再从淮安南站引出,跨新长线、苏北灌溉总渠后,并由京沪高速公路西侧南行,经淮安市淮安区、宝应县、高邮市,引入扬州市邗江区杭集镇(东、西侧),新设扬州东站,同时沟通扬州站。线路出扬州东站后南行,在长江镇扬河段下游五峰山处,以主跨1120米悬索桥(公铁合建)跨越长江,进入镇江,引入沪宁城际丹阳站,至上海方向。全长311公里,设计行车速度为250公里/小时。总投资接近400亿元。以高架桥为主,跨长江后分别接入沪宁城际丹阳站和丹徒站,线路等级为客运专线,设计行车速度为250公里/小时。

建成后的连淮扬镇铁路,将成为江苏"四纵四横"综合交通通道的"四纵"中的一条,其他"三纵"分别为沿海通道、宁连通道、宁杭通道。此外,在"十二五"期间还应开展淮扬镇铁路延至溧阳段等项目的规划研究,综合规划线路建设。

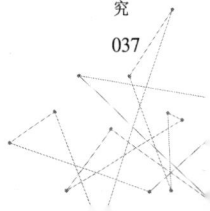

#### 4. 创新宁镇扬同城化产业布局

宁镇扬同城化发展的动力源泉是宁镇扬的经济一体化建设,产业发展是经济发展的主体,应构建产业互补机制,使得宁镇扬同城化向着更高水平发展。

**(1) 文化产业融合发展。**文化产业的融合发展对宁镇扬同城化的推进将起到非常大的作用。宁镇扬的文化产业融合发展最重要的一个部分就是旅游文化产业的融合。宁镇扬三市都是古代的政治文化经济中心,文化底蕴深厚。在旅游文化产业的融合发展中,三市要找准自己的定位,南京应充分利用古都文化资源,而镇江向来以山水为特色,就应该发展以山水为主题的旅游文化产业,扬州则可以注重园林文化、美食文化建设。

**(2) 新兴产业产业链跨地域延伸。**战略新兴产业的发展是基本实现现代化的新动力,宁镇扬地区想要率先基本实现现代化必定需要抢占新兴产业发展的制高点。宁镇扬战略新兴产业的互补发展是以拉长产业链为目标,促进新能源、新材料、航空航天等战略新兴产业快速发展,实现产业链的跨地域延伸。特别是宁镇扬地区地缘相邻,有着广大的共同边界地区,可以趁着战略新兴产业还处于起步阶段,推进新兴产业的跨区域发展,优化配置宁镇扬城市间的资源。实施战略新兴产业企业的集群化发展,积极发展战略新兴产业园区,推动产业集群,形成良好的战略新兴产业区域发展环境。

**(3) 现代服务业以点带面。**为适应现代产业体系发展的新形势,应加快建立以生产性服务业为主体的现代服务业发展体系。宁镇扬同城化发展中,产业发展的互补性至关重要,而宁镇扬三市在现代化服务业方面都没有特别的优势,现代化的生成性服务业都是短腿。宁镇扬要实现产业互补,应该以发展生产性服务业为桥头堡,带动整个产业体系的结构升级。同城化发展中,应该以集聚区建设为抓手,重点发展物流、文化、旅游、商贸、金融和商务、软件和信息等现代服务业,以点带面促进传统产业优化升级,重新焕发化工、机械、汽车制造等宁镇扬板块主导产业的活力。

**(4) 产业信息平台实现资源共享。**宁镇扬同城化产业互补发展的一个重要基础就是信息技术平台的建设。随着同城化的发展,不同城市产业间的信息交流变得越来越重要,建立三市统一的产业信息平台,将有助于克服行政区域划分带来的制度障碍,加快宁镇扬三市间的产业信息流通,实现产业资源的优化配置。宁镇扬产业信息平台的建设,可以由政府部门主持,比如工商联可以建立一些企业信息平台,学校和科研机构可以建立共同的创新成果转化平台,宁镇扬三市的人力市场之间也可以建立统一的人才资源平台。

**5. 开展宁镇扬社会事业领域合作**

积极开展科技、教育、文化、体育、医疗卫生、就业、社会保障等社会事业领域的合作研究,不断提高三地市民生活质量和社会发展水平,将有利于共建"宁镇扬高品质生活圈"。

**(1) 构建同城化信息传输网络。**当前,人力资源和社会保障部已经在全国范围构建社会保障专用信息网络(简称"金保网络"),江苏地区已经覆盖了13个省辖市。宁镇扬同城化发展过程中,可以充分使用这一网络,实时监控江苏省的人力资源流动和社会保障情况。同时,可以逐步扩展网络平台,形成包括劳动就业情况、学生上学情况、参保人员医疗结算情况在内的综合性网络信息平台。

**(2) 统一社会保障卡制式标准。**社会保障卡是参保人员就医结算过程中的重要介质,同时也是参保人员的身份凭证。目前,宁镇扬三市自行制发社会保障卡,相互之间不能兼容,这就形成了同城化就医实时结算的屏障。要解决好这一问题,必须要推动社会就医地保障卡的制式标准统一,具体工作可以分两步走:第一步,对符合条件的同城化就医人群在指定就医地,由当地社保部门为其制发可在当地就医使用的社会保障卡;第二步,在统筹规划的前提下,通过一段时间逐步统一各城市社会保障卡制式标准,符合同城化就医的人群只要在参保地审核后,通过系统设置社会保障卡的就医地区范围,不用重新换制社会保障卡,就可以在指定地区的医疗机构就医。

**(3) 加强社会保障事业科研工作。**从宁镇扬同城化推进的实际情况来看,首先需要开展资金中长期平衡等涉及全局和长远的发展战略、基础理论和重大政策研究,利用宁镇扬地区,特别是南京极其优越的教育资源,为社会保障事业科研工作提供原动力。同时可以利用三市人社局,甚至江苏省人社局以科研基金的形式,扩大科研范围,鼓励各高校加强政策评估、技术标准、量化分析、预警预测与社会保险精算等专题研究,为社会保障事业长期健康发展提供理论支撑。

**参考文献:**

[1] 高岩:《大都市相邻地区规划的探索与实践——以宁镇扬相邻地区规划为例》,《转型与重构——2011 中国城市规划年会论文集》,2011 年第 12 期。

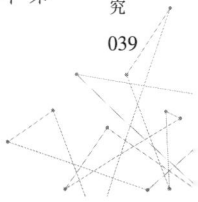

[2] 王兆辉:《宁镇扬经济区产业集聚、城市化及政策探索》,《特区经济》,2010 年第 6 期。

[3] 花为华:《宁扬再添跨江动脉长江四桥》,《扬州日报》,2012 年 2 月 1 日。

[4] 吴生锋,花为华:《宁镇扬:加速"同城化"》,《扬州日报》,2012 年 2 月 11 日。

[5]《推进宁镇扬社保"同城化""一卡通"》,苏州一卡通网.2012 年 2 月 13 日。

[6] 曾向东:《构建宁镇扬经济板块的战略研究》,中国社会科学网,2008 年 11 月 21 日。

# 丹阳县域经济转型升级研究

/唐明觉 张 浩/

## 一、丹阳市产业概况

丹阳是一座现代化工贸城市,眼镜、五金工具、汽车零部件、木业、医疗器械等产业规模较大,是"中国眼镜生产基地",亚洲最大的铝箔、钻头、人造板制造基地。建有国家级眼镜质量检验检测中心,眼镜城、灯具城、汽配城等专业市场全国知名。自20世纪80年代以来,丹阳始终坚持以解放思想为先导,积极拼抢每一次重大机遇,主动破解每一个发展难题,不断推动开放型经济实现新突破,跃上新台阶,成为江苏乃至全国县域经济发展的"排头兵"。近年来,面对外需急速下滑、持续低迷的严峻挑战,丹阳以经济转型升级为突破口,续写了丹阳开放型经济转型升级的新篇章。

## 二、丹阳县域经济转型经验借鉴

### 1. 依靠人才引领及科技创新之路

丹阳的眼镜产业和市场在全省乃至全国都很有影响力,此外丹阳的汽车零部件产业已经形成了完整的产业链,但以上产业科技含量还比较低,缺乏领军型、龙头型、带动力强的生产企业。为此,丹阳通过人才引领、创新驱动,加速了传统产业升级、新兴产业崛起。一方面,创新已成为丹阳从根本上破解发展瓶颈的现实需要。另一方面,创新已成为丹阳构筑新一轮区域竞争优势的战略之举。截至2013年7月,丹阳共引进270多名高层次创新创业人才,有9名国家"千人计划"专家和40多名院士,近200项国内顶尖的技术,还有精密合金、仅一包装等一大批公司掌握了相关核心技术。

为了实现依靠科技创新转型升级的目标,丹阳主要抓好三个关键点。一是培育新兴产业。在未来的几年,丹阳将下大力气培育新材料及航天航空、新能源、高端装备制造、新医药及医疗器械、电子信息五大新兴产业。二是提升传统产业。依靠技术改造提升传统产业,推动产业向研发设计、品牌营销等高附加值环节延伸,使现有企业在二次创业中实现装备、技术升级,以技术优势再造传统优势。未来几年,丹阳还将在抓好新兴产业培育、传统产业提升的同时,更新观念,通过模式的创新、机制的创新,用高新技术支撑现代服务业快速发展。

### 2. 依托产业的战略整合实现转型升级

丹阳的眼镜企业中,有相当一部分是小门小户的小型企业。这些企业要快速发展就要学会整合资源,就要掌握和运用好整合战略,这样才能实现资源的快速增值和增量。目前,法国依视路集团已在丹阳市投资并购了四家眼镜生产企业,无论是产品销售还是品牌培育都取得了良好业绩,为丹阳传统优势产业发展带来了新的活力和增长点。

丹阳的汽车零部件生产工艺和产品质量与欧美日汽车生产强国具有一定差距,为了提高竞争力,丹阳通过引进国外先进企业,引领、整合产业链。如丹阳市政府和日本贸易振兴机构共同倡导,决定在丹阳经济开发区启动以日本中小企业汽车零部件集群为主的丹阳日本汽车零部件工业园,旨在借力丹阳这个新兴汽车零部件工业基地,掀起新一轮的日本汽车零部件产业转移大潮,全面提升丹阳汽车零部件产业知名度,促使它们早日进入知名汽车品牌采购目录。

### 3. 政策机制作为服务创新的聚力点

在政策机制方面,近年来,丹阳在借鉴发达地区经验的同时,也始终在健全和完善各项政策机制。一是政府助推。只要是创新创业类的好项目,就一定要尽最大努力帮助支持,做企业的坚强后盾。二是政策引导。用足用好国家和省市出台的各项优惠政策,强化财政、信贷、税收等方面的政策扶持。三是社会崇尚。大力弘扬"至诚、至精、创新、图强"的丹阳精神,营造"尊重创造、鼓励开放、敢冒风险、宽容失败"的创新创业环境。

综合考察丹阳近年来的成功实践,我们看到,创新型经济在丹阳正展现着蓬勃的生机和无穷的魅力。国际金融危机不仅没能阻断丹阳开放型经济的前进步伐,反而被丹阳转化为经济转型的助推器和新兴战略性产业发展的催化剂。丹阳充分利用国际金融危机的"倒逼机制",为开放型经济安上了

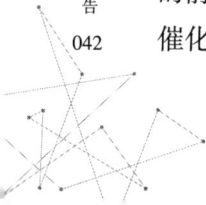

"自主创新"的新引擎,增添了新动力,实现了"外资、外贸、外经、外智、外包"与自主创新的有机结合,形成了"外向带动"和"创新驱动"的强大合力,丰富了开放型经济内涵,提升了开放型经济水平,增强了开放型经济的活力和国际竞争力,构筑了开放型经济的新高地。

## 三、丹阳转型升级存在的困境

"十一五"期间丹阳市的发展成就有目共睹,经验弥足珍贵。但也必须清醒地看到,丹阳经济和社会发展中仍存在一些深层次的问题和矛盾:一是创新能力不足。部分企业创新意识不强,技术创新投入不足,缺乏高新技术人才,研发机构有待进一步完善。二是产业升级有待加快。产业结构偏重,传统产业比重高,新兴产业比重偏低,节能减排压力较大。产业规模偏小,缺乏千亿级产业集群引领,带动作用不强。具备自主知识产权的高新技术产品严重匮乏。三是对外开放程度仍然偏低。引进外资、吸引市外投资的力度有待进一步强化。四是城市化水平有待提高。基础设施建设、功能配套有待进一步完善。五是社会保障水平不高。六是要素瓶颈制约将更加明显。国家财政政策的转变减少了货币流动性,企业资金压力加大。同时,土地资源紧缺,矛盾将更加突出。

### 1. 企业规模较小,产品结构不合理

目前丹阳眼镜、汽车零部件等产业一方面处于较低层次,重复分散,集中度低,配套单一。另一方面,产品结构不合理,高新技术产品、附加值高的产品太少,主要集中在劳动密集型的低附加值产品领域,产品种类较多,专业化水平较低,致使产品质量不能保证。

### 2. 企业专业技术人才匮乏,研发能力不足

受企业规模、资金实力、人才储备等多种因素的限制,丹阳企业的研发投入和能力都严重欠缺,属于企业自己所有的知识产权产品太少,层次也太低,远远无法满足企业发展的需要。

### 3. 企业经营观念落后,难以进入全球采购体系

丹阳的企业绝大多数都属于草根经济,以产品经营为主要特征的传统经营模式占据主流,在强大的竞争对手尤其是世界强手面前显得软弱无力。在营销模式上主要靠专业市场、靠购销员包打天下、靠吃喝维护客户关系这种早已在很多行业被淘汰的业务模式。

### 4. 企业生存环境恶化，发展面临较大挑战

一是融资难。二是融资成本高。三是土地供应仍然紧张。据调查，全市184个重点项目用地需求缺口约1万亩以上。四是企业微观经营较为困难的局面尚未得到根本改善。受国际和国内市场需求不足双重影响，实体经济面临巨大压力，主要表现在企业用工成本高，融资成本居高不下，水、电、汽价格持续上涨，生产资料价格总体上升、起伏不定。因此对丹阳的特色产业而言，在管理、人才、成本、经营、整零关系、产品出口等不同层面，企业的生存都面临较大挑战。

## 四、丹阳转型升级的几点建议

### 1. 把解放思想落实到具体行动上

一是善抓机遇，加快发展。当前，丹阳要变国家宏观调控压力为动力，统筹内外资源，整合市属县域，大胆试、勇于闯、善于干，把向上争取与先干起来紧密结合起来，不等不靠，加快发展，率先突破。二是攻坚破难，服务发展。当前，企业生产经营面临前所未有的困难，各级各部门应真正为企业着想，全力帮助企业渡过难关。要主动研究对策措施，灵活变通政策规定，特别是有关职能部门应破除揽权争利的部门行为，减免或缓缴有关收费，搞好服务，做到"一切围绕发展转"。三是真抓实干，推动发展。要敢于担责、真抓实干，在提高执行力上狠下工夫。

### 2. 统筹县域经济发展规划

树立丹阳市属、县域"一盘棋"思想，研究制定全市县域经济发展规划，明确各县区的发展目标、定位、思路和重点，并与全市城乡建设规划、土地利用规划等搞好衔接。

### 3. 坚定不移地实施"工业强市强县"战略

一是抓大扶小。实施骨干企业带动战略，推进最优的要素配置，提供最佳的政府服务，举全力培植更多"龙头型"企业集团。把企业上市作为培植大企业的重要手段，力争推介更多企业实现境内外上市。实施"成长型中小企业"扶持计划，每年选取50~100家有市场、有潜力的中小企业，集中各项扶持资金，根据中小企业特点，贴心服务，精心扶持，促其尽快做大做强。

二是发展战略性新兴产业。依据丹阳现有产业现状，选择一批具有自主知识产权、已形成一定产业基础、市场前景好的产品进行重点突破。

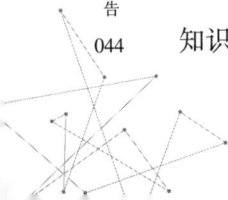

新材料产业。以龙头企业为依托,全力打造丹阳市新材料产业基地。重点发展高性能金属材料、新型纤维材料、新型化工材料、新型建筑材料等产品。

先进装备制造产业。重点推进大型铸锻件及加工辅具制造业、农业机械制造业、船用设备制造业、特种车辆制造业、专用设备制造业的发展。

新能源产业。加快推进太阳能光伏领域、新能源汽车领域、风能装备制造领域和核电装备领域的新能源产业爆发式增长,稳步发展生物质能和水煤浆等领域的其他新能源产业。

新型医疗器械及生物医药产业。重点发展新型医用器械、新型医用材料、新型保健品、新型药品等产品,渐次培育康复护理器械、医用包装材料、医用高分子材料、医药卫生材料等前沿领域、高成长性板块。

电子信息产业。重点发展新型照明和显示、电子产品制造、软件与信息服务、物联网等,延伸产业链,提升产业层次。

三是做精特色产业。针对眼镜、木业、五金工具和汽车零部件等丹阳特色产业,加强完善产业体系,建设公共技术服务平台,努力延伸产业链,鼓励企业重组协作,增强行业组织机构的协调服务作用,全力促进特色产业做精做强。

一方面,技改资金、科技三项经费等应重点倾斜,着力提升技术水平,推动产业升级,扩大产业规模,提高集聚效应;另一方面,舍得拿出优势企业资源,引进战略投资者和"基地型"项目,对传统产业进行整合改造。通过自主创新和引进技术,加快对推动结构升级具有重大作用的共性技术、关键技术和配套技术的开发,积极发展具有广阔前景、自主知识产权的优势特色产品、高新技术产品、高附加值产品和知识密集型产品。实施品牌战略,实行政府推动与企业争创相结合,营造优越的名牌发展环境,增强企业创牌意识,形成国家、省、市三级梯状名牌企业群体和名牌产品集群,实现由"丹阳制造"到"丹阳创造"的跃升。

四是改造提升传统产业。针对纺织、化工、包装印刷、农产品加工和冶金等传统产业,大力推动品牌创建,加快技术改造步伐,加大信息化改造力度,推进绿色制造,推进电子商务,全力推动传统产业转型升级。

五是外引内联。注重招商项目的针对性,根据产业集群发展需求,针对产业链的薄弱环节,有选择地招商"补短";加大产业招商力度,充分利用产业基础和资源优势,加快外资向本土产业的融入,着力"补软";瞄准世界 500 强和中国 500 强企业,引进能带动产业发展的大项目、大企业,着力"补缺"。对

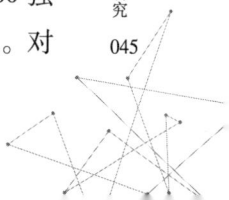

丹阳传统优势产业特别是眼镜、汽车零配件、五金工具制造等产业,应加大横向联合,建立行业技术研发中心,形成分工协作关系,并依托龙头企业,打造统一品牌,推进传统产业品牌化。通过市场推动和政策引导,争取上市、兼并、联合、重组等形式,形成一批拥有自主知识产权、主业突出、核心竞争力强的大企业、大集团。同时,发挥大企业的辐射带动作用,加强小企业对大企业的专业化配套和服务,逐步形成以大企业为主导、大中小企业分工合作和协调发展的现代企业组织结构,提高生产的专业化和社会化水平。

六是推进工业化和信息化融合发展。大力推进工业化和信息化融合,强化信息技术对制造业的支撑作用。充分提高应用信息技术提升企业的开发设计、生产、管理和营销、服务等环节的信息化水平,重点实现产品、装备的数字化、智能化,提高产品附加值。推广供应链管理,加快传统产业与物流业对接,实现互动发展。推进物联网技术的应用。建设企业公共信息服务平台,为企业提供信息发布、精细化管理、信息软件、商务信息、技术咨询、电子商务、网上交易等信息化服务。

**4. 着力破解县域经济转型升级发展难题**

一是破解融资难题。鼓励金融机构扩大基层行审贷权限,开发适合县域企业和农村特点的金融产品,搞活信贷。对各金融机构和邮政储蓄在县域吸收的存款,应严格执行主要用于县域的规定,并力争比例逐年提高。组建中小企业信用担保体系,鼓励民间资本成立担保机构,支持发展企业互助担保和商业担保业务,解决好中小企业融资难问题。探索设立风险创业基金,支持中小型科技企业发展。二是破解用地难题。统筹全市建设用地指标,重点保障重大项目建设用地。鼓励各县区采取城镇建设用地增加与农村建设用地减少相挂钩和建设用地置换等办法,拓展发展空间。整合各类土地资源,采取退二进三、退城进园、旧村旧城改造等措施,盘活存量土地。

**5. 着力优化丹阳县域经济发展环境**

一是优化政务环境。确立服务是第一投资环境的理念,让全过程、全领域、全天候服务融入每一位干部职工的思维,努力为投资者创造宽松、高效的服务环境。二是优化政策环境。强化对丹阳县域经济的政策支持,制定扶持特色产业、中小企业、融资、用地、用电等方面的配套政策,加大执行落实力度,发挥好政策效应。三是优化执法环境。加快建立以服务为核心的优化环境长效机制,变治标为治本。对乱检查、乱收费、乱罚款行为严厉查处,一查到底,严肃处理,切实维护投资者、经营者的合法权益。四是优化社会环境。

加快政府信用建设,以落实招商引资践约、部门服务践诺、优惠政策践行为重点,塑造守时、守约、守信的政府形象,营造"亲商、富商、安商"的浓厚氛围。

### 6. 大力发展现代服务业

按照服务业发展提速、比重提高、结构提升的总体要求,加快发展生产服务业,提升发展生活服务业,加快建设现代服务业集聚区,全面提高服务业整体发展水平。推进服务业与先进制造业的"两业融合",提升服务业对制造业的支撑作用。

### 7. 大力发展现代农业

完善农业规划,完善农村基础设施建设,推进"三新"工程,加快现代农业建设步伐。

### 8. 实施商业模式创新,助推产业转型升级

全球化、新经济、互联网是商业模式创新之源。成功的商业模式就是知识经济与创业创新的结合。由互联网技术、IT、通信等技术革命催生的新经济业态及新商业模式正在不断颠覆传统产业的商业准则,创造出新的盈利模式。丹阳要借鉴国际经验,积极探索具有丹阳特色的创业创新之路,就必须大力培育新的商业模式。为此,丹阳应积极探索优势特色产业商业模式创新的路径和策略,实现眼镜、汽车零配件等优势产业从产品提供者向服务提供者转型,从产品竞争力向全产业链掌控力转型。

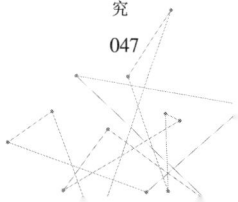

# 展示"最美扬中" 开启"中国梦"的扬中篇章

/孙乾贵/

随着《苏南现代化建设示范区规划》(以下简称《苏南规划》)的正式实施,率先基本实现现代化已经成为苏南各地发展的共性目标。目标一致,但并不意味着发展路径和现代化建设成果的"千篇一律"。扬中作为"四千四万"创业精神的发源地,与苏南其他县市相比,区位特点、产业特色、人文特征都十分鲜明,完全可以因地制宜、错位竞争,走出一条具有扬中特色的现代化建设之路。扬中现代化示范区建设的总体定位,就是要打造一个产城互动融合、人民生活富裕、生态环境优美、社会繁荣和谐的"最美扬中"。这既是扬中苏南现代化示范区建设的个性呈现,也是"中国梦"扬中篇章的具体展示。

## 一、准确把握"最美扬中"建设的"形"与"势",乘势而上,科学谋划,全力以赴提速现代化

建设苏南现代化示范区,是扬中千载难逢的战略机遇。面对这样一个难得机遇,扬中将把研究做透,把思路理清,把工作做实,真正使发展机遇转化为现实动力。

### 1. 更理性地认识机遇

国家层面的战略机遇,必然为"最美扬中"带来更多扶持政策、资金、项目等,在欢欣鼓舞、激情畅想的同时,我们也保持了清醒的头脑,认识到:第一,机遇不是生来就有,需要创新创造。正如江苏省委书记罗志军强调的,苏南现代化建设示范区是一次"创"出来的机遇,是在创造性地"向上争取"后赢得的机遇。这也就意味着,扬中必须大力弘扬"四千四万"创业精神,立足自我,自力更生,自强不息,自主创造。如果主观上不努力,即便是国家明确支持的事项,也会一个个落空。第二,机遇不是平均分配,需要加倍努力。与苏南各

市站在同一起跑线,并不意味着能够"齐步走"。特别是扬中处于苏南、苏中的边界地带,机遇的递减效应到了扬中显得尤为明显。所以,扬中要在共性机遇中抢得先机,必须从起跑线开始发力,付出百倍于人的努力。第三,机遇不会自动生效,需要务实作为。天上掉馅饼的好事从来就不会发生。扬中将杜绝只要挂上"国家战略"名头,就会有多少资金、项目送上门来的懒汉思维,抛弃"等靠要"的依赖思想,积极争取,主动对接,确保更多的优惠政策、优质项目在扬中"落地开花"。

**2. 更精准地把握内涵**

《苏南规划》内涵非常丰富,指导性也很强,扬中将在整体上把握,深层次思考,认识到:第一,《苏南规划》不是新砌炉灶,而是延续升华。苏南现代化建设示范区是一个全新的概念,但绝不是另砌炉灶,绝不是对已有思路措施和阶段性成果的否定,而是贯彻落实"十八大"精神,以更为前瞻的理念、更为科学的思维,规划设计一个更高质量、更高水平、更高满意度的现代化路径。第二,《苏南规划》不是孤立存在的,而是相通关联的。现代化示范区建设的"四条原则""五项关键举措""五个建设"以及"五个区"的战略定位,都是围绕着"十八大"提出的"五位一体"的总体布局展开的,是相互关联、相辅相成的有机整体,在执行过程中必须统筹兼顾、协调推进,而不能相互割裂。第三,《苏南规划》不是静止僵化的,而是动态变化的。虽然《苏南规划》列举了很多项目,但更多的是原则性、目标性的表述。因此,作为《苏南规划》的具体实践者,扬中将全力以赴实施好与扬中相关的具体事项,与此同时,发挥基层组织的能动性和创造力,因势而动,顺势而为,争取上级更大的政策支持。

**3. 更科学地选择路径**

建设现代化示范区、打造"最美扬中",都是全新的工程,在推进过程中,扬中将避免走三条路:一是"老路"。当前,由要素投入驱动增长带来的用地紧张、资源环境制约等"顽固性障碍"越来越多,这要求扬中必须从传统的发展模式中摆脱出来,加快增长动力向创新驱动转变,向科技和创新要生产力和核心竞争力。二是"窄路"。近期,呼应苏南现代化示范区建设,镇江将加快市区至扬中快速路网建设,强化信息、通讯、物联网等基础设施和网络信息平台一体化建设,促进市县两级更加紧密的联动发展;强化镇江新区、扬中、丹阳"金三角"产业对接,打造镇江产业重心。这些难得的机遇,要求扬中必须以更加开阔的视野主动对接、积极争取,在融合中分享机遇,在互动中借力发展。三是"近路"。建设现代化的"最美扬中",是一项长期的工程,不能一

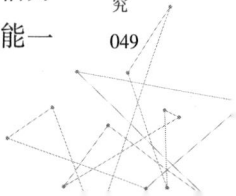

蹴而就、盲动冒进。扬中将对照新修订的指标体系,着力补缺、补短、补软,把基础打得更实一些,把脚步迈得更稳一些,让"最美扬中"的美好愿景逐渐转变为生动现实。

## 二、科学谋划"最美扬中"建设的"计"与"策",明晰路径,彰显特色,全力以赴提质现代化

建设"最美扬中",我们将在"产""城""人"三个方面彰显扬中精神、激发扬中速度,以奋进的姿态、积极的作为推动现代化建设,让扬中成为"近者悦、远者来"的幸福家园。

### 1. 坚持创新引领,发展绿色、低碳、高端的现代产业

在新一轮发展竞争中弘扬"四千四万"创业精神,实施创新强市发展战略,推动三次产业向高端化、高质化、高新化方向发展。首先要在先进制造业发展中,重点协调"新"与"旧"的关系。一方面做大"新产业",大力发展新能源、高端装备制造这些新兴产业,加快培育一批拥有关键技术的领军型企业,积极开拓国内外广阔市场,打造一批新的经济增长极;另一方面做强"老产业",对于已经在国内外具备一定市场话语权的工程电气产业,将进一步推动产业向信息化、规模化方向发展,培育一批百亿级品牌企业,不断提高"扬中制造"的市场占有率和国际影响力。在现代服务业发展中,重点推动"岸线"与"城市"的发展。随着泰州大桥通车、江苏省园博会在扬中举办,扬中优质的深水岸线资源正在被充分激活,城市商贸业发展也进入到黄金发展期。下一阶段,扬中将围绕着岸线经济、城市经济这两个发展重点,着力引进科技金融、文化创意、现代物流、城市商贸等新兴服务业态,快速推进以粮油食品加工物流区、西沙岛生命科学产业园、复旦科技园、红星美凯龙为代表的高端服务业项目,做好现代服务业建链、补链、强链的各项工作。其次要在现代农业发展中,重点做好"高效"与"特色"的文章。通过现代渔业产业园、现代蔬菜产业园、现代都市农业园三大现代农业园区建设,实现现代农业的集约高效发展;立足秧草、菜花、特种水产养殖这些有扬中特色、扬中优势的产业,实现现代农业的特色化发展。以一批设施水平高、研发能力强、市场营销优的现代农业项目的加快实施,进一步提升扬中现代农业的品牌效应和经济效益。

### 2. 坚持城乡统筹,建设现代、精致、宜居的现代城市

《苏南规划》对城乡现代化建设的任务,概括起来就是"三化":城市国际

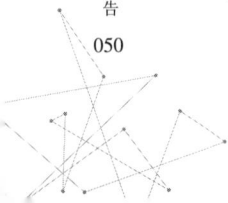

化、乡村特色化和城乡一体化。扬中城乡差别小、融合度高,实现城乡一体化、整岛城市化比其他地方更具现实条件。一是以高端规划为引领。按照"城乡统筹、产城融合"的要求,认真规划主城区城市形态,并在主岛南部规划一个功能完善的城市副中心,在"一主一副"的城市架构下,加快形成以城市为龙头、园区为支撑、社区为纽带的整岛空间布局。二是以优质项目为支撑。现代化城市的成长,离不开优质城市项目的支撑。当前,随着绿城、红星美凯龙、碧桂园、信和信、复旦科技园等一大批国内外顶尖的城市开发企业选择和布局扬中,扬中的城市整体形象正在变靓变美,城市吸附能力正在变大变强。下一阶段,扬中还将以优质的服务吸引更多城市投资者加盟扬中,让扬中的城市建设成为知名企业的竞技场、精品项目的集聚地,不断提高扬中城市品位和城市价值。三是以生态宜居为特色。扬中将牢固树立"没有生态宜居的环境,就没有现代化"的理念,扎实推进"四城同创",加快园博园、湿地公园、长江渔文化生态园,雷公岛、西沙岛等"三园两岛"的资源开发利用,通过城市生态环境的提升,让更多扬中人拥有"人在城中、城在画中"的宜居感受,使生态宜居的城乡面貌成为"最美扬中"的靓丽名片。

**3. 坚持和谐发展,营造富裕、繁荣、稳定的人文环境**

现代化的核心在于人的现代化,体现的是人的生活质量和幸福指数的全面提高。按照《苏南规划》五个方面的部署要求,"扬中人的现代化"将突出富民、安民、利民三大主题。第一是让群众的生活更加富裕。针对扬中人均民富水平高,但收入中位数偏低、工资性收入占比高的特点,用足优惠政策,创新工作方法,不断扩大中等收入群体比例,稳步提高居民收入水平。第二是让群众的生活更加安心。以建设"平安建设示范区""法治建设先导区"为目标,深入实施大防控、大调解、安全生产管理等一系列机制和措施,不断提高公众安全感和法治建设满意度。第三是让群众的生活更有保障。在继续推进公共服务体系提标扩面的同时,积极推进基本公共服务"均等化",确保教育、医疗、卫生、养老、保险等基本服务政策落实到位,老弱病残、困难家庭等弱势群体救助到位。特别是对于养生养老、学前教育这些扬中的"优势项目",我们将在高端服务上寻求突破、形成亮点。

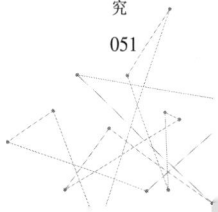

**三、全力凝聚"最美扬中"建设的"智"与"力",明确责任,勇挑重担,全力以赴提效现代化**

建设"最美扬中"是一个长期的系统工程,对扬中全市各级党员干部的政治智慧、领导能力、工作作风都是重大的考验。只有党员干部时时处处以身作则,才能产生示范效应,汇聚发展合力,扫除前进道路上的艰难险阻。下一阶段,我们将引导扬中的党员干部做好以下几个方面的工作:

以"不畏浮云遮望眼"的开阔视野,观大势、谋大事。清醒看到苏南现代化建设的长期性、艰巨性,把与时俱进的精神和求真务实的态度结合起来,使工作的思路举措既不滞后于实践发展和群众期盼,又不脱离扬中当前的发展阶段;围绕"最美扬中"这个中心工作,认真梳理现有的发展思路和工作部署,好的思路举措继续坚持,标准不够的适当提高,情况变化的作出调整,不完善的加以完善。

以"功成不必在我"的开阔胸襟,挑担子、做表率。发扬敢于担当、敢于创新的工作作风,多做打基础、利长远的工作,把谋发展、惠民生、保稳定作为不懈的奋斗目标。经常性地自查自纠,按照群众路线教育实践活动的总要求,认真查找为民务实清廉等方面存在的问题,集中解决形式主义、官僚主义、享乐主义和奢靡之风这"四风"问题,保持共产党员的良好形象。

以"和群众打成一片"的工作态度,下基层、改作风。"最美扬中"的建设成效,最终要由人民群众来评判。随着经济发展和收入水平提高,群众的期盼在增多、在提升,有物质生活追求,有精神文化需求,也有对公平正义的诉求。这些现实的利益需求,将由党员干部深入基层、深入群众,从群众最关注的问题入手,积极回应,竭力满足,让群众看到变化、得到实惠。

当前,苏南现代化建设示范区的美好序曲已在苏南五市高亢奏响,"最美扬中"的精彩篇章也在江岛扬中徐徐展开。扬中人民将协力同心,开拓进取,埋头苦干,创新实干,在苏南现代化示范区建设的道路上再创新业绩,再创新辉煌!

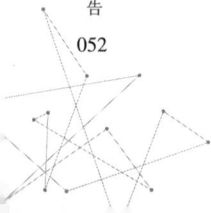

# 抢抓机遇　创新发展
## 争当宁镇扬同城化先行区

/戴晓伟　李宗尧　李　燕/

随着国家发改委正式批复《苏南现代化建设示范区规划》,江苏省第十二次党代会提出的"宁镇扬同城化发展战略"正式上升为国家战略。这是江苏争创"两个率先"新优势、提升南京作为国家中心城市的重大契机,堪称再造江苏新的发展极的壮举。无论从地理上,还是从经济社会发展阶段特征上看,宁镇扬板块不仅是主动呼应龙头城市上海发展的重要侧翼,而且是连接江苏南北都市圈的核心纽带,也是实现沿江开发的战略骨架,更是加快苏南、苏中、苏北梯次开发的有效载体,同城化发展有利于宁镇扬三市乃至全省综合实力的整体提升,对我们句容争先发展也有着重大意义。

## 一、句容争当宁镇扬同城化先行区的现实基础

在宁镇扬板块中,句容与其他城市相比有着独特的优势,具备争当宁镇扬同城化发展先行军的坚实基础。

### 1. 宁句一体化发展有着天然优势

地域相邻是同城化发展的首要条件和显著特征。句容作为宁镇扬板块中的一员,地处南京都市圈的核心圈层,全市总面积 1385 平方公里,人口61.8 万,下辖 9 个镇、1 个省级经济开发区以及茅山、宝华山、赤山湖 3 个风景区。句容城区到南京市新街口直线距离仅 29 公里,比高淳、溧水距中心城区更近,与栖霞、江宁、溧水接壤曲线达 166 公里,历来有"南京东南门户"之称。近年来,随着宁沪、宁常、宁杭、沿江、城际轨道等一批交通建设项目的实施和完善,句容成为全省高等级公路最密集的市(县)之一,半小时通达南京主城

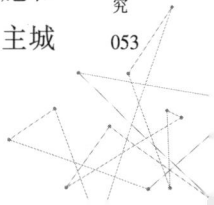

正在成为现实。如此地域相邻的空间距离,带来足够低的通勤成本和机会成本,使宁句一体化发展具有无可比拟的地缘优势。从区域认同上看,宁句山水相连、文化相通、地缘相融,句容与南京历史文化一脉相承,都是秦淮文化的发源地。句容自西汉建县2138年以来,有1390年属于南京管辖,如此相同、相近的历史传统、文化根源、风俗习惯和地理环境,使得句容人民群众对南京有着高度的文化心理认同,构成宁句同城化发展的重要内因。

句容有"五山一水四分田"之称,处处真山真水,是南京周边唯一的县级国家环保模范城市、国家生态市,是南京的生态屏障。资源、要素、产业、区位和城市功能的差异性与互补性,是同城化发展的必要条件。句容区位、生态和资源要素的叠加优势,使句容市在承接南京都市圈产业外溢、长三角资本扩张和产业梯度转移中具有明显优势,特别是对必须立足于大都市或者靠近大都市,但又负担不起高额级差地租的现代服务业和高端业态更是具有很大吸引力。句容宝华与南京仙林大学城一河之隔,在规划编制、基础设施、产业发展等方面率先全面对接南京,取得了明显成效,近年来累计投入15亿元,基础设施已实现无缝对接,致力打造对接南京的"桥头堡"。

**2. 宁句一体化发展能够互动共赢**

互利共赢、共同发展,是同城化的必然要求和利益逻辑。宁句同城化发展,句容能给南京带来什么?我们做了深入分析:一是发展腹地空间。南京城市发展总体规划确立了"一主城三副城八新城"的格局,东部缺少一个副城,给了句容一个历史性发展机遇。南京市规划局提出"大东部都市区"概念,主要包括句容区域,句容被认为是解南京之困局的未来城市发展方向。因此,句容提出按照南京副城的标准来规划建设,使得宁句一体化并不是一厢情愿的"一头热",而是实现互动双赢的战略举措。二是生态宜居空间。句容山水秀美,生态良好,山林、湖泊、植被、田园,构成一幅诗意乡村画卷,这在苏南已不多见,极具生态宜居价值。南京提出建设"现代化国际性人文绿都",而句容优越的生态环境是"绿都"不可或缺的有机组成,可作为南京的"生态构架"。南京主城有分散人口压力的需要,南京市民有居住的需求,句容是南京人宜居空间的最佳选择。句容统一规划、持续开发众多不同层次的楼盘,让句容成为南京市民的"第二居所""第一居所"。事实上,句容的中高端楼盘的价格优势对南京市民具有强烈的吸引力。以宝华为例,近年开发的六个楼盘,南京购房比例占八成以上,其中高端楼盘买主都是南京客户。可以说,句容在城市功能上完全能与南京实现互补,成为南京市民的新家园,既

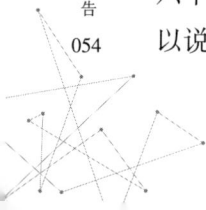

能分散南京城区人口居住压力，满足中等收入家庭住房需求，又能较好地消化各种"城市病"，还能满足南京市民的休闲度假需求。三是产业合作空间。如在制造业上，南京支柱产业是电子、石油化工、汽车、钢铁、生物医药、新材料等，今后可以以设计研发等产业链上科技含量较高的环节为主，一些外围制造项目可以向外转移；句容侧重发展产业链中的加工制造环节，抓住南京产业"退二进三"的机遇，引进制造业项目，形成配套。这样的分工既有利于在区域内部形成相对完整的产业链体系，在更大范围内实现产业集群优势的发挥，也可以加快句容新型工业化进程，壮大经济规模和综合实力。再如，在科技创新上，南京科教资源极为丰富，句容科技创新能力较弱，完全可以吸引南京高校院所在句容设立分校分院，共建科技园区和各类研发机构，打造科技创新成果产业化基地。

### 3. 宁句一体化发展面临重大机遇

《苏南现代化建设示范区规划》中明确提出：推动宁镇扬同城化发展，加强南京和镇江重大基础设施对接，产业合作和公共事务协作管理，推进南京龙潭、仙林、汤山、湖熟与镇江下蜀、宝华、黄梅、郭庄跨界区域共建共享，打造要素集聚、资源共享、互动发展的宁镇扬大都市区。从这个规划来看，宁镇(扬)同城化发展战略已经是国家战略。句容实施这个战略的重点区域，就是句容环南京的四个片区，宁镇同城化的任务主要是宁句同城化，句容应当先行先试。江苏省苏南现代化建设示范区工作会议上，下发了"十二五"期间推进计划，文件明确：南京都市圈重点推动宁镇扬同城化，加快重大基础设施对接，完善城市轨道、快速公交、常规公交干线等同城客运通勤系统，试行统一公交 IC 卡；推进教育、医疗卫生、文化体育、就业与社会保障、公共事务管理协调发展；加强科技创新合作，共建产学研联盟，共建一批科技服务公共平台、研发中心和孵化器；加强南京龙潭、仙林、汤山、湖熟与镇江下蜀、宝华、黄梅、郭庄跨界区域共建共享，形成联动规划、建设与管理机制。同时，还明确了省发改委、教育厅、住建厅、交通厅、科技厅等省级责任部门。因此，我们可以得出这样的认识：宁句同城化发展不仅是句容和镇江的事，更是省里的发展重点，是国家战略。句容必须抓住这一历史机遇，提升发展水平，当好宁镇扬同城化的先行军，推动苏南现代化示范区建设。

基于以上三点认识，我们认为，宁句同城化发展对于开拓宁镇扬同城化新的局面具有重要的先行先试价值。对于南京城市发展也将带来现代绿都的生态架构，带来相邻板块的强劲支撑，带来一个富有活力、极具潜力的东部

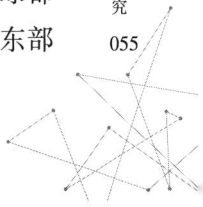

副城。句容以副城的功能融入南京,共同担负起南京大东部新格局的责任,助推南京作为"长三角辐射带动中西部地区发展的重要门户"的历史定位。

## 二、宁句一体化发展已取得明显成效

近年来,句容市委、市政府高度重视宁镇扬同城化发展,将其作为"十二五"期间句容发展的首要战略,2009 年提出并实施了"推进同城同建、打造南京副城"发展战略,以南京副城的标准建设句容,丰富同城同建的内涵,在更大范围内主动承接南京辐射,争当宁镇扬同城化发展先行军。几年来,句容以坚定的信心和超强的力度,务实推进宁句同城化建设、一体化发展,取得了明显的成效。在规划上,修编了新的句容城市总体规划等一系列发展规划,做到与南京有关规划深度衔接。率先制定了《南京镇江相邻地区区域规划》,这是我省首部跨行政区域的发展规划。专家评审认为,该规划充分体现了跨界区域合作与同城共建的要求,在规划内容上体现了创新,对宁镇同城化乃至长三角一体化具有先行示范作用。在交通上,实施了 122 省道双向十车道快速化改造,目前句容段已经竣工通车;开通了宁句城际公交,实现城市公交IC 卡"一卡通";实施 104 国道拓宽改造,2013 年年底全面竣工;特别是宁句城际轨道交通(S6 线)取得了重大进展,已通过国家发改委批准,2014 年有望正式开工建设。在公共服务上,宝华、郭庄、开发区已实现一机双号;开辟《南京日报》句容专版;合理利用南京水资源,实现了区域供水全覆盖;在教育、医疗、社保、旅游、文化、科技与人才等领域提出 46 个重点项目,做了积极探索。可以说,句容争当宁镇扬同城化先行区,已经形成了上下同心、高度认同、强力推进的良好态势。

## 三、句容争当宁镇扬同城化先行区大有可为

### 1. 规划引领、交通先行,继续推进重大基础设施对接

宁句轨道交通能尽快动工建设,这是宁句同城化最重要的体现,对宁句同城化发展具有革命性的重大作用;省道 S122 快速化改造、南京段加大拆迁和建设力度,2013 年底建成贯通,实现宁句半小时通达;优先开工建设宁长沪城际 H3 线、扬马城际 Z1 线等南京经句容的轨道交通线;以南京龙潭港为龙头,整合句容下蜀临港工业集中区长江深水岸线资源,加强港口航道的统一

布局、建设、管理和运营；科学布局宁句两市公交线路、站点和公交换乘枢纽。

**2. 突破难点、融合联接，优化产业布局**

苏南现代化示范区建设规划和省政府有关文件中明确了下蜀、宝华、黄梅、郭庄4个片区的发展地位，即龙潭—下蜀（含宝华北部）板块、仙林—宝华板块、汤山—黄梅板块、湖熟—郭庄板块。这四大板块的共建开发要以资源优化组合为原则，可以借鉴江阴、靖江共建开发园区的做法，以共建园区为载体，创新跨区合作模式，优化产业布局。

龙潭—下蜀（含宝华北部）板块：打破行政区划的局限，摒弃"龙潭承担高新技术产业、先进制造业、高端生产服务业等产业类型，句容承接下游相关配套生产和物流转运等产业类型"的行政心理，以市场规律为指导，以资源优化组合为原则，布局引导产业，大力发展装备制造业、先进制造业和生产型服务业，力求新城优化和港口效益最大化，实现互利共赢。

仙林—宝华板块：宝华新城的规划与仙林大学城的发展定位完全吻合。宝华新城规划面积20.81平方公里，基础设施覆盖面积已达16平方公里，是以高档住宅、高新技术产业及旅游服务为主要功能的仙林东部新城。一方面，宝华发挥紧邻仙林大学城的优势，加强与高校院所的深层对接，与仙林共创青年人才创业创新基地、区域"智慧谷"和东部宜居城，吸引高层次人才创新创业；另一方面，抓住南京主城区产业整合契机，吸引现代服务业大项目落户，大力发展文化创意总部经济、服务外包等"2.5产业"，打造环南京现代服务业集聚区。

汤山—黄梅板块：汤山正在着力打造国际温泉旅游名城，大力发展休闲度假、商务会展、高端地产等产业；开发区近在咫尺，将来通过加快完善各类生活配套设施，打造城市商务综合体，与汤山新城联手打造长三角地区知名的休闲度假区和生态宜居城。

湖熟—郭庄板块：湖熟是南京发展的预留空间，湖熟新城组团是未来聚集人口、建设枢纽新城的重要载体。郭庄空港新区规划面积36.1平方公里，与湖熟共拥禄口机场、宁杭高速和宁杭城际铁路的立体交通优势，同时还有赤山湖湿地公园的生态环境优势，未来将大力发展航空关联产业、现代服务业、旅游休闲业和高新技术产业，与湖熟共同打造宁杭经济轴上的新兴增长极、区域南部服务中心和现代空港新城。

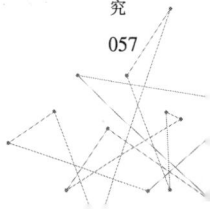

### 3. 先易后难、利益共享，推进公共服务同城化

重点有以下几个方面：（1）建立宁句教育机构定期交流互动机制，鼓励南京优秀中小学与句容联合办学，在句容建立分校，实现学籍互认。以碧桂园凤凰城大型社区为示范，协调解决学籍互认问题。（2）鼓励南京高校院所、科研机构到句容设立分校、分院，共同建设科技园区、研究院以及各类研发机构。强化南京在基础研究开发、高端技术研发等方面的中心地位，推动科研成果在句容产业化，使句容成为科技创新成果产业化所在地。破除宁句在人才流动方面的体制机制障碍，鼓励南京高层次人才到句容创新创业。（3）创新宁句医疗卫生合作模式，鼓励南京重点医疗单位与句容联合办医，在句容设立分支机构，推进两地基本医疗服务均等化。建立医疗保险相互定点、协助监管机制，使两地参保人员实行实时结算。逐步实现养老、失业保险关系无障碍转移。（4）发挥南京古都资源和核心城市的带动作用，结合句容山水资源、休闲度假优势，联合开发旅游线路，开通旅游直通车。（5）发挥句容现代高效农业优势，推进农产品无障碍流通，开通句容农产品进入南京市场的"绿色通道"。（6）推进金融服务一体化，解决跨区域银行清算等金融服务。

## 四、建议

非同一行政区的同城化建设，因利益的自我性，在产业联动、公共服务同城化等方面都存在许多现实难点，行政区划和区域利益捆绑形成壁垒，尚未有效消除，区域利益协调难度较大，许多工作根本上受制于行政区划影响。产业联动、教育、卫生等社会事业领域同城化难以突破，不是市县层面能够解决的问题。

为了使宁镇扬同城化发展不停留在纸上，我们建议：强化对宁镇扬同城化建设的"顶层设计"。宁镇扬同城化建设的推进，离不开强有力的组织领导。一方面，我们恳请省政府在省级层面成立"宁镇扬同城化工作领导小组"，以省政府主要领导为组长，分管领导为副组长，省发改委、经信委、国土、住建、教育等部门为成员，定期召开联席会议进行协调和指导。另一方面，我们提请省政府批准设立"宁镇扬同城化句容先行区（或示范区）"，促进宁句两地先行先试，使宁句两地的天然优势转化为同城化建设、一体化发展的现实态势。

同时，我们恳请省委、省政府参照沿海开发、苏北振兴等有关扶持政策，

出台《关于把句容建设成为宁镇扬同城化先行区(或示范区)的指导意见》,在政策层面支持句容宁镇扬同城化先行区(或示范区)的建设。政策支持方面,如:(1)在重大产业类项目建设上,给予财税、土地等政策扶持。加大财政转移支付力度,用于地方基础设施建设。鼓励金融机构在句容设立分支机构,支持地方投融资体系建设。(2)支持句容开展城乡建设用地增减挂钩,鼓励开展农村土地综合整治,对重大基础设施、公共服务设施、重大产业类项目,在土地等要素供给上,对句容给予支持。(3)因句容地处茅山老区,财力较弱,提请省政府在交通、水利、村庄环境整治等基础设施方面,在教育、医疗、养老等民生事业方面,提高省级财政配套支持力度。

苏南现代化示范区建设同样适用"既看昆山,又看句容"。句容争当宁镇扬同城化发展先行区,既合乎国家和省委、省政府发展规划,句容又具备了良好的基础,开辟了喜人的局面。在苏南现代化示范区建设的总体布局中,句容理应走在宁镇扬同城化发展的前列。基于此,我们认为,设立"宁镇扬同城化句容先行区(或示范区)",有利于把南京的需求、句容的愿景、镇江的发展统一起来,有利于统筹解决新型城镇化进程中城市体系协调发展问题,也有利于探索非同一行政区背景下同城化建设、一体化发展的路径和政策。句容有条件、有信心走在宁镇扬同城化发展的前列,起到一个示范带动作用,为苏南现代化示范区建设作出应有的贡献。

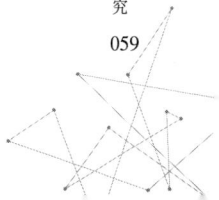

# 二、创新型经济研究

# 坚定不移地完善并实施创新驱动战略
## ——对镇江市高新技术产业发展工作的初步建议

/梅　强/

近年来镇江市实施创新驱动战略,高新技术产业发展迅猛,在促进产业结构优化升级、转变经济发展方式、率先基本实现现代化方面作出了较大贡献。但这还远远不够。我们还需坚定不移地完善并实施创新驱动战略,引入"开放式创新"理念,打造创新型企业集群。

引入"开放式创新"理念。开放式创新是具有重要现实意义的学术前沿理论,2003 年亨利·切斯布劳(Henry Chesbrough)教授提出了开放式创新概念,他认为企业要提高技术能力,必须同时利用企业内外知识,有效地加以整合,产生的新思想和开发的新产品或新服务可以通过企业内部或外部的渠道进入市场,使之商业化。因此,推动企业的发展,尤其是科技型中小微企业发展,迫切需要建立常态化、高端化的开放式创新机制。必须充分利用外部资源,产学研深度合作,有效构建创新体系,持续开展创新活动。

打造创新型企业集群,需要引入高新技术行业骨干企业,更需要大力发展培育科技型中小微企业,这就尤其需要加快建设专业性创业基地,需要加快建设专业性的孵化机构和公共服务平台,需要创新金融科技合作方式,需要构建人才高地。

## 一、高新技术产业发展中存在的主要问题

### 1. 创业基地等服务机构的服务能力还需提升

创业基地等高新技术服务系统一般由政府直接创建或者由政府和社会机构联合创建,政府在创业基地等机构的创建过程中起主导作用,带有较明

显的"政府主导"特征,没有形成充分多元化的投资格局;入驻创业基地的创业企业中,对空间与设备、技术支持、商务支持、行政支持、信息咨询等服务措施的满意度不高,相关社会资源参与创业基地服务的频率较低;创业基地中虽聚集着大量高素质人才,但懂经营、懂管理、懂规划、有服务能力的人才偏少,存在知识结构和年龄结构不合理、服务经验不足、服务内容单一、市场观念缺乏等因素,难以为高新技术企业提供包括技术、资金、管理、市场营销、人才、法律在内的全方位的创新支持服务;创业基地的收入来源单一,自主赢利能力较弱,难以形成自我发展的良性循环。

**2. 高新技术产业配套能力还需增强**

协调发展产业配套能力已成为衡量一个地区高新技术发展环境的重要因素,完善的产业配套体系可以降低企业的生产成本、促进技术合作和技术转移以及优化资本配置等。但目前存在配套能力不足现象,有些科技企业虽有望成为行业龙头骨干,但受制于当地与之配套的上下游产业链企业比较少,需花很大精力寻找合作伙伴及相应零部件来和产品配套,增加了企业成本。

**3. 资源配置效率有待提高**

科技资源配置效率不高、结构不够合理,现有科技资源的优势未得到充分开发利用,没能很好地带动整个区域经济社会的发展。特别是企业科技资源聚集度偏低,应用开发领域资源相对不足,技术创新能力较弱,科技优势不能转化为经济发展优势,企业主体作用相对较弱,自主创新能力不足。

**4. 科技投融资体系有待进一步完善**

虽然有一些投融资机构服务于高新技术企业,但未能满足需要。民间资金没有充分调动出来,企业界代表普遍反映创业环境较为困难,特别是在创业初期缺少金融支持,企业融资困难。


## 二、进一步促进高新技术产业发展的初步建议

**1. 加快基础配套设施和基础服务平台建设**

围绕高新技术产业发展需要,致力引进国际、国内知名高校分支机构、研发机构、企业和人才,构建镇江市高新技术的主基地和示范区。加强创业基地等创新载体建设,着力完善科技创新配套服务功能,加强技术成果交易、技术公共服务、创新创业融资、社会化人才服务四大基础平台建设,特别是面向

科技型中小微企业的创新公共服务平台、创业基地建设,推动人才技术资本和市场有效对接,促进创新成果向现实生产力转化。

围绕高新技术产业培育重点,广泛吸纳和整合社会资源要素,引进和合作筹建一批发展高新技术产业急需的研发、检验检测等公共技术平台和公共服务平台,加强创业基地建设,形成政府引导与企业主体相结合的工作机制,为高新技术产业集聚发展提供技术平台支撑。

充分借助信息化手段,通过构建"政企信息化管理服务互动平台""中小企业服务中心网",积极整合现有服务资源和服务职能,为企业提供完善的研发、管理、咨询等服务,提高服务效能和办事效率。

**2. 进一步深度整合政产学研资源**

促进政产学研深度合作,按照政府引导、企业主体、高校介入的合作共建原则,全力推进政产学研金多方面、多层次的深度合作,建立政府、企业、高校院所、金融资本、科技中介各环节有效衔接的产学研长效机制,强化合作的精准化,形成"多元投入、资源共享、形式多样、层次丰富、国内外并举"的合作新格局,开展紧密型的长期战略合作,培育壮大高新技术产业。

以驻镇高校为重点,推进高校资源共享开放,通过激励机制整合资源,实现合作高校实验室、图书馆、仪器设备、信息等资源向科技园企业优先、优惠开放,密切建立高校与企业之间的联系和合作。

**3. 充分发挥高新技术产业"协同创新"战略联盟的作用**

目前虽有一些在技术上国际领先且能够填补国内空白的高新技术企业,但企业总体上规模较小,仅依靠自身发展难以成为行业"龙头"。可优先引导高校、高新技术企业、中介机构等进行合作,组建"协同创新"的产业战略联盟,以期突破产业发展的核心技术,加速科技成果的商业化运用。通过联盟合作模式的构建、选择和管控,跨越分担风险、降低成本的联盟原始优势,实现资源、能力多方向互交式流动,进而提升联盟成员的创新能力,实现协同效应最大化。

**4. 加强面向高新技术产业的科技中介服务机构建设**

培育一批面向高新技术产业的服务专业化、发展规模化、运行规范化的科技中介服务机构,造就一支具有较高专业素质的科技中介服务队伍,形成符合市场经济体制和科技创新体系建设要求、开放协作、功能完备、高效运行的科技中介服务体系。

鼓励社会力量参与,引进优质中介服务机构,坚持专业化、市场化、社会

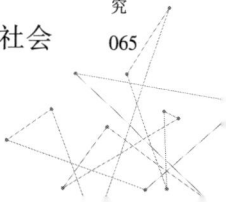

化发展方向,大力兴办产权多元、具有市场主体地位的各类科技中介服务机构。

重点加快工业设计、研发服务、技术开发、技术交易与技术转移、质量鉴定、技术标准、技术评估与咨询、知识产权服务、人力资源培训、投融资、财务管理、科技申报、资质认定、管理咨询等科技中介服务机构的建设,促进技术和知识的有效流动,培育知识服务业。

**5. 加快科技投融资体系建设**

加快科技投融资体系建设,继续扩大孵化器种子资金、创新资金规模,制定完善的种子资金管理办法,规范对资金项目的评审和考核,通过有偿、无偿、入股等多种方式,逐步实现资金向科技企业、人才团队项目的倾斜,对其研发和产业化关键阶段给予及时、有效的资金扶持。加快创业投资集聚发展,加速引进各种形式的科技金融业态,制定专门政策鼓励高科技企业上市。

**6. 制定吸引高层次双创人才的政策**

推进实施高端创新创业人才集聚工程,依托大学科技园、工程技术创新园等现有的国家级、省级科技创新载体品牌,吸引海外人才回国创业,重点推进"项目 + 人才"的招才引智方式,采取团队引进、梯队引进、核心人才带动引进、高新技术项目开发引进等多种方式,加大国家"千人计划"、省双创人才招引力度,引进一批掌握核心技术、拥有发明成果的拔尖人才,善于组织科技研发团队、能够统筹科技资源与生产要素配置的领军人才,引进一批拥有核心技术或自主知识产权、即将产业化的创新型团队,建立高层次科技人才动态管理机制,充分发挥人才市场对高层次人才配置的基础性作用,完善创新创业高层次人才的配置机制。

综上所述,以创新驱动战略为主线,充分发挥高层次人才的集聚效应,提升企业的高新技术自主研发和应用能力,整合集聚共享科技资源,突出招才引智,加强对知识产权的激励保护,着力培育自主知识产权、抢占技术制高点,实现高新技术产业健康、快速发展。

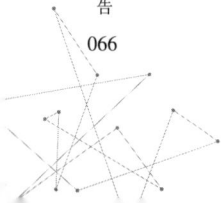

# 创新　整合
## 全面提升丹阳眼镜业的核心竞争力

／赵立群／

丹阳眼镜产业发展的水平基本代表了中国眼镜产业发展的水平。丹阳眼镜产业走过了从无到有、从小到大到强的过程，目前在世界眼镜产业中具有较强竞争力。但面对发展水平较高的法国、意大利、日本等国，丹阳的差距依然较大。如何再次取得突破性创新发展，将决定丹阳眼镜，乃至中国眼镜产业在国际眼镜市场的长远竞争能力。

本文基于斯坦福大学谢德逊教授的"创新理论"和"两面市场理论"，对丹阳眼镜业的现状、问题及今后的发展作一些分析探讨。笔者认为：丹阳眼镜产业只有在源创和流创方面再度突破并科学整合好两面市场，才能更好地推动中国眼镜产业的再一次跨越式发展。

## 一、丹阳眼镜产业发展的历程、水平和存在的问题

### （一）丹阳眼镜产业发展的历程
丹阳眼镜产业的发展是伴随着生产力、生产关系的改革、创新而进步的，其概貌见表1。

**表1　丹阳眼镜产业发展概貌**

| | 时间 | 产品结构 | 企业规模 | 技术水平 | 企业组织形式 | 企业营销模式 | 技术来源 | 标志性事件 |
|---|---|---|---|---|---|---|---|---|
| 第一阶段 | 20世纪70年代初期—80年代中期 | 镜架玻璃镜片 | 小企业为主 | 手工为主 | 镇办集体村办集体 | 市场推销内销代加工 | 上海、苏州国有企业退休及其他职工 | 在丹阳大泊、全州、司徒形成一定数量的小加工厂 |

|  | 时间 | 产品结构 | 企业规模 | 技术水平 | 企业组织形式 | 企业营销模式 | 技术来源 | 标志性事件 |
|---|---|---|---|---|---|---|---|---|
| 第二阶段 | 20世纪80年代中期—90年代初期 | 镜架玻璃镜片 | 中小企业 | 半机械化 | 性质为集体,实施各类未涉及产权的改革 | 市场推销少数外销 | 星期日工程师自我培养 | 集体性质的规模企业形成,如万新公司,丹阳眼镜市场形成规模 |
| 第三阶段 | 20世纪90年代初期—90年代末期 | 镜架玻璃镜片树脂镜片 | 少数企业规模大,大、中、小并存,外资介入 | 树脂镜片自动化生产 | 20世纪90年代中期改制为民营企业 | 国内为主国外为辅 | 韩国设备韩国技术自我培养 | 台湾金可集团投资司徒镇设立东方公司,万新公司国内首先研发成功树脂镜片,金可集团投资司徒镇设立海昌隐形眼镜公司 |
| 第四阶段 | 21世纪初—2008年 | 镜架树脂镜片 | 形成以大企业为龙头、中小企业跟从的格局 | 竞争挫败韩国企业世界先进设备引进 | 部分企业成立集团公司,实施股份化改造 | 外销为主,注重品牌建设 | 国外先进技术自身研发水平提高 | 万新高水平加工中心建成,海昌全自动生产线建成,隐形眼镜产量中国第一,丹阳眼镜产业园兴建,丹阳眼镜市场扩建 |
| 第五阶段 | 2008年— | 镜架树脂镜片 | 大企业规模进一步扩大,中等企业稳步发展,具备更强的世界竞争力 | 引进世界先进设备、技术 | 掀起与世界知名公司合作的热潮 | 外销比例机构性下降,内销市场扩大,注重品牌建设 | 国外先进技术自身研发 | 万新等企业与世界最强眼镜企业法国依视路合作,金融危机助推丹阳眼镜业发展 |

**1. 第一个阶段,初始发展阶段**

丹阳是苏南乡镇工业最早发源地之一。正如苏南乡镇工业的发展一样,丹阳的眼镜产业得益于上海的技术转移。从新中国成立前开始,丹阳就有大批赴上海务工人员。到20世纪70年代初期,敢于突破、敢于创新的丹阳人创办了一大批镇办、村办企业。上海的老工人有的退休回到丹阳创办企业,有的趁休息日、节假日回到丹阳指导村办、镇办企业进行生产,把上海的技术带回丹阳,产品也主要是为上海、苏州的大企业进行加工配套。在这样的背景下,丹阳逐步形成了以当时的大泊乡、全州乡、司徒乡为主的眼镜生产区域。到20世纪80年代中期,形成了具有一定数量和一定规模的眼镜加工企业,主要是镜架和玻璃镜片的加工。

### 2. 第二个阶段,平稳上升阶段

20世纪80年代中期到90年代初,对原来的集体企业进行了未涉及产权制度的改革,在一定程度上激发了企业管理者的积极性,眼镜产业稳步发展,并形成了部分规模企业,集聚效应显现,竞争力增强。

### 3. 第三个阶段,"井喷"跨越阶段

从20世纪90年代初开始,丹阳进行了彻底的围绕产权制度的改革。到90年代中期原集体企业全部改制为民营企业,极大地激发了企业发展的积极性,企业的研发能力、市场拓展能力、管理水平都有了较大的提高。在这一阶段,树脂镜片由万新公司研发成功,填补了我国树脂镜片发展的空白。最终树脂镜片取代玻璃镜片,在中国眼镜发展史上取得了历史性的突破。丹阳眼镜产业进入前所未有的发展高峰期,实现了"井喷"式发展。一些民营眼镜企业抓住机遇,完成了原始资本积累,企业向规模化迈进。同时,外资企业开始进入丹阳眼镜产业。台湾金可集团在这一时期到丹阳市司徒镇投资创办了东方光学公司和海昌隐形眼镜公司,以全新的生产、管理、营销理念,以骄人的业绩在丹阳眼镜业掀起波澜,激发起丹阳新一轮提升眼镜发展档次水平和竞争力的高潮。

### 4. 第四个阶段,转型升级阶段

21世纪初到金融危机前,丹阳树脂镜片的生产在世界范围取得了较强的竞争优势;海昌隐形眼镜产量国内排名第一,万新树脂片产量全国第一,取得绝对的竞争优势;丹阳眼镜业在与韩国眼镜业的竞争中取得优势,贴牌规模扩大,成为世界知名眼镜产品加工基地,被授予"中国眼镜生产基地""中国眼镜出口基地"等称号。这一阶段,丹阳眼镜也开始注重品牌建设,形成了在行业内具有一定知名度的品牌,内销市场拓展力度加大。饶有意味的是,原来丹阳眼镜企业大多在上海设立公司,标注产地都为"Made in Shanghai",但在这一阶段,几乎所有企业都标注"Made in Danyang"。区域品牌建设成效十分明显。

### 5. 第五个阶段,后金融危机阶段

金融危机未能挫败丹阳眼镜业,丹阳眼镜产品以其质优价美得到国际市

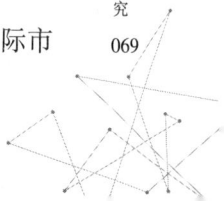

场的认可并进一步拓展了国际市场。最大的特点是,丹阳眼镜企业与国外知名公司的合作更为活跃,尤其是万新公司与世界最强的法国依视路的合作引起了中国眼镜业的震动和争议。

### (二) 丹阳眼镜业目前的发展水平

丹阳目前拥有各类眼镜生产及商贸企业2000多家,树脂镜片产量占全国70%、世界60%,镜架产量占全国40%,海昌隐形眼镜产量超过了博士伦和卫康的总和,列全国第一。丹阳眼镜市场是中国最大的集批发、零售于一体的眼镜市场。丹阳眼镜在全国、世界眼镜业具有较强的竞争力。

### (三) 丹阳眼镜业存在的问题

在丹阳眼镜业发展的过程中,一般5～10年就会有一次技术上的创新,从而支撑了丹阳眼镜业健康、持续发展。当前,丹阳眼镜市场体制已经基本完善,眼镜产业的国际化特征明显,需要在技术上及营销模式上进行再次创新,问题主要有以下几个方面:

1. 如何再次突破?源创和流创都需要突破。一是在树脂镜片研发取得突破后,丹阳眼镜除了引进国外先进设备外,在新产品研发方面未能有历史性的突破。二是营销模式除了注重品牌建设外,未有先进的商业模式进入,同时内销成本较高。

2. 如何保护和发展民族眼镜产业?法国依视路的超评估价值收购实质是灭亡中国民族品牌,牺牲短期利益谋求长远的绝对竞争优势。中国眼镜业现尚无积极应对措施。

3. 丹阳眼镜业如何整合形成团队优势,以减轻内部产品同质化的竞争压力,形成产品差异化的竞争优势?

4. 如何放大丹阳眼镜市场的引领作用和丹阳市眼镜产业园的支撑作用?

5. 在资本市场如何寻求丹阳眼镜板块的地位?目前国内除一家眼镜企业上市外,尚未有新的企业进入资本市场。

6. 在产品技术创新方面如何突破?这一点对于提升丹阳眼镜产业的水平,形成长远发展优势尤为重要。

7. 如何建立政府引导、市场为主的助推眼镜业发展的生态环境?

8. 目前国内的眼镜市场价格昂贵,消费者一片质疑声。如何为国内消费者提供优质廉价的产品?

## 二、客观分析丹阳眼镜产业的竞争优势

目前,丹阳眼镜产业的竞争优势主要有以下几个方面:

### 1. 产业竞争优势

丹阳拥有各类眼镜企业 2000 多家,其中销售亿元以上企业 8 家,5 亿元以上企业 2 家。从零配件生产到形成最终产品,从物流配送到零售批发,已建立起完整的生产配套体系。

### 2. 价格优势

丹阳眼镜市场的眼镜价格全国最低。

### 3. 品牌优势

目前丹阳眼镜企业中拥有中国驰名商标的有 7 个,省级名牌的有 15 个,品牌代言的明星有 20 多位。

### 4. 人才优势

丹阳眼镜业培养了一大批企业家、营销人才、技术人员及熟练的产业工人。

### 5. 市场优势、信息优势、客户资源优势

丹阳眼镜市场是全国最大的眼镜市场,拥有眼镜经营户 500 多家,眼镜产品品种齐全,市场年交易额超过 50 亿元。世界上最新、最好的眼镜产品都会在最快的时间出现在丹阳眼镜市场。

## 三、实现发展模式的创新,全面增强丹阳眼镜产业的核心竞争力

一方面丹阳眼镜业的竞争优势主要体现在产品制造上,利润并不是很高,与世界知名品牌相比,研发能力薄弱,后劲不足。笔者认为未来丹阳眼镜业的竞争力不仅仅是在制造方面,更重要的是要把创新作为核心竞争力,这样才能与世界强者一决高下。

(一)创新设想的理论依据——谢德逊教授理论依据的创新理论和两面市场理论

**创新可分为两类,一是科学创新,另一类是商业创新。科学创新称为"始创新";而商业创新是指创造新价值,分为"流创新"和"源创新"。"流创新"**是指商业创新活动是用"始创"新来改进现有的产品,或找出互补性产品、降低成本的新生产流程,进行有效的供应链管理。"流创新"即能有效改善现有

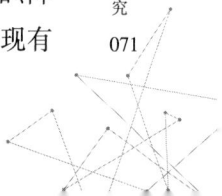

价值链的创新活动。"源创新"是指通过一种新理念来推动人们日常生活或工作有价值的活动。通过新理念,组合现有资源达到欲望。即通过建立一个新的生态系统而使新理念的价值不断增加。

**"两面市场"理论是指组合一面市场成员的资源及能力来提供价值给另一面市场的客户**。可分为上游市场和下游市场。两面市场模型是"源创新"的基础。

（二）创新设想

**1. 充分发挥丹阳眼镜市场的品牌、商贸、集聚、辐射功能,建设综合商城**

商城的核心竞争力:一是优质、新颖、品种繁多和廉价的眼镜,二是众多的有经验的流通业经营者。

商城的衍生竞争力:一是与眼镜相关的产品的开发,如眼镜盒、眼镜布、眼镜维修小工具、眼镜清洗机器等。二是专业的验光配镜服务,商城内设有不同类别的专业验光中心,以确保验光质量。三是设置眼科医疗机构。四是眼镜旅游的开发。五是举办眼镜博览会。六是引领眼镜时尚。

商城的配套竞争力:按照综合商城的模式建设眼镜商城。将眼镜商城建设为综合商城,做好品牌产品的系列化推介。扩大消费项目,引入服装、3D影院、餐饮、游乐园、银行、超市等内容,吸引消费者到商城,拓展其他消费。

综合商城的经营理念:眼镜以远低于零售店的销售方式形成区域性的眼镜市城,以优质、新颖、品种繁多和廉价的眼镜吸引消费者到商城,以眼镜为媒,实质是吸引消费者消费其他产品,享受其他服务,商城利润的重点是其他商品的消费。

**2. 关于综合商城基于两面市场模型的分析**

（1）两面市场对于建立眼镜综合商城的分析（见下图）

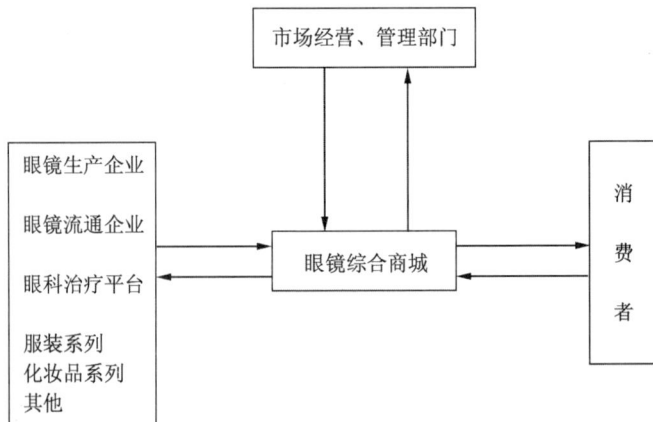

平台:眼镜综合商城内的各个店面。

上游市场:原丹阳眼镜市场内的客户资源、眼镜生产企业和眼镜流通、零售企业。其功能是眼镜及其附属产品的加工和批发;验光服务、弱视、近视的治疗和预防以及其他眼科疾病的治疗;综合商城的建设;建设其他商品的品牌店及适合不同群体的娱乐场所。

下游市场:吸引各类功能性眼镜需求者,包括弱视、近视孩子的家长,读书看报困难的老年人,追求眼镜时尚元素的客户群体,尤其是年轻女性对于时尚品牌系列产品的需求,如 BOSS、GUCCI 等品牌的眼镜、服装、包等。

政策支持:对眼镜经营可以通过低廉租金或免租金形式来帮助经营者降低成本,以吸引消费者。

(2) 关于眼镜发展集团基于两面市场的分析(见下图)

操作此眼镜商城必须成立专门机构来运作,以丹阳眼镜为主体、为核心企业,成立丹阳眼镜市场发展集团(以下简称眼镜发展集团)。

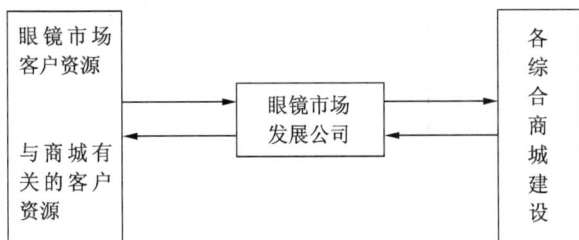

平台:眼镜发展集团公司,由此公司来整合上下游市场。

上游市场:一是丹阳眼镜市场的知名度和影响力及其客户资源,二是充实综合商城的客户资源。

下游市场:各商城的建设。根据大、中、小城市进行分类,设置不同规模的综合区域性商城。

公司架构:

成立集团公司:对公司进行股份化改造,下设房地产开发公司、投资公司、商场经营公司(物业管理)。

操作流程:(1) 由投资公司对项目进行评估,选择投资区域、投资规模及对资金使用进行监管;(2) 由房地产公司负责商城的建设;(3) 由经营公司负责招商、物业管理和经营管理。

商城的收入主要来自于租赁收入。有条件的地方结合部分商业地产或住宅商品房的开发,以弥补建设资金不足;同时以丹阳眼镜的品牌优势来争取政府的优惠政策支持,尤其是土地供给和优惠的土地价格。

## 四、实施产业创新,提升产业综合竞争力

### (一) 关于源创的思考

与世界先进地区和产品相比,中国眼镜业在产品设计方面基本没有竞争力,因而基本没有源创,只有流创,而流创阶段进入产业相对较容易,因而竞争激烈。在丹阳就好比是竞争激烈的国际市场。因此,中国眼镜业需在产品设计、眼镜功能性开发上下工夫,同时在光学材料领域内进行探索。

丹阳眼镜亟须在源创上突破。如何吸引一流人才到丹阳或为丹阳眼镜服务是实现源创突破的关键。笔者的观点是吸引一流人才不仅仅是待遇问题,而且更要建立一个利于眼镜产业发展的生态环境(见下图)。丹阳是一个小城市,在居住、休闲、再教育等方面不如大城市。分析美国硅谷形成的过程,笔者认为,在全国范围内或一个较大区域范围内改变发展的生态环境不是轻易可以做到的,但可以为某一产业创建好的生态系统。

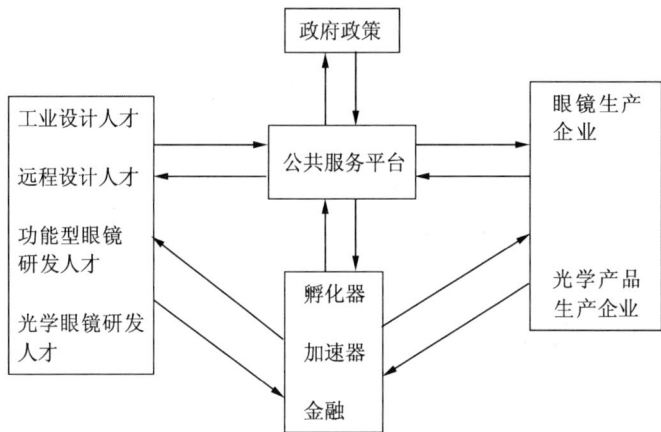

具体来说:

1. 为眼镜创投的建设:孵化器和加速器的建设。

2. 为眼镜服务的金融服务:与其他产业相比,眼镜产业是个小产业,但一些规模较大的企业完全可以在资本市场寻求一席之地。且随着未来功能性眼镜及光学材料区的突破,产业将能做得更大。同时,为视光学领域的科技创新和新的科技型企业提供好的创业、发展环境。如建立为眼镜企业提供融资服务的担保公司和小额贷款银行。

3. 公共服务平台建设:改变过去以企业为主单打独斗的做法,采取政府引导、市场化为主的方式来运作,加大新产品、新技术的研发力度。

4. 无论是公共服务平台还是各企业的转型,都要着重在以下几个方面来进行创新:一是原有产业的提升;二是功能眼镜的开发;三是光学材料领域的拓展,如进入汽车、照相等领域所使用的光学玻璃、镜头等。

(二)关于眼镜产业流创发展的思考

众多流创的进入致使竞争加剧,进而带来恶性竞争,影响眼镜产业的良性发展。要解决这一问题,可以在以下几个方面进行整合。

**1. 对镜架生产企业进行专业化分工(见下图)**

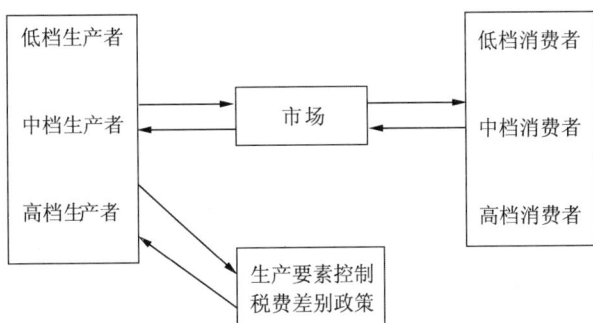

镜架整合内容:

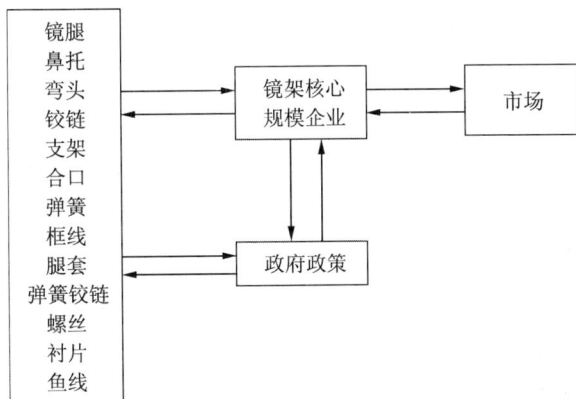

一个企业做一副完整的眼镜是丹阳眼镜发展的特点,但这也是致命的缺点,高品质的眼镜必须做到专业化分工。要改变这一现状,可以通过政策调控,对眼镜企业进行整合,实现专业化分工,从而提升眼镜制作质量和档次。对达到一定规模的配件企业在税费上给予优惠,对达不到一定规模的镜架企业调高税费,刺激企业做专、做精。同时,建立电镀工业园,对分散的电镀企业进行集中,设立入园门槛,既利于环境保护,又利于表面处理水平的提升。

**2. 对镜片实行差别化分工(见下图)**

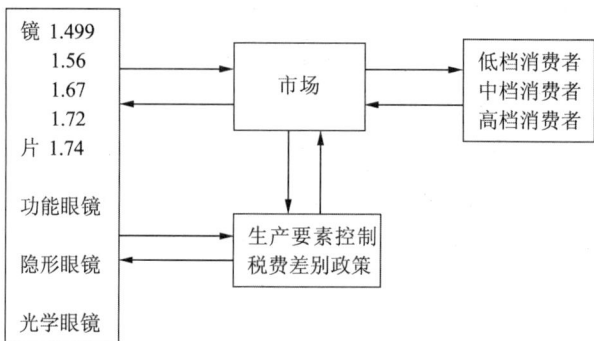

进入镜片的制造业相对容易,因其自动化程度较高,主要是设备的投入。但由于眼镜是特殊的医疗产品,每个人眼镜的度数都是不一样的。因此,眼镜加工中心的建设,在验光设备、制作技术方面有更高要求,也真正体现眼镜加工的水平。而无序的竞争只会损坏丹阳眼镜业的整体利益。因此,需对市场进行整合,首先从规模、设备和品质这三个方面设置门槛,促使企业为追求利益最大化而进行分工。在此基础上,增设资源要素门槛,对达不到要求的项目在土地供应、建设规费收取等方面给予限制,对符合政策的给予鼓励。尤其是对入驻丹阳市眼镜产业园的项目,给予更多的鼓励政策,以吸引优秀企业进入。

**(三)关于眼镜品牌建设的思考**

贴牌是为了生存,在生产、技术、管理水平及企业规模达到一定层次以后,应当加大品牌建设力度。

**1. 企业品牌建设**

在生产领域注重品牌建设,在流通领域更要注重品牌建设。

**2. 区域品牌建设**

主要由政府来打造,挖掘出诸如"齐梁故里,眼镜之都""戴丹阳眼镜,读天下文章"等创意。

**3. 举办以眼镜为主题的活动**

举办国际性的眼镜展销会及高水平的论坛。

**4. 眼镜文化建设**

(1)眼镜节建设:结合博览会、综合性经贸洽谈会,设立"眼镜节",丰富内涵,营造氛围,提高知名度。

（2）眼镜旅游产品开发。

（3）眼镜专业人才队伍的培养和建设。一是依托现有丹阳师范学校设立视光学专业,培养研发类人才,尤其是工业(工艺)设计类人才;二是依托现有丹阳职业技术学校设立眼镜加工技术专业,培养高素质产业工人。

**（四）充分发挥政府、市场、眼镜商会的作用**

原则是政府引导、市场为主、商会协调,充分发挥商会作为行业协会的"桥梁"作用,为政府提供决策参谋,并加强协会的调控能力,以形成"拳头"优势,增强竞争合力。


综上所述,通过不断的产业创新,提升综合竞争力,丹阳的眼镜产业也可以对世界眼镜产业产生引领作用。丹阳眼镜产业的发展必须在技术、生产、流通、营销各个环节进行创新,创新的目的是更好地满足人类对视光学产品的需求。只有加速创新,站在巨人的肩膀上,才能使丹阳眼镜业的发展从量变转化成质变,才能在国际上获得话语权,才能为人类提供更完美的视光学服务产品。

# 规划产业布局　实现创新发展

在苏南现代化示范区建设、上海自贸区设立、中共中央《关于全面深化改革若干重大问题的决定》出台及新一轮改革全面开始之际，镇江市委召开社科专家座谈会，研讨明年工作重点以及镇江发展路径等重大问题，体现了市委决策的科学性、民主性以及重视发挥社科专家在我市经济建设、城市发展中的智库作用。结合平时调研和研究的实际，我就产业发展、科技创新和人才队伍建设谈一点不成熟的看法和建议。

## 一、宏观上对国家的发展战略要有清晰的认识

中共中央《关于全面深化改革若干重大问题的决定》确定未来我国发展的总基调，必然会影响中央各部委的政策制定。从城市发展的角度，提前预知政策走向，抓住新一轮改革和发展的窗口，及时把握城市发展的机遇，就显得十分重要。苏南现代化示范区建设预示着更高水平的区域经济发展，转变发展方式、实现产业高端化、建设生态文明城市等都将对我市产生重要的影响，而上海自贸区的设立将确立上海作为国际枢纽港和国际金融中心的地位，作为周边城市同样会有发展的机会，这些国家层面的重大发展战略将成为我们城市发展的机遇，我们需要认真加以研究，及时把握机遇。

## 二、对我市产业发展状况和努力方向要有科学的分析

制造业在我市经济中占有举足轻重的地位，也与长三角地区作为国际制造业中心之一的地位相符合，可以说制造业兴则城市兴，即使现代服务业、旅

游业比重增加也难以撼动制造业的地位,但制造业可以带动现代服务业、文化产业和旅游业却是不争的事实。纵观苏南城市以及南通、泰州、盐城等地的发展,基本上都有特色鲜明的优势产业。尽管我市新材料、新能源、航空制造、现代装备以及船舶与海洋工程等新兴产业已经成为重点发展的产业,但上述产业规模、在产业链中的位置、重要龙头企业等都需要有进一步的提升。目前我市尚无在国内特别强势的产业,除航空制造近年发展较快外,其他产业甚至在省内都难以确立优势地位。改革开放30多年来,我市制造业已经有所发展,未来镇江的产业重点、产业特色和产业优势是什么? 需要从宏观、中观和微观三个层面认真分析和思考,对镇江的产业结构、态势和布局进行科学分析,这对未来镇江发展路径的确立很重要。

### 三、对科技创新在产业经济中的定位、作用要有清醒的认识

科技创新能力是衡量一个城市未来发展潜力的重要因素,从部分指标的角度,我市科技创新能力在全省都有一定的位次,如R&D占比、高新技术产值占GDP的比重都处于较高水平,但科技创新能力不仅仅体现在上述指标上,更重要的是需要体现在产业的竞争优势上,落实在产业发展之中。苏州的纳米产业、无锡的物联网产业、南京的软件产业、常州的装备制造业、中关村的移动终端产业、盐城的环保产业等都体现了一个城市的创新能力。而我市有多少在国内有影响的创新型领军企业? 产业发展过程中处于产业链高端的产业有哪些? 税收或财政收入中高新技术产业的贡献份额有多大? 是否有一大批创新型中小企业,伴随这些创新型中小企业发展的风险投资、天使基金的数量和规模有多大? 是否形成了富有特色的创新产业? 这些都值得我们深入思考。园区是科技创新的重要载体,国内先进的园区经过多年发展,已经从简单的工业集中区发展成为产业集聚、人才集聚和服务集聚的第三代园区,不仅有鲜明的产业特色,而且在人才汇聚、创新服务平台、资本市场等方面优势明显,而我市在国家级高新区的争创、园区的转型升级等方面还需要做更多的努力。在经济发展中,投资对于经济的拉动作用最为明显,而科技投入作为投资拉动的高端形式在产业发展中的促进作用毋庸置疑,科技创新的成果如何在产业发展中发挥作用,值得我们认真思考。

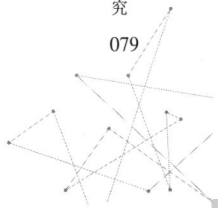

## 四、关于 2014 工作的若干建议

### 1. 加强产业规划，明确发展方向

结合苏南现代化示范区建设、中共中央十八届三中全会精神以及大项目引进、建设情况，对全市产业进行认真分析，在分析的基础上确立重点发展方向，科学规划产业布局，从产业链的角度加快高端产业的建设和集聚，园区建设、招商以及科技投入等都应围绕产业发展进行资源配置，形成明确的发展方向，按照市委杨省世书记所说一张蓝图绘到底，持之以恒，使镇江的产业特色、产业优势更加明显。新材料产业是我市有一定特色和规模的产业，其中碳纤维、合金材料等都有较大的发展潜力，工信部也将我市新材料产业纳入国家新材料产业基地，围绕新材料产业进行细分、规划，有望形成部分领域的优势，建议加大新材料产业的布局力度。

### 2. 加强与部委的联系、和央企的对接

中央部委的政策在一定程度上决定了国家的发展和走向，各部委的工作试点往往为未来发展奠定了基础，在试点过程中很多要素资源都会向试点城市倾斜，参与国家部委试点的过程就是获得机遇的机会，我市能够成为首批23 个国家知识产权示范城市，其重要原因就是许多探索性工作的试点取得成效并在全国推广。因此加强与中央各部委的联系，积极参与新一轮的改革试点是我市创品牌、创特色，加快发展的重要途径。与央企的对接是大项目落户镇江的前提，国资委管辖的 130 多家央企在我国产业发展中的地位举足轻重，央企在转型升级和扩张中会产生许多处于产业链高端的大项目，这些项目对产业的带动作用很大，建议将与央企对接工作纳入 2014 年工作的重点，推动镇江的产业发展。

### 3. 让科技创新成为产业发展的助推器

科技创新应重点围绕产业发展探索新方法、新机制，在确保各项指标争先进位的同时，更加注重内涵。建议苏南现代化示范建设期内，围绕重大基础设施建设，在引进中央级研发机构上取得突破，以服务中小企业为核心，建立健全体系完善、服务链完整的创新平台，培育几家在国内有影响的创新型引领企业，加强创新型中小企业的培育与服务，干成几件对未来发展有影响的大事、实事。一般来说，科技创新与产业发展状况线性相关，因此在确立重点发展的目标时，既要有面上的基础性目标，也要有重点突破的任务。

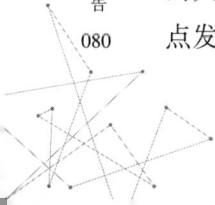

**4．建立适应产业发展的人才培养体系**

人才是一个地区产业发展的基础，也是项目落户的重要因素。随着北汽等大项目的落户，对专业人才的需求就会变得十分迫切。从人才链的角度分析，从创新型引领人才、企业普通研发人员、高技能职业技术人才到普通员工，应呈金字塔结构，一般来说领军人才往往在国际范围内遴选，研发人员从研究生、本科生中招聘，而高技能职业技术人才和普通员工更多地在本土培养。建议一是根据产业规划制定人才培养规划，建立面向产业的人才培养体系，从人才链的角度规划和合理配置教育资源，如高技能职业技术人才以镇江高等专科学校为平台打造，一般员工以高职、技师学院等为主体培养。二是加强人才载体建设，人才载体主要是基础设施、大项目以及建设和引进的研究机构。分析我市的人才计划项目，创新团队的人才依赖并非全是政策，更多的是载体。如没有巍华合金做载体，陆敏团队落户镇江的可能性并不大。三是鼓励民间资本投资人才项目，形成财政资金引导、民间资本投资、项目逐步做实的良性循环。

**5．重视国家专利导航试点工程（江苏）研究基地建设**

国家专利导航试点工程（江苏）研究基地是国家知识产权局批准的首家以专利导航产业发展为目的的国家级研究基地，由江苏大学、江苏科技大学、镇江高等专科学校共建，是我市高校唯一的国家级研究机构，承担了研究、服务和国家局职能延伸的任务。除接受国家知识产权局的业务指导外，还与工信部、国务院国资委等部建立了广泛的合作与联系，上述三所高校也形成了一支在国内有影响的研究团队，加强研究基地的建设既可为我市知识产权工作提供正能量，也能在专利导航产业发展、推进产业高端发展方面发挥作用。具体建议如下：

一是积极探索专利运用对我市优势产业的导航作用。选择战略型新兴产业和未来我市拟重点发展的产业，如新材料产业中的某些领域，通过专利分析了解国际国内产业发展的趋势和产业布局的重点，根据我市产业发展状况，制定更加科学合理的产业规划，确定产业发展的重点，有目的地引导产业内企业的研发和专利布局，从招商、研发等环节入手，实现产业人才、资本、核心专利以及优秀企业的汇聚。

二是将专利导航产业发展作为园区产业发展的特色。在国家专利导航试点工程中，实验区建设是最重要的专利导航平台，一是因为园区汇集了大量的企业，二是我国园区转型升级、产业高端化、服务链条化已经成为园区发

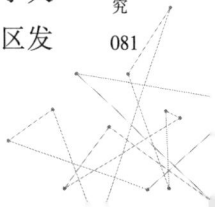

展的必由之路,三是为未来国家研发机构、央企专利产业化基地建设打好基础。建议在我市选择条件好的园区进行试点,在园区产业专利导航、专利储备运营服务体系建设和专利产业化孵化集聚区建设等方面进行探索,为园区发展注入创新和专利运用的特色。

三是加强研究基地建设。国家知识产权局将首个国家专利导航试点工程研究基地设在我市,使我市有机会、有条件参与国家知识产权局的政策制定、项目设计,也具备了在一些领域先行先试的基础,研究基地已在一些领域的专利布局工作上与我市企业开展合作,加强研究基地建设可以在服务国家专利导航试点工程的同时为地方产业发展、深化专利运用作出贡献。第一可考虑由市政府与国家知识产权局共建研究基地,使研究基地的成果首先在我市获得应用。第二是按照镇江市"人才特区"研发机构奖励政策兑现奖励资金,在经费上给予必要的扶持。第三是将研究基地纳入镇江市国家知识产权示范城市建设,发挥研究基地的特色和品牌作用。

# 统筹大船舶产业　制定差异发展战略

/陶永宏/

镇江船舶产业发展历史悠久,市场知名度较高,产业链不断加长加宽;船舶建造特色鲜明,船舶配套门类丰富,海洋工程装备开始起步,船舶生产性服务业有优势。面对船市低迷而海洋工程产业持续兴旺的发展现状,镇江市如何将传统产业和战略性新兴行业相结合,打造镇江市的大船舶产业,需要统筹大船舶产业,着眼大船舶市场,制定差异发展战略,打造海洋工程产业链。

## 一、大船舶产业概况

船舶产业从大的范畴来讲,包括"一船一配一大一小一服务"。

"一船"是指船舶制造业、船舶修理业和船舶拆解业,即所谓的造船、修船和拆船。

"一配"是指船舶配套业,进一步延伸还可包括海洋工程装备的配套业和游艇的配套业。

"一大"是指海洋工程装备的制造业。

"一小"是指游艇制造业。

"一服务"是指船舶生产性服务业,特别是船舶的设计,包括初步(方案)设计、详细设计和生产设计。

### 1. 大船舶产业发展形势

船舶制造触底反弹。2013年以来,船舶制造业新接订单反弹趋势比较明显,给很多企业带来了不少信心,但是世界经济整体复苏依然乏力,航运市场恢复常态尚需时日,短期内船舶市场低位徘徊,大幅上升复苏到金融危机前的水平短期内不可能。

船舶修理持续低迷。延续几年市场形势低迷,船舶修理仍然处于低价竞争状态,这使得修船业形势短期内不容乐观。

海工装备热度不减。2013 年上半年,在自升式钻井平台订单接二连三成交的带动下,全球海洋工程装备市场延续了近年来的繁荣景象,订单总额达到 330 亿美元,同比增长 22.22%。但目前大家关注的重点大多在海工装备上,对海工配套关注度不高,需要引起重视,我国海工配套比重很低,高端配套几乎空白,力争海工配套产业协同发展、提升我国本土海工装备配套率同样十分重要。

游艇发展超过预料。作为船舶制造业的重要组成部分,现在全球每年的游艇经济收入超过 500 亿美元,过去的 5 年是中国游艇制造行业发展最为迅猛的时期,未来 5 年,中国的游艇制造行业也将加速发展。

配套发展高端不足、低端过剩。从产品结构来看,海洋工程装备的配套设备领域、市场规模不断扩大,其配套产品市场竞争相对宽松;游艇业的快速发展也提升了游艇配套业的需求,该市场将会不断扩大,船配企业应该引起关注。低档船舶配套产品竞争惨烈,部分产能淘汰出局后才能进入稳定发展态势,高端船舶配套存在不足。

### 2. 大船舶产业发展导向

依据江苏船舶工业发展规划和产业发展形势,总体有如下的发展导向:

船舶制造品牌化,船舶配套高端化,海工装备规模化,游艇制造产业化,船舶设计本省化,海工配套本土化,船舶修拆绿色化。

## 二、镇江大船舶产业发展现状

### 1. 产业规模

通过规划引导、重点扶持,产业规模和集聚度逐步提高。目前,全市船舶与海洋工程企业近 90 家,超亿元的骨干企业有 13 家。2012 年,船舶与海洋工程产业实现销售 207.4 亿元,同比下降 5%。在建投资规模亿元以上重点项目 7 个,总投资 296.8 亿元,累计完成投资 19.54 亿元。

### 2. 产业水平

部分细分产品领先,错位发展、特色发展有成效,逐步形成一批产品特色鲜明、市场占有率较高、竞争力强的新产品新技术。保持全回转港作拖船、船用中速柴油机、螺旋桨、环保电站、船舶电器、系泊链六大产品市场占有率全国第一,其中全回转港作拖船世界第二。积极开拓高端新兴市场。新韩通重工公司与德国企业签订国内首艘符合船舶能效设计指数(EEDI)相关能效指数要求的 5 万吨双燃料液化天然气(LNG)动力船技术合作协议。镇江中船设备大力拓展动力系统集成和电站系统集成等新领域。培育了"蓝波""赛尔尼柯(SaierNico)""三山""威和""金舟""四洋"等一批知名品牌。

**3. 创新能力**

全行业拥有省级以上研发机构 11 家(其中国家级 1 家)、省级船舶行业技术服务平台 2 个和船舶导航系统国家工程研究中心雷达实验室 1 个。拥有专利 300 多项,其中发明专利 100 多项,形成了一批具有自主知识产权的产业核心关键技术。如镇江船厂具有自主知识产权的"大功率节能高效全回转港作工作船"等系列产品被认定为省级高新技术产品。

**4. 集聚效应**

产业集聚:镇江高新区船舶与海工配套产业园、扬中海工装备及高技术船舶产业园、京口新民洲临港产业园区三大产业园区,集聚了镇江船厂、新韩通重工、鼎盛重工、镇江中船设备、贝克尔船舶系统、赛尔尼柯电器、正茂集团、康士伯电气、威和重工等骨干企业,产业集聚态势进一步凸显。

载体集聚:建有国家火炬计划镇江特种船舶及海洋工程装备特色产业基地、省级船用动力特色产业基地、省级镇江高新技术船舶及配套设备高新技术产业化基地、省级镇江市润州区船舶特色产业集群(江苏五大船舶产业集群之一)等产业集聚区。

平台集聚:成立了镇江市特种船舶及海洋工程配套产业技术创新战略联盟和镇江市海洋工程行业协会。

**5. 产业形势**

2013 年 1 - 8 月,镇江船舶产业实现应税销售 65.3 亿元,同比下降 20.3%;利税 3.33 亿元,同比下降 32.56%;利润 2.18 亿元,同比下降 37.7%。其中船舶制造业应税销售 28.61 亿元,利税 2.39 亿元;配套业应税销售收入 36.69 亿元,利税 0.94 亿元。用工人数为 1.39 万人,同比下降 20.1%。

### 三、镇江大船舶产业发展战略思考

做强船用配套业,拓展海工配套业,做优工程船制造业,打造船海科教服

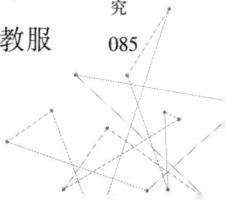

务业,谋划游艇制造业,形成大船舶产业链条。实现"小产业,大特色""小产业,大体量""小产业,大品牌"。

### 1. 做强船用配套业

紧紧抓住我国船用设备发展总体上尚处于加快、提高阶段的良好机遇,抢先其他园区,加大力度,做强船用设备产业。大力引进发展一批具有世界先进技术水平和国际知名品牌的核心船用设备产品;重点发展一批上海、镇江船用柴油机、船用辅机和船用发电机组产业链的再配套产品;努力扩张发展一批已经具有一定优势和较高市场占有率的现有船用设备产品,扩大其规模,提升其竞争力;依托已有较好产业基础的陆用产品,进行横向延伸,发展同类船用产品。

### 2. 拓展海工配套业

我国海工配套业发展总体上尚处于起步阶段,绝大多数海工配套产品依靠国外进口,而海工配套产品与船舶配套产品相通性强,相似性大,面广量大,产业链长。因此,镇江有基础有条件拓展海工配套产品,在江苏率先实现海工配套产品的突破。

以陆用带海工,以船用促海工,鼓励和支持现有船用设备优势产品生产企业进入同类海洋工程配套产品的生产领域,引导和推进陆上装备制造企业与海工配套企业的战略合作,生产类似海工产品。重点招商海洋工程动力与电力设备、动力定位系统、大型海工起重设备等项目。海工配套项目大多为重大项目,一旦招商成功,海工配套发展速度将明显加快。

### 3. 谋划游艇制造业

游艇、邮轮产业持续升温,是汽车、房地产消费升级的必然替代品,具有非常广阔和长久的发展前景。2013 年 2 月 2 日颁布的《国民旅游休闲纲要(2013—2020 年)》明确指出,要积极发展邮轮游艇旅游等旅游休闲产品,发展邮轮游艇码头等旅游休闲基础设施建设。

(1)发展蓝色经济、海洋产业,是转变生产方式、调整产业结构的重要一环,是"十二五"我国经济发展的最大增长点所在。我国拥有 9 万个湖泊、6500 个岛屿和 2 万公里海岸线,拥有世界上开展游艇消费的最大潜力。

(2)随着我国游艇市场规模逐步扩张,游艇设计、游艇生产和维护保养、游艇销售服务网络、游艇俱乐部、游艇赛事、游艇金融保险等游艇产业链各方面也将获得较快发展。这给镇江发展带来机会。

(3)目前国内游艇设计、游艇舾装、游艇维护维修人才基本属于空白,镇江有条件开展游艇设计、游艇舾装等的培训。

**4. 做优工程船制造业**

在海洋工程船方面,镇江市有核心竞争优势,有龙头企业带动,有品牌产品,也有国内外品牌影响力,完全有条件在国内外做优做强海洋工程船品牌。

做强海洋工程辅助船,扩大其品牌影响度,进一步提升其国际市场占有率;做大海洋工程作业船,打响海洋工程作业船品牌,形成批量和规模优势;进军海洋勘探船,力争形成突破。

**5. 打造船海科教服务业**

大力推进船海领域生产性服务业。除船舶物流外,镇江在船舶设计、船舶企业管理的软件开发等方面具有优势。

**6. 形成大船舶产业链条**

注重延伸配套产业链,推进对船用设备、海工设备的再配套,促进配套业模块化、系列化生产,形成船用柴油机再配套产业基地。集聚配套企业,实现"产业链"到"项目链"再到"价值链"的良性循环。

## 四、镇江海洋工程产业链构建

海洋工程作为战略性新兴产业,产业链长,带动性好,镇江有产业基础,市场有发展需求,完全有条件打造镇江海洋工程产业链。

**1. 镇江海洋工程产业链发展现状**

从广义的海洋工程产业链来说,在海洋工程的设计、制造、安装和维护四个主要业务领域中,镇江仅有制造业务。

从狭义的海洋工程产业链来说,在海洋油气开发设备(石油平台)制造、配套设备、安装、维护中,镇江仅有海工船和海工配套业务。

从海洋工程装备产业链制造系统、海洋工程装备产业链供应系统、海洋工程装备产业链服务系统来说,镇江仅有很小部分的海洋工程装备产业链制造系统,服务系统主要有教育、培训和小型海工船的设计能力。

从完整的产业链角度来看,目前仅有海洋工程装备产业链构成图(见图1)中的阴影部分中的部分产品:

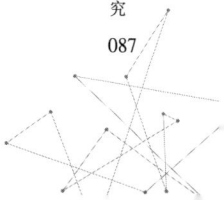

海洋工程装备产业链供应系统

| 钢厂 | 焊条焊剂厂 | 涂料油漆厂 | 氧气乙炔厂 | 有色金属材料厂 | 塑料、像胶、木材等供应厂 | 其他 |
|---|---|---|---|---|---|---|

**石油公司**

**FPSO船**
- 石油净化与石油化工装置产业链 → 油水气分离产业链 → 分离装置配套厂 → 相关再配套厂
- 石油净化与石油化工装置产业链 → 储油设备产业链 → 储油设备配套厂 → 相关再配套厂
- 石油卸载装置产业链 → 装油、卸油产业链 → 卸载设备配套厂 → 相关再配套厂
- 造船产业链（FPSO船体与穿梭油轮） → 船用分段、舾装件等协作厂 → 舾装产品配套厂 → 相关再配套厂
- 造船产业链（FPSO船体与穿梭油轮） → 船舶配套设备厂 → 船用主机等设备制造厂 → 相关再配套厂

**海洋平台**
- 结构模块 → 船厂或结构件厂 → 构件协作厂
- 采油模块 → 钻探与采油设备产业链 → 钻机等设备制造厂 → 相关再配套厂
- 海工八大配套系统 → 海工配套系统产业链 → 定位、动力等装备制造厂 → 相关再配套厂
- 生活模块 → 结构件与生活设施模块 → 空调、海水淡化设备等制造厂 → 相关再配套厂
- 其他模块 → 模块生产制造厂 → 模块生产配套制造厂

**海洋工程船 海洋勘探**
- 特种装备制造产业链 → 深水铺管设备产业链 → 铺管设备制造厂 → 相关再配套厂
- 造船产业链 → 船舶分段、舾装件等协作厂 → 舾装产品配套厂 → 相关再配套厂
- 造船产业链 → 船用设备配套厂 → 船用主机等设备制造厂 → 相关再配套厂

| 服务对象 | 海洋工程装备总装厂 | 海工装备构成及其亚产业链 | 配套设备总装厂 | 配套设备的再配套厂 |
|---|---|---|---|---|

海洋工程装备产业链制造系统

| 海工产品认证 | 船级社 | 研究所与设计所 | 物流系统 | 信息服务 | 人才与劳动力服务 | 行业协会 | 其他 |
|---|---|---|---|---|---|---|---|

海洋工程装备产业链服务系统

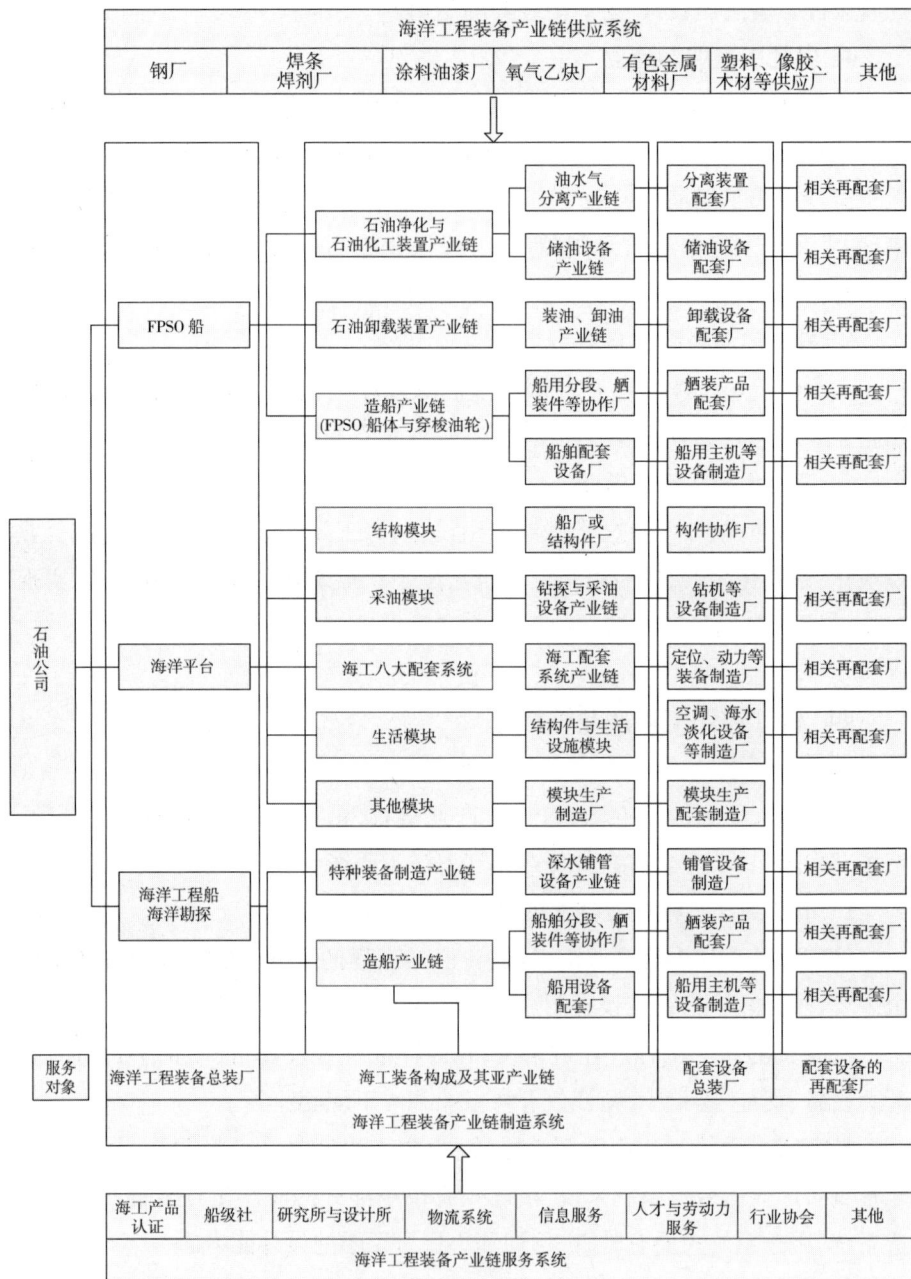

**图1　镇江海洋工程装备产业链构成图**

从具体产品类别而言,主要集中在一个产业链和一个亚产业链方向。

海洋工程船产业链包括:三用工作船、平台供应船、远洋救助打捞船、石油平台支援船、海洋工程拖船等。

海工配套部分产品产业链包括:应急发电系统(中速柴油机、应急柴油发电机组),锚泊系统(锚、锚索、锚机等装置),救生系统(海洋石油平台救生装置、应急密封式防火救生艇、救生艇架装置等),照明系统(各类海工灯具),起重与甲板机械系统(甲板多用途起重机、甲板机械、大型浮式起重机等),电气与控制系统(海工用主配电板、驾驶室控制台、机舱集中控制台、自动化控制系统、海工电器等)。

**2. 镇江海洋工程产业链构建**

(1)镇江海洋工程产业链构建总体分析

紧紧抓住我国海洋工程装备产业链正在形成的良好发展机遇,以市场需求、技术可行和产业基础为依据,跨越式发展镇江海洋工程装备产业链,为此,需要进行产业链构建的分析。镇江市海洋工程亚产业链分析与选择如表1所示。

**表1 镇江海洋工程亚产业链分析表**

| 一级产业链 | 亚产业链 | 分析与选择 |
|---|---|---|
| FPSO 船 | 石油净化与石油化工装置产业链 | 无基础,如发展需引进龙头企业 |
| | 石油卸载装置产业链 | 无基础,如发展需引进龙头企业 |
| | 造船产业链(FPSO 船体与穿梭油轮) | 10 万吨以下可以建造 |
| 海洋平台 | 结构模块 | 有基础,可发展 |
| | 采油模块 | 无基础,如发展需引进龙头企业 |
| | 海工八大配套系统 | 有基础,可发展 |
| | 生活模块 | 有基础,可发展 |
| 海洋工程船海洋勘探船 | 特种装备制造产业链 | 无基础,可力争发展 |
| | 造船产业链 | 有很好基础,可率先发展 |

海洋钻井平台关键设备产业链可以进一步选择三级产业链,其分析与选择如表2所示。

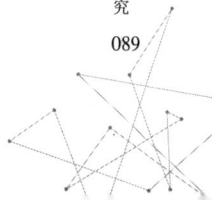

**表2 海洋钻井平台关键设备分析与选择一览表**

| 海洋钻井平台组成 | 核心设备系统 | | 分析与选择 |
|---|---|---|---|
| 钻井设备 | 钻井水下隔绝装置 | | 无基础,石油行业垄断,不选择 |
| | 升降补偿装置 | | |
| | 钻井绞车 | | |
| | 顶驱 | | |
| | 泥浆泵 | | |
| | 排管机 | | |
| | 仪表/司控房 | | |
| 固井设备 试油设备 | | | 无基础,石油行业垄断,不选择 |
| 配套设备 | 锚泊或单点系泊系统 | 锚、锚索、锚机及锚浮标灯附属装置 | 有基础,选择重点打造 |
| | 主动力发电与传动系统 | 双燃料燃气轮发电机组、大功率中压高压柴油发电机组、电力变压器、变频传动、提升及传动机械等 | |
| | 应急发电系统 | 中速柴油机、应急柴油发电机组、应急柴油日用罐等 | |
| | 甲板机械与起重系统 | 甲板多用途起重机、甲板机械,起升绞车、系泊定位绞车、大型浮式起重机等 | |
| | 电气与控制系统 | 海工用主配电板、驾驶室控制台、机舱集中控制台、自动化控制系统、海工电器等 | |
| | 安全系统 | 有毒、易燃气体的检测、报警装置、消防泵、喷淋装置等 | |
| | 救生系统 | 海洋石油平台救生装置,应急密封式防火救生艇、饱和潜水装置等 | |
| | 照明系统 | 各类海工灯具 | |
| | 其他 | 海工内装单元、生活家居等 | |

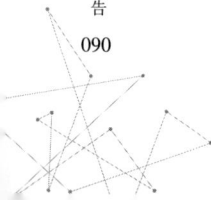

| 海洋钻井平台组成 | 核心设备系统 | | 分析与选择 |
|---|---|---|---|
| 配套设备 | 动力定位系统 | 推进器、控制系统等 | 无基础,欧美垄断或石油行业垄断或其他地区已经率先发展,不选择 |
| | 通讯导航系统 | 调频调幅甚高频无线电话、中/高频无线电台等、卫星定位仪、测探仪、平台监视系统、气象仪等 | |
| | 水处理系统 | 热交换器、海水淡化系统、油污水处理系统、生活污水处理系统、油渣泵等 | |
| | 空调系统 | 空调冷水机组、中央空调器、冷媒水系统、冷却水系统等 | |
| | 消防系统 | 消防总用泵、消防炮、泡沫罐、消防泵等 | |
| | 管道泵阀 | 各类管道、各类泵和各类阀如各类海水、淡水、饮用水泵、阀门等 | |

（2）镇江海洋工程产业链总体构建

通过对镇江市海洋工程三大平行产业链、亚产业链和三级产业链的分析与选择,镇江市海洋工程产业链构建可定位为"158"产业链体系。即:1 个一级产业链——重点发展海洋工程船产业链;5 个亚产业链——重点发展 FPSO 造船产业链（FPSO 船体与穿梭油轮）、FPSO 船用配套产业链、海洋构成结构模块产业链、海洋构成生活模块产业链、海洋平台配套部分产业链;8 个三级产业链——重点发展海洋配套亚产业链中的 8 个三级产业链。如表 3 所示。

表3　镇江市海洋工程装备产业链发展定位表

| 序号 | 一级产业链 | 亚产业链 | 三级产业链 | 具体产品 |
|---|---|---|---|---|
| 1 | 海洋工程船海洋勘探船 | 船舶制造产业链 | 很多 | 起重船、三用工作船、平台供应船、远洋救助打捞船、石油平台支援船、起锚供应船、海洋工程拖船、铺管船、潜水作业船、消防船、修井船、海上风电场工程船、风车安装船等 |
| | | 船舶配套产业链 | 很多 | 很多 |

| 序号 | 一级产业链 | 亚产业链 | 三级产业链 | 具体产品 |
|---|---|---|---|---|
| 2 | 海上浮式生产储油装置（FPSO 船） | 造船亚产业链（FPSO 船体与穿梭油轮） | 很多 | 20 万吨以下可以建造 |
| | | FPSO 船配套设备亚产业链 | 系泊系统 | 很多 |
| | | | 主机动力系统 | 很多 |
| | | | 辅机、发电机等系统 | 很多 |
| | | | 生活系统 | 海水淡化系统 |
| | | | | 空调等生活系统 |
| 3 | 海洋平台 | 结构模块 | | 很多 |
| | | 海工配套亚产业链（八大配套三级链） | 锚泊或单点系泊系统 | 锚、锚索、锚机及锚浮标灯附属装置 |
| | | | 主动力发电与传动系统 | 双燃料燃气轮发电机组、大功率中压高压柴油发电机组、电力变压器、变频传动、提升及传动机械等 |
| | | | 应急发电系统 | 中速柴油机、应急柴油发电机组、应急柴油日用罐等 |
| | | | 甲板机械与起重系统 | 甲板多用途起重机、甲板机械，起升绞车、系泊定位绞车、大型浮式起重机等 |
| | | | 电气与控制系统 | 海工用主配电板、驾驶室控制台、机舱集中控制台、自动化控制系统、海工电器等 |
| | | | 安全系统 | 有毒、易燃气体的检测、报警装置、消防泵、喷淋装置等 |
| | | | 救生系统 | 海洋石油平台救生装置，应急密封式防火救生艇、饱和潜水装置等 |
| | | | 照明系统 | 各类海工灯具 |
| | | 生活模块 | | 很多 |

# 镇江产业升级行动计划：
## 实践调查、整体评价和理性思考

/周秋琴　孙文平　杨艳艳　车肖娟　殷丽娟/

2011年镇江市第六次党代会指出，要"加快转型升级，推进跨越发展，为率先基本实现现代化而不懈奋斗"。加快转型升级是镇江实现跨越发展、富民强市和率先基本实现现代化的关键和核心。但是加快转型并不意味着可以随意转、盲目转、想当然地转。改革开放以来，镇江市经历过两次经济转型。第一次转型是以发展乡镇企业为标志，实现从农业经济向工业经济的转变。第二次转型是以发展开放型经济为动力，推动轻工业经济向重工业经济的转型。但因种种原因，镇江错过了不少机会，和苏锡常等先发城市的差距由此拉开。现在第三次转型已经开始，其核心内容是通过发展创新型经济，实现产业升级，构建现代产业体系，这对镇江来说又是一次难得的重大战略机遇，也是镇江实现跨越发展目标的新的生长点，镇江应认真吸取过往的教训，再也不能输在起跑线上。

## 一、镇江产业升级的实践调查

### 1. 镇江经济发展所处阶段表明，已处于新一轮产业升级关键时期

现在，镇江正处于"十二五"发展的关键时期。2007年镇江以大市为单位完成省定全面小康目标，2008年以县为单位率先建成全面小康。2015年镇江要以省定基本现代化指标体系为目标基本实现现代化。与全面建设小康社会相比，基本实现现代化要求更全面、内涵更丰富。两者是总体统一、既有区分又紧密衔接的两个阶段。全面建设小康社会阶段是基本实现现代化的初级阶段，而基本实现现代化不仅是全面建设小康社会的量的提升，更是质的

跨越。"质"的根本内涵与重中之重则体现为经济的转型升级,如基本现代化指标:服务业增加值占 GDP 比重(>53%)、消费对经济增长贡献率(>53%)、现代农业发展水平(>90%)、高新技术产业产值占规模以上工业产值比重(>45%)、自主品牌企业增加值占 GDP 比重(>15%)、主要劳动年龄人口平均受教育年限(>12.2 年)、单位 GDP 能耗(<0.5 吨标准煤/万元)、主要污染物排放强度达标、空气质量优良天数比例(95% 以上)、Ⅲ类以上地表水比例(60% 以上),等等。完成这些指标,必须以加快经济的转型升级为前提条件和根本任务。

**2. 镇江经济综合实力现状迫切要求加快产业升级**

从镇江在苏南五市和沿江八市中的经济地位来看,目前镇江经济综合实力还不强,在苏南地区总体上处于后位,某些总量指标在沿江八市中排名也靠后。2010 年镇江 GDP 是 1988 亿元,一般预算收入是 138 亿元;2011 年GDP 达 2300 亿元左右,一般预算收入近 182 亿元(见表 1)。镇江 GDP 突破2000 亿元,一般预算收入突破 180 亿元,这是一个新的发展阶段的起点,但在苏南五市和沿江八市中仍处于最后位置。2010 年镇江城镇居民人均可支配收入、农民人均纯收入分别为 2.31 万元、1.08 万元;2011 年分别提高为 2.66万元、1.28 万元,但在苏南五市中排名最后(见表 2)。因此,加速转型、提速发展,以量的积累达到转变经济增长方式、调优经济结构的这一质的飞跃,已成为镇江实现跨越发展的不二选择和唯一出路。

一个城市经济总量与其经济增长速度密切相关。镇江 2010 年经济增长速度为 13.8%,2011 年则为 12% 左右(见表 3)。这样的增速与苏南其他城市相比并无优势,只与苏中城市相当。而要实现跨越发展、后发先至,总量超扬州、均量赶常州的目标(2011 年常州人均 GDP 为 7.9 万元,镇江人均 GDP 为7.4 万元),必须拥有一个较高的经济增长速度。追赶型经济体增长速度的一个简单计算公式是:追赶型经济体的增长速度 = 目标型经济体的 GDP ÷ 追赶型经济体的 GDP × 目标型经济体的增长速度。镇江发展应当"速度与苏北同行,质量与苏南同步"。这个要求对当前的镇江而言,具有极强的现实针对性。这里需要强调的是,保持较高增长速度并不必然带来经济过热和经济增长方式粗放,关键是看能否统筹好速度与结构、效益之间的辩证发展关系。也如发展经济学家钱纳里提出的,要把经济增长的进程理解为经济结构全面转变的一个组成部分。

表1　2011年江苏沿江八市GDP和一般预算收入比较

单位:亿元

| | 苏州 | 无锡 | 南京 | 常州 | 镇江 | 南通 | 扬州 | 泰州 |
|---|---|---|---|---|---|---|---|---|
| 地区GDP | 10500 | 6900 | 6140 | 3600 | 2300 | 4100 | 2630 | 2420 |
| 一般预算收入 | 1101 | 615 | 635 | 351 | 182 | 374 | 218 | 218 |

表2　2011年苏南五市经济增速、第三产业比重比较

单位:%

| | 苏州 | 无锡 | 南京 | 常州 | 镇江 |
|---|---|---|---|---|---|
| 经济增速 | 12 | 11.5 | 12 | 12 | 12 |
| 第三产业比重 | 42.6 | 44 | 52 | 41.7 | 40.8 |

表3　苏南五市城乡居民人均收入比较

单位:万元

| | 苏州 | 无锡 | 南京 | 常州 | 镇江 |
|---|---|---|---|---|---|
| 城镇居民人均收入 | 3.31 | 3.14 | 3.22 | 2.97 | 2.66 |
| 农村居民人均收入 | 1.73 | 1.64 | 1.31 | 1.49 | 1.28 |

注:表1、表2、表3中数据皆为初步核算值。来源:2012年各市政府工作报告与各市统计局网站。

## 二、镇江产业升级的整体评价

产业结构各种比例关系是否合理、协调和平衡,直接影响到经济能否持续稳定地发展。首先是三次产业之间的结构水准低。镇江从1991年至今,三次产业一直呈现"二、三、一"结构,第二产业稳居主导地位。到2011年第三产业比重为40.8%(见表2),服务业比重为41.5%(服务业比重=第三产业比重+第一产业中农林牧渔服务业比重)。产业"轻重"问题突出,重化工业比重偏高。2010年时,镇江重工业产值(规模以上)占比为79%。产业高耗能特征明显,2010年全年规模工业五大高耗能行业总产值占比不到40%,但能源消费量占比则接近90%。环境污染治理难度加大。为完成减排目标,到2010年已累计关闭了小化工生产企业165家。

其次是三次产业内部的结构水准低。农业现代化水平不高,传统农业占相当高的比重。2009年高效农业(33.8%)、渔业(45.4%)、设施农业(8.0%)比重低于全省的平均水平(38.4%、52.7%和9.9%);农业产出效率

低,亩均产值4439元,低于全省1015元、苏南1979元;劳动生产率仅为苏南的78.0%,占全市全员劳动生产率的27.6%。

制造业先进性水平不高,传统产业占相当高的比重。工业是第二产业的主体,制造业又是工业的主体。现在多数制造业仍然处于价值链的低端,产品附加值不高,核心技术和关键设备过度依赖进口,消化吸收再创新和自主开发能力不强;产业集群仍处于较为低级的发展阶段,目前大部分仍是生产加工基地,处在价值链的低端。2011年工业增加值率为25%;全要素生产率贡献只有32%,低于发达国家的60%,低于苏南平均水平40%。2010年规模以上工业企业研发支出占销售收入比重为0.9%,略高于全省平均水平,但与苏南平均水平(1.2%)有一定差距,其中大中型工业企业研发支出与发达国家或地区3%~5%的水平相比有很大差距;全省规模工业销售收入百强企业镇江仅有5家入围,营业收入百强企业集团镇江仅有3家,工业企业上市公司13家(2011年为16家),与相邻的常州相差13家,不及宜兴的17家。

现代服务业水平不高,传统服务业占相当高的比重。2010年生产性服务业增加值占服务业比重的38%,新兴服务业增加值占服务业比重的10%左右,交通运输、仓储及邮政业占服务业的比重只有11.9%,信息传输、计算机服务业软件业占3.4%,金融业占9.3%,租赁和商务服务业占10.9%,均远低于传统批发零售业的26.0%。

再次是产业结构与人均GDP表示的经济发展水平之间的协调性低。按照国际经验,人均GDP只要达到3000美元时,第三产业比重就应达到55%,中等收入国家第三产业比重则为58%,而镇江人均GDP已经达到了中高收入国家水平,镇江第三产业比重仅为40.8%,尚未达到人均GDP 3000美元的水平,只相当于低收入国家水平(见表4)。2010年第三产业增加值占GDP的比重为39.0%,低于全省(40.6%)、全国(43%)的平均水平。

表4 人均GDP400美元(1964年美元)时的标准结构与大国结构

单位:%

| | 初级产业比例 | 整个工业比例 | | | | 服务业比例 |
| --- | --- | --- | --- | --- | --- | --- |
| | | 小计 | 轻制造业 | 重制造业 | 建筑和基础业 | |
| 标准结构 | 20.6 | 39.5 | 15.8 | 8.6 | 15.1 | 39.9 |
| 大国一般结构 | 16.4 | 45.3 | 16.6 | 13.0 | 15.7 | 38.3 |

资料来源:[美]钱纳里:《工业化和增长——大国的经验》,第21页。

因此镇江产业结构不合理、不协调与不平衡,必然要求加快升级行动。

### 三、镇江产业升级的理性思考

一直以来,镇江转变经济发展方式和产业转型升级缓慢,主要是受两大矛盾的制约。一是速度和效益的矛盾。有人认为,加速转变经济发展方式和转型升级,会使发展速度大幅下降,从而影响各地转型升级的积极性。二是淘汰落后产能、优化经济结构和职工大量失业与财政收入下降的矛盾。的确,简单地抛弃、淘汰落后产能,会带来职工失业、财政收入下降的问题。但是,如果通过加速实施创新驱动战略,加快发展创新型经济,包括发展新兴战略性产业,用绿色技术、低碳技术、环保技术等高新科技改造传统产业,就可以避免以上两大矛盾。所以,发展创新型经济,可以说是镇江加快转变经济发展方式和转型升级的突破口。

经济转型升级总体来看是经济供求关系和结构的转换。需求决定供给和经济增长,它是拉动经济增长的主要作用方向。需求结构和供给结构(产业结构)决定经济增长质量。在需求结构中内外需结构的调整方面,地方政府的影响作用很有限。内需中的投资具有双重作用,它既影响需求又影响产业结构。而消费是收入的函数,又受到产业结构的影响。由此可见,内需结构的变化和产业结构的变化具有紧密的相关性。因此,镇江经济转型升级的战略重心应放在镇江产业结构的优化上。所谓"产业兴则镇江兴,结构调整定输赢"。具体思考对策如下:

第一,应全面正确看待新兴产业。不同的新兴产业门类涵盖了产业链的不同环节,不能够以发展新兴产业的规模替代自主创新和产业升级。应当看到,新兴产业当中很多部分,包括新能源(如太阳能、风能)、新材料、新医药(如原料药)等行业,其实具有显著的传统加工行业的特征,同样具有高能耗乃至高污染的弊端,却在经济特性上表现为高产值。因此,并不是所有的新兴产业或者新兴产业的所有产业链环节都可以表现出产业结构优化的效应。看待一个产业是否对结构调整起到积极作用,不能简单以是否属于"5 + X"新兴产业为标准,而要看技术壁垒、产品附加值等方面。我们在支持新兴产业发展上需要以更加科学的态度进行区分,使其对结构调整真正起到有益作用。

第二,战略性新兴产业不同于一般新兴产业,它可以通过带动整个产业结构升级,从而支撑一个经济体中长期的可持续发展。美国二战之后的60年间,每隔十年出现一个战略性新兴产业,20世纪50年代高速公路、60年代汽

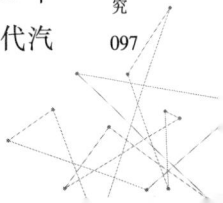

车生产流水线、70年代大型家电、80年代微机与信息通讯、90年代互联网与信息高速公路,正是这些战略性新兴产业的不断涌现,引领了美国经济持续繁荣从而坐稳了世界经济的霸主地位。过去30年,无锡因乡镇经济而崛起,苏州因外向型经济而成为江苏经济龙头。镇江要成为苏南后起之秀,必须努力在"5+X"的新兴产业发展中寻找到主导未来中长期发展的一个或几个战略性新兴产业。

第三,产业创新不仅是发展新兴产业,尤其是战略性新兴产业,还包括传统产业创新,重点是传统工业创新。传统工业创新目标是建立先进制造业体系。先进制造业的先进性涵盖产业的先进性、技术的先进性与组织管理的先进性,它主导着整个工业制造业的发展方向。目前镇江的产业结构中传统工业占有较大比重。在现有资源有限的条件下,镇江在发展新兴产业的同时,面临着继续发展传统工业的两难选择。解决这一难题的基本路径是创新驱动。因为不仅发展新兴产业需要创新驱动,发展传统工业也需要创新驱动。除了传统工业的转业,即被新兴产业替代,传统工业的创新突出表现在四个方面:一是传统工业高新化,特别是与信息化融合;二是传统工业绿色化,向节能环保的低碳、绿色产业转型,尤其是镇江的重化工业;三是传统工业新兴化,配套进入新兴产业的产业链;四是传统工业集群化,由生产加工的块状积群向全产业链的产业集群转化,注重研发设计和商业模式创新。通过传统工业创新,形成以先进制造业为支撑的现代工业体系。

第四,产业创新依赖于科技创新并以科技创新为先导。现在,科技与经济、产业发展的联系越来越紧密,科学技术是第一生产力。现代经济增长主要由科技创新来推动,经济增长速度主要由科技转化为现实生产力的速度来决定。科技创新包含一般性科技创新(科技进步)和革命性科技创新两种类型。一般性科技创新对经济的影响主要表现为经济技术结构的变化,如劳动与资本配比构成的变化,使全要素生产率大大提高,产业发展模式从劳动密集型转变为资本密集型再到技术密集型,带来内涵式经济增长。内涵式增长和传统的外延式增长统称为斯密型增长,但革命性科技创新对经济的影响,带来的并不是斯密型增长,而是发展经济学家迪帕克·拉奥所称的普罗米修斯型增长,这种增长来自于新兴重大产业的出现,即新科技革命的突破带来新产业革命。20世纪中后期起,在世界范围内出现的一系列新科技革命带来的全球长达60年的经济持续繁荣,便属于普罗米修斯型增长。镇江需要内涵式斯密型增长,更需要重大科技创新支撑的普罗米修斯型增长。镇江呼唤普

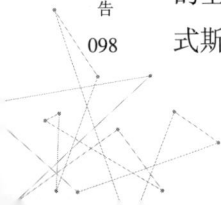

罗米修斯型增长。

第五,产业创新还离不开城乡结构创新的动力牵引。城市化创造需求,产业化创造供给。供给的形成离不开需求的刺激。城市化是现代化的发动机,产业创新需要城市化提供现代化的公共基础实施和公共服务平台。城市化建设不仅要提高其数量水平,而且更要提高其功能和质量水平。目前镇江的城市化建设应着力加强城乡结构创新,即实施城市现代化、城镇城市化、城市网络化、城乡一体化。城市现代化的关键是提升城市功能,变工业型城市为服务型、贸易型和消费型城市,使城市能积聚先进生产要素,聚集主导产业,成为服务业中心、制造业研发中心、公司总部及其营销中心;提高城市功能,必须建设现代化的城市设施支撑体系,包括建设高质量的金融、交通、通信、供水、能源供应等体系,加快信息网络和城市信息港中心的建设;强化市场网络建设,建立高水准、多层次的现代市场,完善市场运行机制,等等。城镇城市化即建设新市镇,需要城镇人口的积聚和经济能量的积聚,要求突出城市功能,使城镇成为区域中的商贸中心、服务中心和区域发展的增长极;城镇城市化的首要内容是城市基础功能建设,包括市场功能、信息功能、金融保险通信等方面的服务功能。城市网络化是指中心城市、县级城市、中心镇按照各自特色与功能分工形成有机统一、功能互补的一体化网络体系,形成中心城区以商贸型功能为主、中小城镇以生产性功能为主的相互支撑的经济技术联系网络。城乡一体化是指打破城乡二元结构,统筹城乡经济社会发展,形成"夹城夹镇夹村落、夹山夹水夹绿带"的空间格局和人口、要素、产业经济、社会发展等分工合理、相互促进、有机统一的功能格局。

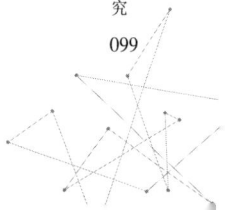

三、农业现代化研究

# 基本现代化进程中失地农民幸福感问题研究
## ——以镇江市润州区官塘桥街道为例

/李　坚　金丽馥　杨宏斌　周德军　张慧卿　张　林　杭　慧/

党的十八大报告指出,解决好农业、农村、农民问题是全党工作的重中之重。解决"三农"问题,根本的出路在于大力推进我国城市化进程,有步骤地将一部分农村人口转移到城市,促使一部分农民放弃原有的土地,促进农业的规模化和集约化经营。但是,城市化进程是一把"双刃剑",它在推进农村城市化和农业现代化的同时,也给广大农民的生活带来了前所未有的影响。我国城市化、现代化进程的加快,导致了对土地越来越旺盛的需求,其中很大一部分的土地来自于农民的耕地。

近年来,镇江市工业化、城市化进程不断加速,随着"五大板块"战略的不断推进,农民土地被征用情况越来越普遍,给农民的经济来源和生活保障带来了很大影响,被征地农民的生活幸福感受到极大冲击。如果不能妥善解决他们的生计问题,势必会给全市发展和稳定带来隐患。镇江市润州区官塘桥街道地处镇江市西南郊、长江下游南岸,与市区接壤,辖5个行政村、1个居委会;面积约49.1平方公里,人口2.5万余人;交通便捷,纵贯长江南北的润扬长江公路大桥穿境而过,直接与沪宁高速公路相连,在其境内的跃进路和312国道设有互通,沪宁高速镇江市区出口在其境内,沪宁城际铁路和京沪高速铁路均在辖区内通过,并设有车站。在道路建设、新农村建设和官塘新区建设过程中,涉及大量的土地征收,如官塘桥村涉及724人失地,秀山村涉及482人失地。

从广义上讲,失地农民是指依法被全部或部分征用承包地的农民。农民失去了土地也就失了业,失去了以往主要的生活来源。他们缺乏城市的生活基础和谋生手段,缺乏城市的社会认可。如何使得失地农民得到理想的就业

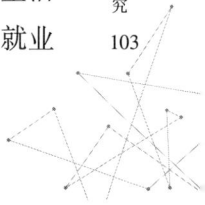

和生活安置,已成为当前经济快速发展中需要认真审视、研究并亟须改革的突出课题。

## 一、农民失地的原因分析

### 1. 国家征用土地

随着我国经济的发展和城市化进程的加速,国家开始对城市周边的农村集体及农民个人的土地实施征用。由于国家是集体农地的唯一购买者和土地一级市场的唯一供给者,国家能够以低微的征地价格(补偿金)获得集体土地并转为国家所有,然后再以出让价格(出让金)让渡使用权,使土地进入二、三级市场,以市场价格流转,而这三种价格之间的差额空间是很大的。在巨大利益的诱惑面前,低价征地、高价出让成为不少地方政府创造政绩、改善部门福利的捷径。按照我国法律规定,征地是政府行为,国家为了公共利益可以征地。然而,一些地方政府片面追求"以地生财",几乎一切征地项目都"搭乘"公共利益,随意"出让、批租"国有土地,加速了农民失地的过程。

### 2. 农村城市化用地

改革开放以来,我国的城市化水平快速提高,由改革开放初期的 18% 左右上升到 2011 年的 50%(《社会蓝皮书:2012 年中国社会形势分析与预测》)。据国家统计局测算,在 2050 年前后,我国的城市化水平将达到 70% 左右。随着我国城市化的发展,城市的范围在迅速扩展,城市建设用地的面积也在迅速增加。根据 20 世纪 90 年代城镇用地动态变化的遥感数据,城镇扩展占用的主要是耕地资源,占其扩展来源的 78.96%,其次是农村居民点用地占 10.2%,林地占 4.48%,草地占 2.6%,水体用地占 1.56%,独立工矿用地占 1.43%,未利用土地占 0.43%。如果按照 1997—2003 年间年均占用耕地 284 万亩计算,到 2050 年,将占用耕地近 1.4 亿亩。[①]

### 3. 开发园区用地

20 世纪 90 年代以来,随着我国经济的快速发展,各地广泛设立了开发区、工业园区,在发展经济和管理体制改革方面起到了示范作用,但是,在发展中也存在着不容忽视的问题。一是"散、多、小"。20 世纪 90 年代全国大办开发园区,最高峰时达到 8000 多个。当时全国每年流失耕地数量在 66.7 万

聚焦苏南现代化示范区建设——镇江发展研究报告

104

---

[①] 国土资源部规划司:《中国城镇化进程中的土地制度和政策研究》,地质出版社,2002 年。

公顷以上,人为征地约为 33.4 万公顷。① 二是吸引外资往往忽视综合投资环境的改善,过多地偏重于降低土地成本和税费。三是种类多、层次杂,政策五花八门,形成恶性竞争的态势。许多地方建立开发园区出现了未批先用、非法占用和违法交易等现象。同时,一些根本不具备招商引资条件的开发区,征而不用的现象十分普遍,造成了大量的土地"撂荒"现象。

### 4. 政绩用地

长期以来,"发展是硬道理"被片面地理解为"GDP 增长是硬道理"。畸形的发展观必然导致错误的政绩观。各级官员的考核、升迁、奖惩无不与 GDP 增长、城镇扩建"美容"、道桥修建、招商引资等量化指标密切挂钩。我国法律规定,"国家为了公共利益可以征地"。于是,各地政府及官员为了追求政绩、扩充财政,不惜透支子孙财富,盲目审批、出让国有土地,从事低征高售等投机活动,甚至认为"经营土地就是搞房地产,城市竞争就是地价竞争"。

## 二、农民失地引发的问题

### 1. 失地导致农民失去了生活保障和社会保障

农民的土地具有三重功能:一是所有权功能;二是就业和发展功能;三是保障功能。农地被征用后,以上的三种功能就发生了转移:一是土地的所有权从农村集体手中转移到了国家手中,农民也因此丧失了土地的使用权。二是农民的就业与发展从农业转移到了非农业,需要再创业、再就业。三是农村的土地保障转向了社会保障。对农民而言,土地不仅承载着生活保障的功能,它还承载着社会保障的功能。一旦土地被征用,农民的养老保障就成为他们的后顾之忧。

### 2. 失地导致农民就业难

农民失去了土地就失去了最根本的就业岗位。当前,以"市场就业"为取向的劳动用工制度改革和以"知识经济"为基础的产业结构调整,对求职者的年龄、知识、技能和市场竞争意识要求较高。与此相对照,失地农民在这些方面明显处于劣势地位。由于历史和社会的原因,许多农民就业观念陈旧,文化素质和劳动技能普遍偏低,参与劳动力市场竞争能力差,应对市场变化能力弱。同时又由于投资理财的知识和能力较为有限,面对变幻莫测的市场,

---

① 王新亚,等:《失地农民:一个值得关注的人群》,《经济日报》,2003 年 11 月 18 日。

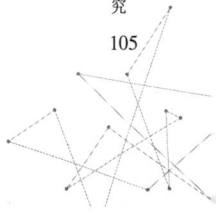

难以为土地补偿费寻求有效的增值渠道。

**3. 失地导致农民生活幸福感受缺失**

土地被征用以后,失地农民的收入水平总体呈下降趋势。农民失去了土地也就失去了基本收入来源,虽然有一部分劳动力可以转换到二、三产业,但收入呈现不稳定状态。目前,失地农民的家庭收入出现了下滑的趋势,导致了农民生活水平的下降,生活幸福感受到很大影响。还有的失地农民,在收入减少的情况下,还要为上学的子女交纳借读费、赞助费等,这又成为农民生活的极大负担。

**4. 失地影响社会的稳定**

当征地补偿太低,农民觉得不公平,但又不能绕开地方政府直接将土地使用权转让给土地使用者时,农民就会采取各种形式进行抵制,希望增加征地的成本。如果地方政府给予农民的征地补偿仅仅略微低于农民预期,或者说农地的社会保障功能并不大,那么农民会考虑放弃使用非法手段。如果政府继续低价征地,农民反抗政府的行为将更加严重。群体性事件的发生,有可能在很大程度上造成社会的动荡,破坏整个社会经济建设的稳定环境。近年来,在政府征地过程中各类群体性事件时有发生,已经成为社会不稳定的因素。根据中国社会科学院《社会蓝皮书:2013 年中国社会形势分析与预测》,群体性事件的形成原因,以征地拆迁冲突、环境污染冲突和劳动争议为主。对各类群体性事件的形成原因的分析表明,征地拆迁引发的群体性事件占一半左右。

### 三、失地农民幸福感缺失原因分析

**1. 土地征收政策的不合理**

土地征收程序和征收补偿机制的不合理,导致很多农民被强行征收了土地。政府的强行征地行为也在很大程度上挫伤了农民的自尊心,而且补偿金额难以填补农民失去土地导致的经济损失。此外,一些征收地的区域规划对农民权益也造成了损害。如润州区官塘桥街道的秀山村,城际铁路穿地而过,只征用了一部分土地,剩余的土地耕种也很不方便,这部分农民的利益明显受损,但是没有得到补偿。

**2. 对土地强烈的依赖感**

对土地的依赖包括物质上的和精神上的,一方面,农民失去赖以为生的

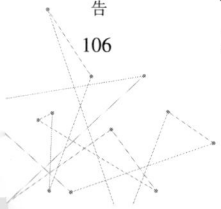

经济来源,短期内又很难找到其他的工作,只能靠有限的补偿金生活,失地农民一旦将有限的补偿费用完,生活便没了来源;另一方面,失地农民在从事了几十年土地耕作后对土地产生了精神依赖,他们难以接受土地彻底被征收的现实。

**3. 就业扶持政策形同虚设**

政府的很多就业扶持政策浮于文件,实际上并没有建立切实有效的就业培训机制,直接导致失地农民在失去土地后往往由于缺乏其他行业必要的职业能力而产生二次失业,不能真正实现再就业。

**4. 新社区文化建设空白**

在安置部分失地农民居住时,很多新建的农民公寓安置点由于缺少文化建设的投入,形成所谓的"文化沙漠",农民很难从社区感受到归属感和充实感,造成精神上的空虚,幸福感降低。

**5. 社会保障机制不健全**

由于经济发展水平差异及农民接受补偿的方式不同,区域政策不统一,失地农民在失去土地后没有基本的养老保障和医疗保障,很容易因为一些突发的健康原因耗费所有的积蓄,而且日常的生活也因为通货膨胀的不断发展显得捉襟见肘,生活水平普遍有所下降。

## 四、提升失地农民幸福感途径探究

**1. 进一步完善土地征收补偿政策**

长期以来,由于历史原因,镇江市的征地补偿还是一次性补偿、分期支付补偿款和按月发放生活费三种模式,补偿标准普遍较低,与现行社会收入相比反差较大,容易引起失地农民的不满。因此,必须尽快建立一种弹性征地补偿制度,保证失地农民能够维持原有的购买力,同时将土地征收制度进一步细化,做到有法可依。按照党的十八大报告的要求,现阶段要坚持和完善农村基本经营制度,依法维护农民土地承包经营权、宅基地使用权、集体收益分配权,壮大集体经济实力,发展农民专业合作和股份合作,培育新型经营主体,发展多种形式规模经营,构建集约化、专业化、组织化、社会化相结合的新型农业经营体系。改革征地制度,提高农民在土地增值收益中的分配比例。从本地经济发展水平出发,从被征地农民的参保年龄、缴费年龄、领取年龄、待遇水平,以及基金的筹集和管理等方面作出相对统一的规定,对被征地农民的征地补偿实现从一次性的货币补偿到社会保障安置转变。今后凡是新征用土地的,要实行"先保后征",使被征地农民社会保障不出现新的死角和盲区。

**2. 重视失地农民社区公共事业和文化事业的建设**

2012 年 12 月 22 日,中央农村工作会议强调,要继续发展农村公共事业,加强农村基础设施建设和农村社会事业发展。农村公共事业的发展,将为农民文化氛围的养成、失地农民归属感的加强起到重要的作用。党的十八大报告也强调,要坚持把国家基础设施建设和社会事业发展重点放在农村,深入推进新农村建设和扶贫开发,全面改善农村生产生活条件。"两个率先"是党中央对江苏发展的殷切希望。江苏省在建设现代化的进程中,紧紧围绕"两个率先"的目标,加快建设民生幸福工程,把增进人民幸福贯穿于"两个率先"全过程,以民生需求倒逼经济转型升级和社会管理创新,持续提升人民群众的幸福感。在支持文化强省建设方面,2012 年江苏省全省文化体育与传媒支出 142.92 亿元,增长 22.3%,支持完善公共文化服务体系①,重大文化设施、基层文化惠民工程建设不断加快,群众体育与竞技体育协调发展。具体到失地农民社区文化建设方面,必须进一步加大对失地农民社区公共事业和文化事业的投入,确保失地农民享受良好的社会公共事业服务保障,同时不断丰富精神文化生活内涵。

**3. 加大再就业扶持力度**

就业是民生之本,也是失地农民幸福感的根本保障。如何在当下竞争激烈的市场经济中重新找到自己的"饭碗",不仅仅是失地农民自身的需要,同时也是政府的责任。江苏省政府目前正在推行《全省农民收入倍增计划实施方案》,统筹提高城乡居民收入,坚持"农业、就业、创业、物业"四业富民。要避免就业扶持政策浮于文件,切实提升失地农民再就业能力,授之以鱼更要授之以渔,增强其经济独立性。2012 年中央农村工作会议指出,要加大统筹城乡发展力度,要在"收入倍增"中着力促进农民增收。农民收入的切实有效的增加,物质基础的充分保障,才是提升失地农民幸福感的真正保障。在加大再就业扶持力度过程中,创业不仅对增加经营性收入具有直接作用,而且对促进更多人就业、持续增加工资性收入具有显著带动效应。以润州区官塘

---

① 苏财:《全省公共财政支出"大头"保民生》,http://js.xhby.net/system/2013/04/19/016957461.shtml。

桥街道为例,官塘桥街道官塘桥村有9个村民小组,目前已有4个村民小组因官塘新城建设全部拆迁完毕,全村2000多名群众中有拆迁群众754人。近年来,官塘桥街道高度重视全民创业工作,先后在平山村、官塘桥村建成两座创业孵化基地;秀山村建筑面积1.2万平方米的11层创业大楼正在建设之中;在各村成立"创业指导服务站",通过"创业智囊团""创业直通车""创业服务热线"等形式,使相当一部分失地农民顺利创业。但是从政策层面上来说,目前镇江官塘桥街道对失地农民创业方面没有特别的优惠措施,无法激发失地农民创业积极性[①],今后应进一步采取针对性的措施,针对失地、失业农民,赋予优惠政策,继续深入推进SYB、种茶、电子、园艺等各类创业就业培训活动,提升失地农民就业创业水平。

### 4. 重视社会保障机制的完善

完善农村社区的就业、养老、医疗保障,是提高失地农民幸福感的根本保障。党的十八大报告明确提出,健康是促进人的全面发展的必然要求,要坚持为人民健康服务的方向,提高人民健康水平。江苏省委省政府把基本医疗卫生体系作为民生幸福工程公共服务"六大体系"之一,充分体现了对人民群众健康和医疗卫生事业的高度重视。要优化农村医疗卫生条件,切实提高失地农民的基本生活水平,真正做到让失地农民老有所养、病有所医。现阶段应进一步规范被征地农民社会保障的对象范围、资金来源和待遇水平,实行社会保障资金不落实不得批准征地、同地同价和先保后征等措施。因为城市建设需要征地情况不同,官塘桥街道的下属各村征地情况和失地农民情况也不一样。润州区官塘桥街道官塘桥村全村绝大部分土地都已经被征用,截至2012年1月,全村有失地农民724人,目前已有376人完成了转"企保"的资格审核工作,其中116名退休年龄段的失地农民在个人交纳一小部分费用后,已完成失地农民保障转社保工作,他们在次月开始与城镇退休职工一样,按月领取养老金,较之原来的失地农民保障有了大幅提高。[②] 但是对于第二期征地的400多人,其中80%以种植瓜果蔬菜为生,失地后的保障没有延续性。今后应采取措施,进一步对接城市居民保障功能,加紧办理"新市民卡"一卡通和失地农民办理城市养老保险工作,让所有失地农民真正做到与城市接

---

① 于彬彬,等:《官塘桥街道开展被征地居民创业培训》,http:// www.jsw.com.cn/site3/jjwb/html/2012-04/16/content_1659364.htm。

② 于彬彬:《润州区官塘桥街道认真做好被征地农民社会保障》,http:// www.clssn.com/html/Home/report/51474-1.htm。

轨。同时,还应建立被征地农民基本生活保障水平的动态调整机制,根据物价水平以及城乡居民收入水平的变动,及时调整失地农民的待遇,使他们能够分享经济社会发展带来的成果。

### 5. 因地制宜解决问题

为充分反映民生幸福工程的推进程度和成效,江苏省统计局 2013 年 4 月 8 日制定《江苏省民生幸福"六大体系"监测统计工作实施办法》,从教育、就业、社会保障、医疗卫生、住房保障、养老服务等不同方面,对江苏民生幸福工程的实施情况进行全面监测考量,必将对我省境内失地农民幸福感的提升起到良好的促进作用。[1] 从目前的实证调研来看,苏南失地农民最需要精神上的扶助和关心,而苏北失地农民则更多的是需要经济上的补偿。在具体解决问题时应结合当地失地农民的实际情况对症下药。官塘桥街道作为江南重镇,代表着镇江的南大门。把握十八大提出的五位一体总布局,就必须从现代化建设全局的高度积极应对新矛盾新问题,处理好当前与长远、局部与全局的关系,从城乡发展、区域发展、经济社会发展、人与自然和谐发展的全新视角统筹把握解决失地农民幸福感问题,将地区经济发展和人民幸福感系统规划,共同打造全面小康社会。润州区在官塘新城的建设过程中,必须按照"有物管用房、有公共保洁、有秩序维护、有停车管理、有设施维护、有绿化保养"的标准,努力打造环境美、设施全、服务优、管理好的新型住宅小区。按照"六整治、六提升"的要求,全力改善和保持因新城开发周期长而暂时不能拆除的自然村村庄环境,总结推广秀山马湾组和廖家组的整治经验和做法,在全街道范围内开展村庄环境整治工作,向全市人民展示一个现代与传统完美结合的新官塘,全面提升失地农民的幸福感。

## 五、结语

党的"十八大"指出,要加快完善城乡发展一体化体制机制,着力在城乡规划、基础设施、公共服务等方面推进一体化,促进城乡要素平等交换和公共资源均衡配置,形成以工促农、以城带乡、工农互惠、城乡一体的新型工农、城乡关系。在城市化进程中,失地农民作为一个特殊群体应运而生。失地农民

---

[1] 石小磊:《我省启动民生幸福"六大体系"监测》,http://js.xhby.net/system/2013/04/08/016819325.shtml。

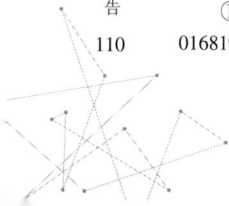

作为我国城市化和工业化中出现的特有产物,需要结合我国的具体国情来具体分析。因为其是民生的重要组成部分,同时也是城市化工业化避免不了的衍生品,如果解决不好,势必会对社会的稳定以及国家经济的发展造成负面影响。所以应当真正做到以人为本,同时借鉴国外的经验,并与自身国情相结合,从本质上给予失地农民更多的关怀。

**参考文献:**

[1]《民生幸福工程读本》,江苏人民出版社,2013年。

[2]《科学发展 幸福江苏——在新起点上开启基本实现现代化新征程》,江苏人民出版社,2011年。

[3]朱劲松:《土地征用制度与失地农民市民化》,《农村经济》,2009年第11期。

[4]鲍海君、吴次芳:《论失地农民社会保障体系建设》,《管理世界》,2002年第10期。

[5]张靖:《被征地农民的社会保障安置途径探讨》,中国农业大学硕士学位论文,2004年。

[6]邢占军、黄立清:《西方哲学史上的两种主要幸福观与当代主观幸福感研究》,《理论探讨》,2004年第1期。

[7]叶继红:《南京城郊失地农民生活满意度调查与思考》,《江苏广播电视大学学报》,2007年第2期。

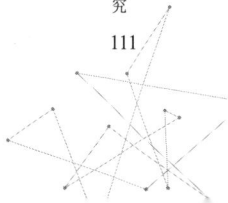

# 推进镇江经济薄弱地区农业现代化示范区建设路径研究

/潘新亚 徐晓丽 丁 旻/

规划建设苏南现代化示范区是国家着眼现代化建设大局作出的重大战略决策。镇江市委市政府把苏南现代化示范区建设作为镇江发展的重大战略机遇期,认真研究、科学规划、全力实施、快速推进。苏南现代化示范区建设是一项全新的事业,对于在新形势下镇江如何发挥优势、扬长避短、攻坚克难,发力起跑线,聚焦特色化,与苏锡常同台竞技,全力推进镇江农业现代化示范区建设,我们进行了认真调研。调研中我们感到,镇江在农业现代化示范区建设方面有独特优势,农业现代化经营主体明确,出发点和落脚点清晰,推进的举措针对性强,建设农业现代化示范区优势明显。镇江的农业现代化示范区建设,必须依据地方实际走特色发展之路。

## 一、镇江农业特色鲜明,优势明显,基础较好

一是农业资源丰富,生态环境保护较好。镇江市是丘陵较多的地区,镇江的土地面积中超过50%是丘陵,水域面积也达到13%,地形地貌的多样性为镇江农业发展的多样性提供了一个很丰实的生态环境。农业的功能除了供应农产品外,还起到了保护生态环境的作用。镇江是苏南的传统农业市,农业发展基础较好,特色鲜明,生产多种农产品,满足了各类消费者的需求,也提供了城乡一体化的可能性。

二是农业人才集聚,科技创新优势明显。镇江高校资源丰富,在镇高校中,江苏大学前身是农业机械学院,农业专业特点鲜明,江苏科技大学也有蚕业研究所等涉农专业和研究单位,江苏农林职业技术学院是全省专业涉农院校,

市农科院既搞科研还带领农民推广新产品,如此规模的院所集聚为农业科技人才的集聚夯实了基础,形成了镇江在苏南农业人才方面的一个高峰。较多的科技研发力量和科技推广力量,为发展高效生态农业、帮助农民增收致富提供了技术支撑,也为镇江建设苏南农业现代化示范区提供了技术保障。

三是农业定位准确,高端生态农业初具规模。镇江地处长三角,位于苏锡常经济圈与宁镇扬经济圈的交汇处。从区划类型看,镇江农业属长三角城郊型农业,但是有别于苏、锡、常的城镇型农业,也有别于徐、淮、宿、盐、连的农区型农业。镇江农业面向沪宁线城市中高端消费市场,定位准确,扬长避短,差别竞争,找到了自己的特色发展道路。实施品牌战略,搞高端生态农业、有机农业,生产生态绿色农产品,培育了一批省内外甚至全国知名的农业品牌,增加了农民的收入,形成了镇江农业的竞争力。

## 二、镇江经济薄弱地区农业现代化示范区建设存在的主要困难

镇江的现代农业发展不平衡。东部工业经济发达的扬中市、镇江新区、丹阳市的大部分地区,实施以工补农、以工促农等多种形式、多措并举支持现代农业发展,农业经营主体也呈多样化,规模经营是一个重要特征,工业农业良性互动、同步发展,农业现代化水平较高。有的镇、村或现代农业产业园,无论是规模、效益,还是现代化程度,甚至领先苏锡常地区,成为苏南现代农业的领跑者。

在镇江的西部还有许多经济薄弱的农村,村级集体经济发展是短板,难以走工业反哺农业之路。发展现代农业的基础比较薄弱,多数还以传统农业为主,资金、技术、人才以及其他农业生产所需的重要资源和要素都相对缺乏,农业、农村、农民"三农"问题解决的难度相对较大。但这些地区也有自身优势,生态环境保护较好,土地资源丰富,掌握一定农业技术的农业劳动力资源也较多,农民发展农业现代化的愿望十分迫切,不乏现代农业的带头人,这些地区建设农业现代化示范区,必须另辟蹊径,走特色发展之路。

## 三、镇江经济薄弱的农村地区建设农业现代化示范区的路径

### 1. 农业现代化要因地制宜,特色发展,"三化"全面推进

镇江农业现代化必须是农业、农村、农民"三农"的现代化,关键是要实现

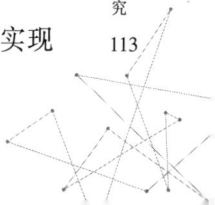

"人的现代化、产业现代化、农村的现代化"等"三化"的同步推进、全面发展。

一是推进农业现代化必须多样化、高端化、特色化、品牌化。各地需要依据当地地形地貌特点以及经济发展的现状与方向等不同情况,因地制宜,找出适合自己发展的模式,分别采用现代农业园区、现代农业龙头企业、专业合作社、联产承包等多种农业经营模式,改造传统农业,大力发展现代农业、品牌农业、特色农业。

二是处理好规模经营与分散经营的关系。推进农业现代化需要适度扩大生产规模,取得规模效应。但要因地制宜,不要过分强调规模经营,宜统则统、宜分则分,关键要注重提高单位面积产生的效益。这方面国外有成功的经验,日本的现代化农业规模也不大,但质量高。

三是处理好村庄的"拆"与"留"的问题。推进农业现代化、新型城镇化、城乡一体化,首先强调的是以人为本,即人的城镇化。不能过分强调消灭村庄,让农村都变成城市、都市、闹市。农村的新型城镇化之路是一项全新的事业,需要创新与探索,胆子大与步子稳要有机结合,试点的胆子可以大一些,在取得成功经验的基础上加以推广。城镇化过程中的村庄撤并要慎重,需要科学规划,专家严格论证,应该宜城则城,宜镇则镇,宜村则村。否则条件不具备,即使农民洗脚进城上了楼,但收入没有基本保障,农民的幸福感也没办法提高。特别是一些古村古镇、典型的江南名村,需要加以保护,不能一拆了之。

四是处理好土地流转问题。农业现代化的目的是提高农业生产效率,增加农民的收益,土地流转是形式而不是目的。不能以占有农民的土地为出发点,对土地承包合同要坚决维护,正确处理好农民、集体、乡镇三者的土地关系。农村土地流转不能改变土地使用性质,要杜绝工业资本违规收购农村土地,以搞休闲农业、旅游为借口,开挖鱼塘,建设农庄,改变土地使用性质。

**2. 农业现代化的重点和难点都是实现务农农民的增收致富**

尽管镇江地处经济发达的苏南,但各地发展极不平衡,农民收入差距较大。农业现代化的目的是实现所有农民共同致富,重点和难点是解决务农农民的增收问题。这部分农民没有打工技术,没有资本,年龄偏大,只能务农,他们没有务工收入,没有财产性收入,转移性收入也比较少,主要经济来源是依靠土地。在经济薄弱的乡镇,这类家庭比例较高,他们能否依靠农业增效增收,人均纯收入是否达到现代化指标,也决定了农村现代化能否及时实现。

镇江市著名农业专家赵亚夫长期致力于改变经济薄弱村面貌,提高当地

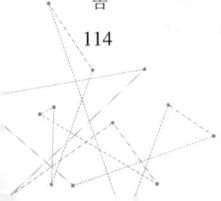

务农农民经济收入,在句容选择偏远贫穷的戴庄村进行试点,他亲自带着农民干,做给农民看,经过十年的艰辛努力,积累了丰富的经验,探索出了一条依靠现代化农业增加农民收入之路,极大增强了农民奔现代化的信心。原来经济发展落后的句容东部五个乡镇,在赵亚夫的悉心指导下,通过发展高效现代农业、生态农业、有机农业,农民收入成倍增长。到 2012 年已有 4 万人(总人口 11 万人)通过从事纯农业产业,年人均纯收入达到 15000 元,其中 2 万人达到 20000 元,如此大规模依靠农业致富全国鲜见。农业专家赵亚夫对到 2015 年实现年人均纯收入 24000 元这一现代化阶段性目标充满信心。

赵亚夫在戴庄的实践证明,依靠现代高端农业,发展有机农业,农民能致富,能够过上现代化的富足生活。赵亚夫的成功经验主要有以下几点:

一要坚持高端农业,品牌发展。发展高效生态农业、有机农业与保护生态环境并重。镇江的区位优势,决定了高端农产品有广阔的上海及苏南市场,只要保证产品高品质,销路就没有问题,经济效益就能够大幅度增加。句容戴庄种植的是从日本引进的优质品种水稻,采用有机农业的模式,不施化肥、不打农药,产量不是太高,但有机大米口感好,质量优,深受高端消费群体的欢迎,有机大米最高卖到 30 元一斤,有机桃卖到 5 元一只,农民依靠发展农业实现致富。

二要坚持适度规模经营。提高亩均效益,发挥科技的优势,必须降低农本,开展适度规模经营。因此有必要选择一定区域,规划成片土地搞生态农业,实现规模效应,取得价格优势,占领高端农产品市场。

三要依靠科技发展农业。集聚科技力量,用政策鼓励引导科技人员自主创新、研发新品,到农村推广应用新品种、科技新成果,为发展生态农业出力。赵亚夫依托镇江农科院的技术力量,深入基层、深入农村、深入农户、深入田间地头,推广高效质优的农业新品种,帮助农民解决农业生产和经营中的一系列具体问题,为高效农业保驾护航,农业科技知识在现代农业发展中的作用非常突出。

按照赵亚夫在戴庄取得的成功经验,在经济相对薄弱的农村地区推广,镇江的生态农业前景光明,完全可以领跑苏南,领跑全国,起到真正意义上的示范作用。

### 3. 农业现代化出发点和落脚点必须在务农农民的自身发展

在搞现代化示范区规划与建设时,要把农业现代化着力点放在务农农民身上。今后一段时期,尽管经济薄弱的农村地区的农业机械化程度在提高,

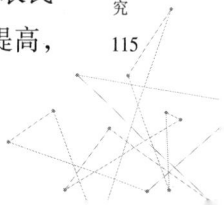

但现代农业同样离不开精耕细作，仍然需要许多农村劳动力。农村主要劳动力还是农民，他们依然是现代农业生产的主力军，他们没有别的出路，只能依靠经营土地、从事农业生产增加收入。现在有的地方出现了方向性的偏差，把成片的土地流转给工业企业家，即靠工业企业老板来搞农业现代化，把农民的土地集中到他们手里，建农业现代化的"盆景"，实际上这种模式成功的不多。资本都有逐利性特质，他们做现代农业优势并不明显，无法掌握现代农业的特点和基本规律。农业生产成本诸如种子、化肥、农药等每年涨幅较快，劳动力价格也大幅度增长，高端农产品市场迟迟难以打开，大规模的工业资本投入很难短时间见效，发展现代规模农业风险并不小，许多规模经营的农业龙头企业土地效率并没有提高，成功的案例并不多。特别值得注意的是有些企业打着发展农业的旗号，到农村圈地，擅自改变了土地使用性质，种树挖塘建别墅，成了企业家们的私人庄园。

镇江在经济薄弱地区实施农业现代化示范区建设规划时，一定要因地制宜，实事求是，要做深入的调查研究，把出发点和落脚点放在务农农民增收上，充分尊重农民的意愿，把资源、政策、资金、人才、技术优先向他们倾斜，调动这部分务农农民的积极性，增加单位面积的产出，提高产品品质和质量，增加农民收入，让农民能够享受到改革带来的成果。这样的农业现代化尊重了农民的发展权和自主权，充分调动了农民的积极性，才能成功，才有示范意义。

### 4. 农业现代化经营主体是农村基层干部领导的社区经济合作社

在镇江农业现代化示范区建设规划中，经营主体可以是多元化的。在一些经济薄弱地区，要创造条件逐步推广以行政村为范围，建立农村社区经济合作社，也可以称为农业专业合作社。在发展过程中，逐步将自愿的村民吸收为社员，使合作社成为基层干部带领农民走向现代化的服务平台。

赵亚夫句容戴庄试点的经验告诉我们，在经济薄弱地区，合作社是组织农民实现共同富裕、联合走向现代化的最佳经营模式。经济薄弱的乡镇和农村，农业经营形式可以多种多样，从各地的实践经验来看，经营主体为基层干部领导的、统分结合的社区经济合作社（农业专业合作社）是比较成功的。这种形式能够增加农村基层干部为农民服务的抓手，调动农村基层干部为农民服务的积极性，带领农民走共同富裕之路，也有利于调动农民务农的积极性，密切农村干群关系。经济薄弱的农村地区，交通不便、各种涉农的信息不畅，农民难以把握市场，对农业技术掌握得也不多，对涉农政策了解也不全面，农民一家一户式的经营模式风险较大，成立农村基层干部领导的社区经济合作社,许多问题能够迎刃而解,大大降低了农民单独闯市场的风险。合作社在基层干部的领导下,以家庭经济模式为基础,合作社骨干农户示范带动,大家互帮互助、共同发展,实现了"统"与"分"的有机结合,解决了农村统分结合、共同富裕的问题。

社区经济合作社对外是经营,对内是服务,深受农民的欢迎。过去许多涉及的"三农"问题,能够得到有效解决。例如,一些经济薄弱的农村地区,上级的很多扶贫政策难以落实,关键就是下面没有很好的平台,社区经济合作社就是很好的平台,扶贫政策很容易落到实处。基层干部领导的社区经济合作社,寻找到了"统"与"分"的最佳结合点,兼顾了效率与公平的问题。既解决了调动农民积极性"分"的问题,避免了大呼隆、吃大锅饭,也解决了农业适度规模经营致富的"统"的问题,避免了务农农民收入的两极分化,达到共同致富目标。

发展社区经济合作社,还有效解决了经济薄弱的农村地区集体经济组织边缘化、空壳化的问题。这些村级组织缺乏工业经济的支撑,村级集体经济十分薄弱,村级基层都有一定的事业心,也愿意为民办实事,苦于没有资金的支撑,为民办事困难重重。发展社区经济合作社,能够增加村级集体的经济收入,村级集体经济得到较好发展,村级基层干部和科技人员的基本工资收入有了保障,也提高了他们服务农村的积极性。

### 5. 农业现代化的关键是培养带领农民致富的基层干部和科技队伍

农业现代化示范区建设最关键的是建好两支队伍:一支是建设和培养能扎根农村,带领务农农民致富的基层干部队伍;另一支是能够深入田间地头,现场指导农民科学种田的科技队伍。这两支队伍是农业现代化示范区建设成功的关键要素之一。

赵亚夫在句容戴庄搞试点时,十分重视农村基层干部、科技人员队伍建设,他选择事业心强、敢于担当、敢于挑战自我、愿意在农村扎根搞服务、掌握一定发展农村经济基础知识的同志,特别是大学生村官,充实到这两支队伍中来,亲自加以培养和锻炼,让他们尽快成长起来。他们在赵亚夫的亲自带领下,为农民提供了大量公益服务,为农户提供一些产前、产中、产后等一条龙的服务,为农户搭建利用农业先进生产要素的平台,帮助解决科技推广"最后一公里"的难题,提高了农业劳动生产效率,提高了土地的产出率。

为了发展现代农业,政府对地方经济薄弱地区的镇村,要采取特殊政策,重视基层干部和科技人员的培养,做到待遇留人、感情留人、事业留人、环境

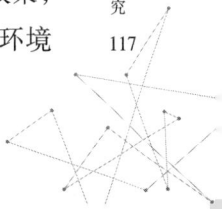

三、农业现代化研究

留人。让他们政治上有地位,给予一定的发展空间和政治荣誉;待遇上有优势,明显高于城市同类型职工工资水平;事业上有发展,脱产培训、职称评定、职务晋升等有关自身发展方面有优先权,解决他们的后顾之忧。让他们的工作重点转到服务农业现代化上来,真正掌握农业现代化的本领,能够成为带领农民发展集体经济,走共同富裕之路,并带领农民进行现代化示范区建设的农村基层干部;能够成为经常深入田间地头指导推广涉农新技术、新产品,带领农民科学致富的农村科技力量。

# 全力实施"三农"改革
# 促进"三农"工作创新

／李谊忠／

"三农"问题在党的工作中始终处于举足轻重的地位,这不仅是从农业在国民经济中的基础地位来认识的,也是从农村的地域范围和农村人口在全国人口中所占的比重来认识的。"三农"问题是构建和谐社会的主要方面,更是中国共产党建设社会主义国家不可逾越的主体。十八届三中全会提出的《中共中央关于全面深化改革若干重大问题的决定》(以下简称《决定》)中,党中央对资源有偿使用、加快构建新型农业经营体系、促进城乡要素平等交换和建立城乡统一的建设用地市场等涉及"三农"的领域都有了重大的政策突破。面对新形势、新任务,《决定》中的表述都是中长期目标,很多方面都需要在地方试点或在法规修订、细则出台后有序开展。学习《决定》,结合镇江"三农"工作中的实际情况,大胆尝试,在具体工作中率先体现《决定》精神还是很有必要的。

## 一、大力落实政策,促进土地流转

结合镇江的实际情况落实《决定》精神,首先涉及"三农"问题中的农民问题,这也是个世界性的问题。凡是经济比较发达的地区,随着经济发展程度的提高,农民在人口中的比重就会逐渐减少,镇江也不例外。不仅如此,务农人员的老龄化、低学历化问题也越来越突出。究其原因主要是农业生产的比较效益太低、农村生产劳动的环境太艰苦,所以,随着经济发展的大潮涌动,大批年纪轻、有文化的农村劳动力自然而然地流向了城市,流向了其他行业。这种趋势虽然是不可避免的,但努力改善农村劳动力的结构和素质却是必要

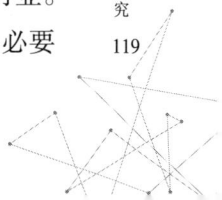

的。建设社会主义新农村也必须由有文化的劳动者来承担；再说，发展社会主义市场经济，中国农产品要放到世界舞台上竞争，没有世界水平的劳动者也是不能适应的。解决这一问题的办法，《决定》中已指明了方向："坚持家庭经营在农业中的基础地位，推进家庭经营、集体经营、合作经营、企业经营等共同发展的农业经营方式创新"，"允许农民以承包经营权入股发展农业产业化经营。鼓励承包经营权在公开市场上向专业大户、家庭农场、农民合作社、农业企业流转，发展多种形式规模经营"。所以，镇江市"三农"方面的首要工作就是加快构建新型农业经营体系，制定资金向农业规模企业流动的政策、明确财政资金投入的方向、鼓励工商资本到农村发展现代种养业，向农业输入现代生产要素和经营模式。

建议市委市政府在今后的工作安排中，把加快构建新型农业经营体系列入工作计划中，制定实施细则，明确财政扶持的政策，促进新型农业经营体系的发展。

## 二、充分利用资源，加速发展高效农业

从经济学的角度讲，一切经济的生产无非是资源的配置，配置层次高的，经济效益就好，配置层次低的，经济效益就差。农业生产也有个资源如何配置的问题。镇江地形多样，有着发展多种农产品的条件优势。如何在镇江现有自然资源的情况下，配置最好的农产品、实现最高的经济效益，前辈们在生产实践中作出了很多的探索。改革开放以来，镇江市农业部门做了大量工作，取得了骄人的成绩。但是，镇江在资源配置方面也要解放思想，跳出镇江，放到世界农业经济的平台上，至少要在全国的平台上来看镇江农业的发展；跳出农业，放到非农经济的境界来思考镇江"三农"的发展。这样，思路才能更开阔些，资源配置的层次才能更高些。

镇江有着沿江传统的稻麦两熟，是历史上发达的农业产区，还拥有江苏不可多得的丘陵山区。沿江传统的农业产区，有肥沃的土壤、良好的耕作和水利条件，可以发展更高效的设施农业或特种农产品；占镇江市面积一半以上的丘陵山区有着江苏境内最大的森林面积，得益于江南气候和降水条件，全市的60万亩森林生长得郁郁葱葱，在前些年贯彻省人大限制开山采石的决定后，近年来渐渐恢复了良好的生态环境，其中还有两个国家级森林保护区（宝华山、南山）和一个省级保护区（茅山）。我们面对着长三角全国最发达经

济区众多的客户群,为什么不能从大格局来发展农业或森林旅游呢?

在十八届三中全会的《决定》精神指引下,镇江应充分看到自身的农业优势和自然环境优势,解放思想做更大的资源保护、开发利用和更高水平资源配置的文章,相信坚持数年的努力,我们一定能够取得显著的成果。

建议市委市政府委托相关部门,把我市的优势资源调查梳理一下,结合《决定》中要求实行资源有偿使用和生态补偿制度的贯彻落实,从更高的角度来配置我们的资源,制定出更好的发展规划,走出一条有镇江特色的现代化农业发展道路。

### 三、保障农民权益,做好土地文章

城乡二元结构一直是制约我国"三农"工作的主要障碍。如何消除城乡二元结构,给农民一个公平的公民待遇,是党中央和地方政府多年来努力的方向。这次中央全会的《决定》明确了在坚持农村土地集体所有制的前提下,赋予农民对承包土地占有、使用、收益、流转及承包经营权抵押、担保的权能,并允许农民以承包经营权入股发展农业产业化经营。这是个了不起的突破,解决了多年来农民贷款难、发展生产难的老问题,进一步保障了农民的应有权益,为"三农"工作拓宽了道路。《决定》还明确了要建立城乡统一的建设用地市场,在符合规划和用途管制的前提下,允许农村集体建设用地出让、租赁、入股,实行与国有土地同等入市、同权同价,建立兼顾国家、集体、个人的土地增值收益分配机制,合理提高个人收益。这样的政策打破了多年来在土地上对农村集体土地不合理的待遇。可以说,随着这项政策的实施到位,农民的收益将不断提高,城乡二元结构也将逐步瓦解,"三农"工作将走向更加光辉的未来。

以上《决定》中的内容无疑是涉农工作中的重中之重,贯彻落实的好坏,牵涉到一百多万镇江农业人口的心愿和直接利益,也涉及镇江"三农"工作发展的快慢,建议市委市政府予以高度重视,紧跟国家的政策,及早安排到工作计划之中。

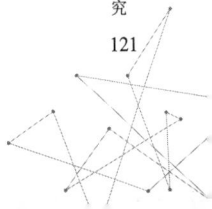

# 关于推进丹阳城乡基本
# 公共服务均等化的调研与思考

/裔玉乾/

胡锦涛同志在党的十八大报告中强调,要多谋民生之利,多解民生之忧,解决好人民最关心最直接最现实的利益问题,在学有所教、劳有所得、病有所医、老有所养、住有所居上持续取得新进展,使改革发展成果更多更公平惠及全体人民,保证人民过上更好生活。报告把保障和改善民生放到国家发展更突出的位置,彰显出党和政府坚持人民利益高于一切,深入贯彻落实以人为本、执政为民理念,下大力气解决好人民群众切身利益问题的坚定决心与信心。

古人云:"天下顺治在民富,天下和静在民乐,天下兴行在民趋于正。"民生关乎民心、民意、民喜与民乐,是关系人心向背的国之大事。自2002年胡锦涛同志提出"权为民所用、情为民所系、利为民所谋"之后,我国陆续推出了一系列重大的民生工程,如实施农村免费义务教育、建立新型农村合作医疗制度、推进基本公共服务均等化等。这些民生工程对提高人民群众生产生活水平,促进社会和谐发展起到了很好的作用。

丹阳市政府作为县级市这一层级的基层政府,虽然不是整体政策的制定者,但却是基本公共服务的直接提供者,其第一职能是服务主体。在提供公共服务方面,工作重心应是成本中心,而非利润中心。从这个意义上说,缩小城乡差别,推进城乡基本公共服务均等化发展,不仅是一种新的发展思路,更是一种全新的创新实践。

## 一、公共服务均等化的基本概念及内涵

目前,理论界尚未对公共服务的内涵及定义达成完全的统一。一般认为,

公共服务是满足居民和组织基本需求,建立在一定社会共识基础上,一国全体公民不论其种族、收入和地位差异如何,都应该公平、普遍享有的服务。基本公共服务是指政府依照法律法规,为保障社会全体成员基本社会权利、基础的福利水平,必须向全体居民均等地提供公共产品。基本公共服务均等化则是指基本公共服务在全国范围、对全体公民不断缩小差距,最终走向公平均等的过程。由于公共产品的地域性特征以及人们对公共产品偏好的差异,完全实现公共服务水平均等化是不切实际的。即便是在财政均等化制度较完备、公共服务水平均等化程度相当高的国家,均等化也只是一个相对概念。"城乡基本公共服务均等化"就是指城乡居民作为一国的平等公民,在财政待遇上是平等的,在享受政府提供的基本公共服务时应大体一致、大致等量。但仔细追究起来,"城乡基本公共服务均等化"包含的两个关键词"基本公共服务"和"均等化",在其内涵理解和把握上又绝非那么一目了然,而是有多种理解。

就其具体内容而言,"十二五"规划纲要明确,基本公共服务的范围和重点共包括 9 个方面,分别是公共教育、就业服务、社会保障、医疗卫生、人口计生、住房保障、公共文化、基础设施及环境保护。如此宽广的范围,让人很难切实抓住基本公共服务均等化的要点所在。从国内情况来看,关于基本公共服务的范围也是见仁见智。财政部财政科学研究所副所长刘尚希曾撰文表示,当前,能否缓解并最终解决"上不起学""看不起病""住不上房"等问题,应成为实现基本公共服务均等化的标杆。

## 二、丹阳市基本公共服务现状评价

近年来,丹阳市以城乡基本公共服务均等化为目标,积极调整财政支出结构,把更多财政资金投向公共服务领域,向农村、低收入人群倾斜,极大地改变了农村社会事业发展滞后、公共需求得不到满足的状况,基本公共服务均等化程度不断提高,主要体现在:

**1. 社会保障覆盖面逐年加大。** 至 2012 年,全市企业职工基本养老保险参保 21.5 万人,农民工参保人数 11.7 万人,参保缴费率 91%,征缴养老保险基金 8.84 亿元。通过开展"医保乡村行"活动,以"宣传医保、真诚为民"为主题,采取"行与蹲"的办法,"行"乡村,走基层,"蹲"社区,设站点,最大限度方便群众参保。2012 年新增参保单位 180 余家,新增个人参保 2800 余人,2012

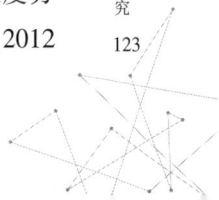

三、农业现代化研究

年全市社会医疗保险参保人数 79.71 万人,医疗保险基金征缴 5.65 亿元。积极开展失地农民社会保障新政策的研究,制订了《丹阳市征地补偿和被征地农村基本生活保障办法(试行)》和《关于解决历年被征地农民保障问题的若干意见》,在云阳镇率先试点,以点带面,逐步在全市范围推开。目前被征地农民社会保障覆盖率达 100%。

**2. 公共就业服务能力不断提升。**就业是群众获得收入来源的主要途径。丹阳市以"五星级公共人力资源市场建设"为契机,重点加强基层公共就业服务平台建设,依靠"江苏省劳动就业管理信息系统"软件的支持,实现"数据集中,服务下延,全市联网,信息共享"。2012 年,新增城镇就业 1.63 万人、就业困难人员再就业 1180 人,城镇登记失业率控制在 2.5% 以内。下一步,市财政还将进一步加大资金投入,开发升级就业信息系统,使就业创业服务信息覆盖市、镇(区)、村(社区)三级,实现"一点登陆,全市查询"。

**3. 义务教育优质均衡发展水平日渐提高。**2010 年 4 月,丹阳市被省政府确定为江苏省首批义务教育优质均衡改革发展示范区,有力地促进了我市教育事业的城乡均等化改革发展。据调查统计,目前全市适龄儿童少年均按时入学,儿童少年和社会弱势群体入学率、巩固率、毕业率、义务教育普及率均达到 100%。为了让城乡学生都享受到优质教育资源,丹阳市初步拟定了《丹阳市中小学(幼儿园)布局规划(2012—2030 年)》,注重教育装备配置向薄弱学校、老区学校、小规模学校倾斜,努力缩小城乡差距、校际差距。加强弱势群体的教育,对外来务工人员子女就读实施"零拒绝"全接纳。积极推进城乡结对、教育集团内部、超编到缺编、农村区域交流、骨干下乡等五种形式的教师跨校交流,逐步构建机关部门和学校之间、城乡学校之间、不同阶段学校之间的干部流动、轮换、任用和挂职机制。

**4. 医疗卫生服务体系建设日趋完善。**全市基层卫生服务网络基本形成,基层卫生服务公益性得到彰显。成立了村卫生室标准化建设领导小组,并实行村卫生室标准化建设领导包干制。按照"科学设置,合理规划"的原则,全市纳入标准化建设的村卫生室 94 个,其中基本达标、做简单装修 55 个;需改扩建、全面装修 24 个;需新建 15 个。通过实施标准化建设,提高了全市村卫生室建设与管理的水平,改善了农村居民的就医条件。同时,加强了乡村医生队伍建设,全市取得执业助理医师资格的乡村医生 101 人,村卫生室执业助理医师拥有率达 50% 以上。同时,根据江苏省、镇江市要求,市财政按常住人口 25 元/人标准核定基本公共卫生服务项目补助资金,并纳入预算,加上省财政 5 元/人的补助,丹阳市基本公共卫生服务项目补助标准达 30 元/人。项目资金财政到位率和基层下达率均达到序时进度。此外,丹阳市早在 2001 年就开展了村级卫生机构改革,主要做法有:实行乡村医生聘用管理,实施镇村卫生服务一体化,按照服务半径 1.5 公里、服务人口 5000 人左右的原则,组建农村社区卫生服务站,打造 15 分钟就医圈。近年来,丹阳市以基层医疗卫生体制综合改革为契机,又制定出台了《丹阳市基层医疗卫生服务体系建设实施方案》(以下简称《实施方案》),按照《实施方案》要求,进一步优化基层医疗卫生机构功能布局,完善医疗卫生服务网络,卫生院总数由改革前的 24 个调整为 12 个,建制镇卫生院分院 9 个,城市社区卫生服务中心 5 个、分中心 3 个。

**5. 公共文化、体育服务的供给能力不断提高。**近年来,通过财政补贴、乡镇自筹、企业赞助等多种方式,各镇都全面完成新文体中心大楼及配套的文化广场建设,并全部面向社会免费开放。与此同时,村级文化活动室建设也扎实推进,全市 154 个行政村文化活动室面积全部达标,所有行政村提前一年半全部建成"农家书屋"。据统计,新一轮农村文化阵地建设共投入经费 4500 万元,新增图书 21 万册,室内文体活动面积达 6 万余平方米,室外文体活动广场达 25 万余平方米,全市人均占有体育场地面积达到 1.68 平方米。镇、村公共文化、体育设施的建成与全覆盖,为广大农民提供了便捷、优雅、理想的活动场所,提高了公共文化、体育的服务水平和质量。

同时,以"有影响、有规模、有创意"为原则,努力打造一系列精彩纷呈、集观赏性与互动性于一体的丹阳市全民文体活动品牌,并在全市广泛推广,是丹阳市公共文化、体育服务的一大亮点,丹阳市的文体活动质量和特色品牌数量达到全省领先水平。

综上所述,丹阳市基本公共服务均等化工作取得了一些积极进展,但我们也清醒地认识到,目前距离真正形成完整制度和达到均等化还有很大差距,进一步推进基本公共服务均等化也还有下面一些值得关注的问题:

**1. 政府对基本公共服务的投入总量还不够。**虽然市财政对基本公共服务的支出力度逐年增加,但在某些方面仍显不足。以体育为例,根据省里考核指标要求,苏南地区人均体育事业经费要达到 10 元,丹阳市与这一要求还有一定差距。"财权向上集中"与"事权下移"的体制矛盾,也使基层政府推行公共服务因财力不足显得力不从心。总体而言,全市农村医疗卫生、科技、文化、体育、社会保障等各项社会事业的建设与发展仍显不足。

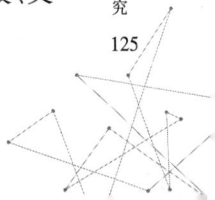

**2. 公共服务资源配置有待均衡。** 一些优质的公共事业项目,如教育、医疗等项目投资相对集中于老城中心区,而城乡之间教育、医疗等资源分布不均衡的情况依然存在,如择校费的存在、医药费的居高不下、红包现象的屡禁不止、大医院人满为患、小诊所无人问津等,都是难以回避的事实。

**3. 公共服务发展的体制和运行机制有待进一步完善。** 目前,在基本公共服务领域,仍存在市(县)、镇之间有关部门责权不够明晰、职能交叉错位等现象。在政府组织结构上,公共服务部门有些职责过于分散,效率不高;有些又过于集中,导致权力滥用和行政垄断;部门分工过细、职能交叉、权责脱节现象比较突出;有些公共服务部门人员缺乏,能力偏弱;公共服务的管理和监督机制还没有完全理顺;对公共服务的有效评价和责任机制尚未全面建立。

## 三、有序推进丹阳市基本公共服务均等化的初步思考

**1. 紧密结合实际,研究制定全市城乡基本公共服务规划体系。** 广泛征求民意,集中各方面的力量和智慧,制定科学的基本公共服务总体规划,逐步建立起重点突出、门类齐全、比较完善的公共服务体系。比如,现阶段丹阳市基本公共服务的范围可考虑暂定为义务教育、医疗卫生、社会保障、社会福利救助、文化体育、就业服务、住房保障、基础设施等大类,各大类下又可确定若干个重点项。但规划中应该充分考虑到,随着全市经济社会的发展,基本公共服务均等化的范围应逐渐扩大,程度会日益深化,水平也应不断提高。

**2. 转变政府职能,创新基本公共服务体制机制。** 一是建立城乡统一的公共服务体制。树立"全域丹阳"的发展概念,将农村摆到推进城乡一体化与基本公共服务均等化的优先位置,并具体落实到不断出台的相关政策中。二是建立以城乡公共服务均等化为导向的财政资金投入机制。保证基本公共服务领域投入经费的增长快于财政经常性收入的增长,并实现公共服务的资金统筹管理,提高投入资金的效率。三是建立基本公共服务的多元参与机制。积极探索主体多元、竞争有序的服务供给模式,尝试以政府购买服务的方式,通过税费减免、财政转移支付等多种形式,鼓励和引导民间组织广泛参与基本公共服务。四是建立基层政府公共服务行为的监督和约束机制。整合政府公共服务职能,解决部门之间衔接不够、交叉重复、效率不高等突出问题。五是建立以基本公共服务为导向的政府政绩评价考核机制。按照科学发展观的要求,切实改变经济总量增长是硬指标、基本公共服务是软约束的状况。

增加基本公共服务在干部政绩考核体系中的权重,努力形成市(县)、镇、村三级政府注重公共服务,关注社会民生,主要领导直接抓、分管领导具体抓的良好局面。

**3.增强县域经济,为公共服务均等化提供财力支持。**县域经济的发展状况决定了基层政府公共服务的供给能力的高低。提升丹阳市基本公共服务供给能力的前提条件是构建坚实的公共财政体系,发展壮大县域经济实力。当前,在扩权强县的背景下,一方面,丹阳市应该在调结构、促发展上下大力气,加快转变经济发展方式,推动产业结构优化升级,做大财政蛋糕,为基本公共服务均等化的实现奠定坚实的物质基础;另一方面,丹阳市应充分争取上级财政对公共服务项目转移支付的规模和比例,同时积极探索"乡财县管乡用"的财政管理方式,切实增强乡镇政府履行职责和提供公共服务的能力。

**4.突出"富民"理念,缩小城乡居民福祉差距。**紧紧围绕"十二五"规划总体要求,突出与丹阳市经济实力相适应,分清轻重缓急,确定优先顺序,适度把握节奏,以重点突破带动整体推进,着力缩小城乡居民福祉差距,实现"富民强市"目标。以工业向园区集中、农民向城镇集中、土地向节约集约化经营集中等"三个集中"为核心,以规划建设、产业布局、就业和社会保障、基础设施、社会事业、政策措施等"六个一体化"为主要内容,以市场化为动力,以服务型政府建设和基层民主政治建设为保障,促进城乡统筹协调发展,加快城乡均等化进程。

应当充分认识到,今后一个时期,从中央到地方,推进基本公共服务均等化的需求支撑、财力支撑、体制支撑等远比以往任何时候都雄厚有力。因此我们有理由相信,经过努力,率先在丹阳市建立起统筹城乡区域、覆盖全民、方便可及、高效低廉的基本公共服务均等化制度体系的目标是完全可以实现的。

# 完善保障制度　提高保障水平
## 进一步做好被征地农民的养老保障工作

/臧国良/

随着城市化、工业化的快速推进,大量农村集体土地被征用,被征地农民的数量逐年增加,"要地不要人""重经济轻保障"的现象明显存在,被征地农民的养老保障问题越来越突出,已经成为各地和各级政府必须研究解决的一个重大课题。

## 一、句容市被征地农民养老保障现状

从2004年起,句容市根据上级规定,先后制定印发了《句容市征地补偿和被征地农民基本生活保障试点细则》和《句容市被征地农民基本生活保障实施意见》,但没有专门具体实施。没有真正按规定产生被征地保障对象,大多数是按田亩或人均一次性发放征地补偿费或定期发放生活费,而不同时间、不同地区对被征地农民的补偿标准不同、形式不同,且补偿标准普遍较低,与现行的社会收入相比反差较大,致使很多被征地农民相互攀比,要求提高补偿标准,要求实施专门的养老保障制度。

近年来,句容市委市政府高度重视被征地农民养老保障工作,把被征地农民养老保障工作作为一项重大的民生工程来抓,通过征地补偿、拆迁安置、培训就业等渠道和形式,让被征地农民尽可能多地获得补偿或重新就业并参加社会保险,句容市绝大部分被征地农民已经参加了新农保。但总体看,保障水平低,制度不对接,潜在隐患多,不利影响大。

## 二、实施被征地农民养老保障的必要性和紧迫性

一是土地的减少和丧失使部分农民生活来源减少。由于土地被征用，农民拥有的土地数量越来越少，农民从土地中获得的收益相应减少，直接减少其基本生活来源。同时，被征地农民文化低、技能少，就业与安置相对困难。

二是上级规定明确，要求严格。2004 年以来，国家先后出台了 11 个法规和政策文件，江苏省也出台了 13 个政策文件，要求做好征地补偿和被征地农民的养老保障工作。其中，2005 年省政府 26 号令《江苏省征地补偿和被征地农民基本生活保障办法》及 2010 年省人社厅《关于切实做好当前被征地农民社会保障工作的通知》等文件，明确要求"即征即保""先保后征"。

三是周边市县的实施力度大，影响面广。南京市前年全面实施了新的被征地农民养老保障制度。常州市、江阴市、南通市等地也先后实施了新的被征地农民养老保障办法，都是将原来的基本生活保障调整为企业职工基本养老保险。镇江市区 2012 年又实施了新的《被征地农民参加社会保险的意见》，大大提高了被征地农民的保障水平。

## 三、句容市实施被征地农民养老保障的建议

### 1. 统一思想，明确目标

被征地农民的养老保障问题是一个亟待解决的重大民生问题，直接影响社会发展的和谐与稳定。这项工作是搞还是不搞，是早搞还是迟搞，是小补小贴、得过且过，还是一步到位、彻底解决，这是需要我们面对并作出决策的重大现实问题。从形势看，有上级的规定要求，有广大被征地农民的急切期盼，可谓形势逼人。从现实看，随着句容市经济的快速发展，财政支付能力逐年增强；多年来的社保宣传和实施，广大群众的保险意识明显提高；同时，有周边地区好的做法和经验，可谓时机成熟。从发展看，按照参保标准逐年提高的趋势，被征地农民的养老保障早搞早主动，越迟越被动，越迟成本会越高；同时，为了今后的项目建设更好地用地，更好地发展经济，可谓势在必行。所以，句容市必须统一思想，提高认识，下定决心，实施专门的被征地农民养老保障，以实现完善保障制度、提高保障水平、促进和谐发展的目标。

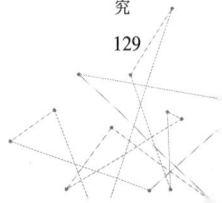

### 2. 加强调研,拟订方案

建议句容市政府尽快成立由相关职能部门组成的专门调研组,进一步加强调研。根据句容市征地、补偿、安置情况,结合外地做法,对照相关险种,进行统计测算,拟定切实可行的实施方案。

方案要做到既能使政府财政承担得起,又能让被征地农民交得起钱,愿意参保,期望参保,真正把被征地农民养老保障工作做起来,做成功。具体要坚持三个原则。一是政策利民原则。要坚持科学发展观,突出以人为本,最大化优惠于被征地农民,让他们得到更多的实惠。二是保障安民原则。要使被征地农民征地有补偿、养老有保障、生活变安康。三是就业惠民原则。要创造一切条件,提供一切便利,通过洽谈推荐、市场招聘、技能培训和政策扶持,让更多的被征地农民实现安置就业、自谋职业和自主创业。

《社会保险法》明确规定:"征收农村集体所有的土地,应当足额安排被征地农民的社会保险费,按照国务院规定将被征地农民纳入相应的社会保险制度。"按照现行的保险规定和做法,句容市实施被征地农民养老保障方案可设定为:

区分时间段,按规定产生被征地保障对象;区分年龄段,将保障对象分别纳入企业职工基本养老保险和高标准城乡居民养老保险。具体可暂定为:2004年至2011年期间的历史被征地农民和2012年以后新产生的被征地农民,确定一个时间节点,主要以村民小组(农户)为单位,按人均农用地面积征用多少就产生多少被征地保障对象,将被征地保障对象分别纳入相应的社会保障。其中,未成年年龄段(16周岁以下)的被征地保障对象,发给一次性生活补助费,不再纳入保障范围;劳动年龄段(男年满16周岁不满60周岁,女年满16周岁不满55周岁)的被征地保障对象,参加企业职工基本养老保险,参照当年灵活就业人员的缴费基数和比例往前参保缴费折算满15年且不早于16周岁;养老年龄段(男年满60周岁,女年满55周岁)的被征地保障对象,纳入城乡居民养老保险,达到60周岁时,重新计发养老金待遇。采取个人出资或征地补偿费提留与政府配套补贴相结合的办法参保缴费,对已参保及享受养老待遇的人员,进行折算返还;对前补缴费不足15年的人员,按当年缴费标准和各自承担比例续保缴费直至满15年止。实施这样的方案,不但使被征地农民有了养老保障,而且其标准远远高于原有新农保的企业职工养老保险和高标准的城乡居民养老保险。

### 3. 强力推进,狠抓落实

句容市实施被征地农民养老保障,时间跨度长,涉及对象广,财政投入多,保障标准高。必须加强领导,精心组织,既强力推进,又稳慎操作;既统一政策,又因地制宜。要坚持先试点后推开,通过试点,总结经验,完善方案,然后在全市全面推开。

在具体实施过程中,应重点把握"六大环节"。一是组织领导。市镇(管委会)村都要成立专门的工作组织,在市委市政府的统一领导下组织实施。市相关职能部门应各司其职,相互配合,加强指导;镇(管委会)村应主动作为,狠抓落实。二是调查摸底。要根据历次征地情况,深入每家每户开展调查,摸清底数,建立基础信息数据库,做到入户调查一户不漏,田亩统计一分不少,充分了解和掌握被征地农民的真实情况和实际困难,研究制定具体的应对措施。三是制定政策。要根据全市统一政策,结合镇村实际,进行全面系统的数据测算和比对,研究制定具体的实施细则和答复口径。四是宣传发动。重点是加强政策宣传和业务培训,做到公开透明,切实把开展被征地农民养老保障工作的意义讲透、政策讲准、内容讲清,让广大被征地农民充分了解政策,给予理解和支持。五是产生对象。被征地农民保障对象的产生是一个难点,也是整个保障工作的基础。必须严格按照政策规定,测算保障指标,确定保障对象,该登记的要登记,该公示的要公示;同时,要注意做好家庭成员、村组之间矛盾的协调和处理工作。六是参保缴费。凡是符合参保缴费条件的被征地保障对象要按照规定参保缴费,凡是符合领取待遇条件的人员要按照规定计发养老待遇;镇村要做好组织申报和初审汇总工作,市相关部门和经办机构应组成工作组,深入镇村,高效便捷地做好参保缴费的经办工作。

实施被征地农民养老保障工作是一项惠及千家万户的民生工程。虽然工作难度大,资金压力大,但是,只要我们下定决心,就没有克服不了的困难。我们相信,有市委市政府的正确领导,有各镇(管委会)和市各有关部门的共同努力,句容市的被征地农民养老保障工作一定会得到有效推进,一定会赢得全市人民的赞同和支持,也必将会更加有效地促进句容市经济社会协调发展!

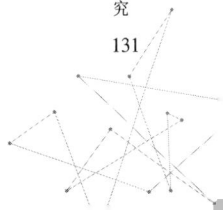

# 以加强农民素质教育为抓手
# 推进农村发展的战略转变

/沙志平 许安庆 羊 城 张 谊/

苏南现代化示范区是具有全球创新资源配置能力的产业科技创新中心和具有全球竞争力的高技术产业基地。除了要达到国家已有自主创新示范区的基本属性外,还要突破过去把国家自主创新示范区局限于某个小范围的高新技术开发区的做法,在更大的范围内、更高的层次上把一体化发展的苏南经济板块作为现代化示范区来建设。

农业、农村、农民问题一直是关系到党和国家全局的根本性问题。党的十六届五中全会提出了建设社会主义新农村的重大历史任务。十七大进一步指出农民是社会主义新农村建设的主体,农民科学素质高低直接关系到社会主义新农村建设能否顺利实现。农民素质包括文化知识素质、科学技术素质、思想道德素质、经营管理素质和身体健康素质等,作为农业生产的主体,文化知识水平高低直接影响着农业技术能否推广和应用。党的十八大特别提出必须缩小城乡差距,提高农民收入,让广大农民群众共享改革红利。苏南现代化示范区建设,目标之一是加速推进城镇化建设,大力构建新型的城乡关系,缩小城乡差距,实现共同发展、共同富裕。

要实现这一目标必须立足抢抓苏南现代化示范区建设机遇,从培育新型农民、投资人力资本以及苏南现代化示范区建设的内涵及意义出发,针对镇江农民具体情况并借鉴国外农民培育经验,探索出一条适合镇江地区农民科学素质培训教育的新路子:建立以教育主管部门和农林院校为主体、相关部门协调配合的农民科学教育实施体系,创建镇江市农民教育的管理体制和运行机制;制定《镇江市农民科学素质培训教育条例》,完善镇江市农民教育的法律体系;坚持以政府投入为主导,鼓励企业、社会组织、个人积极参与,拓宽镇江市农民教育的多元投入渠道。特别是要以农业职业学校为重点,切实加强农民教育主体建设。采取项目化运作、基金化管理、市场化选择等方式,大力实施"绿色证书工程""蓝色证书工程",努力培养"专业农民""转业农民",全面提高农民的科学素质水平,为镇江市社会主义苏南现代化示范区建设提供可靠的智力支持和人才保证。

## 一、加强农民素质教育的重要性和必要性

在新的历史阶段,实现农业发展战略的历史性转变,重点是使我国的农业发展根据国内外需求结构的变化趋势,加速调整产业结构,优化农业区域布局,提高农产品的增值转化能力。必须以生物技术、有机技术为导向,提高农业知识创新能力,大力推进农业科技进步,使农业发展从以传统技术为主转向以现代技术为主,加速实现农业现代化,而所有这一切的关键是农民科学文化素质的全面提高。因此研究苏南现代化示范区建设时期农民科学素质培训教育模式及示范有十分重大的意义,主要表现为:

第一,对推进苏南现代化示范区建设具有重要意义。苏南现代化示范区建设的关键问题之一在于发展农村经济的战略转型和提高农民素质。农民是苏南现代化示范区建设的参与者和创造者。"三农"问题的核心是农民问题,加大农村人力资源开发的投入,将农民培育成有文化、懂技术、会经营的新型农民,才能发挥其在苏南现代化示范区建设中的主体地位,才能把农村巨大的人口压力转化为人力资源优势,才能使农民崇尚科学、崇尚文明,形成农村良好的社会风气。和谐社会的发展及科学发展观的实施需要农民素质的提高。我国是世界上农民占总人口比例最大的国家,因此只有有了农民科学文化素质、经营水平、环保意识的全面提高,才能有整个国民素质的提高。

第二,对发展现代农业具有重要意义。当前,我国农业经营方式正在进行分化,传统的种养业正在向产前、产中和产后等产业部门演进,农业经营方式正在从传统的以生产初级产品为主向产加销、农工贸一体化经营演进,这表明我国农业正在由传统农业向现代农业过渡。在传统农业生产中,农民靠前辈言传身教获得技术,大部分农民没有受过系统正规的农业技术教育和职业教育。当前我国农业经济正处在结构调整时期,优质、高效、生态、安全农业的发展,农业产业化经营的扩大,农产品竞争力的增强,都迫切需要提高广大农村劳动者的素质,加大人力资本的投资。

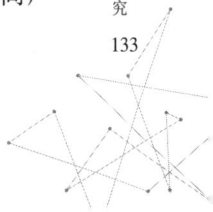

第三,对加速农村剩余劳动力的转移有重要意义。实现农村剩余劳动力的有序转移是我国当前需要解决的严峻问题。而目前我国农村剩余劳动力转移整体上呈现一种无序和不彻底状态,农村劳动力素质低下是影响转移速度和层次的重要因素。人力资源开发及在此基础上劳动者素质的提高是我国转变经济增长方式,实现国民经济持续、快速、健康发展的关键。提高农民素质是农村劳动力最终有效转移的根本所在。加强对劳动力的教育和培训,尤其是对目前我国大多数农村来说,发展农村职业教育将会对提高农民素质,对农村剩余劳动力的资源开发与分流起到至关重要的作用,对创建苏南现代化示范区中农村劳动力转移的有效模式将起到良好的示范作用。

第四,对统筹城乡经济社会的发展具有重要意义。现代经济学理论成果认为,人力资本积累是社会经济发展最重要的内生要素。由于我国长期奉行工业化战略,资源配置偏向城市,农村的正规基础教育和职业教育都十分落后。城乡人均资本积累的差异是城乡经济社会发展差距拉大的重要原因之一,因此,培育新型农民,是从根本上解决"三农"问题的关键所在,是促进农民实现地域转移、职业转换、身份变更的希望所在,是加快城乡农村富余劳动力转移、推进工业化和城镇化、将人口压力转化为人力资源优势的重要途径,也是促进农村经济社会协调发展的重要举措。

## 二、推进农村发展战略转变的策略和方法

### (一)改革镇江农民培训教育体系

农民教育的需求具有地域性、多样化、选择性、实用性和阶段层次性等特点,因此,无论是农民教育的类型结构、层次结构、布局结构、形式结构、专业结构,还是农民教育的内容、方法、手段等,都要与现阶段农民教育的特点相一致,并随着农业和农村经济的发展而发展。

**1. 要优化农民教育的结构体系**。在类型结构上,要坚持"农"与"非农"并举,在加强现代农业科技知识教育培训的基础上,积极向第二、第三产业等非农方向发展;在形式结构上,要坚持学历教育与非学历教育并重,以规范的、高质量的学历教育支撑、带动非学历教育,这是国际农民教育的成功经验,也是我国农民教育发展的必然趋势;在层次结构上要坚持初、中、高等农民教育并存,现阶段以农民中等教育为主;在办学体制结构上,要坚持公办、民办并行,鼓励在各自层面上发挥优势;在布局结构上,要坚持以省会城市高

等农业院校为龙头、县市农业职业中专为重点、乡镇农民学校（设在乡镇中学）为依托；在专业结构上，要坚持办好种植类、养殖类、加工类、市场营销类、经营管理类等大农、涉农专业，并努力办好与农村劳动力转移密切相关的第二、第三产业专业，推动农村劳动力向非农领域转移就业。

**2.** 要改革农民教育的内容、办法、手段。改革要坚持以科学发展观为指导，坚持以人为本，以农民为中心，体现出农民才是教育的主体，改变过去的"单向选择、被动学习"的做法。在教学内容上，必须坚持实际、实用、实效的原则，突出重点、学以致用。实施农民科技教育，必须围绕当地政府制定的农业经济发展的总体思路，瞄准规模产业来开展。同时，农民教育要从单一的技术教育向政治、经济、文化、社会等多层次全方位教育拓展。在教育方法上，必须坚持理论联系实际，适应群众要求，群众喜闻乐见、易于接受，才能实现最佳教育效果。一是现身说法。农民信奉的是"耳听为虚，眼见为实"，他们希望身边的人讲自己的事，教员授课，结合讲技术，汇报自己在应用新技术过程中遇到的实际问题，解决的办法，畅谈感受和体会，告诫大家应该注意的问题，把农民的思想完全引入到现实意境之中。二是现场指导。百闻不如一见，在农民身边摆设现场，让他们亲眼目睹操作过程，为他们提供学习的榜样，甚至提供尝试的机会，农民便会充满信心，鼓足勇气，充满力量。在教育手段上，要将现代教育技术引入到农民教育之中，充分利用省市县电视台、电台举办农业、科技专题节目，用电波把科学技术和市场信息传递到农村千家万户。

**3.** 要切实加强农民教育主体建设。各级教育行政部门应该成为农民教育的主管单位，各级农业学校应该成为农业教育的主要力量，逐步形成以农林专业大学为龙头，以地方职业技术学院和农校、县市农业职业学校为重点，以乡镇农民学校（设在乡镇中学）为依托的农民教育办学网络。江苏大学是在镇江农机学院基础上发展起来的综合性大学，农机、排灌、动力、内燃机、农产品加工等学科是学校的立校之本，也是优势所在，教学科研水平在国内一直保持着领先地位，其可以作为镇江农民科学素质教育培训的主要科研力量。县市级农业职业学校应该成为现阶段农民教育的建设重点。县市级农业职业学校应该充分发挥其优势，在做好中等学历教育的同时，大力加强农业职业教育和非农职业教育，即开展好"绿色证书工程""蓝色证书工程"。"绿色证书工程"主要为培养"专业农民"服务，着力提高农民在现代农业领域的创业能力；"蓝色证书工程"主要为培养"兼职农民""专业农民"服务，着力

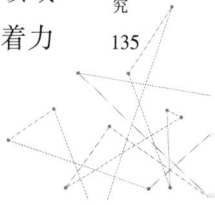

提高农民在农村非农领域就业增收能力和向城镇转移就业能力。县市级农业职业学校要通过政府拨款、企业投入、社会捐助等形式,建立农民教育培训"基金";要根据区域农村经济发展的需要和自身的办学能力,建立农民教育培训"项目库",让农民根据需要自主选择培训项目,并采取"基金"补助为主、农民自身适当承担部分费用为辅的原则,解决办学成本问题。

### (二)创新镇江农民培训教育运行机制

**1. 教育培训内容要根据市场需要确定。**针对留在农村从事农业生产的"专业农民"的科技培训,要围绕市场前景好、需求强烈、具有农业资源优势和规模经济优势的主导产业的产前、产中、产后各个生产环节的技术要求,确定培训内容、设置培训课程。重点是围绕主导产业,培训专业农民,实行整村推进,打造一村一品。针对留在农村从事农业生产的同时还从事一定的第二、第三产业的"兼业农民",按照农村城镇化的需要,开展相应的非农职业教育培训。针对脱离农业生产,专门从事第二、第三产业的"转业农民",要围绕就业前景好、需求强烈的工种设置培训专业,按照用工单位的岗位职业技能的要求设计培训内容,实行订单培训。

**2. 教育培训机构选择要市场化。**要采取招投标形式,面向社会,公平、公正、公开确定教育培训机构,通过市场机制,让办学条件好、教育培训质量高的培训机构来承担农民教育培训项目。

**3. 农民参加教育培训要市场化。**要改变过去政府部门自上而下的单向培训模式,让农民根据市场需求,按照个人意愿,双向选择培训机构和培训项目,采取"点菜式""订单式",自主参加培训,自主选择培训专业,自主选择培训单位。

### (三)构建镇江农民培训教育法律体系

党的十六届五中全会明确指出:深入实施人才强国战略,壮大人才队伍,是提升国家竞争力的决定性因素。《全国农业和农村经济发展第十一个五年规划(2006—2010)》也提出:要加强农村实用人才和技能人才培养,促进农民由体能就业向技能就业的转变。党的十七大报告提出:大力开展农民教育培训,开发农民职业技能,是提高农村劳动力素质,培养有文化、懂技术、会经营的新型农民,推进现代农业发展和社会主义苏南现代化建设示范区建设的重要智力支持和人才保障。农民教育已经成为今后国家工作的重点之一,农民教育的发展将出现新的突破。但是,中国至今仍没有专门的农民教育培训法规,这对于农民数量占全国总人口60%左右的农业大国来说,存在着法律方

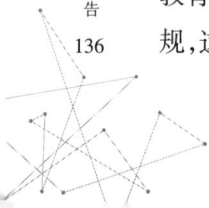

面的不协调性,因此,加强农民教育的立法意义非常重大。镇江市应聘请有关的法律专家、农民教育专家和政府相关管理部门以及农民代表进行探讨研究,制定《镇江市农民科学素质培训教育条例》,为促进农民教育的顺利开展提供法律依据,为我们国家将来制定《中国农民教育法》提供经验。

《镇江市农民科学素质培训教育条例》应该包括:镇江农民教育的指导思想、农民教育的目标、农民教育的主体、农民教育的体系、农民教育的投入、农民接受教育培训的权益、农民教育的具体操作规程、政府的地位与作用、农民教育的项目管理、农民教育的监督和评估、农民教育教学体系、农民教育的证书管理等方面的内容。这些内容应该是明确的、具体的,具有可操作性,而不应该是含糊、笼统,缺乏实际操作可能或者操作规范。通过法律的形式,把农民教育的经费投入、资源的管理和利用、项目的实施和监控等农民教育过程中的重大问题及解决方案以法律条文的形式固定下来,用法律保障镇江农民教育事业健康有序的发展。

**（四）健全镇江农民培训教育投入体系**

**1.** **要加强政府公共财政对农民教育的投入。**农民教育具有"公益性、市场性"这两重特性。要根据农民教育"公益性"的特征,按照2006年中央一号文件要求,"各级财政要将农村劳动力培训经费纳入预算",实现农民教育培训投入的制度化。要根据《镇江市农民科学素质培训教育条例》(本文建议制定)的规定,按照"绿箱政策"的要求,每年从政府财政收入中提取一定的比例投入农民教育,保证农民教育有稳定的资金投入,推动农民教育健康持续的发展。

**2.** **要拓展农民教育多元化的投入渠道。**要根据农民教育"市场性"的特征,按照"谁受益、谁买单"的原则,并积极运用金融、信贷、税收等手段,鼓励涉农企业、用工单位、农民专业合作组织等参与农民教育培训事业,逐步建立起以政府扶助为主、社会力量共同参与的多元化投入体系。

**3.** **坚持农民教育项目经费"基金化"运作。**将公共财政对农民教育培训投入的资金、企业组织的专项投入和社会捐助等,设立为农民教育专项基金,支持农民参与各类教育培训。同时,应建立教育培训"回馈"机制,鼓励农民在通过教育培训、提高创业就业能力和收入水平后,以适当方式回报社会、回报农民教育"基金会",以保证农民教育基金的滚动发展、良性发展。

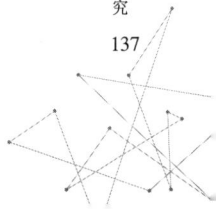

四、新兴服务业发展研究

# 镇江旅游目的地形象：
## 现状、问题与提升对策 *

/潘法强

赵喜仓　樊茗玥　孙晓阳/

　　随着我国区域旅游目的地的不断发展和旅游消费方式的转变,树立旅游
形象已经成为旅游目的地增强自身竞争力的重要战略手段之一。目前,旅游
目的地形象的内涵有多角度的理解,我们认为旅游目的地形象是一种人地互
动的结果,反映了旅游现实形象、城市媒介形象和游客感知形象之间的相互
关系和作用,其核心价值主要体现在其对旅游竞争力的影响(如图1所示)。
其中,旅游现实形象是指综合旅游目的地的地理环境实体或风景实体、旅游
设施、人文环境和旅游管理等所形成的形象。城市媒介形象是基于城市定位
与城市形象元素,借助现代传播媒介(尤其是大众传播媒介)所形成的受众对

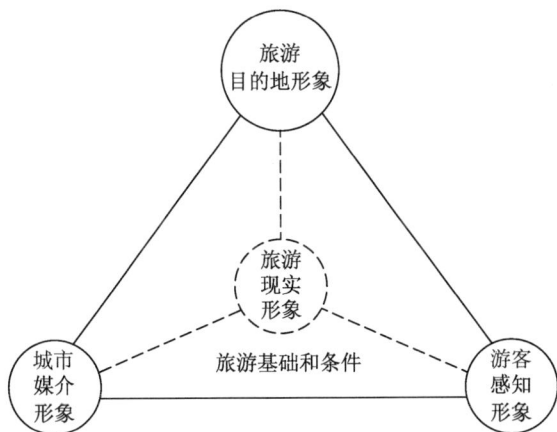

**图1　旅游目的地形象的构成**

　＊ 本文为江苏省社会科学基金项目(13XZB012)成果。

一个城市的内在综合实力、外在环境表现和未来发展前景等的具体感知、综合评价和心理意象,是受众对城市文化、精神、景观等元素的复合评判。游客感知形象是指旅游者对旅游目的所在地地理环境实体或风景实体的感知以及对旅游目的地中人文社会的抽象感知的总和。

我们认为,在自然旅游资源一定的条件下,以游客为本,让游客、居民、旅游行业相关企业和政府相关部门联动起来,基于"吃、住、行、游、购、娱"等旅游基本要素,构建一个能够引发共鸣的旅游目的地形象对于镇江旅游目的地竞争软实力增长乃至镇江的可持续发展具有十分重要的理论和实践意义。

## 一、镇江旅游目的地的基础和条件

镇江是一座拥有3000多年文字记载的国家历史文化名城,蕴含着吴文化的精髓,具有多样性的宗教思想,自古以来就以"天下第一江山""城市山林"而闻名海内外。镇江市旅游资源丰富,区位条件优越,风景名胜无处不体现着自然与人文、山水与文化的交流与融洽。

### (一)旅游资源丰富

根据中华人民共和国国家标准《旅游资源分类、调查与评价》(GB/T18972-2003),镇江的旅游资源单体共274处,其中自然资源69处,占旅游资源总量的25.2%;人文资源205处,占旅游资源总量的74.8%。

各辖区的旅游资源分布为:(1)镇江市区依山傍水,集中了全市一半以上的旅游资源,有国家级重点风景名胜区、三处全国重点文物保护单位,享誉千古的江天禅寺和定慧寺,还有沈括、赛珍珠、茅以升等名人故居、纪念馆等。(2)丹阳在历史上曾是南朝齐梁两代开国皇帝的故里,城乡文物遗存丰富——六朝石刻,素有"江南文物之邦"的美称。(3)扬中宛如一座城市水上花园,是难得的旅游度假胜地,有"扬中三宝":芦、柳、竹;"扬中三鲜":刀鱼、鲥鱼、河豚。(4)句容山水秀丽,人文荟萃,古迹众多,有两座国家4A级旅游名山、全国爱国主义教育示范基地、"江南小九寨沟"之誉的瓦屋山、万山红遍农业园和南山农庄。

### (二)区位条件优越

镇江是国家级水运主枢纽和国家级公路主枢纽城市,地处长江三角洲的顶端,是长江与京杭大运河交汇处的港口城市,自古以来就是长江下游的重要商埠和兵家必争之地。

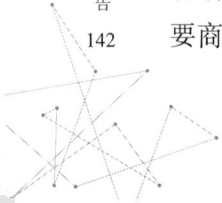

近几年,镇江旅游交通有了很大的发展,旅游综合运输网已形成一定的规模,外围有京沪高速铁路、沪宁城际铁路、宁杭城际铁路、镇溧高速、宁常高速镇江段、宁杭高速镇江段、S243镇江至禄口机场、润扬大桥和泰州大桥等,市内有新南门汽车站、镇江站枢纽(城际站)、镇江南枢纽(高铁站),结合沪宁城际铁路镇江站配套建有汽车客运站、城市候机楼、公交枢纽站、出租车营运区和社会车辆停车场等,基本实现了铁路、公路、航空和市内交通的"无缝衔接"和"零换乘"。

(三)重点旅游产品提档升级加快

近年来,镇江市重点突出文化旅游主题开发。金山、焦山、北固山风景区重点突出自然生态、佛教文化、民间传说、民俗文化的开发,打造"天下第一江山"精品旅游线路。乡村旅游、工业旅游、红色旅游、自驾自助游等不断实现突破。截止2011年年底,镇江市已拥有国家A级以上旅游景区33家,其中4A级8家、3A级3家。

此外,休闲度假、养生旅游实现新突破。南山、金山湖、茅山、宝华山、丹阳眼镜城等成为旅游新热点,其中茅山正在创建全国首家养生旅游示范区。目前,金山文宗阁、北固山风景区、金山湖景区、西津渡二期、丹阳眼镜城二期、茅山养生项目、赤山湖湿地等一批文化旅游景点正在建设或已竣工。2009年茅山荣获"国际最佳养生基地",成为红色旅游联盟盟主单位;2010年西津渡荣获"中国人居环境范例奖"。镇江恒顺香醋酿制技艺、白蛇传传说、丹阳封缸酒酿造工艺等入选国务院批准公布的国家非物质文化遗产名录。金山、焦山、北固山风景区创建5A级旅游景区已经通过国家级暗访检查,茅山景区跻身全国百强景区;恒顺醋文化博物馆创建4A级旅游景区也已通过省级验收;句容成为省内唯一的"全国休闲农业与乡村旅游示范市";迷笛、草莓音乐节已成为重要的区域性文化旅游品牌。

(四)旅游综合投入不断加大

截止2013年6月,镇江市旅游综合投入已达到123.09亿元,旅游建设项目69个。2013年镇江市获得省旅游发展专项引导资金1270万元,资金总量列全省第二位。

为了瞄准旅游发展前沿,以科技强旅为先导,带动旅游现代化的全面发展,推进旅游强市建设和旅游产业转型升级,镇江于2010年3月在全国率先提出和推进"智慧旅游"建设,2011年5月国家旅游局批准在镇江建设"国家智慧旅游服务中心"。在注册成立云神科技股份有限公司的基础上,组建智慧旅游管理、经营机构,公司化运作智慧旅游项目。目前,旅游者客情实时统计分析系统已经运行,智慧旅游门户网站也即将上线运营;正在大力推进金山风景区、恒顺醋文化博物馆、碧榆园等智能化应用试点以及智慧旅游交通、智能公交试点项目建设。

### (五) 旅游管理体制不断完善

目前,镇江市委市政府高度重视镇江旅游业的发展,把旅游业作为千亿级产业来打造。为了整合市区旅游资源,优化运营管理体制,提升投资开发能力,打造全国著名的滨江风景名胜区和旅游产业集聚区,成立了金山焦山北固山国家风景名胜区管委会,实行"管委会 + 公司"的管理模式,控制区域为"北至长江,西至润州路,南至长江路——东吴路——禹山北路——航信路(规划),东至焦北滩",总面积约 52.7 平方公里。目前,各个部门,如交通局和公安部门都在积极配合旅游局的相关工作。

## 二、镇江旅游目的地形象的现状

### (一) 旅游现实形象焕然一新

旅游现实形象是旅游目的地基础和条件的外部表现。我们在随机调查中发现,几乎所有调查者都认为镇江的旅游资源丰富、多样,旅游现实形象正在由环境差、景点散、管理乱向环境优美、景点联动、管理有序转化。这些可从近年来镇江旅游经济的较快发展得以佐证。2012 年接待国内游客人数达到 3502.86 万人次,同比增长 12.97%,国内旅游收入达到 410.14 亿元,同比增长 18.66%,入境旅游 66.31 万人次,同比增长 2.00%,旅游外汇收入 55818.80 万美元,同比增长 6.97%。镇江旅游总收入占 GDP 的比重稳步增长,2005 年旅游总收入占 GDP 的比重为 13.40%,2012 年达到 17.22%。

### (二) 城市媒介形象不断提升

作为历史文化名城,镇江在立足于城市文化的基础上,找准城市旅游的目标市场,进行准确的城市媒介形象定位,组建专门机构负责城市媒介形象的传播,运用多种形式进行整合传播,促进了城市旅游品牌的整体提升。先后获得了"中国创业之城"、"国家历史文化名城"、"中国优秀旅游城市"、"全国科技进步先进城市"、"国家卫生城市"、"国家环境保护模范城市"、"全国社会治安综合治理优秀城市",以及"国家园林城市"等荣誉称号。

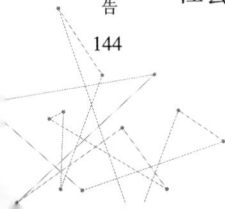

**1. 总体宣传力度不断加大**

镇江正在加强与周边旅游城市的合作,开展对台湾、日韩等地宣传促销,不断巩固和拓展客源市场。在人民网、新华网、搜狐、新浪等知名网站发布旅游信息4000多条,开通了全省首家旅游淘宝官方旗舰店、"镇江旅游关键词"与百度和谷歌地图对接,利用新媒体全方位宣传镇江旅游。同时,邀请新加坡、香港、美国、加拿大等地的旅行商、媒体记者考察镇江旅游;邀请京沪高铁沿线客源直辖市北京、天津、上海,四大省份河北、山东、安徽、江苏的旅行社老总考察镇江旅游;与山东济南、枣庄、济宁、临沂,以及浙江新昌、绍兴等城市签署了《旅游合作备忘录》。

近两年来,镇江市先后与中央电视台《探索发现》、《走遍中国》等栏目制作了《诗话镇江》、《吴国第一城》、《美丽镇江》等历史文化专题片,并斥巨资拍摄了电视剧《血色沉香》。2013年9月2日起在央视一套《朝闻天下》播出30秒的镇江和辖市的旅游形象宣传片。此外,还邀请美国好莱坞专业团队在镇江拍摄创作6部微电影。这些宣传举措在社会公众中赢得了广泛的美誉度,提升了市场影响力。

**2. 旅游宣传渠道不断拓展**

镇江在旅游宣传方式上,除了采用各种传统的传媒手段(如电视、报纸杂志、广告牌和各种印刷品等)以外,还利用互联网、媒体、镇江旅游微博、镇江旅游淘宝官方旗舰店等新传媒手段进行传播,通过举办各种节庆活动、参加各种旅交会、推介会等方式进一步加强宣传。

**3. 旅游形象宣传定位呈现多样性**

"繁荣的商都"是镇江最早的形象,如巴罗的描述:许多岛屿从江面上升出,上面盖满了绿草,各种船只穿梭往来,战舰、货船、游船数不胜数,有的逆流而上,有的顺水而下,一些船划桨而动,一些船依锚而静,极目远望,运河两岸布满了城镇和房屋,呈现出一片欣欣向荣、风情万种的景象。之后是康熙帝所题的"江天一览"形象,"极目望去,江南江北浩浩荡荡,云烟渺茫,树木和村落朦朦胧胧一望无际,真是一幅巍巍壮观的长江图"。近几年来,镇江对外宣传的旅游形象主要有"天下第一江山"、"山水花园城市"、"万里长江镇江游,满眼风光北固楼"、"镇江,一个美得让您吃醋的地方"、"何处望神州,满眼风光镇江游"等。

**(三)游客感知形象逐步改善**

游客对旅游目的地的感知是循序渐进、不断变化的,随着镇江旅游综合

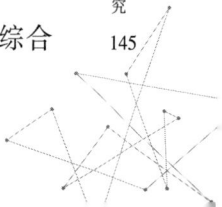

投入的不断加大和旅游产品品质的不断提升,游客对镇江的旅游感知形象在不断更新,印象也在逐渐改善。我们采用问卷调查和随机访谈的方法,从游客感知核心景区资源满意度、游客感知景区的服务和管理的满意度调查结果看,在受访的 352 位游客中,有 72.6% 的游客认为核心景区并不只是印象中的自然山水和寺庙,而已逐渐综合了文化、传说、休闲体验等附加值,形成了较为满意的旅游产品。除此之外,65.3% 的受访者对景区的服务质量和管理水平较满意。

## 三、镇江旅游目的地形象存在的问题

与镇江城市区位相似,镇江旅游目的地及其形象一方面受到南京、苏州、无锡等周边城市的屏蔽,另一方面又与扬州的旅游资源存在同质化,加之长期以来缺乏摆脱困境的有效手段,镇江这一国家历史文化名城被边缘化特征明显。

（一）旅游现实形象存在的问题

**1. 旅游资源差异性小**

镇江市的旅游资源单体差异性小、知名度不高、特色不明显、区域竞争力较差。目前,已开发的旅游产品类型单一,具有一定市场规模的只有观光旅游产品,且重复建设现象较突出,旅游产品的个性不鲜明,生态旅游、休闲度假旅游、文化旅游等还刚刚起步;旅游产品档次偏低,绝大多数旅游产品只能满足游客的基本需求,旅游项目以被动旅游为主,缺乏参与性、娱乐性和有特色的专项旅游产品;旅游消费还处于较低层次,门票所占份额较大,娱乐和购物等方面花费偏少。这些在一定程度上影响和制约了景区客源市场的拓展。

**2. 城市社会经济环境亟待改善**

这里的社会经济环境主要指城市宜居性和对外开放性等。在城市宜居性方面(如图 2 所示),与江苏省其他省辖市相比,镇江市万人拥有公共交通车辆数得分较低,影响游客的正常交通出行。在开放性和对旅游产业的支持发展水平上(如图 3 所示),镇江在购物便利性、引进外资、外贸进出口、星级饭店数、旅行社数量等方面与南京、苏州等城市有一定的差距;镇江市吸引外商投资及进出口方面只有无锡的一半、苏州的六分之一,不利于形成公平创意创新的竞争环境,不利于技术进步。此外,在餐饮住宿方面以及旅行社发展方面,镇江发展水平也较低。

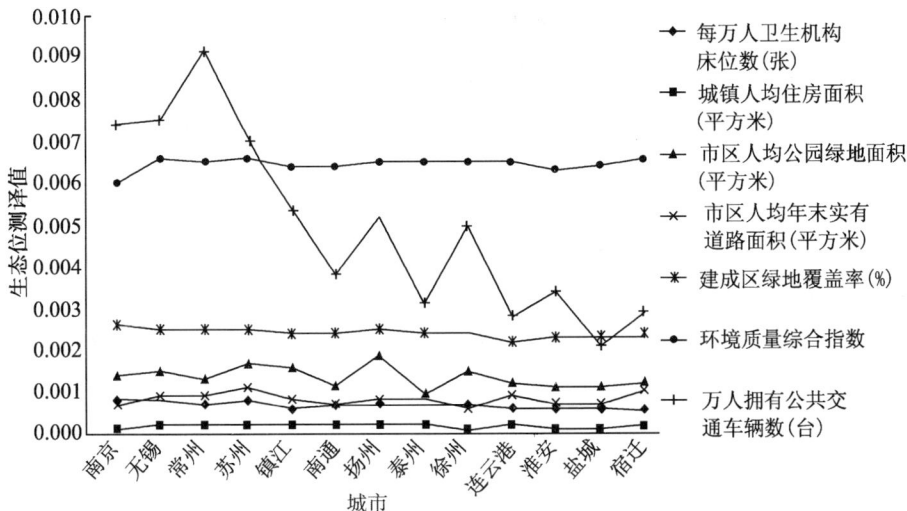

**图2  社会经济环境(城市宜居性)**

数据来源:《江苏统计年鉴 2010》,中国统计出版社。

### 3. 旅游产业联动不明显

旅游业通过提供大量服务能有效回笼货币,积累资金,能带动相关经济部门和行业迅速发展,并可扩大外界对旅游目的地的了解;旅游业是劳动密集型产业,具有就业容量大、门槛低、包容性强等作用。相比苏南其他城市,镇江缺乏地标性的建筑、功能性的旅游购物场所和星级饭店(如图3所示)。

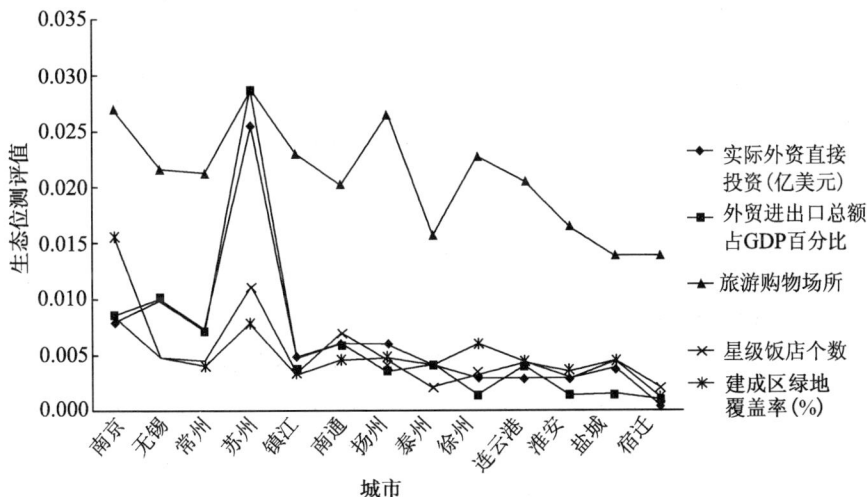

**图3  社会经济环境(城市开放度、旅游支持)**

数据来源:《江苏统计年鉴 2010》,中国统计出版社。

我们在随机访谈中发现,部分游客认为镇江没有夜游项目,夜生活不丰富,不愿留宿镇江,这亦直接导致旅游相关产业联动不明显。

### (二)城市媒介形象存在的问题

**1. 宣传缺乏针对性**

镇江旅游宣传投入较大,但仍缺乏针对性。目前,镇江旅游宣传手段主要为平面媒体宣传和联合旅行社举办各种推介活动。但由于来镇游客的80%以上都是散客,且人们对旅行社发布的信息比较排斥因而收效不是十分明显。旅游地营销传播应根据目标群体的不同而选择不同媒介渠道,宣传方式应该多样化。

在对镇江周边城市关于旅游宣传的统计发现(见表1):截止2013年11月19日,在百度视频中输入"镇江旅游宣传片",仅出现26条;PPS爱旅游爱生活频道关于"镇江旅游宣传片"的播放次数仅为64,与周边城市存在一定的差距。在宣传的内容上,百度视频和PPS爱旅游爱生活频道播出"镇江旅游宣传片"(时长9分16秒)的内容仅是关于世业洲的旅游资源宣传。而央视一套播出的时长为30秒的镇江旅游形象宣传片,时间短、覆盖面广,未能突出镇江的特色,宣传缺乏针对性,缺少吸引游客到访的冲动,难以有效激发游客的兴趣。

表1 关于镇江周边城市旅游宣传片的统计

| 城市 | 百度视频个数 | PPS视频播放次数 |
|------|------|------|
| 镇江 | 26 | 64 |
| 无锡 | 371 | 102 |
| 常州 | 96 | 81 |
| 扬州 | 167 | 65 |
| 苏州 | 389 | 129 |
| 南京 | 154 | 131 |

**2. 民众参与度低**

我们在对居民进行随机访谈中发现,很多镇江本地居民对镇江的旅游景点并不十分清楚。旅游形象的宣传无处不在,关键的环节是普通居民。居民是否了解重要景点,是否认同镇江旅游、城市底蕴,与游客感知的镇江旅游目的地形象直接相关,社会公众树立"人人都是旅游形象、处处都是旅游环境"的观念将是镇江旅游目的地形象的最佳宣传手段。目前,镇江大多数旅游景点的形象在不断地更新,而本地居民却感受不深,这谈何宣传镇江旅游形象,谈何提升镇江旅游形象的知名度和美誉度。

（三）游客感知形象存在的问题

**1. 服务质量满意度有待进一步提升**

我们在深度访谈中发现镇江餐饮业、旅店业和景区的服务质量需要重点改进。服务质量包括人员外貌、态度和行为等。旅游目的地任何一个细微之处的忽视，都会影响游客对旅游目的地的形象感知。镇江餐饮业、旅店业和景区的部分服务人员素质不高，尤其缺乏高素质的专业管理人才，服务人员队伍呈现低文化、低素质的特点，致使镇江旅游服务体系存在经营管理、服务质量不到位等状况。

**2. 旅游产品设计不合理**

镇江主要旅游产品的开发层次较低，包装的精度和宣传的深度不够，缺乏拳头产品。当前镇江的旅游精品主要还是停留在沿江的"北水文化旅游圈"，而该旅游线路多半停留在观光旅游活动上。不管是江天禅寺、定慧寺等宗教法事旅游，还是诸如"春风又绿江南岸"、"白蛇传"民族文化演出等文化节活动，均具有观赏性和娱乐性，缺乏与游客的互动。观光旅游是旅游业中最低端的产品，综合效益要远远低于以文化旅游为主的精神层面的旅游。由于镇江的文化旅游资源开发尚处于低端，因而长期处于过境旅游、中转旅游的被动地位，很难吸引到中高端的游客和回头客。

**3. 缺乏特色性可携带的旅游商品**

镇江的旅游商品单一且缺少清晰的指代性和独特性。镇江有很多地方特色商品，如丹阳黄酒、丹阳眼镜、金山翠芽、茅山长青等，但都不是旅游商品。镇江的美食也很多，如镇江旅游局网罗列的最出名的特色小吃，其中部分特色小吃缺乏品牌，一些小吃门店的环境差强人意，直接影响了游客对镇江旅游目的地的感知。在对游客随机访谈中发现，因为镇江有名的香醋和肴肉都不便于携带，大多数人也不愿意携带，也不清楚有什么品牌商品可以携带。

## 四、提升镇江旅游目的地形象的对策

形象提升是旅游目的地竞争软实力成长的重要战略举措。所谓软实力成长，即在旅游目的地发展中不是单纯追求旅游产品开发的数量的增长，而是以游客为本，更加注重旅游软产品开发、特色创新、文化内涵、技术含量与

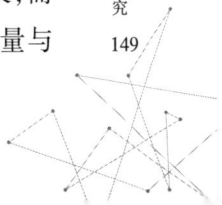

人地和谐的理念机制。当前,在旅游目的地激烈的市场竞争中以无可替代的形象占领客源市场,是未来镇江旅游目的地发展的关键。

（一）加强顶层设计和区域协同,提升旅游现实形象

**1. 加强政府规划,协同区域旅游资源**

以最新出台的镇江《旅游产业发展总体规划》和《关于贯彻落实"镇江市旅游产业发展总体规划"的实施意见》为指南,坚持统一规划,加大整合资源,强化规划的引导作用,实现项目建设的合理布局和产业功能的互补融合。在统一规划的基础上,统筹谋划,突出重点,引入战略投资,以市场化手段推进景区资源的整合与联动开发,按照国际旅游目的地服务标准,推进旅游各要素资源的深度融合和转型提升,构建完善的旅游基础设施、服务设施和大旅游产业体系,全面提升镇江旅游目的地综合服务功能和服务水平,实现以景带业、以业兴城、景业城融合发展。基于此,我们认为,镇江旅游业发展应围绕传统特色"山水宗国城"(谐音"山水中国城")与现代旅游资源开发展开,其中,山——金山、焦山、北固山、南山;水——"江河泉水",包括长江、大运河、天下第一泉、西津古渡;宗——宗教圣地,道教"上清宗坛"、佛教"律宗第一名山"、金山江天禅寺水陆道场;国——三国名城和吴文化的发祥地之一,南朝宋、齐、梁三代帝王故里;城——城市山林,以及与城相傍相生的街巷酒肆里今古圣贤们吃着镇江三怪、品着长江三鲜所讲述的镇江故事。一方面应集中资源,以列入国家、省、市旅游重点项目为龙头,聚焦重点旅游景区(点)和知名旅游品牌、名牌建设,推进旅游集聚区集中发展,如"三山"景区一体化工程、大运河休闲风光带工程、我国第一个国家旅游产业创新发展实验市——丹阳国家旅游产业创新发展实验市、句容宗教文化旅游和生态农业园、世业洲生态观光旅游岛、扬中生态观光旅游岛、丹阳眼镜城(工业观光与销售平台)、丹阳齐梁故里观光、长江国际旅游节、金山湖国际龙舟大奖赛、中国丹阳眼镜文化旅游节等。另一方面,立足宁镇扬同城化和长三角一体化发展,主动出击,依托旅游平台和节点建设,构筑多种旅游形式和业态并存、多产业协同发展的镇江旅游产业新体系。

**2. 推动旅游业转型升级,实现产业融合发展**

旅游业是关联性极强的产业,通过资源共享、优势互补等措施,积极推进旅游要素相互渗透、相互交织、互为支撑,充分发挥旅游"兴一业,旺百业"的联动作用,实现第三产业的规模扩大和产业提升,进而促进镇江市经济从"二、三、一"向"三、二、一"的产业结构转变,以大产业的观念谋划旅游大发

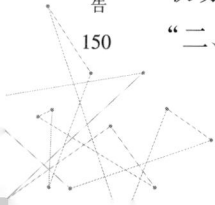

展。抓住镇江现代花园城市、生态文明城市、低碳城市建设的契机,大力发展旅游业,实现在 2015 年年末将旅游业打造成千亿级支柱产业的目标。在具体实施方面,可以依托句容现有的旅游资源,发展生态农业,实现旅游业和农业的联动发展;可以借助镇江的"金山翠芽"、"茅山长青"、"南山滴翠"和"惊春灵芽"等,发展茶叶市场,实现旅游业和商贸业的联动发展;可以围绕镇江历史文化内涵,提高纪念品、工艺品的产品价值,甚至可以通过建设国际或国家级旅游工艺品交易平台,实现旅游业和工业的联动发展。旅游产业与农业、工业和其他服务业的联动发展,不仅拓展了旅游业的范围,而且会形成新的经济业态,实现产业融合发展,进而推动产业转型和现代产业体系的建立。

（二）加强城市定位和品牌建设,改善城市媒介形象

**1. 强化特色旅游宣传,突出当地文化内涵**

在旅游宣传方面,应考虑不同年龄阶段游客的需求,及时投放和更新互联网平台上的镇江旅游宣传视频,吸引潜在旅游者,设法抓住一切机会增加目的地与游客的纯粹接触次数,并且,尽可能多地利用文化艺术、课本、邮票等非目的性媒介载体,潜移默化地对潜在游客产生影响。

镇江应综合考虑自身优势,与南京、扬州和常州等城市相辅相成,依托长江港口和山水旅游、历史文化资源优势,充分发挥本地自然资源和文化资源优势,开发以文化为主要载体的旅游产品和旅游路线,努力形成特色鲜明、功能互补、具有竞争力的长江沿线智慧旅游城市和旅游文化名城。此外,重点提升并拓展"三山"、南山、茅山、宝华山、镇江博物馆等传统产品的内涵和外延,突出产品特色,培育多层次、多样化、深文化的旅游产品集群。

**2. 提升城市社会经济环境,强调人地和谐理念**

优质的社会经济环境与旅游目的地形象密不可分,宜居优良的生活环境、开放宽容的社会文化、友好积极的城市居民是旅游目的地宣传的有力途径,有利于吸引游客,也有利于培养游客与旅游目的地的信任环境。

（1）目的地景区建设开发、旅游基础设施建设兼顾居民游憩的需要,并使更多居民受惠于旅游业的发展,引导居民的积极性和参与精神,使之当好目的地的"主人",自觉维护旅游目的地形象。目前,镇江市的西津渡前期开发已经相对比较成功,在后续开发中,应继续侧重其码头文化的开发,以长江水道的变迁展示西津渡的繁华与落寞。此外,也可以利用西津渡现在的环境打造镇江的民俗游社区,将民俗的开发与社区建设结合、居民现代文明生活与古老文化传统结合,打造西津渡文化旅游社区。另外,社区居民要学习西津

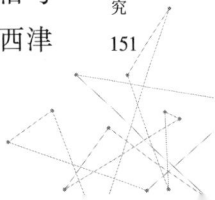

渡的历史,对西津渡的变迁要有很好的认识,争取人人都能做导游,提升整个西津渡社区的形象。

(2)政府有关部门应加强景区的自身管理和服务能力,以优异的环境来服务游客。此外,由于镇江郊区旅游景区分散,旅游交通条件与旅游景区脱节的矛盾十分明显。因此,应在思想上树立以路兴旅的大思路,大力发展公共交通,并积极引导各种交通方式协调发展;建立方便、快速、安全、准时的客运交通体系;加强对静态交通的管理和建设;完善景区的服务站点建设,满足境内外散客和自驾车旅游者的需求。逐步形成交通运输结构合理、道路网络快速便捷、运输安全可靠的道路交通运输体系,以支撑镇江旅游业的快速发展。

(三)加强产品创新和平台建设,提高游客感知形象

**1. 建立旅游社区互动平台,提升旅游软产品开发能力**

开发建设以互联网和众包模式为基础的镇江旅游社区开放性平台,不同于镇江旅游淘宝官方旗舰店、MY0511 梦溪论坛和智慧旅游服务平台。从游客入手,借助互联网,搭建镇江旅游官方互动社区,体现镇江旅游信息的交流、共享和访问等集成特性。借助该平台,可设计镇江旅游的虚拟体验环节,让潜在旅游者身临其境,激发其实地体验兴趣;到镇游客亦可分享其旅行经验,与潜在旅游者进行网络交流;在该平台投放镇江旅行社、餐饮业、旅店业的价格、环境、服务等信息,实现一站式经营与服务策略;通过该平台链接其他城市的旅游网站,打造旅游信息共享模式。此外,在该平台上旅游者可提供自主设计的旅游产品、票选地域性特色旅游纪念品等,增强与镇江旅游目的地的互动感知能力。该平台将是镇江旅游资源网络营销的重要资源,是展示镇江旅游形象的窗口之一。

**2. 加大新产品开发力度,凸显旅游产品技术含量**

随着旅游业的发展,走马观花式的观光旅游渐行渐远,取而代之的是更深层次的文化和体验旅游。2012 年江苏省个人出游、家庭或与亲朋结伴出行占总旅游人数的 65.2%,自助游和家庭游市场也将是未来旅游发展的大方向。

(1)设计受众差异化特色产品。根据游客的特点,充分利用自身资源,设计有差异化的旅游产品。对于年轻游客,应该开发一些如探险体验、休闲娱乐、拓展健身等为主的高质量体验化旅游产品;对于老年游客,应该开发以休闲度假、文化体验、观光休闲等为主的旅游项目;对于乡村游客,更倾向于观

光游;对于城市游客,应注重文化体验和生态休闲游。

(2)策划地域特色化旅游产品。地域特色化旅游产品体现了当地自然地理特征的物质形态、历史古迹、风俗、道德、情感等元素,是一种地域文化符号的象征。在旅游产品的设计方面,可以以独具地域特色的镇江大河豚、大江豚等作为主体,也可以以"水漫金山"、"甘露寺招亲"、"梁红玉击鼓战金兵"等神话传说和历史故事为线索,打造令人忘怀的"北固湾"水幕走廊。

(3)打造亲民惠民的品牌产品。活跃在互联网上的群体是旅游信息的积极制造者和推动者。镇江可以借助旅游社区互动平台,发布需要设计的旅游产品,由互联网用户设计、投票,筛选出最佳旅游产品,奖励最佳设计者,从而打造品牌特色旅游产品。将来自于网友智慧的产品再次回馈给各旅游者,可以更加低廉的成本迅速占领市场,更加体现了亲民、惠民。

(4)设计个性化旅游纪念品。目前,镇江的旅游商品品牌少,品种单一,可携带性差,应加大开发力度,开发满足多层次人群需求的旅游产品。产品的开发要结合镇江特色,对于不方便携带的,可以在游客购买后提供邮寄服务。此外,可以借助旅游社区互动平台,设计旅游者喜爱的旅游产品。政府方面,应该积极引导开发特色旅游商品,扶持和建设集设计、生产和销售于一体的旅游商品生产基地,努力建设成全国旅游纪念品集散或交易平台,以进一步提升旅游目的地形象。

**3.健全信息反馈和监督机制,改善旅游环境**

首先,加强政府的宏观管理和协调。在旅游服务的工作模式上,以监督、检查和规范、引导并重,对行业运行的全过程、多环节进行监督管理,以保证和提高旅游产品质量、经营服务质量、市场环境质量、公共服务质量。其次,对旅游从业人员,需强化旅游服务意识,加强服务人员的从业资格管理。因为旅游服务质量是一个整体,是由相关产业、各个岗位的每一项工作和每一个人的每一项服务行为构成的,游客只要对某一点不满意,就影响他们对总体服务质量的感知,进而直接影响他们对目的地形象的感知。

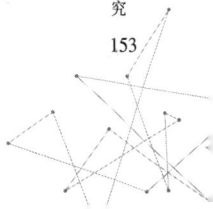

# 携手旅游的音乐产业园区
## ——世业洲音乐产业园培育研究

/潘法强　黄雪丽　秦艳贞　朱巍巍/

世业洲作为《镇江城市总体规划（2002—2020）》中城市发展的重要组成部分，2006年开始在"生态、旅游、度假、运动"主题定位下培育国家级旅游度假区，目前已取得明显成效。世业洲2012年被评为镇江市首个省级旅游度假区，2013年江苏省出台的《苏南现代化建设示范区规划》明确了对镇江世业洲创建国家旅游度假区的支持。但与此同时，世业洲也面临着游客人数在时间分布上不均匀、旅游收入尚未达到预期、投资回报尚未显现的问题。

我们在分析世业洲的优势和特点后，认为在国家大力发展文化产业的重大现实背景下，世业洲可在发展旅游的同时打造音乐产业园区。

## 一、世业洲音乐产业园构想的现实意义

### （一）有助于解决世业洲发展中的经济效益问题

世业洲音乐节对旅游者的吸引具有明显的节律性，即使撇开园区载体基本功能建设的投入，单镇江文广集团和世业镇针对音乐节的投入已接近1个亿，而相关设施一年的满负荷运转只有音乐节期间的4～5天，收回成本遥遥无期。在音乐节以外的时间，世业洲主要接待以自驾车为主的休闲度假游客，这类游客落地停留时间短，多为当日往返游客，很少涉及在世业洲住宿，在餐饮和购物方面的消费也很少。因此，只有在音乐节外，也能吸引到高端度假型旅游者，才可能有较长的停留时间和较高的消费，才可能实现世业洲乃至镇江旅游业的可持续发展。

音乐及其派生产品有利于培育旅游高端市场。一方面，音乐产品并非人

们生活的必需品,它属于享受品行列,购买音乐产品的消费群体一般属于收入较高的人群,他们有购买能力,有放松身心的欲望,对高端消费有喜好,这部分人与高端旅游市场游客的特征相吻合。另一方面,音乐及其派生产品对欣赏者群体有一定要求,他们需要具备较高的文化素质和音乐修养,这类消费者的数量在人群中所占的比例不会太大,加之音乐及其派生产品的价格相对较高,也决定了高端游客的人数较少。这部分游客虽然人数少,但人均消费高,对旅游资源环境的破坏又小。同时,音乐派生产品(如乐器和音乐培训)价格不菲,购买音乐派生产品本身就会大大增加当地的收入、促进经济的发展,意义甚大。建设世业洲国际音乐岛实质上可以以较少游客接待量实现很好的综合经济、环境效益。

### (二)有助于增强世业洲乃至镇江的旅游竞争力

世业洲根据自身优越的生态条件和区位特色,将发展目标定位于以"生态、旅游、度假、运动"为主题的国家级旅游度假区,这虽然十分符合世业洲的特点,但观察苏南地区驾车一日游可达的旅游目的地,以生态为特色吸引旅游者的并不少见,开发较早的如宜兴竹海,新兴的如兴化春季赏花,因此,如果仅靠生态环境的品质参与竞争,显然并不具有明显的竞争优势,也缺乏对游客长久的吸引力。因此,只有在世业洲高品质的生态环境中注入灵魂性的内涵,才能使世业洲具有高于周边地区同类型旅游目的地的意趣,能更符合旅游者多重审美的需求,才能吸引游客重游,也才能使世业洲的旅游业具有现代服务业的特点。

音乐的主题则可赋予世业洲优美的生态环境以时尚浪漫的高雅内涵,这势必有利于世业洲在众多的休闲度假旅游目的地中脱颖而出,也有助于增加镇江城市亮点,使镇江具有明显区别于苏南其他城市的旅游资源,打造出独特的城市名片。

### (三)有助于提高世业洲产业链的抗打击能力

世业洲以国家级旅游度假区定位,但如果仅围绕旅游业的"食、住、行、游、购、娱"培育产业链,当游客人数受到类似"非典"、禽流感等突发事件影响时,旅游业受到的打击会传递到世业洲整个经济链条,从经济收入到就业都会受到影响。因此,只有旅游业与相关的生产性产业、服务性产业相结合,才能使世业洲经济发展具有平衡的两翼,也才能使地区经济发展更具抗打击能力。

构造音乐产业链必然将涵盖音乐生产、传播、消费的上下游环节。以音

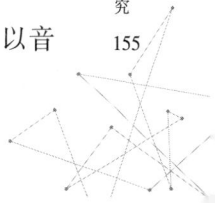

乐欣赏吸引的高端音乐旅游者将推动"食、住、行、游、购、娱"各旅游环节的发展,当将音乐消费环节向前推移,产业链可以延伸到生产领域(生产有形产品的乐器生产行业、生产无形产品的音乐创作行业)、现代服务业(音乐创作和交易、音乐教育和培训)等。可以说,音乐产业链串起了旅游业、生产性行业、现代服务业,使得世业洲经济结构合理,具有发展的可持续性和稳定性。

## 二、世业洲建设音乐园区的优势

### (一) 世业洲的人口、用地情况符合培育产业园的要求

世业洲岛上居民不足 3 万人,进岛游客从 2010 年的约 100 万人次到 2012年的 176.3 万人次,已经基本接近国际打造产业园区的人口比例要求(国际标准是 1:70)。此外,世业洲农业用地居多,整岛无工业,经济以农业和现代服务业为主,岛内的基础设施基本完善,用地成本低,地块集中,非常适合打造综合性的产业园区。

### (二) 镇江的乐器生产具有一定的基础

镇江的乐器生产有一定的基础。首先,知名度较高的有扬中市长鸣乐器厂和镇江杰伦二胡,长鸣乐器厂的"常敦明"牌商标为江苏著名商标,杰伦二胡在线评价较高;其次,如丹阳鸿昌乐器厂的儿童乐器、长江乐器厂和杰尼思乐器厂的拨片等乐器配件,镇江华山的发声玩具"太平泥叫叫"也有一定的地方特色。可以说,这些厂家的存在可作为世业洲培育音乐产业园区的抓手,品种从民族乐器做起,技术和人员也有一定的基础。

### (三) 音乐节的成功举办关联了世业洲的音乐形象

2010 年至今,世业洲共举办了 5 期音乐节,2010 年献演的乐队和歌手涉及十余个国家和地区,2011 年共有 104 支海内外乐队献演……最近的一次吸引了 40 多个国家和地区的 60 万乐迷进岛,使得世业洲鹭岛在广大音乐人、乐迷中奠定了良好的口碑。可以说,现在世业洲最知名的名片就是音乐节,因此,在世业洲培育音乐产业园区可以说已有了良好的前期宣传基础。

## 三、世业洲建设音乐园区的不足

### (一) 镇江自身缺乏具有优势的地方音乐品种

因艺术气息而在国际旅游市场上赢得知名度的城市和岛屿为数不少,如

印尼巴厘岛的雕刻和手工艺品,韩国济州岛的主题雕塑公园和美术展览馆,钢琴小岛——厦门鼓浪屿的音乐和钢琴博物馆,它们共同的特点是原本就在某个艺术品种上具有相对明显的优势。而世业洲乃至镇江自身缺乏具有优势的地方音乐品种,这不利于从地方音乐品种开始逐渐吸引音乐人和其他种类音乐的聚集。

### (二) 音乐产业园区的构建路径尚需探索

音乐产品不同于制造业的实物产品,也不同于服务业的产品,它的产品是无形的文化产品。音乐创作与生产实物产品和提供服务产品也有很大的区别。因此,在产业链环节的选择、园区政策和服务提供上,不能简单模仿以往经验,而需要从实际出发,进一步探索。

## 四、世业洲建设音乐产业园区的对策建议

### (一) 结合发展定位,选择产业链构建路径

音乐产业是以售卖与音乐相关的产品以获取回报的行业,涉及所有与音乐有关的事物,包括歌手和其他工作者、唱片公司及音乐机构等,音乐产业的产业链如图1所示。音乐产业的利润来源途径很多,如售卖唱片、开演唱会等,就音乐产业本身而言,产业链中最大的利润来源是开演唱会、艺人经纪。但世业洲在选择打造音乐产业园区的路径时,不能仅考虑音乐产业链中的利润大小,还需要充分考虑世业洲培育国家级旅游度假区的发展定位。

面对世业洲培育国家级旅游度假区中的经济效益的问题和产业单一带来的发展脆弱性的问题,世业洲在打造音乐产业园区的初期,应首先考虑产业链的哪些环节能聚集人气,其次要考虑与服务业互补。

因此,乐器生产、数字音乐生产、音乐教育、音乐节和演出可优先发展。乐器生产和数字音乐生产都是生产性产业,前者可作为旅游纪念品,后者是音乐产业链的核心部分。音乐教育可以吸引周边大众旅游者,音乐节和演出可以增加高端旅游者来访频率和逗留天数,从而聚集人气。

在优先发展产业具备一定规模、在业界有了一定影响力后,就自然会吸引艺人经纪、艺人包装,数字音乐生产的版权交易才会活跃,并可向音乐地产扩张。

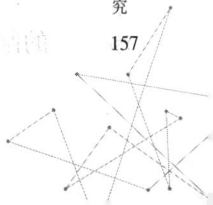

艺人 → 艺人经纪 艺人包装 → 唱片制作 → 唱片发行 → 混业投资

演出经纪　演出活动　广告代言　电台 电视台　传统渠道　网络数字音乐　音乐软件硬件　音乐地产　音乐教育出版　音乐网络公司　音乐培训教育

演出　音乐节　票房　广告　产品代言　新媒体　彩铃　网络音乐提供商

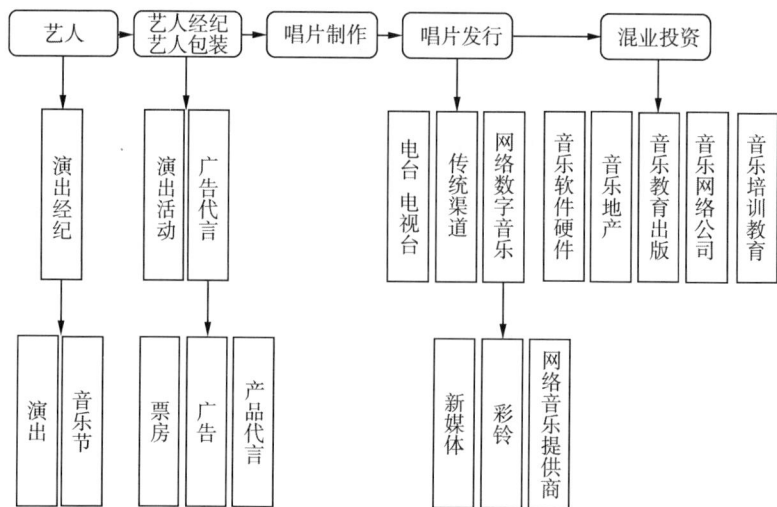

**图1　音乐产业的产业链示意图**

## （二）扬长避短，实现产业集聚

### 1. 扬自有乐器制作之长，带动生产实体聚合

镇江有乐器生产的基础，是打造音乐产业园区的优势，但这些厂家分散在镇江各地，知名度不高，竞争压力大。如果在一定的优惠政策下，将它们吸引到世业洲集中发展，为企业建立统一的宣传、销售平台，提供更大的生产空间和资金税收上的优惠政策，那么在产业聚集效应的作用下，乐器生产就会从目前的较小规模，逐步聚合，形成具有实力的生产实体。当镇江自有的乐器厂家开始产业聚集后，可以逐步吸引周边城市的优质资源，如扬州手工制作古琴的古琴大师马维衡、泰州的凤灵乐器厂等，都可在世业洲音乐园区的宝地上得到进一步发展。

有了乐器生产的依托，可为每种乐器举办专场音乐会，通过声誉的逐步积累，到世业洲购买长笛、古琴、二胡、"太平泥叫叫"就会变成思维定势，世业洲音乐园区生产实体的聚集也就有了良好的开端。之后，可以建立相应的音乐培训机构，形成教育品牌，完善生产、演出、培训的音乐产业链环节。

### 2. 避缺乏地方音乐品种之短，以数字音乐为突破口，聚合音乐品种

世业洲乃至镇江自身缺乏具有优势的地方音乐品种，是打造音乐产业园区的短板，但这也使世业洲可以不受拘束，用创新的思维选择主导产品。世业洲以数字音乐制作为突破点，借助互联网技术、专业制作平台，从数字音乐的制作开始占领国内数字音乐制作、发行的制高点，并在此基础上，向其他音

乐形式拓展,逐渐形成音乐创作在世业洲的聚集。《苏南现代化建设示范区规划》确立的镇江国家知识产权示范城市建设、江苏国家数字出版基地镇江园区的建设,也为世业洲数字音乐的生产和版权交易提供了很好的制度保障和实施基础。

数字音乐是一种新兴的音乐形式,它以数字音频集成技术为基础,利用网络的在线功能进行传播,为音乐创作者提供简单、方便、快捷的创作途径。目前已经有很多网络增值产品以及服务成为网络运营商的重要盈利渠道,也开始进入人们的工作、生活和娱乐中。但在网络需求量成倍增加的同时,其产品种类、内容供应的质量和数量均不能满足当今网络发展的需求。因此,世业洲在打造音乐产业园区时,可率先从网络数字音乐平台入手,从人才教育培训、产品推广展示平台、技术交流互动三方面入手,在音乐产业链中获得盈利。网络音乐数字平台的构成及盈利切入点如图2所示。

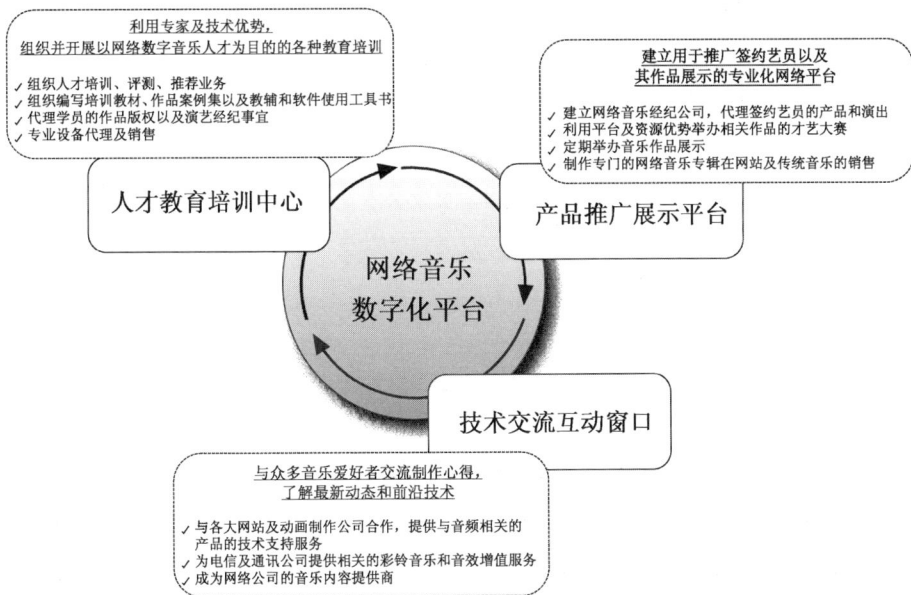

图2 网络音乐数字平台的构成及盈利切入点示意图

### 3. 借势政策,聚合音乐创作人

在音乐产业链中,除实体的乐器生产外,最主要的是音乐作品的创作和交易。本地音乐的发展水平可影响对外地人才的吸引力,但政策可以起到极大的引导作用。目前世业洲的音乐发展水平尚待提高,那么政策更是决定性因素。吸引优秀人才加盟世业洲,或候鸟或定居,需要在房屋租售、生活配套上给予优惠和便利,同时建设配套的音乐创作区、作品展示区,以招募吸引音乐家和其他类型的艺术家来世业洲创作、生活。

北京宋庄镇政府培育宋庄原创艺术聚集区的做法值得借鉴。宋庄镇政府提出文化造镇,兴建以宋庄美术馆、东庄艺术中心等为代表的公共文化服务设施,成立了直接服务于艺术家的宋庄艺术促进会;打造了艺术园区,规划了动漫产业区生活配套区,政府的扶持态度使艺术家们定居于此、安心创作,在政府各项措施的引领推动下,宋庄吸引了两千多名艺术家前来,其中有将近三百人在宋庄买房置业,逐渐形成了中国乃至世界规模最大的当代艺术大本营。可见,政府的推动对世业洲打造音乐岛产业园区有着决定性的作用。

(三)打造平台,促"集聚"为"集群"

产业集聚的生命周期理论将集聚划分成诞生阶段、成长阶段、成熟阶段和衰退阶段。在不同阶段,集聚效应的发挥存在着差异。产业园区事实上是在为不同阶段的集聚提供制度和环境的平台。

当音乐生产和创作人在完成地域上的集中后,如何通过梳理重整,使相互独立、各自为战甚至互有竞争的企业在其内在联系性的作用下,由物理意义上的"集聚"成为"1 + 1 > 2"的产业集群,是成功打造世业洲音乐产业园的关键。产业园区所创造的制度与环境将直接决定集聚的质量和集聚效应的发挥。

**1. 完善信息基础设施**

除了传统意义上的基础硬件设施(如道路、交通、通讯、供水、排污等)外,音乐产业园区还需要重视信息基础设施的建设。

对乐器生产和销售而言,现在扬中市长鸣乐器厂、镇江杰伦二胡均有自己的网页,杰伦二胡也已经开始了网上销售。由于企业各自的页面设计简单,无法最大限度地突出产品特色,对消费者的吸引力非常有限,加之维护不够、搜索不易、访问缓慢,新客户往往很快放弃在线了解产品,更不会尝试在线购买和评论,非常不利于提高企业和产品的知名度。因此,产业园区必须建设统一的在线销售平台,丰富网站信息、加快访问速度,一方面可以快速扩大企业的知名度,另一方面也可以结合线上营销和线下交易,大大降低这些企业的销售成本。

对于数字音乐的创作和传播,信息基础设施的建设更加具有现实意义。为能保证信息在数字音乐创作者、合成者、传播者等产业链条成员之间快速传递,当地公司之间的技术网络的建立显得非常重要。唯有此,产业链条内各企业间才能形成紧密的联系。音乐剧、电视音乐传播的节目制作还需要将网络技术应用到节目制作、开发交互式电视领域。这一切都需要信息技术给予支撑。

**2. 建设和制定制度**

园区建设的政策,绝大多数是围绕财政扶持、税收优惠、土地管理、人才开发等方面,而有关如何引导加入园区的企业集聚发展的政策和措施却相对较少,因此,有必要在长期规划的指引下,推行适宜的音乐产业集群政策。

具体可从以下几方面入手制定产业聚集的政策:

(1)严格按照既定的音乐产业园区产业选择的路径,逐步引进音乐产业进驻园区,实现产业链的合理布局;

(2)对于骨干音乐企业给予特别的鼓励和引导政策,使其向园区集中,使园区逐步引进一批可以在集群中带动其他小企业发展的核心企业;

(3)积极引导与园区内企业相关联的配套企业入驻园区;

(4)逐步整合和延长音乐产业链,使音乐产业园区成为集设计、制作、展示和销售于一体的产业园区。

**(四)塑造形象,助推音乐传播与交易**

**1. 塑造世业洲音乐岛实体形象**

依托音乐产业链培育国家级旅游度假区,世业洲可从城市形象的方方面面塑造世业洲音乐岛实体。

首先是建筑,规划一批富有艺术气息,与世业洲自然风景和文化相吻合的城乡建筑。其次,在设计"食、住、行、游、购、娱"六要素时,应充分考虑与音乐相结合,在视觉、听觉上突出音乐特色。在目前世业洲旅游发展较薄弱的旅游购物环节中,乐器本身就是很好的高档旅游购物对象。此外,可向社会征集体现"音乐 + 旅游"特有形象的各种小型旅游纪念品设计,为类似华山"太平泥叫叫"等具有地方特色的产品注册商标,这既有助于突出世业洲"音乐 + 旅游"的特有形象,又可区别于周边旅游目的地的纪念品,增加世业洲的旅游纪念品销售额,游客使用、欣赏这些旅游纪念品后还可广泛宣传世业洲的形象。

**2. 塑造世业洲音乐岛虚拟形象**

镇江、世业洲的媒体,包括报纸、广播、电视、网站应提升形象和品位,可开设音乐专版专栏、音乐频道等,使宣传形式给人以艺术的感觉。同时,世业洲应努力在高起点上作出高端的、具有特色的音乐杂志。此外,正如歌曲《太

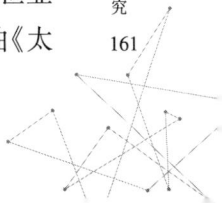

阳岛上》使哈尔滨太阳岛令人更加向往一样,如果专门为世业洲量身定做宣传歌曲,通过媒体的广泛宣传,音乐中的虚拟形象可为实体岛形象增添魅力,也可取得事半功倍的宣传效果。

**3. 借力媒体传播音乐**

首先,促使媒体与音乐创作者结盟。一个主推,一个主创,主推者使媒体成为传播优秀音乐作品的平台,主创者可选择适合于媒体的艺术种类,如建立在数字技术基础上的新媒体艺术、动漫艺术等。

其次,应充分利用外界传媒来助推音乐传播和交易。可首先选择江苏卫视等省级媒体,其余如各类专业艺术媒体、全国性艺术期刊和报纸、广播电视的文化文艺频道与节目、定位艺术与文化产业的网站等,都可以成为世业洲传播音乐精品、提升名气的选择。此外,媒体还可依据自身优势,开设艺术经纪公司、模特培训学校等。

**(五) 立足周边,培育音乐消费者群**

镇江所在的长三角地区是我国经济最发达的地区之一,富裕群体和高收入阶层在人群中的比例较大。相对收入较高的人群是音乐消费的潜在人群,这是培育本土和周边地区消费者、改善世业洲音乐消费现状的经济基础。对音乐及其衍生产品的消费,不仅需要经济实力的支撑,还受文化消费习惯、文化素质的影响。即使有经济能力的人,如果音乐文化素质不高、对音乐品的消费欲望不强或对自己的音乐鉴赏能力不自信,都会由于害怕出现失误而回避音乐欣赏或不去购买音乐衍生产品。因此,要立足周边地区,从观念上进行培育、从音乐品消费习惯上加以引导,将有消费实力的潜在客户变成消费者群体。

可通过定期举办音乐普及活动,开展音乐鉴赏、乐器选购的知识讲座,增加群众接近音乐的机会。镇江2012年推出的"2012演出100"计划,引入了更多音乐节、音乐人、乐队、演艺机构,把2012年度演出场次提升到百场以上,并辐射周边城市,打造长三角首个青年音乐演艺集市。这非常有助于从周边地区入手,培养群众的音乐消费习惯。此外,可以将学生作为高雅音乐普及的对象,长三角地区的中小学学生中有很多乐器爱好者,有音乐基础的大学生也不在少数,可举办周期性的低价音乐会,特别是世业洲地产乐器的专场音乐会,既可以提高群众的音乐素养,也可以推动世业洲与音乐演艺市场间的互动。

对于以旅游者为主体的潜在外来消费者,可采用优惠类的经济政策,以

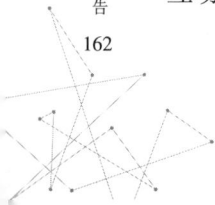

培育有消费欲望和消费能力的乐器消费者,弥补世业洲经济实力不够强、音乐消费需求不够旺盛的缺憾。可以设想,若对于在世业洲消费乐器或者音乐衍生品的游客或本岛居民,使之享受酒店、交通费用方面的优惠,那么,在世业洲音乐作品和乐器产品名声在外、精品不断的前提下,必能大大刺激音乐作品和乐器产品的消费。

### (六) 放眼长久,储备音乐人才

各种艺术活动都必须有当地力量的支撑,否则发展会受到限制。在外地优秀艺术人才在世业洲发展事业的意愿还不够强的现状下,音乐人才短缺的矛盾主要得依靠本地艺术高等教育来解决。如在世业洲成功引入乐器生产,每种乐器的创作专业、演奏专业的毕业生,均可与乐器生产相互借力,在世业洲发展事业。此外,艺术经营管理人才的培养对于世业洲音乐园区的发展也具有重大意义。南京艺术学院是距离镇江最近的、知名度较高的专业艺术学院,世业洲可与院校合作,委托培养定向学生,在毕业后回到世业洲工作,这可大大提高世业洲本地音乐人才的储备,也使得世业洲发展音乐产业链具有更高的起点和群众基础。

总之,只有解决了世业洲在音乐生产者、音乐传播媒介、音乐交易市场、音乐消费者等方面所遭遇的瓶颈,才能吸引高端音乐旅游者,推动"食、住、行、游、购、娱"各旅游环节的发展,将音乐消费环节向前推移,产业链才能延伸到生产领域(生产有形产品的乐器生产行业、生产无形产品的音乐创作行业)、现代服务业(音乐创作和交易、音乐教育和培训)等。世业洲的音乐生产、传播、消费过程顺畅了,才能使世业洲音乐产业发展顺利,也才有可能构建音乐产业链,从而真正成功打造世业洲音乐产业园区,最终实现世业洲旅游业、生产性行业和现代服务业的有效融合,使得世业洲经济结构合理,具有发展的可持续性和稳定性。

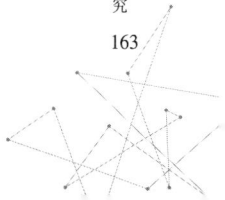

# 镇江现代物流业
# 发展存在的问题及建议

／王 利／

## 一、物流业在镇江经济发展中的地位无可替代、潜力极大

### 1. 镇江是"以物兴市"之城

（1）港口物流

自古以来,镇江就有"以港兴市"之称,通过 2007 年江苏省投入产出表计算,港口物流业对 GDP 的贡献率达 11.73％,且对第三产业拉动最大。镇江市的物流货运量主要来源于港口吞吐量,从 2004 年开始,镇江市港口吞吐量一直超过物流货运量（港口吞吐量与货运量之比在 104.5％ 到 138.4％ 之间,2012 年全省为 84.3％）,这在全省是少见的。

（2）物流区位与基础设施

镇江的物流区位与基础设施是得天独厚、绝无仅有的（具有江、河、铁、公多个联运与中转节点）,拥有长江自然岸线 270 公里,规划港口岸线 130 公里,拥有生产性泊位 331 个（其中万吨级以上泊位 36 个）,每平方公里有 710.5 米长江自然岸线和 34.2 米规划港口岸线,每百平方公里拥有 8.71 个生产性泊位。

2012 年年末镇江市、扬州市、泰州市、江苏省每平方公里公路密度分别为 1.863 公里、1.658 公里、1.210 公里、1.501 公里。2012 年年末镇江市、扬州市、泰州市、江苏省每百平方公里运营铁路密度分别为 6.554 公里、1.221 公里、1.728 公里、1.575 公里。

### 2. 重载产业集聚沿江临港

物流业的保障服务与拉动功能日益显现。镇江市沿江临港地区集中了

全市 75％以上的经济总量和 80％以上的外资企业，培育了一批龙头企业和优势产品。

**3.新兴特色产业发展潜力**

2010 年和 2012 年镇江市物流业增加值占 GDP 比例分别为 4.50％和 4.94％,而江苏省 2011 年与 2012 年的占比分别为 6.39％和 6.65％,全国的占比为 6.9％。如能达到江苏省或全国平均水平,则 2012 年物流增加值可净增 41 亿元或 51.5 亿元(镇江市物流业增加值就达 171 亿元或 181.5 亿元)。

从镇江市物流业发展的历史、区位优势、基础设施、规划定位来看,其作为新兴特色产业发展的潜力极大。

## 二、镇江市物流业发展存在的问题分析

**1.物流业增加值占 GDP 比例很低**

2010 年到 2012 年三年间,镇江市物流业增加值占 GDP 比例只增加了不到 0.5 个百分点。镇江市"十二五"末目标是物流业增加值占比达 7.5％(即 300 亿元),未来三年占比要提升 2.5 个百分点,这是极其困难的。

**2.物流私营企业及个体户数、从业人员持续下降**

镇江市 2010－2012 年年末私营运输、仓储、邮政企业及个体户数分别为 9765 家、6216 家、5024 家,呈递减趋势;同期江苏省分别为 9.54 万家、10.4 万家、10.94 万家,呈递增趋势。镇江市 2010—2012 年年末私营运输、仓储、邮政企业及个体户从业人数分别为 20381 人、20071 人、18648 人,呈递减趋势;同期江苏省分别为 31.05 万人、34.26 万人、34.53 万人,呈递增趋势。

**3.大型、品牌化物流企业缺少,企业竞争力不足**

镇江市有 3 个省级重点物流基地(全省 78 个)、8 家省级重点物流企业(全省 240 家)。2012 年,本市最大的物流企业镇江港务集团有限公司物流主营收入 8 亿元,镇江惠龙港长江港务有限公司交易额 200 多亿元,但物流主营收入只有 0.45 亿元(2013 年估计 0.75 亿元)。

镇江市物流企业呈现"小、散、弱"的状态,服务内容基本上属于物流功能性活动,功能集成型服务不足,更缺少物流一体化服务项目,服务水平低,不注重企业核心竞争力的培育与发展。

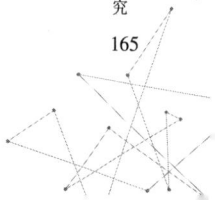

**4. 物流业"十二五"发展规划执行不够**

《镇江市现代物流业发展十二五规划纲要》第三章重点工程中的第一个就是"多式联运工程",明确两个多式联运试点,这是突破镇江物流发展瓶颈的关键之一,目前未见实施。重点工程中的第三个是"虚拟口岸",这是把镇江的江、河、铁、公与海、空有效连接的重点工程,也是镇江物流走出镇江的重大举措,具有创新性与可行性,目前未见实施,等等。

**5. 物流园区(集聚区)规划编制轻率**

有些规划中的需求、定位、运行模式、招商策略与可行性等很模糊,编制单位较外行,不重视相关专家提出的极其关键的、明确的修改意见,使规划"天生不足"。

## 三、镇江物流业发展建议

**1. 把物流业作为镇江市战略性新兴、特色产业来发展**

第一,现代物流业是跨地区、跨行业、跨企业边界的复合性大行业。2012年全国社会物流总额174万亿元,社会物流总成本8.39万亿元,是所有行业"蛋糕"中最大的一个,其服务具有辐射渗透力强、"以快吃慢""以高吃低""以先吃后""繁衍极快"的特征,发展空间巨大。

第二,镇江发展物流业区位比较优势最突出。

第三,镇江物流业发展潜力极大。

第四,镇江具有沿江临港产业大发展的坚实基础与服务保障。

第五,物流对商贸、旅游、餐饮住宿业等具有较强的拉动作用,可使镇江实现由"以港兴市"向"以物兴市"的跨越。

第六,现代物流业处在行业生命周期的萌芽期阶段,理论上我国物流业主营业务收入总额可达8.39万亿元,而全国最大的物流企业——中国远洋运输(集团)总公司主营业务收入不到1800亿元,物流业前50强企业主营业务总收入不到(理论上)全行业的10%,行业集中度极低,镇江的物流企业追赶超同行业企业较容易。

**2. 延伸物流产业链**

由于现代物流业是包括运输、仓储、装卸搬运、流通加工、包装、配送、信息的复合性大行业,产业链很长且复杂,价值链挖掘潜力大,更有必要构建与管理供应链。结合镇江特有的区位优势,科学决策,合理定位,选择策略,找

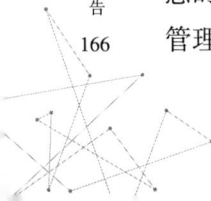

准突破口,会起到事半功倍的效果。

**3. 开发与推广物流产业共性技术**

产业的发展离不开产业的战略规划、资源整合与政策扶持,但更需要技术的支撑,科技永远是第一生产力,现代物流业也是如此。物流服务产业也有关键技术、共性技术、基础技术,而产业共性技术有其"公共产品"的属性,企业不愿意投资,必须靠政府及行业协会来投资研究、开发与推广应用,从而推动企业关键技术的研发,为本地区整个行业及企业发展提供竞争力。

**4. 培育与发展第四方物流**

第四方物流是一种先进的物流服务模式,是提供供应链服务的集成商,是供应链的"建筑师"与"整合者",是信息收集、处理、交换的中心,是资源管理者,是物流业中的领头者,但不是商品交易的参与者。第四方物流能为客户构建、实施一体化的物流供应链解决方案,会带领第三方物流及传统物流企业开展业务服务,这既有利于第四方物流企业做强做大、品牌化经营,又有利于解决众多企业间的无序竞争,形成物流产业链、供应链、价值链。

**5. 积极探索物流企业商业模式创新**

物流业是一个新行业,要大力发展更需要探索其商业模式的创新(技术创新成功与商业模式创新成功不是一回事,发明专利的推广应用成功率极低就是一个佐证),只有企业很有竞争力,该行业才有竞争力。总结企业成功经验与失败教训,上升到理论与战略高度,形成较完整的观念、思路、方法与体系,可以指导全行业企业提升核心竞争力。

**6. 提供有力的政策支撑**

对于战略性新兴、特色产业发展来讲,政策的导向、激励与保障作用极其重要。

一是完善协调机构,不要多头领导,建立镇江市现代物流工作联席会议制度,加强物流工作的组织领导和统筹协调。

二是政策扶持坚持"有所为,有所不为"的原则,对突破物流业发展瓶颈的工程与企业坚决大力扶持;对有能力、有愿望发展第四方物流的企业坚决大力扶持;对承担开发与推广应用物流行业共性技术的园区、企业坚决大力扶持;对积极探索物流企业商业模式创新的企业坚决大力扶持。

三是积极大力引进先进的物流"小巨人"企业,要用战略眼光引进实强而

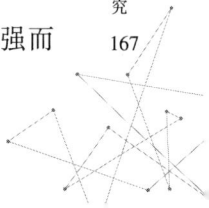

不显强的企业与项目,且让其享受大项目、大企业的某些待遇,降低引进企业或项目的成本,坚决不引进大而不强的企业或项目。

四是成立战略性新兴、特色产业或"十二五"重点产业发展的"智库",充分认识软科学也是科学的有机构成部分。依托镇江的高校与相关研究机构,每年定期给予研究经费,保持研究的连续性与稳定性,坚持不崇名不迷外,实行定期考核与滚动制,为政府重大决策真正提供参考。

# 镇江城市品牌形象传播的问题与对策

/吴　鹏　潘晓丽/

城市形象的定位与传播是现代城市争取发展资源和参与竞争的重要手段。优质的城市形象不但能够吸引四面八方的人才、资本和生产力等资源要素,还能激发市民的归属感与主人翁意识。在 2010 年 12 月 27 日镇江市委发布的"十二五"发展规划和 2011 年的政府两会工作报告中,"山水花园城市"被正式确定为镇江今后努力打造的城市品牌形象。我们认为,城市品牌归根结底是公众对城市的信念、观念和印象的总和。塑造、提升城市品牌形象不仅需要深入开展和完善城市基础设施建设,还需要积极开展城市品牌形象的整合传播活动。

## 一、镇江城市品牌形象传播的现实问题

### 1. 品牌内涵单薄片面,缺乏个性化特征

品牌定位是城市品牌化建设最基础和最重要的环节。总体而言,用"山水花园城市"来定位镇江的发展方向是比较明智的理论和实践选择,这基本符合镇江的自然条件优势。但是,全国目前已有数十个"山水城市""花园城市""山水花园"等城市品牌。这就需要我们对镇江的"山水花园"内涵进行区别化、个性化、排他性地界定和阐释。另外,"山水花园城市"这一品牌侧重突出镇江的自然风光,无法从中看到镇江的千年文化底蕴之美,也没能显示镇江作为吴文化重要发源地这一独特优势。

### 2. 公众参与度不高,内部传播尚不到位

回顾过去三年的城市形象塑造实践可以看到,镇江新城市品牌的推广过程是政府绝对主导的,社会和公众参与度不高,与当地市民也缺乏十分充足

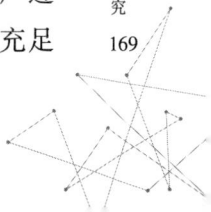

的意见沟通。2012年年底市委办公室、市政府办公室发出了《关于征集明年镇江发展意见和建议致广大市民的一封信》，在镇江市内引起了广泛讨论，反响较好。但遗憾的是，迄今为止，就"山水花园城市"建设思路、城市文化、城市精神的大范围讨论几乎没有，这在一定程度上降低了新城市品牌应有的感召力和凝聚力。从我们对235位市民的随机调查结果中也可以发现，近4成的镇江市民对"山水花园城市"这一新城市品牌闻所未闻；3成市民不甚了解其内涵；1.5成市民虽然了解其"官方内涵"，但并不认同。在近期20个"江苏符号"评选活动中，镇江未占得一席，这也说明了长期以来我们对镇江历史文化内涵的挖掘尚不到位。

**3. 品牌配套产品有待完善，城市文化符号有待开发和推广**

城市品牌传播的常见配套产品包括城市LOGO（图文标识）、城市口号、地方特色产品、文化符号等，对这些配套产品的设计与包装直接影响到城市品牌形象的品质和效果。其中，城市LOGO必须能够鲜明体现城市特质，达到专业审美标准。目前镇江的官方城市LOGO（参见"中国镇江"政府网页左上方）突出了镇江的"山"与"水"，但却与国内一些旅游城市的标记相当近似，文字与图片的融合度也不高，特色不够鲜明。与杭州、大连、宁波、苏州等城市的LOGO相比，视觉感染力明显不足，需要改进。

镇江先后推出了两个城市口号，即"中国镇江，满眼风光"和目前推广的"镇江，一座美得让您吃'醋'的城市"。两句口号都是从旅游"观光角度"出发，突出的都是镇江的自然美景，但更深层次的文化底蕴特色和城市精神没有得以充分凸显。香醋、肴肉和锅盖面是镇江的地方特色产品，全国知名度较高。这三样产品本应作为江南饮食文化中的瑰宝，并与新城市品牌形象有机融合、交相辉映、"捆绑"营销。但目前看来，这方面工作做得并不到位。此外，对与镇江历史、文化密切相关的文化符号的开发和推广目前基本属于空白。这可能也是镇江在近期20个"江苏符号"全球评选活动中未获得一个席位的重要原因。

**4. 媒体传播效度不高，品牌推广缺乏国际视野**

根据我们对国内主要媒体2010年1月1日至2013年7月1日之间371篇报道的搜索和分析，登载"镇江山水花园城市"相关信息的报刊和网站大多是江苏乃至镇江本地媒体，国内媒体如新浪、搜狐等略有涉及，但大多数主流网络媒体上的信息发布较少且没有占据网页的显著位置，出现频次也较少，很难为网页浏览者所注意。此外，分析结果还显示，除了镇江电视媒体外，省内外电视媒体对"山水花园城市"的关注度始终不高,仅有"蜻蜓点水"般的提及,几乎没有完整的描述,更没有相关专题或深入报道。另一方面,国外媒体对镇江城市的直接报道为零。而镇江城市英文网站在栏目设置、内容丰富程度、信息更新速度方面也都存在一定问题,因此难以真正发挥网络国际营销的效力。可见,镇江新城市品牌的知名度尚有很大提升空间,品牌整体对外宣传的广度和深度有待提高。

**5. 品牌风险管理机制不够完善,危机应对机制尚不成熟**

城市品牌形象和品牌资产一旦建立就必须制定严格规范的品牌风险防范管理机制。但是,从 2012 年发生的自来水苯酚事件和索普氯气泄漏事件及其遗留影响来看,镇江市在很大程度上忽视了城市品牌的风险防范与管理,尚未建立起有效的城市品牌风险防范管理和应对机制,官方危机应对手段和方法尚不成熟。

## 二、镇江城市品牌传播的策略与方法

根据过去两年镇江市"山水花园城市"品牌形象的传播现状与存在问题,结合国内杭州、大连、宁波、苏州等优秀城市品牌形象营销的理论与实践,我们认为在未来一段时间内,镇江市有关部门应该在以下六个方面有所作为:

**1. 丰富镇江城市品牌内涵,增强城市文化阐释**

首先,镇江城市品牌的表述需要进一步梳理和归纳,要特别突出这一品牌的唯一性和排他性。毋庸讳言,与国内其他"山水城市"、"花园城市"或"山水花园城市"相比,镇江的自然景观并不算特别突出,至多可以"打平手"。那么唯一性和排他性就只能体现于镇江独特的文化底蕴和人文性上。事实上,一座城市的自然景观只是体现出了该城市的外在美,而文化特色、魅力和品牌才能真正体现出一座城市的内在美。因此,通过文化氛围来凝聚城市的人心,推动城市的发展,已成为当今城市建设的一项重要内容。根据镇江市吴楚文化特色中的隐士文化内核、许仙白娘子、刘备甘露寺招亲等优美动人的爱情传说、赛珍珠的"博爱"精神,以及近年打造的"大爱镇江"主题,我们认为,镇江的城市品牌可以扩充为"山水花园城,大爱归隐地"。其中,前者突出自然景观,后者凸显文化特色。

**2. 改进城市 LOGO,凸显镇江核心城市精神**

城市品牌标识是城市名称与视觉形式的合体,应具有独特性、唯一性和

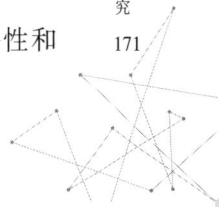

经典性。当前镇江城市 LOGO 形象单一，缺乏文化厚度。建议市委宣传部、市文明办组织国内城市专业设计团队，着重从自然景观、城市文化和城市精神三个角度完善镇江的城市 LOGO。即，标志的设计元素既要能够凸显镇江的地域特征和自然景观，又能体现镇江的历史文化底蕴，在内涵上要准确体现城市发展的新核心理念，同时还要凸显镇江的"大爱"城市精神。完善后的 LOGO 要广泛运用在重大活动、公共建筑、城市窗口、特色区块、城市家具、公共设施、城市宣传、公务系统、荣誉证书、行业企业等重要领域，形成合力效应，增加社会认知度。

**3. 架构立体化品牌传播体系，提升国际传播意识和能力**

具体而言，镇江城市品牌的对外传播应围绕两个立体化：（1）传播格局的立体化。即将电视、电台、报纸、杂志等多种传统媒体与网络新媒体有机整合，构成"兵团化"传播格局。其中，传统媒体不仅包括镇江市以及江苏省内的主要媒体，还包括全国性的各大主流媒体。对这些媒体的使用要充分考虑其不同的传播特征，比如网络媒体和电视媒体在时效性和普及面上均高于其他媒体，因此我们可以首先借助二者，迅速、高频传播镇江"山水花园城市"建设的最新进展，扩大认知面，继而利用报纸、杂志等版面充足的媒体进行深入报道。（2）传播体裁的立体化。即不局限于当前城市形象报道惯用的通讯式文字报道，采用主题新闻、观念新闻、精确新闻、实证新闻、体验新闻、谈话新闻等多种新闻表述方式，并以图片、影像、声音、动画等多媒体形式予以生动呈现。

在国际传播层面，首先，应该满足国外受众对于"东方文化""东方山水""东方花园"的心理需求，在传播中应该用足有关东方和中国的相关元素。其次，国际传播载体的选择十分重要。当今信息时代，网络媒体已经成为国际营销传播的有效载体之一，国际受众对于中国城市的信息大多来自网络，政府和其他官方网站的英文网页建设应该是今后努力的方向。

**4. 开展镇江城市品牌建设研讨，引导市民积极参与讨论**

专业的学术和实践研讨会不仅能够为镇江城市品牌建设集思广益、贡献"金点子"，还能在短时间内迅速聚拢人气、增加关注度。如果活动组织有力且有重要思想诞生，还能较快得到上级部门的支持和肯定。为使镇江新城市品牌形象迅速为全社会所知，镇江市可联合几所驻镇高校的相关系所向国内有重要影响力的城市品牌营销和城市规划专家、学者以及国家、省部级城市发展相关部门发出邀请，召开以"镇江城市品牌建设"为中心议题的专题讨论

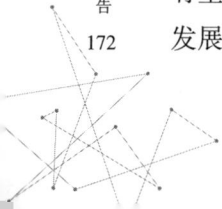

会/论坛。与此同时,为提升镇江市民的参与度,使新城市品牌形象在内部达成统一,镇江市可以继续在《京江晚报》《镇江日报》和互联网上长期开辟镇江城市品牌的公众讨论平台,定期举办各种公众参与性的城市建设主题活动,正向引导市民积极参与讨论,最终形成共识。

**5. 机构化运作品牌传播,引智与培训双管齐下**

借鉴杭州和宁波的城市品牌建设经验,镇江市政府可以专门建立城市品牌的领导协调机构,让品牌建设与推广机制化、常规化。同时,还可以成立或整合相关协会(如镇江历史文化名城研究会),吸取民间力量共同打造城市品牌。比如,可以设立"镇江城市品牌推广指导委员会",专门负责对镇江城市品牌研究、推广和管理工作的指导、规划和协调。委员会下设办公室,具体负责研究、推广和管理工作的统筹策划、组织推进、协调督查。此外,市政府还可以组织驻镇高校和科研机构的相关学科研究、管理领域的专家学者和相关部门、行业界、媒体界人士,成立"镇江城市品牌研究会",以党政界、学术界、新闻界和企业界联动的形式,推进城市品牌的研究、评价、宣传、推广,对城市品牌的研究、培育、推广、管理等提供咨询服务和智力支持。

**6. 加强品牌危机管理,建立危机预警体系**

危机管理不善是国内大多数城市品牌传播面临的问题。城市品牌的危机可能来源于两个方面,一类是重大的公关危机事件,如自来水苯酚事件、索普氯气泄漏事件等,这类危机出现的频率固然较小,可一旦出现必然导致城市形象和声誉的严重损害;另一类是大众媒体日常发布的城市的负面信息或者虚假信息,这类危机出现的可能性较大而且传播范围广,对于受众的心理影响持久深远。虽然品牌危机的出现是不可预测的,但每个城市都必须未雨绸缪。针对前一类重大公关危机,镇江市应建立应对危机的常设机构,配备专职人员,确立预警机制和反应机制,制定相关的行动计划、应急方案及相关模拟演练等,随时准备,及时处理出现的品牌危机。针对后一类负面信息,镇江市应该建立高效的信息监控系统,随时搜集有损城市品牌的各类信息,进行事前控制,把隐患消灭在萌芽状态。作为城市品牌传播的主导力量,市政府应保持与公众的及时沟通,通过有效的沟通能让公众了解真实情况,随时收集公众的反馈信息,一旦出现问题立即跟踪调查并解决。

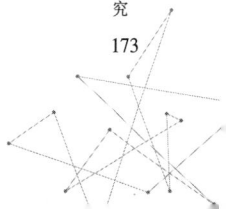

# 园博园给扬中带来什么

/施健华/

大凡到过园博园的人，都为建设速度之快而惊叹，也为园景之美而感慨。游园者众多，除好奇、欣赏之外，有一个问题引起了大家的思考：园博园给扬中带来什么？

是啊，自申办之时，到开园之后；从上级领导，到普通百姓；无论是家乡人，还是外地人，都很关注这个问题。有疑惑，有不解，有担心。

小城市何以承载大园博？是的，扬中作为一个县级城市承办省级园艺博览会，比较优势欠缺。其一，建园难度高。我省已经先后举办了七届园博会，建园主题有绿色生态、蓝天碧水、山水神韵，还有园艺休闲，几乎涵盖了现代园艺的全部领域。扬中如何建设一个既代表全省水平，又避免风格相似且能彰显扬中特色的园博园，这本身就是一大挑战。其二，总体投资大。建设园博园及其配套工程，全部到位需要的资金将超过十亿。对于公共财政预算收入刚过二十亿，可用财力较为紧张的扬中，如何消化巨额投入、谋求长远回报，如何体现社会效益与经济效益的结合，都是摆在面前的现实难题。其三，自身资源少。扬中人多地少，土地资源十分稀缺，而整个园区用地近千亩，在工业用地都时常捉襟见肘的情况下，一次性投入这么多土地，消耗这么多资源，无疑会产生种种疑问……

人在美景中漫步，自豪在胸中荡漾。此时此刻，来回答园博园给扬中带来什么，无疑有着更直观的答案：她是一座靓丽的城市新地标，如同一颗璀璨的珍珠，镶嵌在小岛的腰带上；她是一座永不谢幕的生态公园，为扬中人增添了一个绝佳的休闲之地；她即将成为旅游胜地，让旅游资源缺乏的江洲也有了吸引眼球的亮点，让"宜居、宜业、宜游"分量更足。因为园博，滨江大道、园博大道更宽更畅了，市容环境更加整洁卫生了，城市变得更靓了，甚至人们也更早享受到公共自行车的便利了……如此种种,相信每个扬中人都能说出"一、二、三"来。

然而,园博园给扬中带来的仅仅是这些"看得见"的收获吗?回想建设园博园的这两年时光,只要你关切过、参与过,一定会有更深的感悟。

**园博园就是扬中率先发展的又一座"大桥"——它带给扬中的是筑巢引凤的窗口,是转型升级的纽带,是产城融合的载体。**

"桥"印证着扬中发展的一步步跨越。"一桥"是从乡镇企业繁荣到百强县殊荣,"二桥"及泰州大桥是从解决温饱到全面小康。伴随着国际金融危机和国内经济下行,扬中的发展又处在了新的十字路口,向什么方向发展?园博园告诉我们:向生态、向和谐!众所周知,环境是一个城市发展的重要助推器,只有环境好了,才能吸引人才和资本。和谐,不仅仅是人与人之间的真诚平等相处,也包括人与自然的和谐共生。而园博园就是一场绿色盛典,给扬中带来的不仅是生态环境、人文环境的改善,也是地块价值、投资价值的提升。我们已经欣喜地看到,复旦科技园、碧桂园、世纪金源等百亿元项目相继入驻,还有生命科学产业园、台湾科技园等项目整装待发。有了方向还需要载体,下一步扬中在什么地方突破?园博园告诉我们:产城融合、转型升级!从空间看,园博园把扬中主城区与开发区连成一片,也与"附城"遥相呼应。从产业看,园博园带动了"三园两岛一环"的生态旅游体系开发,为扬中加快产业转型升级注入新的活力。从这个意义上说,园博园也是一种"桥",连接着扬中从全面小康到率先实现基本现代化的幸福之桥。

**园博园就是扬中人精神的又一座"大桥"——它带给扬中的是"小岛也能办大事"的自豪与信念,是突破自我、敢于超越的胆魄与气概,是自强不息、众志成城的凝聚力与战斗力。**

扬中人有着深厚的"桥"情结,围绕着"桥"衍生了不同时期的扬中精神。如果说"四千四万"代表的是迈出孤岛盼桥,"众志成桥"是万众一心建桥,"诚信博大"是海纳百川用桥,那么进入新时期,扬中人迈向现代化的征程中需要什么精神引领方向、激发斗志、凝聚合力?园博园给了我们最佳答案!正是在建设园博园的过程中,我们发现"桥"的精神仍在扬中人的血脉里延续和激荡,并赋予了新的特征。我们应该铭记,扬中与盐城、苏州、连云港等市同台竞技,使园博会首次在县级市举办,这是怎样的一种自信和决心;我们应该铭记,142户拆迁户2个月时间全部签约,从小别墅搬进商品楼,这是怎样的一种决然与奉献;我们应该铭记,小岛也能办大事,不管是会址更换、持续高温,

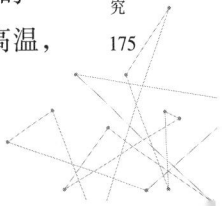

还是资金、土地困难,都不能阻挡前行的脚步,这是怎样的一种坚定与执着;我们应该铭记,从机关干部到广大市民,从园博工地到街头巷尾,人人参与,喜迎园博,这是怎样的一种和谐与团结……所以说,园博就是精神,就是力量,是新时期扬中精神的升华和绽放。

如此,园博园带给扬中的不仅是环境上的改善,更是精神上的盛宴。那么,又一个问题出现了:如何放大园博效应,加快扬中发展? 这值得每个扬中人去思考、去实践!

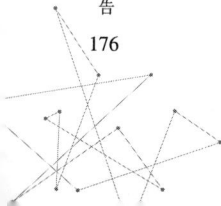

# 新形势下发展县域文化产业的思考

/王继兰/

随着市场经济的纵深推进,区域竞争更多地表现为文化的竞争,而文化作为一种产业也更多地受到人们的关注和重视。在新形势下如何发展县域文化产业,提升区域竞争力,这是本文试图从实践层面探索、思考和回答的问题。

## 一、审视和认识县域文化产业发展的背景及前景,定位发展走向

文化产业作为生产、流通文化产品和提供文化服务的经营性行业,在经济全球化的大背景下,其占经济的份额越来越大,助推经济的张力越来越强。

### 1. 发展文化产业成为提升区域综合竞争力的一条捷径

伴随着文化产业的勃发,文化竞争力日渐表现出比资本、资源更强、更深刻的特性,并与资本、资源一起成为区域综合竞争力的核心构成部分。许多发达国家和地区已经将文化产业作为扩张对外贸易的主导型产业,成为国民经济与社会发展的重要支柱。美国的文化产业产值占GDP比重达20%以上;英国文化产业创造就业岗位达195万个,居各产业首位;日本动漫产品的出口额是其钢铁出口额的4倍;韩国凭借影视剧和网络游戏在亚洲乃至世界刮起了阵阵"韩流"。由此看来,文化产业的发展不仅能在发展速度上实现对传统产业的超越,更能在产业规模和财富创造上显示出更为强劲的增长实力,成为区域经济快速发展的新生点、爆发点。

### 2. 发展文化产业成为当代经济发展进程中的一股热流

21世纪是文化创意经济的时代。随着人们物质生活水平的大幅提高,人们对精神文化生活的需求日益强烈,文化作为最具创意性的产业应运而生,

应势发展。据统计,全球文化创意经济每天产生的价值达220亿美元,并以5%的速度增长,英国达到12%,美国达到14%。纽约、伦敦、东京、新加坡等大都市都以富有特色的文化创意产业闻名遐迩。国内,以北京为核心,东到上海、杭州,南及广州、深圳,西至昆明、重庆,形成了各具特色的区域文化创意产业园。北京、上海、深圳等城市都将文化产业增加值占GDP的比重定位在9%以上。大规模的消费需求和产业化生产使文化产品得以广泛普及,文化产业特别是文化创意产业因此成为经济社会发展中的一股潮流。

**3. 发展文化产业成为县域经济迅速扩张的一种走势**

在知识经济的今天,人们清醒地认识到,新时期县域经济的发展不能简单沿袭既有的一、二产发展思路,只有拓宽视野,把触角向三产延伸,向其他产业特别是文化产业延伸,才有可能在新一轮竞争中拥有一席之地,实现新的崛起。一些发展得比较好、比较快的县域,在文化产业的发展上往往有大手笔,有值得称道的特色所在。深圳的龙岗大力发展文化产业,培育出了被誉为"中国文化产业第一村"的大芬村,演绎出"小油画成就大产业,小村落变成国际大市场"的神话。义乌,一个地处浙江中西部的县级市,将一个个几厘钱的小小文化用品做成了一项项年销售额几亿元甚至几十亿元的文化用品大产业,涌现出了5000余家文化经营单位和2000余家文化产品生产加工企业,近年来的文化产品出口额逾150亿元。

## 二、挖掘和扩张县域文化产业发展的底蕴及优势,放大产业特色

飞瀑之下现流泉,县域文化产业的发展需要有所依托。各地风土人情、人文景观以及文化演绎的轨迹有其不同之处,在这些不同之中必然有闪光之处,而这正是县域文化的底蕴及优势所在。发展县域文化产业,最为核心的就是要挖掘优势、培植优势、扬优成势。

一是要以历史的视角看待县域文化的底蕴,去粗取精,传承历史文化。历史的文化积淀是我们取之不尽、用之不竭的宝贵资源。发展县域文化产业必须珍惜历史,站在历史的高度审视和分析本地的文化遗产,梳理出具有产业开发价值和比较竞争优势的文化资源,将丰富的历史文化资源转化为具有开发后劲的现代文化产业。句容,依托优美的自然景观、丰富的人文景观,加之玄奥的道教、佛教文化,大力发展旅游文化产业,备受海内外游客青睐。淮安楚州借助历史名人效应,建设集文学研究、名人纪念、传统教育、文化博览、

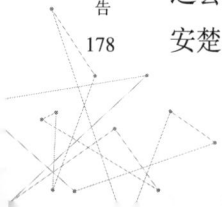

旅游休闲于一体的吴承恩纪念馆,形成"西游文化产业"。凡此种种,道出一个简单的道理:只要我们善于发掘和利用历史的文化瑰宝,就可以实现发展文化经济和传承历史文化的双赢。

二是要以现实的视角看待县域文化的个性,扬优成势,发展特色文化。有个性方显特色,有特色方显优势。在张扬个性中释放文化魅力,在凸显特色中彰显文化优势,这应该是我们发展文化产业的一个基本方向。因此,发展县域文化产业关键是要瞄准县域独具特色的"文化富矿"和"核心资源",寻求启动"文化资本"的突破口。扬中借助中国"江鲜之乡"的影响力,每年举办"江鲜美食文化节",阳春三月,大江南北,海内海外,客商云集,不仅繁荣了当地的饮食文化产业,而且极大地推动了其他产业的迅猛发展。昆山充分发挥"百戏之祖"的特色与优势,和苏昆剧团合作,经营昆曲经典剧目,让中外游客在领略古镇风貌的同时,感悟昆曲神韵。拥有"双世遗"的福建武夷山,依托其独特的茶文化和竹文化,大力发展产加销一条龙的岩茶和竹业生产链,赋予了旅游产业更为深刻的文化内涵,使之成为当地的支柱产业。实践表明:在特色上做文章,在优势上下工夫,县域文化产业的发展才能迅速形成优势积聚和扩张效应,为地方经济发展注入新的活力。

三是要以未来的视角看待县域文化的潜力,取长补短,拓展融合文化。县域文化产业往往处于弱势地位,一些地方由于没有太多的文化积淀和文化特色,发展文化产业的难度系数相对较大。但是,我们完全可以跳出自我,超越自我,化劣势为优势,转优势为胜势。这就有一个扬长避短、取长补短、吸纳积聚的问题。横店,地处浙江腹地,交通不便,资源相对匮乏,但每年却能吸引500万左右的海内外游客,其奥妙就在于吸纳横跨几千年的历史文化,运用高科技手段,形成文化产业集群效应,拉动了旅游产业的迅猛发展。扬中人吸纳外地开发度假村的经验,结合岛园"水文化"特性,将饮食、旅游、度假融合在一起,打响"水乡渔家乐"的品牌,立即产生了经济、社会的综合效益。成功的经验告诉我们:善于融合,敢于超越,"潜力股"就会变为"绩优股",县域文化产业也就能取得长足发展。

### 三、找准和探索县域文化产业发展的路径及模式,推动产业升级

区域的个性、文化的属性,注定县域文化产业发展不能照搬照套其他产业的路径及模式。县域文化产业要想在弱势中求突破,在突破中求升级,必

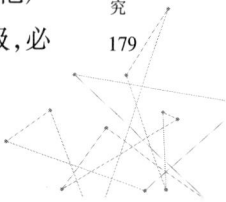

须找准切入点,探索新举措。

首先是要创新思路,强势营造文化产业发展的良好环境。人们在发展区域经济时,眼光往往更多地盯在二产上,而对其他产业,特别是文化产业,缺乏足够的关注。面对文化经济的发展潮流,我们的发展思路也应该与时俱进,以创新的思路把文化产业的发展纳入经济社会发展的总体规划,通盘谋划。更重要的是要在思路明晰的前提下,营造文化产业发展的良好环境和强势氛围。近年来,扬中市正是因为积极谋划和调整文化产业总体发展规划和布局,并通过媒体、展览会和组织参加专业文化大赛等多种形式,加大宣传、引导的力度,所以才涌现出以工艺文化、民乐文化、生态文化、饮食文化为代表的文化产业群。特别值得一提的是,在浓郁的文化氛围中,扬中人创立了国内唯一一家"民间民族乐器陈列馆",其民族乐器产品远销欧美等 20 多个国家和地区,长 3.2 米的巨笛和 2.6 米的巨箫更是成为世界之最。

其次是要培植主体,充分发挥龙头文化企业的带动效应。文化产业的发展需要强有力的企业支撑。起步之初,培植一些龙头文化企业十分必要。有了龙头企业的带动,才能增强吸引力,扩大影响力,产生联动效应。特别是对一些市场前景看好的文化亮点,如果采用项目化的运作方法,必能收到理想的效果。"陶琉之乡"淄博博山,正是因为项目化运作和龙头企业带动,把分散的、小规模的生产经营组织起来,改进工艺、提高技术,所以才促进了产业水平的整体性提高,形成了独具魅力的陶琉文化产业品牌。一些地方有着得天独厚的天然条件,通过中长期规划和项目化运作,吸引一些大企业、大集团的介入,也完全可以实现文化产业的大开发、大发展。比如扬中就可以围绕"卫星岛屿"雷公岛的开发或者着眼百里长堤、四面环江的天然岛园风光,通过立项的办法,探求国内外大企业投资的运作机制,打造融长江上、中、下游风貌于一体的主题公园,建设集旅游、休闲、商务于一体的环岛文化旅游长廊。

再次是要培育市场,致力增强文化企业远程的抢滩能力。市场是有限的,企业生存之道就是要抢占市场,提高市场占有率。文化产业要想取得比较好的发展,除了要有好的项目、好的产品以及相应的文化品位,更重要的是要培育市场,占领市场。这就涉及文化企业在市场上的抢滩能力问题。要增强企业的抢滩能力,关键要把握三个要件:要培育大师级的文化人才,增强文化企业的影响力;要实施高端的品牌战略,增强文化企业的渗透力;要采取灵活多样的营销手段,增强文化企业的扩张力。只有多管齐下,多措并举,才能在日趋激烈的博弈中不断扩大市场份额,把文化企业做大做强。扬中的竹编,因其高雅的文化品位和精巧的工艺魅力而蜚声海内外,靠的就是"中国竹编之乡"的名头,靠的就是一批全国竹编大师的精湛技艺,更重要的还靠企业灵活多样的营销模式。有着七千年制陶史的陶都宜兴,依托以顾景舟、顾绍培、徐秀棠等为代表的"国字号"工艺美术大师和陶瓷艺术大师,打造出紫砂、青瓷、精陶、均陶、美陶"五朵金花"品牌,形成了分工明确、紧密协作、基础庞大的产业群,每年实现销售超过 60 亿元,走出了一条宜兴式的陶艺产业之路。

最后是要政策倾斜,着力打造扶持文化产业的运作机制。面对项目、资金、人才等一系列"瓶颈"制约因素,县域文化产业尤其需要政策的倾斜和推动。一方面,可以通过设立文化产业发展专项基金的形式,扩大财政在文化产业领域的投资,同时健全投资、贷款、贴息、奖励相结合的动态投入机制。另一方面,可以降低文化产业的准入"门槛",拓宽文化产业的投融资渠道,调动和集聚民资进入文化产业,鼓励多种经济成分共同经营,激活文化产业经营机制。有存世"清明上河图"之称的平遥古城,就是因为推出"谁投入,谁整修,谁受益"的政策,才得以筹集民间资本 2 亿多元,用于古城修缮保护和旅游开发,平遥的文化旅游业收入从 1998 年的 2000 万元猛增到 2006 年的 6.4 亿元。由此可见,政策的推动力对于激活文化产业发展机制,实现文化产业的快发展、大发展具有至关重要的作用。

# 发展旅游新兴业态　推进旅游转型升级

/赵　明/

2013 年句容市的绿色发展大会,把旅游业放到了战略性产业的高度,提出了"五大旅游集聚区"的发展总思路,出台了两份关于旅游业发展的重要文件,可以预见句容市旅游业又一个发展黄金期即将到来。下个阶段句容旅游业如何发展,我们应该站在新的起点,以高端视角来思考和审视。现就发展旅游新业态,促进句容市旅游业转型升级,谈一点意见和建议。

## 一、句容市发展旅游新业态的重要性和必要性

### 1. 新业态是旅游业的新生动力和新兴市场

20 世纪 90 年代以来,在全球化的影响下,产业间融合加快,促使旅游业与多个产业融合发展,形成了多业共生、混业发展的模式。特别是"十一五"以来,在传统旅游业态的基础上经过产业的发展、演变、融合和创新,新业态逐渐成为构建整个"大旅游业"的新生力量和主力军,旅游业的外延正加速放大和衍生,可谓千姿百态,异彩纷呈。在现阶段,国外特别是欧美等西方发达国家,诸如商务旅游业、会展旅游业、文化娱乐旅游业、旅游信息业、修学旅游业、邮轮旅游业、营地旅游业、租车旅游业、影视旅游业、医疗旅游业等众多新兴业态都已经有相当的发展。除此以外,伴随着背包旅游、换房旅游、分时旅游、科技旅游、军事旅游、数字旅游等众多新型旅游形式的出现而发展起来的产业形态也在逐步显现。

### 2. 新业态已成为各地旅游业新一轮竞争的焦点和热点

旅游业是当今世界一大成熟产业,其市场潜力和张力显现出爆炸式态势,随着经济的进一步发展,旅游成为人们日常的生活行为,旅游业发展空间

是不可想象的。面对这个巨大的市场,各地提升了旅游业竞争的标杆,而新业态则成为各地新一轮旅游竞争的砝码。如邮轮旅游业,上海、厦门、三亚三大客运中心已经建成,天津、大连在建,青岛、宁波、深圳、广州、珠江、汕头等城市也在着手规划建设,由此可见各地抢滩新业态的热度和态势。

**3. 新业态是句容旅游业发展进入新阶段的必然选择**

纵观句容旅游业发展,虽然实现了翻天覆地的变化,特别是近几年经过市委市政府强力推进,句容完成了旅游业总体框架的构建,实现了旅游产业规模由点状分布向产业板块的迅速扩张,产业要素由单体运作向产业链条的加速集结,产业形态由传统格局向多元业态的快速成型,旅游业进入了全新的发展时期。但是,句容旅游产业品质和业态结构问题并没有得到根本性解决,旅游资源品质不具有唯一性,竞争优势并不凸显,旅游产业中传统业态居多且缺少精品,旅游产业链条尚未成熟,存在不少缺项,如果沿着传统的发展路径走,句容旅游业发展空间会受到挤压。因此,新业态对于句容旅游业新一轮发展来说可谓是发动机,也是谋求旅游业新一轮发展制高点的必然选择。

## 二、句容旅游新业态发展路径选择的初步设想与思考

发展旅游新业态必须坚持科学发展观,在做优做特传统业态的基础上,依托句容的自然资源、产业资源、文化资源和其他资源,选择适合句容实际的新业态,做全国之未有、全国之少有,在新业态发展中尽快起步,打造高端产品。

**1. 发挥产业优势,积极发展企业旅游**

随着经济的发展,句容各类企业不断增多,其中不乏大企业和特色企业,有些企业可作为旅游资源加以开发利用,这既能延伸旅游产业的触角,又能形成"企业 + 旅游"的叠加效应,如神牛红木、美人鱼工艺、秦淮花灯、东方紫酒、茅宝葛根等企业,都可以通过改造,成为旅游项目和旅游点。另外可以通过招商引资,引进一批从事旅游装备制造的企业,拓展旅游发展空间。

**2. 发挥宗教特色,打造宗教文化旅游综合体**

发展宗教文化旅游,根本点要立足并依托宗教场所,但也要跳出宗教场所,走向大文化市场,这样才能在观宗教形制、悟宗教文化上活化宗教文化旅游。因此,"两山"的宗教旅游应该朝着过教徒生活、品特色饮食等宗教文化旅游综合体方向发展,实现旅游产品的衍生,使"两山"真正成为佛道文化体

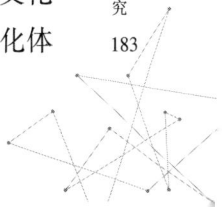

验旅游目的地。

### 3. 扩张生态效应,探索康体养生等旅游新业态

旅游的最大吸引力在自然和生态,句容可谓长三角区域中的绿色瑰宝,生态价值极高,加之佛道文化深厚,这对承接康体养生等旅游新业态来说是"天然良港"。康体养生旅游是新兴的旅游业态,在中国还处于萌发期,刚刚起步,这是被国外实践证明、国内业界看好的市场前景广阔的业态。句容有着对接该类业态的自然禀赋,特别是当前茅山湖康体养生旅游度假区建设开发已经启动,可以在这方面作出积极探索。

### 4. 做好嫁接文章,开拓文化旅游新领域

文化旅游属于创意产业,它在一定程度上摆脱了资源的束缚,能够综合各种因素,包括资源、环境、市场、社会背景等诸多方面进行创造,创意是文化旅游的核心。句容文化旅游除了要做好宗教文化旅游外,应另辟蹊径,我认为可在两个方面切入:一是做巧名文化文章。嫁接已有的文化成果,实行集成,如建设"非遗文化园"或"传统文化大观园",这既可荟萃中国精品文化,形成文化上的热效应,又可以打造出多种系列旅游项目和产品,使句容成为中国文化的"梦工厂"。二是做足文化名人文章。以颜真卿、周文榘等句容历史文化名人为背景,建设"艺术家乐园"。加强与中国文联等单位的联系与合作,联合文化艺术大家,从承办活动、建立创作基地做起,进而建设艺术家主题园,整个过程可衍生出很多旅游产品,如各种展览、作品拍卖、个人创作生活、艺术家之路(墙)等,将句容建成中国艺术家的"好莱坞"。

### 5. 把握驻军特色,开辟军事旅游

驻军多是句容的一大优势,如何将这一优势与旅游产业相结合,这是值得探讨的课题。在条件允许的情况下,我们可以与驻军联合建设"军事演练城",开展集国防教育、军旅生活体验、实物展示、军事表演、军事项目、数字化演绎等为一体的军事旅游,打造出句容军事旅游新品牌。

### 6. 依托山水资源,构建旅游营地

旅游营地是指在交通发达的风景优美之地开设的、有一定场地和设施条件的、可以为自驾游爱好者和其他露营者提供自助或半自助服务的主体,主要提供住宿、餐饮、娱乐、购物、租赁、信息咨询、各类休闲娱乐活动、汽车养护等服务。依托句容现有资源,可以建设发展运动营地、家庭观水营地、摄影营地、登山营地、路亚运动营地、教育培训营地、娱乐休闲营地、体验营地等。营地旅游可以细分区域及活动项目,如休闲娱乐营地可以安排高科技观光农业

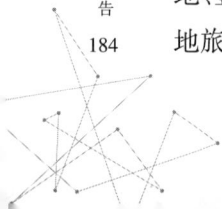

园、花博园、茶博园、民俗文化园、自行车越野赛场、高尔夫、特色食品街等。

### 三、大力扶持我市旅游新业态发展的建议

旅游新业态是与时俱进的产物,没有现成的模式可套用,更需要政府扶持和全社会的关心支持。

**1. 要大力营造优化旅游新业态发展环境**

一方面,要完善旅游新业态发展硬环境。要繁荣旅游新业态就必须不断加强硬件设施的建设。首先,要解决游客进得来、游得开、住得下、吃得上、应得急的基础条件;其次,要配套相关设施设备,满足开展新业态旅游活动所需设备、物资、用具的供给、维修,给游客一个完备的后勤保障;再次,要按照新业态发展的要求,按资源分布,适当适时增设必要的站、场、信息服务,提供活动线路图、气候气象、联络信号、公共服务的便利条件。另一方面,需要提升服务软环境。服务也是基础设施。发展旅游新业态,首先必须要营造好服务环境,其次是要培养能为各种新业态提供服务的人才,同时还要营造有利于旅游新业态发展的氛围。

**2. 要积极做好旅游新业态指导服务**

一方面,要做好发展宏观指导工作。要制订宏观的中长期发展规划,合理布局新业态的点、线、面。做到顶层设计,统筹兼顾,实现高端规划、高层组织、高效实施、高利回报。要注重各行业上下游的分工合作,减少跟风一哄而上的盲目性,避免同质同向雷同性,力戒粗制滥造随意性。另一方面,要做好微观服务工作。由于旅游新业态是传统与现代、常规方式与现代时尚的结合,表现形式上为"几不像",因而社会管理上出现了"几不管",相当一部分处于自生自灭的状态。要对这些旅游新业态做好行业或协会的引领工作,让每个新业态都有家可归,有人可找。要树立品牌意识,鼓励联合,做大做强,形成系统的完善发展机制。要为新业态发展提供咨询,搭建对外营销平台,让新业态都能融入对外活动中。

**3. 要努力为发展旅游新业态办实事**

为积极发展旅游新业态鼓与呼、帮与促。做到在舆论上支持,为旅游新业态的发起者、先行者、先试者鼓掌喝彩;在工作上支持、关心旅游新业态的发起者、经营者、管理者依法规经营,保护他们的合法权益,支持他们发展发财;在政策上支持,建立激励机制,给予项目资金扶持,给予信贷、税收优惠。

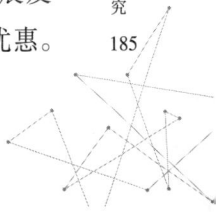

有关部门要积极帮助旅游新业态发展,为他们排忧解难,对旅游新业态在发展中遇到的困难,只要不违反法规,都要主动帮助,做到只帮忙,不添堵;只指导,不指责;只设路标,不设路障,促进旅游新业态健康发展。

旅游新业态是旅游发展的"新大陆",发展旅游新业态空间很大。我们有理由相信,只要句容全市上下积极研究旅游新业态的开发轨迹,探索旅游新业态的发展途径,在先行中加快步伐,在先试中拓展空间,句容旅游一定会结出新业态的发展硕果。

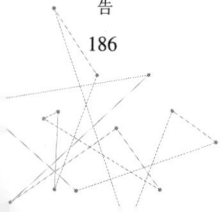

# 关于扬中农村小额贷款公司
# 发展情况的调查与思考

/唐崇林/

　　农村小额贷款公司(以下简称农贷公司)作为我市金融体系的重要补充部分,在服务"三农"、缓解小微企业贷款难等方面发挥了不可或缺的作用。随着我市经济社会又好又快发展,农贷公司数量不断增加,如何引导他们壮大实力,防范风险,加快发展,应引起高度重视。

## 一、应运而生,农贷公司发展朝气蓬勃

　　自2008年首家农贷公司成立以来,我市农贷公司从无到有,由少到多,始终坚持规范经营、服务"三农",实现了经济效益和社会效益的有机统一,树立了良好的行业形象。

　　一是实力不断壮大。截至2011年年底,我市共有盛大、众盛、国银、天益4家农贷公司,注册资本达4.16亿元,贷款余额3.8亿元,实现利润4235.39万元,上缴税费529.34万元,客户数达357家(详见表1)。今年1-9月份,累计发放贷款662笔、7.17亿元,新增贷款0.66亿元,占全市新增贷款的2.15%。

### 表1　扬中市农贷公司基本情况一览表

截止日期: 2011年12月31日　　　　　　　　　　　　　　　　单位:万元

| 公司名称 | 成立时间 | 注册资本 | 从业人员 | 贷款余额 | 实现利润 | 上缴税费 | 客户数 |
|---|---|---|---|---|---|---|---|
| 盛大 | 2008.12 | 11600 | 6 | 14151 | 2298.42 | 287.26 | 92 |
| 众盛 | 2010.5 | 10000 | 5 | 6937 | 1130.19 | 141.29 | 69 |
| 国银 | 2011.4 | 10000 | 6 | 7695 | 604.77 | 75.6 | 120 |
| 天益 | 2011.9 | 10000 | 5 | 9607 | 202.01 | 25.19 | 76 |

二是服务日益优化。我市农贷公司一般贷款平均办理时间仅为3天,高效快捷;小额贷款余额占全部贷款余额平均比重为88.18%,高出规定近18个百分点。今年以来,实施"主动服务惠民生"项目10个,发放贷款870万元,利率平均降低12个百分点,帮助客户节约资金成本108.58万元。

三是运行规范有序。切实遵守"三三制",即严格"三项机制",完善公司法人治理结构的运行机制、优秀管理团队的培育机制和以风险防控为核心的内部管理机制;严禁"三条红线",无违规吸存、账外经营和高利放贷;坚守"三条底线","三农"贷款、小额贷款、三个月以上经营性贷款占全部贷款余额比重均高于70%。四年间,全市农贷公司未发生非法吸储、暴力收贷等严重违法违规问题。

四是监管持续强化。建立完善了农贷公司监管员非现场监管制度,分别从市人行、发改经信委、财政局、国税局、地税局等部门抽调8名同志,担任兼职监管员。各农贷公司均能按月报送业务状况表,按季报送资产负债表、损益表等资料,市金融办每季度至少组织一次农贷公司的综合检查评估,全市农贷公司不良贷款率仅为0.48%。

## 二、正视不足,农贷公司发展任重道远

在我市农贷公司快速发展的同时,存在的一些问题也应引起高度重视。

一是法律地位尚不明确。中国人民银行于2009年发布的《金融机构编码规范》中将农贷公司纳入金融机构范围,给予其金融机构的定位,但事实上农贷公司并未享有农村金融机构相关的税收优惠政策。农贷公司究竟是定义为银行业金融机构,还是金融公司,或者一般企业、民间金融组织,至今仍未明确。名不正则言不顺,角色定位问题已经影响到了农贷公司正常经营和对其有效监管。

二是资金来源较为狭窄。农贷公司主要依靠注册资本金及公司股东后续补充资金开展业务。为避免将经营风险传递到银行机构,银行对农贷公司融资门槛设置较高;向股东借款,要筹措一笔金额大且期限长的资金,也存在相当难度。农贷公司"只贷不存"一条腿走路的现状,限制了小额信贷业务的可持续开展,弱化了服务农村经济及小微企业的能力。

三是内部管理有待加强。我市农贷公司都是依附集团公司成立,在经营过程中受母公司影响较为明显。董事会与经营管理层之间权责划分不够明

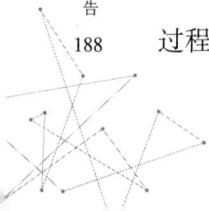

确,造成普遍存在重业务扩张、轻内部管理的现象。有很多贷款仅是相关经办人员签字,缺乏具体的调查审查记录,贷审会作用没有很好发挥。同时财务会计制度不够健全,难以真实记录和全面反映业务活动和财务状况。

四是风险控制亟待完善。我市农贷公司贷款发放中,保证贷款比例较高,占贷款余额的60%,抵押贷款相对偏少。同时由于简化贷款发放手续,主要依靠传统经验和地缘、人缘关系了解、判断借款人的风险状况,加之贷款期限一般在3个月以上,农贷公司一般员工较少,难以及时跟踪到位,加大了贷款按期收回的风险。

五是担保业务难以开展。农贷公司开展担保业务,必须通过省经信委的审批。如果农贷公司获得担保资格,一般情况下,客户在银行贷款可以放大4～5倍,将可以进一步增加客户融资金额。而为了控制风险,目前该业务已经停止审批。

四年来,农贷公司以其骄人的发展业绩,彰显出旺盛的生命力,虽然发展中仍存在一些问题和不足,但已受到广大农户和小微企业的欢迎,只要规范经营、科学管理,必将迎来灿烂的明天。

从宏观看,国际实践有章可循。孟加拉国的"格莱珉银行"是小额贷款公司的雏形,已发展成为该国最大的农村银行,拥有650万借款者,为7万多个村庄提供信贷服务,偿债率高达98%。格莱珉模式在印度、菲律宾、尼泊尔等50多个国家得到了成功复制,这些项目实施后,借款者的生活和收入都得到了明显改善,其创始人尤努斯也因此获得诺贝尔和平奖。国内政策日益开放。2009年,银监会出台了《小额贷款公司改制设立村镇银行暂行规定》,明确符合条件的农贷公司可转制为村镇银行。今年,国务院常务会议决定设立温州市金融综合改革试验区,鼓励和支持民间资金参与地方金融机构改革,依法发起设立或参股村镇银行、贷款公司、农村资金互助社等新型金融组织,金融环境日趋宽松。

从微观看,客户需求旺盛。中小微企业占我市企业数量的80%以上,但是,国有银行的贷款绝大部分流向了大中型企业,众多中小微企业资金缺口巨大。据了解,我市现有4家农贷公司,仅能满足服务对象融资需求的30%左右。民间资本充裕。我市民间资本十分丰富,人均居民储蓄余额近6万元,位列全省第二,而且民资投资农贷公司的热情很高,新城、通达、中兴融三家农贷公司正在申请中,预计年底,可实现农贷公司镇域全覆盖。

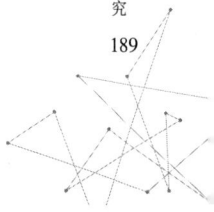

### 三、乘风破浪,农贷公司发展稳健前行

在金融业较为严重的同质化竞争态势下,形成一个多层次、多元化的金融服务体系是大势所趋。国有商业银行、股份制商业银行经过多年的发展已较为成熟,农贷公司才刚刚起步,作为金融体系的有益补充,产生的作用不可替代,发展的潜力不可估量。下一阶段应重点做好以下工作:

**1. 做大与做强同步。** 农贷公司经过 4 年的成长具备了一定的实力和基础,进入了发展的快车道,形成了较好的行业氛围,还要着力在扩大规模和增强实力上下工夫。一是加强规划引导。抓紧编制金融业发展规划,明确我市农贷公司的布局和数量,按照"成熟一家、申报一家"的原则,加快农贷公司申请筹办步伐。同时,积极拓展领域,鼓励设立科技小贷公司,引导小贷公司朝着专业化、精细化方向发展。二是加强政策扶持。在积极落实上级各项政策的同时,应因地制宜地出台我市的扶持政策,设立金融业发展基金,鼓励农贷公司提高"三农"、小微企业贷款比例,奖励业绩突出、对地方经济和社会发展贡献大的公司。三是加强人才培养。我市农贷公司普遍存在高级人才短缺的局面,要坚持"两条腿"走路,一方面,结合"江雁计划",大力引进高级金融管理、信贷管理、财会等专业人才;另一方面,加快实施本土化战略,加大对现有职工和管理层的培养,拓宽视野,提高层次。

**2. 规范与创新兼顾。** 农贷公司既要大胆探索,开发新产品,更要坚守社会责任,切实防范系统性风险,促进行业健康发展。一是不断激发创新意识。农贷公司与银行分支机构相比,独立性强、自主性高,在产品和服务创新上有空间。要紧跟市场需求,坚持"小额、便捷、灵活、优惠"的信贷业务特色,丰富信贷产品,提高办理效率,优化金融服务,创造新的利润增长点。二是切实提高风险意识。农贷公司应坚持稳健经营,始终将防范风险放在首位,严格贷款"三查"工作,加强贷款集中度、股东贷款比例控制管理;建立完善信息披露制度,按要求向公司股东、主管部门和提供融资的银行业金融机构披露经中介机构审计的财务报表和业务经营情况、融资情况、重大事项等信息,求得业务发展与风险防范两者间的平衡。三是着力强化监管意识。农贷公司一旦发生违规行为,不仅自身声誉受损,还将连累全市金融行业的发展,新机构的设立也会受到限制。市金融办作为我市农贷公司的监管部门,目前只有 1 名专职工作人员,随着农贷公司在我市镇域全覆盖,监管工作量必将大增,仅靠

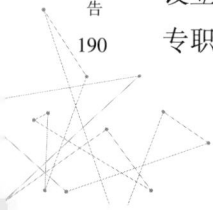

一名专职人员难以完成繁杂的监管任务。建议应不断完善组织架构,强化监管力量,充实专业人员;加强与人行、财政、发改经信、审计等部门的合作,开展对农贷公司的评级和分级监管试点工作,根据评级情况,在融资比例、业务授权、检查频率等多方面实行差别化监管;建立现场与非现场检查制度、举报制度,及时、严肃查处农贷公司违法违规行为。

**3.竞争与合作共存。**农贷公司作为我市金融系统的有益补充,在有序竞争的同时,也应强化合作意识,促进行业的整体发展。一是成立行业协会。随着农贷公司数量的增加,应加快建立小贷公司协会,在市金融办领导下,统一制定行业规范,健全行业管理制度,推动行业自律;对运营规范、信誉度高、经营业绩好的小贷公司,积极扶持转制村镇银行。二是搭建互助平台。目前,我市农贷公司以镇为单位,各据一方,封闭性较强,往往会遇到业务量、资金不足等问题,建立互助机制、促进资源共享很有必要。对属于"三农"的较大贷款项目,可实行联合贷款,由1家农贷公司主办,联合其他农贷公司参与,从而实现经济效益、社会效益的最大化。三是拓展合作对象。农贷公司作为"草根经济",无论是资金来源,还是抗风险能力都存在一定的先天不足,在壮大自身实力的同时,要加强与国有银行、商业银行的合作,积极开展融资性担保、信贷资产转让、保险代理、租赁代理、信托代理等多种业务,实现互利双赢、共同发展。

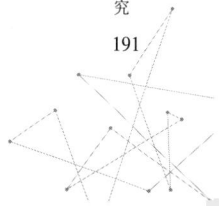

# 创建应收账款融资业务
## "镇江模式"的实践探索

/季步胜 赵 昕/

历经多年创新推进和不懈努力,镇江应收账款融资业务创新发展走在了全省前列,成为镇江金融业一大特色业务品牌。特别是近年来,针对应收账款的融资产品不断增多,应收账款融资信息系统、权利凭证以及银险企合作三项创新工作更是为金融机构、企业提供了极为便利的融资渠道。镇江应收账款融资业务正在向更广阔的市场和更深入的合作领域蓬勃发展,发挥着助推全市广大中小企业走出融资困境、转型升级和促进经济发展的有效作用,成功构建了"政府支持引导、人行推动指导、银行积极参与、多方协调联动"的应收账款融资业务"镇江模式"。

## 一、创新镇江应收账款融资业务发展举措

应收账款融资作为适应中小企业经营特点的主要信贷品种之一,有助于盘活企业沉淀资金,并借助应收账款第三方债务人的信用使得企业有效增信,是缓解中小企业融资担保难,增强中小企业可持续发展能力的新途径。人民银行镇江市中心支行在南京分行和镇江市政府的指导帮助下,与辖内各金融机构紧密合作,通过广泛调研、积极探索,制定了一系列文件,采取了一系列创新举措,进行大范围的试点和宣传发动,有力推动了此项新业务在本地区的发展。

(一)打造服务平台,破解信息不对称难题

2009 年,镇江市应收账款信息管理系统上线运行,实现了对应收账款融资的相关数据统计及企业应收账款资源信息发布功能,开始探索对辖区应收

账款融资工作进行系统化管理和服务。经过不断改进和完善,2011 年下半年,在原先系统基础上建成了涵盖面更广的镇江市应收账款融资服务平台。该平台搭建在镇江市政府金融服务网下,为应收账款融资各方提供方便快捷的信息服务。平台具备了政策信息发布、融资产品和业务办理流程介绍、企业动产融资信息数据录入查询、确认书下载打印、应收账款融资的成功典型案例展示等多种功能。通过该系统,金融机构和中小企业沟通更为畅通,化解了银企信息不对称风险,是辖区动产融资业务发展的重要"基础设施"建设之一。

（二）打造权利凭证,破解权责不对等难题

针对金融机构为中小企业办理应收账款融资业务过程中,应收账款债务人"配合难"的问题,经过广泛调研和论证,镇江市推动辖区范围内使用"权利凭证"（应收账款确认书）进行融资。即中小企业在为金融机构认可的优质企业供货后,由优质企业以债务人的身份配合出具"权利凭证",中小企业凭该确认书可直接向金融机构申请质押融资,金融机构无需再要求优质企业确认,只需书面告知情况即可。在市政府、市人民银行的引导下,目前,镇江市很多金融机构在应收账款融资业务办理中都引入了"权利凭证"模式,并且已经将"权利凭证"纳入了其审贷和风险控制的业务流程当中,银行通过"权利凭证"来确认企业应收账款的真实有效性,加快了审贷放款手续,并最终完成相关贷款审核和发放程序。与此同时,镇江市的部分大企业向全社会发起倡议书和承诺书,提倡镇江市的广大企业履行自身社会责任,以自身信誉为保证为中小企业出具"确认书",帮助中小企业渡过资金周转难关。

（三）打造合作模式,化解信用度不够难题

为进一步解决辖区企业在全国范围的应收账款融资问题,经过调研和走访,同时召开多层次银行、保险、企业和政府座谈会,2011 年开始,镇江市将人保、平保等国内大型财产保险机构引入到应收账款融资工作中,积极推行了"银、险、企"合作新模式,即通过保险公司为企业的应收账款投保国内贸易信用险的方式以增加企业融资信用,将保险单纳入银行对应收账款放贷的审批流程,以金融企业信用弥补企业信用不足的情况。同时进一步规避银行放贷中潜在的风险,也降低了企业资金获取的难度,弥补了应收账款确认书覆盖面不足的问题。通过人民银行镇江市中心支行和政府部门推动,镇江两大财险公司与辖区全部银行业金融机构均签订了应收账款融资战略合作协议,开辟了一条本市企业通过保险进行融资的新途径,受到了中小企业的一致赞誉。

### （四）打造宣传法宝，化解业务氛围营造难题

镇江市为应收账款融资业务发展设计了多项丰富而又具特色的宣传措施，其中"电视访谈、片区宣讲会、宣传手册"为三大最主要的措施。电视访谈是主动邀请电台、电视台、报社等媒体开展的访谈类节目，由市政府部门、人民银行、金融机构、企业代表参加，声势大、宣传覆盖面广；片区宣讲会则是由人民银行组织各金融机构业务骨干组成若干应收账款融资宣讲团，到各辖市区进行宣讲，深入企业一线进行培训辅导，近年来组织了片区宣讲 5 次，涉及企业超 300 家；人民银行镇江市中心支行设计印制了数万份应收账款融资宣传手册，发放到中小企业手中，手册中涵盖了应收账款融资的基本知识以及融资服务平台的使用说明、各商业银行和保险公司金融产品、企业办理流程、全市应收账款融资经典案例等非常丰富的内容，具有宣传示范和引导作用。除了常规宣传，镇江每年还举办大型应收账款融资推进大会，结合应收账款融资推进月活动，由镇江市政府、人民银行南京分行、发改经信等经济主管部门、市人行、镇江各辖市区、金融机构共同参加，参与领导层次高、内容丰富，业务推动效果明显。

## 二、拓展镇江应收账款融资，助推银企发展路径

### （一）盘活中小企业资金周转，提升银行综合效益

企业在生产经营过程中，往往由于应收账款回收慢，造成周转资金缺乏的问题，严重降低了企业的市场竞争力，阻碍了企业的发展。而应收账款融资业务盘活了中小企业大量的存量资产，为企业的生产经营开辟了一条新的融资渠道，帮助企业解决临时性的资金短缺，以满足企业生产经营的需要。同时，对银行来说，不仅有利息收入，还有灵活的中间业务收入空间，可有力提升综合效益。

镇江市某医药有限公司从事药品批发，由于药品销售的特殊性，均要通过招标方式销售而且必须赊销。虽然该公司主要销售对象是市内各大医院和药店等，客户群非常稳定，但该公司的资金回款相对缓慢，而向药品供应商购进药品大多需付现款。这就导致该公司存在相当数量的应收账款，给公司的资金周转甚至是业务发展造成不小的困难。截至 2012 年年末，该企业销售收入达 1.6 亿元，应收账款达 7000 多万。随着该公司销售规模的不断增加，应收账款也不断增多，企业一度想在银行增加融资。针对企业上述情况，交

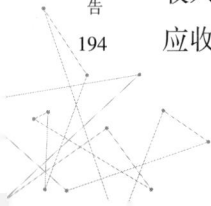

通银行镇江分行对其应收账款的构成作了详细分析,发现该公司与本地知名的大医院均有长期稳定的合作关系,考虑到该公司的经营状况和发展潜力以及应收账款买方的实力与信誉,交行针对该公司与特定买方订立的销售合同所产生的应收账款,为该公司提供应收账款管理、保理预付款和信用风险担保等为主要产品的综合性金融服务。该公司通过使用银行的国内保理产品,有效地缓解了资金周转压力,在一定程度上加强了与其下游客户的合作关系。而银行通过应收账款融资产品,促进了企业的发展与壮大,巩固了与该公司良好的合作关系。

（二）创新金融产品,提升中小企业市场竞争力

目前银行业金融机构间同业竞争激烈,要求银行深入分析客户上下游交易链各环节的融资需求和风险特征,积极创新金融产品以吸引企业,打开营销新通道,助力提升中小企业的市场竞争力。

镇江市某小型纺织公司从事生产销售鞋帽服装和织带,拥有整套设备专业生产各类毛纱的儿童和成人针织服饰品,年生产能力达100多万件套,主要产品80%以上出口,与香港三黄集团、日本三丽公司、澳大利亚亚日公司、台湾威帝公司、上海利泰进出口公司等单位建立了稳固的贸易合作关系,形成了辐射较广的营销网络,销售较旺。2013年3月初向银行申请贷款1600万元,用途为购买原材料。鉴于企业产品具有良好的销路,工商银行镇江分行运用发票融资这一新型流动资金产品对其进行支持,避免了信贷资金被企业挪用,通过对其现金流、单证流的控制,督促企业及时交单,锁定了该行的第一还款来源。在复杂的经济背景及宏观调控政策下,工商银行镇江分行运用合适的创新金融产品,为弱势中小企业雪中送炭,该企业二季度出口收入增长了35%,国际市场竞争力大大提升。

（三）借助上游企业强势信用解决中小企业抵押不足难题,促进"银企双赢"

应收账款质押实质上是一种以债务人信用为担保的贷款。因此,企业可以借助上游企业强势信用解决自身抵押物不足的问题。而银行在获取收益的同时,也保证了授信资产安全,为发展中小企业授信业务提供了新的思路,有效促进了"银企双赢"。

镇江市某面粉公司近年来经营效益较好,销售收入稳步增长,是银行积极争取的优质客户,原存款结算全部在建设银行镇江分行。为能增进银企双赢,该银行客户经理多次上门营销。经了解,公司季节性收购小麦资金需求量较大,加强合作的唯一途径就是给予该公司授信支持,而公司房地产等固

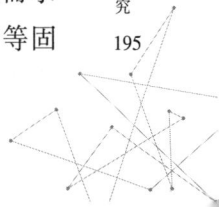

定资产已抵押给他行,申请抵押贷款难度较大,担保无法落实。经进一步调查发现,公司应收账款数额较大,账期一般在 4 个月以内,且下游客户均为国内知名企业,如康师傅集团、华地百货公司、旺旺集团等,应收账款回收有保障,鉴于此情况该银行拟以应收账款质押,经上级行审批授信该公司 1944 万元。经授信支持公司部分存款结算已移至该银行,日均存款约 300 万元,创造年中间业务收入 25 万元,年综合收益约 150 万元,为银行创造了较大效益,同时也有力地支持了公司的发展,为公司持续稳定健康发展奠定了良好的基础,实现了银企双赢。

### 三、凸显镇江应收账款融资业务发展成效

#### (一)应收账款融资规模不断扩大

2008 年,镇江应收账款融资余额仅为 14 亿元,2009 年达到 39 亿元,到了 2010 年末,应收账款融资余额增至 69 亿元。据最新统计结果显示,截至 2013 年 9 月末,镇江市中小企业融资额为 1424.74 亿元。同时,国内贸易信用保险也已累计为 120 多家中小企业提供了信用融资,融资总额 20 多亿元,应收账款贷款余额占全市企业贷款余额的比例超过 10%,占全市应收账款总额比例超过 20%,累计支持的企业数达到 1700 余户,全市累计开设公示系统常用户 42 个,用户涵盖了我市全部银行业金融机构和部分担保公司、小额贷款公司、典当行等多种机构,形成了辖市全覆盖。应收账款融资业务在镇江中小企业融资中扮演了越来越重要的角色,而且正逐步成为不可替代的角色。

#### (二)应收账款融资的内涵不断丰富

**1. 商业银行以应收账款为质押物的融资产品不断增多。**在市政府的引导和人民银行的推动下,商业银行针对企业应收账款设计的金融产品不断丰富。据初步统计,镇江市各商业银行销售的该类金融产品已达 10 多种,例如国内保理产品,国内信用证项下卖方融资产品,应收租赁款保理,出口融信达、应收账款池产品等。这些丰富多样的金融产品正在全方位服务镇江市各种类型的中小企业客户,为他们提供着各种融资便利。

**2. 广大企业可供质押融资的应收账款类型不断增多。**在大力宣传下,应收账款作为动产在获取融资过程中得到了企业的广泛重视,应收账款类型拓展到 30 多种,除了国内保理,还增加了利用销售、提供服务、出租、收费权等产生的应收账款,以及以应收账款担保企业债发行,为企业提供直接融资服务,

应收账款融资已成为中小企业解决融资难题的一个重要渠道。

### （三）业务发展的环境不断优化

从政府角度看,各级政府已经充分认识到应收账款融资对于解决中小企业融资难所具有的重要意义,并能就推进完善应收账款融资工作机制,推动该项业务更好更快发展给予关键引导和有力支持。各区县政府通过金融服务日或其他形式积极配合我市金融部门的各项宣传发动工作,取得了非常好的效果。

从金融机构角度看,镇江越来越多的商业银行开展了针对应收账款的融资服务,从国有商业银行到股份制商业银行,再到农商行农合行,出现百家齐放的喜人态势,同时金融机构能主动围绕企业贸易流产生的应收账款设计其金融产品,可接受的应收账款类型越来越多,银行和保险、担保公司的合作也趋向深入。

从企业角度看,企业对盘活其应收账款的意识全面觉醒,了解自身应收账款是一份优质金融资源,对于向银行融资有着重要作用,能主动提出将该部分资产用于质押融资,融资企业数和金额大幅提高。

从人民银行角度看,用户实现金融机构全覆盖,并部分覆盖了小额贷款公司、担保公司和典当行,系统登记信息越来越丰富、规范,为下一步推动业务发展提供了第一手资料。


## 四、关于镇江应收账款融资业务推进建议

由于目前中小企业融资难的困境依然存在,人民银行镇江市中心支行将进一步创新工作思路,转变服务方式,变被动为主动,做实做好做强应收账款融资业务。

### （一）健全相关法律规定

实现应收账款质权的关键在应收账款按时、足额付款,核心在第三方即债务人的履约。因此尽管应收账款债务人不属于质押法律关系法定主体之一,但不可或缺,必须将其加入到应收账款质押制度中,才能真正实现应收账款质押的担保功能。建议在《物权法》或《担保法》中增加关于债权质押制度的有关内容,包括应收账款质押是否应通知债务人,债务人对应收账款质押是否应明确表示同意或确认,以及哪些应收账款可以质押或对于应收账款质押的禁止性规定等问题,降低业务法律风险。

### （二）建立健全中小企业信息档案

充分发挥企业征信系统的作用,拓展中小企业应用征信系统的范围,增

加包括企业间销售信用信息等各种非银行信用信息,为金融机构开展动产质押融资业务提供更加充分可靠的信息参考,并促进中小企业信用度的进一步提高,同时带动提升社会整体信用水平,改善社会信用状况。

### (三)加强质权设立后的跟踪管理

质权设立后,贷款银行应当对产生应收账款的基础合同的履行情况进行跟踪监控,及时全面地收集出质人已经适当全面履行基础合同义务的有关证据,督促出质人及时请求付款,防止超过诉讼时效。要密切监测质押应收账款的回流情况,关注借款企业其他现金流的回流情况,及时补充或追加相应担保,以确保还款来源。特别要关注是否存在出质人与债务人恶意串通损害质权人利益的情形,以避免最终质权无法实现。

### (四)推进地方法人金融机构业务开展

在全辖尤其是县域将应收账款融资业务在深度和广度上进行再拓展,扩大"权利凭证"的使用范围,继续挖掘镇江市广大中小企业优质应收账款的融资潜力。

### (五)加强信息系统的数据采集,探索信息录入长效机制

应收账款信息系统中所采集的数据是破解银企信息不对称问题的关键,也是信息系统的生命力所在。人民银行要进一步宣传和引导,指导镇江市广大中小企业排除疑虑,积极将自身优质应收账款资源在系统中充分向金融机构进行充分展示;还要进一步加强调研,找到银企双方对系统的真实业务需求并积极更新系统,如提高系统安全保密性、增加功能模块等。

### (六)进一步扩大银险企三方合作

充分利用保险的征信职能作为助推器扩大业务覆盖面,探索金融机构和保险机构在总对总协议下和非总对总协议下两种不同的融资模式,推动更多的金融机构认可应收账款保单在防范风险、增强信用方面的作用。

### (七)持续加强宣传引导

进一步提高企业和社会对这项业务的认可度和参与度,基层人民银行宣传的重点将从知识普及和业务宣讲逐步转变为典型案例介绍,通过企业、银行的现身说法对其他企业融资起到模范和引领作用;通过中小企业试验区建设、多轮次征信宣传,增强全社会尤其是中小企业商贸领域的诚信意识,改善镇江诚信环境,从根本上为应收账款融资业务提供更好的发展环境。

# 工行支持县域经济发展的竞争力研究

/张清水　陈学荣　王双平/

镇江市现辖丹阳、句容、扬中 3 个县级市,2012 年县域地区生产总值 1571.8 亿元,财政总收入 182.97 亿元,占全市的 57.4%;县域社会消费品零售总额 379.17 亿元,占全市总额的 47.5%。县域经济呈现总量扩张、质量趋好、效益提升、民生改善的良好态势,县域工业化已成规模并呈加速发展态势,县域消费升级,城市化速度加快,已经形成丹阳眼镜产业集群、汽摩配产业集群、扬中电气元器件产业集群、句容农业生态产业等四大区域板块,且发展各具特色,态势强劲。工行丹阳、句容、扬中 3 县域支行作为最基础的经营单元,处于支持县域经济发展的最前沿,在全行改革发展和战略转型中发挥着至关重要的作用。近年来,镇江分行坚持把深化县域支行改革、支持县域经济发展放在全局工作中统筹谋划、协调推动,取得一些成效,但也遇到了一些困难和问题,亟须采取有效措施加以破解。

## 一、县域支行的发展现状

截至 2013 年 6 月末,工行丹阳、句容、扬中 3 县域支行有营业网点 30 个,占全市工行营业网点总数的 49.18%;员工 482 人,占全市工行员工总数的 38.56%;各项存款余额 217 亿元,各项贷款余额 207 亿元;实现拨备前利润 69623 万元,占全市工行的 72.87%。

(一)主要经营指标快速提升

2010 年 6 月末到 2013 年 6 月末,县域支行经营指标快速发展。

一是各项存款余额由 134 亿元增加到 217 亿元,增长 61.94%,年均增长 20.64%;各项存款对全行的贡献度由 44.67% 上升到 50.09%,提高 5.42 个

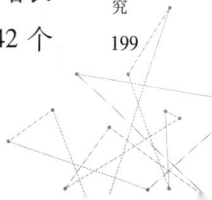

百分点,其中储蓄存款提升 2.1 个百分点,对公存款提升 8 个百分点;网均存款余额由 5 亿元增加到 7 亿元,增长 40%。

二是各项贷款余额由 116 亿元增加到 207 亿元,增长 95.28%,年均增长 26.15%;各项贷款对全行的贡献度由 51.56% 上升到 66.88%,提高 15.32 个百分点。行均贷款由 38.67 亿元增加到 69 亿元,增长 78.43%,其中扬中支行贷款增长 123%,丹阳支行贷款余额超 100 亿元,达到 114 亿元。

三是中间业务收入由 0.73 亿元增加到 2.25 亿元,增长 208%;中间业务收入对全行的贡献度由 41.77% 提升到 68.63%,提高 26.86 个百分点。

四是拨备前利润由 2.2 亿元增加到 4.87 亿元,增长 121.4%;拨备前利润对镇江分行的贡献度由 51% 提升到 71.76%,提高 20.76 个百分点。丹阳支行 2013 年上半年拨备前利润已超 2.3 亿元,句容、扬中拨备前利润均超 1 亿元。

（二）市场份额逐步扩大

一是从余额看,2013 年 6 月末与 2010 年 6 月末相比,县域支行存款余额四行占比由 21.90% 上升到 30.79%,提升 8.89 个百分点;贷款余额占比由 27.10% 上升到 31.62%,提升 4.52 个百分点;中间业务收入占比由 24.62% 上升到 39.49%,提升 14.87 个百分点。

二是从新增额看,2010 年 6 月末到 2013 年 6 月末,新增四行占比始终保持区域领先地位,其中存款新增占比由 30.79% 上升到 47.67%,提高 16.88 个百分点,贷款新增占比保持了市场占比第一的位置。2013 年 6 月末,三个县域支行全部实现存款总量新增、储蓄存款新增、对公存款新增、贷款新增、中间业务收入同业占比第一。

（三）经营基础进一步夯实

三年来,县域支行不良贷款持续保持"双降",不良贷款余额由 3394 万元下降为 585 万元,不良贷款余额占全行比重由 36.20% 下降到 3.94%,其中扬中支行不良贷款为"0"余额。县域支行经营管理基础进一步夯实,丹阳、句容两支行连续跻身省行"双十佳"支行行列,同时被省分行命名为"2012 年度精品县支行"称号。

（四）服务水平明显提升

通过网点升级改造、渠道优化建设,县域支行营业网点由 25 家增加到 31 家,升级改造网点 8 家,占县域网点总数的 45.16%,其中全功能网点达到 30 个,占县域支行数量的 96.77%,网点面貌焕然一新,分层分区分类服务能力

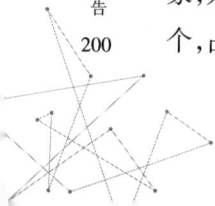

持续增强。

## 二、深化县域支行改革的探索

### （一）转变观念

一是增强县域支行班子活力。近年来多次选拔优秀年轻的干部,充实县域支行领导班子力量,激发县域支行活力,三年来先后选拔10人充实到支行领导班子,并调整提拔了7人。

二是对发展速度快、效益好的县域支行,定向增加人员编制,鼓励新入行员工立足县行加快成长。近三年三个县域支行净增人员58名,占全行新增人员的59.76%。

### （二）加大资源投入

一是适当增加经营费用。今年上半年县域支行营业费用为4731万元,占全行的53.1%,比2010年同期增加3.1个百分点。同时对县域支行重点项目和优质客户营销,优先下达营销费用,支持县域支行发展。

二是人员工资费用投入逐年增长。2010年县域支行人均工资费用10.1万元,2012年县域支行人均工资费用12.6万元,增长24.75%,同期城区支行人均工资费用增长18.01%,县域支行近两年工资性费用增幅高于城区支行6.74个百分点。

三是加大渠道建设投入。三年来,县域支行新增网点6家,升级改造网点8家,新增自助银行6家。

四是加大人员补充力度。新招聘大学生员工60%以上充实到县域支行,优先录用县域本地生源,提高县域支行新员工队伍的稳定性和可持续发展。

五是规范整合内设机构设置。精简机关人员,进一步充实支行营销队伍,结合全功能网点建设,实行营销人员驻点制,为每个网点配备对公和个人客户经理,营销人员在县域支行人员占比超过30%,有效增强了县域网点营销能力。

### （三）调整政策

一是突出信用总量的扶持政策,优先保证县域支行信贷投放。近年来,信贷规模资源紧缺,资金供求矛盾加剧。市分行通过积极向省行争取规模资源,加大表外及创新型表外业务的运用,利用理财委托贷款业务等方式,扩大信贷资源渠道,实现信贷向信用的转变。如2013年上半年全行公司业务增加

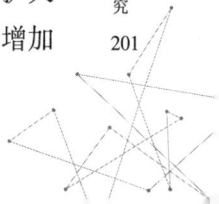

信用总量 28 亿元,其中投向县域支行的信用总量 15 亿元,信用总量的增幅较同期增加 12 个百分点。

二是在贷款规模、资金配置上优先保证县域支行的项目贷款投放,推动了县域支行各项业务的发展。三年来对县域支行投放项目贷款 36.6 亿元,2013 年上半年全行共投放项目贷款约 16.47 亿元,其中县域支行投放项目贷款达 11.97 亿元,占全行的 72.67 %,较好地拉动了中间业务、代发工资业务、财政性存款、化解不良贷款、拆迁补偿款等各项业务发展,有力地支持了县域支行的发展。

### (四) 加强培训

一是加强客户经理队伍建设。实施"进一出一"增配客户经理工作,提高置换客户经理素质。对县域支行新员工适当放宽客户经理招聘工作年限,鼓励其他岗位类别员工参加客户经理序列考试,扩大客户经理队伍人员储备。

二是加强业务培训。采取集中培训、视频培训、送教上门等多种培训形式,对县域支行员工开展新产品、新业务、新流程培训。优先安排县域支行客户经理参加省分行客户经理强化班学习,提高其业务水平和拓宽视野。

三是在重点项目和创新型业务营销中,由市分行营销部门带领支行客户经理参与项目营销,提升县域支行业务人员的营销能力。

## 三、当前县域支行发展存在的问题

### (一) 经营理念有待提升

从市场理念看,县域支行部分管理人员和营销人员主动抢占市场的意识不强,对当地市场的现状、发展趋势和潜力分析不清、把握不准,反应不灵敏、行动不迅速。从客户理念看,对客户群体的细分、客户图谱的制定分解、客户经营和资金变化趋势、客户投资和消费倾向了解不深、不细、不全,客户关系管理不到位,营销中存在较大的盲目性。从营销理念看,联动营销、捆绑营销、精准营销不力,营销方案、策略、措施和手段创新不够,业务营销的针对性和实效性有待提升。从效益理念看,在业务和客户拓展上,在处理单项业务收益与综合收益、短期收益与长期收益、现实收益和潜在收益方面认识不透彻,顾此失彼。从服务理念看,对服务价值、服务效率、服务环境、客户体验及其辩证关系认识模糊,服务工作思路不清、措施不具体,服务品质和客户口碑亟须提升。从风险理念看,对于业务发展与风险防范的辩证统一关系认识存

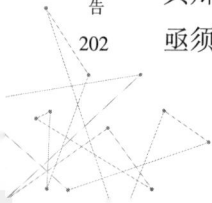

在偏颇,要么只讲发展、只讲业务,不守制度、忽视内控;要么以防范风险为由,畏首畏尾,甚至错失业务发展和客户拓展的良机。

### (二)管理基础不牢

管理工作往往跟不上业务快速发展的需要,存在不少漏洞和盲点。同时,与城区支行部分管理职能上收二级分行相比,县域支行本身还要承担更多的管理职责,这也对县域支行领导班子的管理素质、管理能力提出了更高的要求和标准。

### (三)市场竞争压力增大

从 2013 年上半年末四大银行县域市场看,增幅同比出现下滑。以句容支行为例,2013 年三季度,增量市场占比为 30.88%,而 2012 年同期为 39.75%,同比下降 8.87 个百分点。贷款业务的市场竞争力也出现下降的态势,虽然三家县域支行的贷款额均有不同幅度的增长,但增量占比出现下降。以扬中支行为例,2013 年三季度,增量占比为 35.79%,2012 年增量占比为 53.23%,同比下降 17.44 个百分点,同业排名第二。整体来看,尽管经过近几年的快速增长,县域支行发展有了很大进步,但还没有取得明显的同业领先优势,且行与行之间发展也很不平衡。

## 四、提升县域支行竞争力的路径

### (一)以城镇化项目建设为抓手,突出重点支持

**1. 做好银政企对接,取得地方政府的支持**

2013 年上半年市分行已完成与镇江市三个县级人民政府城镇化建设战略合作协议的签订,授信总额为 150 亿元。下一步,将抓住与政府签约的合作机遇,全力推进城镇化项目的拓展工作,优选丹阳、句容、扬中 3 个重点县域支行部分项目开展营销。

**2. 建立县域支行项目储备库**

根据各县域支行向当地政府搜集的 2013 年度城镇化项目,优选部分项目进入市行项目储备库。如丹阳市界牌镇"城镇化建设"项目、句容万顷良田二期建设项目、扬中市八桥镇防洪工程等项目。2013 年上半年,镇江分行优先上报了县域支行的 6 个城镇化项目,贷款约 30 亿元。

**3. 重点支持公司化运作**

通过营销县城版块的城镇化项目,选择其中资本金落实、现金流稳定的

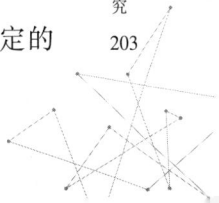

城镇化项目作为重点营销对象,如扬中市天和旅游公司"江苏省第八届园艺博览会建设工程"贷款 5 亿元、江苏尚元城镇建设有限公司"城乡建设用地增减挂钩 2013 年度复垦"项目贷款 6.6 亿元、句容市"后白镇万顷良田工程(二期)"60000 万元银团贷款等 3 个项目,贷款总额 17.6 亿元。

（二）推进业务经营持续健康发展

**1. 把大个金业务放到更加重要的位置上来**

发挥大个金盈利增长"稳定器"的作用,完善大个金业务发展的体制机制,健全个人大客户营销维护、考核评价机制。

**2. 切实抓好重点市场重点产品**

围绕产业集群,大型卖场、餐饮一条街等各类专业市场,运用个人经营贷款、结算套餐、商友卡、银商通等产品组合,批量拓展大个金业务;协助县域支行竞争各级财政统发项目,积极营销政府转移支付市场,下大力气抓好各类补偿款的归集,继续深化与重点保险公司的合作;梳理拆迁市场营销流程,争取拆迁款源头代发市场及拆迁款发放的个人客户资源,把新增征地款、拆迁补偿款、项目投入资金等作为存款新源头。

**3. 加大 ATM 和 POS 机具在县域的投放力度**

加强电子银行的宣传推广,充分发挥电子渠道的营销服务功能。

（三）着力构建管理长效机制

**1. 以提升品质为抓手,创新管理提升机制**

结合各自机构、业务、人员情况,逐项梳理分析经营管理中存在的主要问题和薄弱环节,逐项制定提升的目标和措施,有效解决一批实质性问题,从根本上提升县域支行管理品质、市场竞争力和风险控制能力。

**2. 以价值贡献为准绳,创新动态管理机制**

对县域支行实施分类管理,根据县域经济和县域支行发展特点,按照"注重业绩、鼓励发展、区别对待、有所侧重"的原则,实施差异化的管理措施和支持政策。从金融资源、经营规模、系统先进性、同业竞争力等四个维度评价计分,依据综合得分由高到低确定县域支行类别。每年依据分类评价标准对县域支行进行综合评价,确定类别,享受相关扶持政策。

**3. 以激发活力为根本,创新激励约束机制**

完善县域支行绩效考评办法,构建物质激励与精神激励并重的多元化激励体系。依据经营效益、业务发展、内控管理等指标,对县域支行经营发展情况进行综合评价,评选业绩突出、表现优异的县域支行给予专项奖励,增强县域支行员工的荣誉感、成就感。

### （四）加大对县域支行的资源投入

#### 1. 增加新业务新产品配置

一是提升县域支行产品应用推广和综合服务能力,实现对公对私、表内表外、本币外币业务一体化经营。二是积极适应客户对金融产品的多样化需求,增强客户经理全产品营销能力,全力营销针对县域客户的专属产品,倾斜配置高净值理财产品。三是深入挖掘当地信贷资源,以信贷产品为切入点,拉长产品营销链条,提高产品市场渗透率。全面恢复县域支行法人客户信贷、小企业信贷、个人信贷业务办理资格,按照分层营销要求和信贷结构调整规划,重点发展贸易融资、小微企业信贷、个人信贷和信用卡透支等业务。四是支持和鼓励基层业务产品创新,优先在信贷资源丰富、市场成熟的县域支行开办或推广适应当地市场需求的新业务,针对产业集聚区、批发市场、大型客户的上下游客户等的实际金融需求,制定具有县域特色的个性化产品创新方案。

#### 2. 增加费用资源配置

加强二级分行费用资源配置的管理,加大对县域支行费用倾斜力度。根据基础费用配置标准,对县域支行增加一定比例的基础费用,提高县域支行费用管理灵活性。根据业务发展状况配置激励费用,对业务发展快、业绩突出的县域支行适当调高费用配置系数。

#### 3. 增加县域渠道资源配置

加快推进县域新网点建设,着重提升县域支行网点分区分类服务能力,加快县域支行贵宾理财中心建设。着重向县域产业聚集区、新兴市场推行"自助＋理财"的新型银行服务模式,确保未来三年重点县域支行"自助＋理财"式银行网点不少于3个,通过各类渠道的协同,确保业务离柜率达到70%以上,柜面业务可分流率降至30%以下。

#### 4. 增加县域支行人力资源配置

坚持与金融资源、价值贡献相匹配的人力资源配置导向,加大对业务发展快、人均效益高的县域支行人员投入力度,县域大学毕业生、柜员合同工、代理用工配置比例不低于全行新招聘员工总数的60%。新录用人员更多采取定向招聘方式,优先录用县域支行当地生源,保证新员工的职业稳定性。

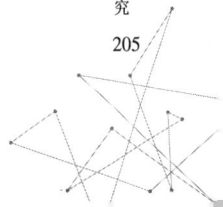

## （五）着力加强管理团队和员工队伍建设

### 1. 配强配优领导班子

在县域支行中推行目标责任制和行长公开选聘制，结合优秀青年干部的培养锻炼，把县域支行打造为培养优秀青年干部的基地和青年干部施展才华的舞台。有计划、分批次地安排市分行机关干部尤其是没有支行管理经验的干部，到县域支行岗位任职锻炼，建立选派优秀干部和业务骨干到县域支行挂职长效机制。

### 2. 调整优化人力结构

按照"突出营销职能"的要求，充实客户经理、理财经理、大堂经理等销售类人员队伍，确保县域支行销售类人员占比达到全行员工的三分之一。同时，优化销售类人员结构，促进销售类人员合理配比，每个营业网点至少配备1名大堂经理和1名客户经理。加强员工多岗位交流，推进城区与县域、县域与县域之间员工跨地区流动，采取组织调动和内部派遣，组织员工从城区和低效县域向金融资源丰富的重点县域支行流动，并优先安排新入行大学毕业生到县域支行实习锻炼，为县域支行员工队伍注入活力。

### 3. 加大教育培训力度

一是加强县域支行领导班子培训。在积极参加总行、省行组织的重点县域支行主要负责人培训的同时，市分行每年组织实施县域支行正副行长培训班，重点培训履职能力、管理能力、创新能力和市场开拓能力，保证县域支行行长每年至少轮训一次。二是加强县域支行销售类人员培训。选送县域支行客户经理分批分期参加总行、省行举办的客户经理营销能力加强班培训。理财师培训指标向重点县域支行适当倾斜，支持重点县域支行业绩优秀、有发展潜力的个人客户经理分期分批参加 AFP、CFP 培训。举办县域支行大堂经理实战演练培训，提高大堂经理识别、引导、分流客户技能和营销能力。三是加强县域支行中年员工培训。按照"基础普及、专业进阶、全面提升"的思路，制定分批次、分专业、分时段、分重点的培训计划，注重培植、挖掘中年员工适岗转岗先进典型，推动中年员工适岗转岗工作的顺利进行。

### 4. 加强特色企业文化建设

一是围绕工商银行企业文化体系，以增添服务功能、改善工作条件、完善生活设施、营造文化氛围为重点，推进县域支行"职工之家"和"职工小家"创建工作，注重将资源优先投入到企业文化建设积极性高而且效益较好的县域支行。二是加强宣传与思想引导，普及压力释缓和自我调适的基本方法，完

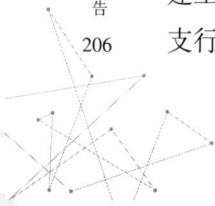

善员工体检制度,开展综合心理辅导,提供专业心理咨询讲座,实施心理素质拓展,帮助县域支行员工解决好职业心理健康问题。三是改善县域支行网点营业软环境,推进"文化角""文化墙"建设,构建富有工商银行特色的企业文化体系,丰富员工业余文化生活,增强凝聚力和向心力。

# 关于提高车险"三率"、
# 服务镇江经济社会发展之思考

/赵　延/

长期以来,人保财险镇江市分公司(以下简称"镇江公司")通过不断提高车险"三率",积极创新服务方式,提高服务透明度,服务镇江经济社会,取得了可喜的成果。

机动车辆保险的"三率"为"新车率""续保率""保全保足率"。"新车率"也称新车份额,它的高低直接反映了公司在新车市场上获取新车的竞争能力;"续保率"反映了公司对存量业务的掌控能力;"保全保足率"主要为提升车辆均保费、控制单交强而设,也有利于控制车险总成本。保险公司通过提高车险"三率",极大地推动了车险业务的发展,对进一步服务当地经济社会的发展起到举足轻重的作用。

镇江公司由于狠抓车险"三率",车险业务发展扭转了多年的低迷状态,实现了跨越性的发展。

至2013年10月末,镇江公司成为全省人保系统唯一一家全部完成"三率"目标值且同比增长的公司,事实证明,抓提高"三率"对于促进车险业务发展、更好地服务镇江经济社会起着十分重要的作用。

## 一、通过宣导、测算和考核,让车险"三率"指标深入人心

年初,镇江公司经周密测算,通过设置指导性计划目标、市场目标(份额),分业务来源对新、续、转设置专项目标,并对管理类过程指标(三率)进行了分解,有针对性地指导各经营单位按序时排计划、定措施、调政策;尤其针对"三率"指标,特别制定了车险考核办法,每月通报,每季考核。在全辖营造

出人人知道"三率"、车险条线关注"三率"、团队互比"三率"的氛围,对全辖车险指标的持续好转起到了较好的指导作用。

## 二、提高"新车率"重点抓整合车险资源、创新服务模式、发挥品牌优势、区别渠道特点和实施差异化策略

新车业务不仅能扩大车险规模,更由于保费充足率高,而成为车险盈利的主要来源,同时,还是新增车险客户群的第一步。因此,提升新车份额就是做好新车业务的基础。我们重点做了以下工作:

**1. 通过整合车险资源做大车商渠道**

在财务资源上,镇江公司继续推行有市场竞争力的一店一策的费用政策。根据4S店的性质、规模、市场及竞争对手的情况,每月通过"车险销售费用上报审批"流程,由产品线并报分管总经理核定各车商团队上报的每家4S店的实际费用,及时掌握市场和对手动态,每月通报各单位分渠道费用率情况,同时根据送修产值比和份额情况适时调整手续费率,保证了新车费用的随行就市。

在理赔和送修资源上,每月车险部通过分析所有车商当月和累计的送修产值比和赔付率,召集理赔和相关团队共同探讨对策,尤其是对送修产值比大于70%的车商,都逐一了解前台份额的变化情况,分不同类型制作"业务理赔互动调节单",或调整送修规则,或调整手续费率,或降低配件价格,或陪同团队与重要车商沟通,旨在共赢目标的达成,对推动前台新车份额的提升起到了一定的作用。

在人力资源上,按上级公司要求并结合市场情况配足驻店人员,并通过培训和考核提升驻店员素质,确保优秀人才在最重要的岗位,有效保证了一线的竞争力和信息的真实性,在提升公司品牌和服务影响力上起到了积极的促进作用。此外,排名前10的车商均由总经理亲自干预,确保份额或确保总量。

目前,镇江公司有送修码的4S店已由上年的72家增加至96家,车商渠道规模逐步加大。

**2. 通过改变专营模式提高新车团队市场竞争力**

镇江公司根据实际,决定依据地域区划、集团优先等原则,将京口部分车商转为丹徒公司专营,通过专管与专营的分离,在车商渠道引入竞争机制,提

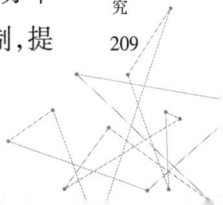

升公司车商渠道业务拓展的深度和广度,促进原专营公司京口公司、新成立的丹徒新车部的业务发展和管理水平不断提升。丹徒成立新车部后也以全新的姿态投入到新车展业中,克服道路拓宽和拆迁等对汽车销售的影响,通过提升份额减少损失,并积极拓展新市场,专管专营分离的成效逐渐显现。

**3. 推广管理工具,培养好的习惯,促新车份额提升**

今年推广"车商活动量"平台以来,镇江公司通过集中培训、送培训至各车商团队、每人当面测试等方式,确保每位驻店员熟练掌握平台使用方法。同时,镇江公司还制定了工作要求和考核办法,对销售经理/驻店员的销售活动管理、专营团队经理的团队活动管理以及分管车险经理支公司活动管理的内容作了明确规定和要求,按月考核并通报兑现。通过半年的实行和监控,进一步规范了车商渠道的销售行为,强化对销售终端的支持力度,各层级人员基本养成了每天上平台、关心每店销售情况、愿意在平台上反映问题的习惯,每月的录入率逐步提高,为管理层掌握第一手材料提供了极大帮助。

## 三、提升"续保率"重点抓渠道的有效融合,信息真实性的提高,资源分配及时到位,用好管理工具,帮扶短板公司

续保业务占镇江公司车险业务的半壁江山,经过前几年业务的调整,车险存量业务结构较合理,家用车占比超过70%,赔付率相对较低。因此,提升续保率成为做大存量业务的唯一路径,各单位也将此作为车险日常工作的重中之重,主要做法有:

**1. 通过渠道融合,将车商资源和新渠道平台价格及专业服务优势有机整合,促进车商渠道和车险整体续保率的提高**

结合市场上保险新兴渠道业务深入人心,主要竞争对手"渠道为王"的竞争现状,本着互利共赢发展车商渠道业务的思想,镇江公司今年进一步将车商与电销渠道融合作为车商渠道续保业务发展的重要手段。电销部针对车商渠道续保业务专门制定了细化的流程和办法,采用车店联呼、两段式营销等办法来充分利用我司巨大的次新车资源,有效提升了车险续保率。

今年,镇江公司依托与车商的战略联盟合作关系和车商增值服务,借力总公司电销座席呼出力量,利用双方资源搭建业务平台,全力拓宽与车商合作的业务发展渠道,目前已与24家深度合作的中高端车商家推广开展车电联呼业务。对京口、丹阳、丹徒三家车商支公司进行车店联呼数据整理上报,每

月进行呼出产能分析,指导车商支公司根据市场及时调整车店联呼的营销方案,明确渠道优势和发展目标,有针对性地进行投入。车电联呼的启动大大促进了对车商支公司电网销业绩和续保率的提升。

今年,镇江公司率先在江苏省人保系统试点"两段式营销"系统,建立并完善"二段式营销"模式,每月对营销效果整理、分析、点评,通过系统平台,有效实现了总部座席与落地辅助人员的良性互动,加大了数据的利用效率。

**2. 通过技术手段和人工分配、监督、考核相结合的办法,确保每笔到期的续保资源落实到人,从源头抓好续保工作**

从管理控制角度看,车险续保率的提高有赖于每笔资源的充分合理运用。为了解决这一难题,镇江公司除了充分利用信息化工具和手段外,重点是对未能按规则分配的资源进行手工逐笔分配,确保每笔资源落实到人。主要办法是按照车险部制定的逻辑严密的资源分配细则规定,上下联动,各司其职,层层监督和考核,确保各级续保管理员和支公司管理人员的职责落实,保证每笔到期业务资源被有效分配。

**3. 抓住资源流转的关键节点和续保的关键时点,通过培训和交流促进续保工具和流程的有效使用,提高续保率管理的效率**

今年,镇江公司重点推广了"车险存量业务管理系统",对全辖和各支公司进行了多次培训,一方面促进了资源的合理分配利用,确保了张张保单有落实;另一方面也方便了业务员和客户沟通联系,通过对保单生命周期进行全流程的过程管理,便于各级管理层随时对续保业务进行监控,及时发现问题进行补救,切实降低流失率,定期分析客户流失原因,交流对客户心理的揣摩、吸引客户的话术等,对提高客户忠诚度起到了促进作用。

**4. 抓重点区域,进行差异化管理和服务,帮扶短板公司,采用预警提示,促进各单位续保工作齐头并进均衡发展**

镇江公司共有8个经营团队,车险业务总量和结构不尽相同。从险种看,有新车专营团队,有综合性团队,也有营销团队,因此,受历史因素和现有结构的影响,各单位续保工作的重点不尽相同,续保率也有高有低。为了更好地服务基层,年初我们就制定了续保工作重点,一是超亿元的大公司,二是续保较薄弱的县支公司,三是次新车续保。为此,我们将车险部每人专门对口一至两个团队,每月提前下发续保清单,每周下发上周续保情况和提示,按月按季分析车险经营情况或做专题分析,每日关注对口单位,遇特殊情况随时提醒等。通过一对一的实时沟通,团队的诉求得到了最快的答复和满足,公司管理部门也能

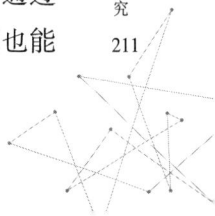

及时发现基层的不足,采取相应措施加以解决。同时,除了在公司内网每月公布各单位续保率和排名外,我们还设定了车险预警提示,由信息技术部定期推送至各团队相关负责人邮箱,其中续保率和次新车续保率就是其中一项。

至此,全辖各经营团队的续保工作已形成你追我赶、齐头并进的良好局面。

### 四、保持"保全保足率"重点抓承保端口,宣导和政策引领

由于前几年车险结构的调整以及行业自律的相关规定,镇江公司的车险承保和核保控制较严,因此,保全保足率相对较高,为持续保持并有所提高,我们主要做了以下工作:

**1. 要求出单中心执行自律文件,对单保交强险从严控制**

按照镇江市保险行业协会的规定,"商车险以交强险承保公司为准,其他公司不得单保商车险",镇江公司承保端口一直严格执行该规定,如遇个别特殊情况需单保交强险的,需上报车险部并报分管总经理审批,大大减少了单保交强险的保单。

**2. 每月监控并通报违反承保政策的业务单位**

每月车险部均会对需要监控的车险业务进行梳理,凡违反规定的要进行通报,并要求反馈和整改,单保交强险也在其中之列。

**3. 不保全保足的保单与业务员费用挂钩**

对单保交强险的保单,在每月跟单费用时会按规定进行扣罚,通过几年来的执行和保全保足的宣导,业务员由不理解到逐步接受,单保交强险占比逐渐减少,有效保证了"保全保足率"的提升。

镇江公司通过狠抓提高"三率"极大地推动了车险业务的发展,但我们依然清醒地看到,今年业务的较快增长是基于较低的平台,而镇江公司车险市场份额和保费规模依然在全省人保系统处于低位。2014年将是市场监管转型、车险费改、竞争更为激烈的一年,也是镇江公司继续加快发展,提升盈利的关键一年,我们将进一步理清思路,继续提高车险"三率",坚持以"常态化可持续发展"作指引,以更加开阔的思路、更加创新的服务和更加踏实的举措,引领镇江公司车险业务驶入又好又快的健康发展之路,更好地服务镇江经济社会的发展。

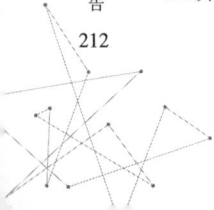

# 五、城乡建设与生态文明研究

# 弘扬"丹阳精神"　助推城市发展

/任剑平/

城市精神是一座城市在长期发展变迁过程中所形成的独具特质的精神品格,是展示城市形象,引领城市发展的一面旗帜,是城市的灵魂和城市人民的共同价值追求,是城市文化软实力的重要体现。城市精神作为一种文化竞争力,在城市发展中发挥着越来越强大的引导与激励作用。我们在培育弘扬"至诚至精　创新图强"的"丹阳精神"的过程中,应紧扣服务大局的要求,积极发掘城市的历史文化底蕴,力求使其成为全市人民的共同价值取向以及推动跨越发展的精神动力。

## 一、培育"丹阳精神"要顺应时代发展的需要

培育城市精神要充分体现丹阳市民的意志,既要尊重历史的积淀,取精华去糟粕,凝练优良传统中的精华,又要借鉴时代精神,彰显对未来发展的憧憬。**遵循社会主义核心价值体系建设的要求。**"至诚至精,创新图强"的"丹阳精神"充分体现了社会主义核心价值体系中处于道德价值层面上的社会主义荣辱观,处于精神价值层面上以爱国主义为核心的民族精神和以改革创新为核心的时代精神的要求,反映了中国特色社会主义的共同理想。**体现自身特有气质。**"丹阳精神"表述语中,"至诚、至精"生动地描绘了丹阳人诚信、勤劳、精益求精等可贵品德,一方面积极肯定了丹阳人做人的态度,另一方面是对丹阳已形成的历史文化的精华的概括总结。"创新、图强"表现了丹阳人兼收并蓄,包容开放的姿态和奋发向上、不断进取的决心,也表达了对未来的美好期盼,充分体现了城市精神"根植历史、基于现实、紧跟时代、引领未来"的要求。

## 二、弘扬"丹阳精神"要紧扣服务大局的主题

围绕中心、服务大局是宣传思想工作的着眼点,弘扬城市精神必须紧扣经济社会发展的关键环节,将丹阳深厚的文化底蕴与时代精神有机结合,形成强大的文化"软实力"。**紧扣"领跑镇江、争先苏南"的目标。**作为镇江发展的领头羊、主力军,在现代化建设中,无论是经济总量还是发展质量,丹阳都有责任走在全市最前列。弘扬"丹阳精神"要充分结合科技创新、现代产业发展、城乡统筹、生态环境建设等经济社会发展的重中之重,将城市精神的塑造视为提高综合竞争力的一个新生长点,作为推动丹阳经济社会发展领跑镇江的新动力。**围绕现代化示范区建设的要求。**苏南现代化示范区建设是党中央、国务院从全局出发作出的重大战略决策,是一次前所未有的开创性实践,是机遇更是考验。就具体指标来讲,我市人均 GDP、服务业增加值占 GDP 比重、城镇化率距离达到"国标""省标"还有一定差距。激励广大干部群众解放思想,率先实干,发挥优势,抢抓机遇,转化劣势,奋勇争先,走出一条体现时代特征、符合丹阳实际的现代化道路,是宣传弘扬"丹阳精神"的关键。

## 三、弘扬"丹阳精神"要依托形式多样的载体

采用多渠道、广覆盖的方式手段,对"至诚至精　创新图强"的城市精神进行全方位的解析、阐释、宣传,以期得到历史、现实和未来的统一,意识和存在的相互促进。**以宣传提升知晓度。**在市级主要媒体及主流网站制作"丹阳精神"表述语公益广告广泛发布,刊发城市精神详细解读;通过户外广告牌、地名标识牌、墙体标语、社区宣传栏、LED 电子屏、板报橱窗、短信平台广泛发布城市精神表述语及城市精神详细解读。**以活动增强感染力。**推动城市精神"进社区、进学校、进机关",通过一批展示丹阳人民精神风采、体现城市精神实质的群众文艺作品在普通市民中普及"丹阳精神"知识,通过征文比赛、演讲比赛、班会等深化"丹阳精神"在学生中的认知度,通过思想政治研究、"丹阳精神"践行者先进事迹巡讲等活动强化党员干部对城市精神的了解,真正达到内化于心、外化于形的良好效果。

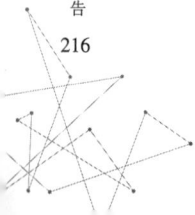

## 四、弘扬"丹阳精神"要达到提升城市品位的效果

培塑和弘扬城市精神非一朝一夕之功,要高度重视城市人文精神建设,努力实现丹阳的城市"形态"、文化"神态"、市民"心态"内外和谐,在世人面前充分展现"至诚至精　创新图强"的崭新风貌,提升城市品位。**突出文化引领**。大力弘扬优秀传统文化和先进和谐文化,积极创建学习型、创新型城市,营造宽容失败、崇尚开拓的氛围,倡导海纳百川、博采众长的风范,发扬和衷共济、团结协作的风格,恪守励精图治、发愤图强的品质,通过市民素质的提升,不断提高我市的社会文明程度和人文发展水平。**坚持教育引导**。努力培养公民的社会公德、职业道德、家庭美德,扬荣抑耻,在全社会形成团结互助、扶贫济困、理解宽容、融洽和谐的良好社会风气。同时,还要进一步加强法治教育和诚信教育,增强公民的法治意识和诚信意识,在法律规范和道德自律的基础上,建立起健康的社会关系和人际关系,形成政府守信用、公民讲诚信、社会重公德的良好风尚。**重视典型引路**。充分发挥张雅琴、孙国祥等先进典型人物的示范引导作用,弘扬正气,激浊扬清,努力弘扬争先争位争一流的拼搏精神,保持创新创优创大业的昂扬斗志,锤炼敢抓敢干敢攻坚的过硬作风,激发齐心齐力齐奋进的民众活力,在社会营造竞相干事创业的良好氛围,使实现现代化成为全市上下的共同追求和自觉行动,凝聚起共谋发展的强大合力。**丰富亚文化建设**。拓展企业文化、社区文化、乡土文化、校园文化、管理文化及制度文化等形式和内容,使城市精神落实和体现在社会的各个组织形式、各个管理环节及日常的行为方式中,不断增强精神文明的凝聚力和战斗力。通过亚文化的建设和发展,承载和展示"丹阳精神",推动城市精神文明建设与经济社会发展的融合,形成充满活力、体现特色的文化氛围,促进丹阳经济社会的全面协调发展,进而提升城市美誉度。

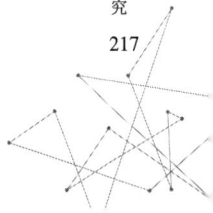

# 关于提高镇江市城镇化质量研究

/姚永康/

党的十八大报告首次提出"努力建设美丽中国,实现中华民族永续发展"。"美丽中国",我认为可从三个方面来理解:一是强调 13 亿群众的居住环境,保护土地,保护地球,保护我们生存的家园,把"生态文明建设"放在同"经济建设、政治建设、文化建设、社会建设"同等重要的位置,形成"五位一体"的总布局。二是在加强生态文明建设的同时,要加强人们的精神文明建设。生态文明,做到山清水秀空气清新,环境优美;人的精神面貌,做到彬彬有礼,遵纪守法,谈吐文雅,举止庄重,形象优美。三是要"努力建设",坚持走中国特色新型工业化、信息化、城镇化、农业现代化道路,"等靠要"是不会有"美丽中国"的。我想这才是完美的"美丽中国"的构想。联系我们镇江市的实际,学习贯彻党的十八大精神,要建设美丽镇江,必须紧紧以新型城镇化为新增长点。这是因为:

## 一、以新型城镇化为新增长点是改变镇江市城镇化落后局面的要求

2012 年 9 月 20 日,中共中央政治局常委、国务院副总理李克强出席省部级领导干部推进城镇化建设研讨班学员座谈会时说,城镇化是现代化应有之义和基本之策。中国要继续以占世界不到 9% 的耕地、养活占世界 20% 左右的人口,工业化、城镇化是现代化的必然要求和主要标志。从世界上看,已经实现现代化的高收入国家都是工业化国家,城镇化率很高,同时农业现代化也达到相当水平,因此,现代化的过程必然也是工业化、城镇化的过程。何为新型城镇化? 我认为:新型城镇化将不再是钢筋混凝土的简单堆砌,而是农民市民化的转型;不再是城乡二元结构的割裂,而是城市生活方式向农村的

推进;不再是工业化被动牵引下的人口候鸟式迁移,而是通过移民化人口迁移积聚来推动工业产业布局;不再是以环境污染为代价,而是打造绿色生态和智能科技的新宜居城镇。2011 年,中国城镇化率刚过 50%,其中还包括半年以上常住人口。若按城镇户籍人口统计,中国的城镇化率只有 35% 左右,低于世界 52% 的平均水平。2011 年镇江市常住人口达到 313.43 万人,城镇人口达到 197.52 万人,城市化水平达到 63%,比 2000 年的 50.4% 提高了12.6 个百分点,平均每年增加 1.15 个百分点,比全国平均水平的 51.3% 高出11.7 个百分点,比全省的 61.9% 高出 1.1 个百分点。然而,镇江无论经济发展水平还是城市化进程与苏南各市均存在一定差距。2011 年,南京、苏州、无锡、常州城市化水平分别达 79.7%,71.3%,72.2%,65.2%,分别比镇江高出16.7,8.3,9.2,2.2 个百分点(见图 1)。另外,无论从城市基础设施建设、产业结构,还是从对周边地区的吸引力、聚集力来看,镇江同这些城市相比还有较大的差距,与省定基本实现现代化指标体系的目标值(≥68%)还有较大差距,唯有加快新型城镇化步伐才能不拖后腿。

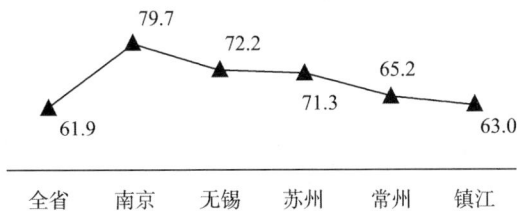

**图1　2011 年全省及苏南各市城市化水平(%)**

注:数据来自镇江市统计局

## 二、以新型城镇化为新增长点是提供镇江更大投资空间的需要

因为,城镇化的核心就是让农民进城,它是指农村居民向城市生活方式的转化过程,它反映了城市人口增加、城市空间扩张,景观、社会及生活方式等城市环境的形成。在这种过程中,表现为城市数量的增加和城市规模的扩大,导致人口在一定时期内向城镇聚集,并在人口向城市聚集的过程中把城市的生活方式向城市周边扩散,同时在区域产业结构不断演进的过程中形成新的城市空间与地理环境。有研究认为,我国近十年年平均 10% 的经济增长率中,城镇化率贡献了 3 个百分点,而每提高一个点,新增投资需求达 6.6 万

亿元。镇江市目前城镇化率较低,未来发展空间较大,随着城镇化的进一步深入推进,可以提供更大的投资空间。新型城镇化不仅将带动传统的基础建设投资,例如城市轨道交通、医疗设施、排水系统、改善农田水利等基础建设,未来将会持续进行医疗、教育、居住、养老院建设、生态环境改造等领域的大量投资,还将推动节能环保、智慧城市、城市污水处理、消费等多重产业链的发展。就城镇化与信息化的加速融合而形成的智慧城市而言,智能交通、电子政务、电子商务、医疗信息化,以及安防等产业都将获得快速发展。

### 三、以新型城镇化为新增长点是启动镇江消费的抓手

城镇化是我国最大的内需潜力所在。在未来二三十年里,城镇化率每提高一个百分点,就可吸纳一千多万农村人口进城,带动逾千亿元的消费需求。城镇化会持续释放出巨大的内需潜能,这正是中国经济长期平稳较快发展的动力源泉。城镇化率的不断提高将带来巨大内需,中国(海南)改革发展研究院院长迟福林认为,未来十年新增城镇人口将达到4亿左右,按较低口径,农民工市民化以人均10万元的固定资产投资计算,也能够增加40万亿元的投资需求。① 就镇江市而言,"十二五"期间农业从业人口占农村劳动力比重从"十一五"末的27%降至20%左右,累计新增转移农村劳动力就业8万人。近十年镇江市平均每年城镇化率增加1.15个百分点,即每年增加城镇人口3.6万人。2011年全市城镇居民人均消费性支出为15513元,农村居民人均生活消费支出9136元,城镇居民人均消费性支出比农村居民多6377元。就每年进城的3.6万人农村居民而言,如果人均生活消费支出达到城镇居民人均消费水平,仅此一项每年就多消费2.3亿元。推进新型城镇化,能够在基础设施建设以及生产、生活消费等方面创造新的需求,创造新的就业岗位,拉动经济增长;新型城镇化的推进能带来人均国民收入的明显提高,从而显著提高居民购买力;大量农民进城落户,其生产方式、消费倾向和消费结构将发生巨大变化,拓展巨大消费空间;城镇空间扩大促进工业化和产业结构优化升级,促进第三产业快速发展。城镇化还为农村带去更高的生产力水平,带动农村经济增长,居民收入会相应增多,消费水平也会随之提高。消费会真正成为镇江经济增长的最直接因素。

---

① 迟福林:《释放改革的红利》,《学习时报》,2012年12月3日。

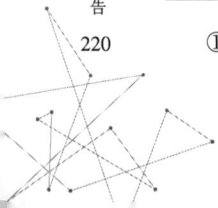

## 四、以新型城镇化为新增长点是调整镇江经济结构的依据

经济结构不合理,已成为制约我国各地经济发展的主要"瓶颈"和根本性矛盾。以新型城镇化为新增长点,有利于加快城乡结构调整,打破现存的城乡二元结构,实现人口、经济活动的合理分布和自由流动,带动地区经济协调发展。有利于加快地区结构调整,促进丹阳市、扬中市、丹徒区与句容市这4个城镇化水平低于全省平均水平市(区)的城镇化水平提高(见图2)。有利于加快产业结构和所有制结构调整,继续巩固和加强农业的基础地位,大力调整农业产品结构,大力发展二、三产业,加快工业改组改造和结构优化升级,加快发展高新技术产业,大力发展现代服务业,加快国民经济和社会信息化,促进三大产业协调发展,促进非公有制经济的发展。

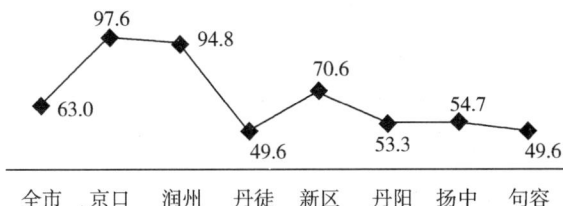

**图 2  2011 年镇江全市及各辖市区城市化水平(%)**

注:数据来自镇江市统计局

党的十八大报告要求,坚持走中国特色新型工业化、信息化、城镇化、农业现代化道路,到 2020 年"城镇化质量明显提高"。2012 年 11 月 28 日,国务院副总理李克强在会见世界银行行长金墉时表示,中国未来几十年最大的发展潜力在城镇化。已闭幕的中央经济工作会议指出,城镇化是我国现代化建设的历史任务,也是扩大内需的最大潜力所在,要围绕提高城镇化质量,因势利导、趋利避害,积极引导城镇化健康发展。以新型城镇化为新增长点,必须处理好以下六个关系:

**1. 处理好新型城镇化与工业化、农业产业化、农业现代化的关系**。新型城镇化决不是孤立前行、单向运行。城镇化必须与工业化、农业产业化、农业现代化等结伴而行,同步发展,实现城乡共荣。农民能成为城市居民,一是他们本人自愿,二是城镇给他们这样的机会。对农民来说,只要城镇条件具备,他们还是愿意成为城镇居民的。要想让农民进城并转换身份,就必须让小城

镇的工业化水平提高,能够提供大量的就业机会与岗位,让广大农民自觉地进入小城镇,最终成为小城镇的一员,而不是都涌向大城市。同时,要加快农业集约化、规模化、现代化生产水平,让农民不为土地所捆绑,也不为土地的无法流转而困扰。日前召开的中央农村工作会议,对农民承包的土地的流转提出了新的要求,释放了土地流转的"活力",应当说,这为农村城镇化建设提供了很好的条件,打下了良好的基础。

**2. 处理好实施主体功能区战略与专业镇建设的关系。**根据镇江市主体功能区规划的要求,根据不同区域的资源承载力、现有开发密度和发展潜力,确定各区域主体功能定位,各辖市(区)为基本划分单元,合理划分为重点开发、限制开发和禁止开发三类,各乡镇(部分城郊结合部的街道办)也应有类似划分。"重点开发区"设立工业园区,重点发展工业。"限制开发区"是一手抓特色工业发展,一手抓特色农业增收,形成各种专业镇或特色镇。"禁止开发区"以生态保护为主体功能,经济发展主要被限定在涉农特色产业和生态旅游方面。实施主体功能区战略,还要推动专业镇建设。专业镇是以镇级经济为单元的新型经济形态,是镇域经济的重要支柱。镇江市已经形成一批在全国有一定知名度的专业镇,例如司徒镇的眼镜、皇塘镇的床上用品、后巷镇的工具、新桥镇和界牌镇的汽摩配件、新坝镇的工程电气、茅山镇的旅游等。实施主体功能区战略,限制开发和禁止开发区域的乡镇干部在做好本职工作的同时,仍然可以招商引资,跑项目,发展"飞地"经济。招商引资到工业园区落户的,采取可异地招商实行税收共享办法,既补偿了以生态保护为重点的镇,又调动了镇政府招商引资的积极性,扩大了税源,增加了财政收入。

**3. 处理好政府与市场的关系。**不管是改革开放 30 多年的城镇化建设,还是目前新一轮的城镇化热潮,都是以政府为主导的,形成了"一任市长,一个城市规划""规划规划,纸上画画,墙上挂挂,不如领导一句话"的现象。在市场经济条件下,政府和市场谁是城镇化的主角? 我认为,政府在城市规划体系中应该发挥显著的主导作用,同时在公共服务供给和社会治理方面承担起政府职能。在推进新型城镇化中,政府主导应让位于市场主导。温州苍南龙港模式就是市场主导的典范。改革开放初期,温州苍南县的龙港在全国率先进行了土地有偿使用、城镇户籍管理制度和股份合作企业制度"三大改革",成功走出了一条不依赖国家投资,依靠农民自身力量建设现代化城镇的新路子,为中国农村城市化作出了许多有益的探索。或者可选择"政府推动与市场运作混合型"的城镇化建设模式,实施工业小区、市场建设和城镇发展

"三位一体"的城镇化发展战略。政府在推动小城镇建设上可发挥重要作用。政府推动小城镇建设为劳动者提供充足的就业岗位、完善的社会保障体系、良好的文化生活、舒适的居住环境等,让城镇生活成为广大农民的向往。要让农民进城,政府就得对现行的土地制度和户口制度进行重大改革。只有对现有的土地制度进行重大改革,让农民有土地交易转让权,才能使农民进城及创业有了资金保障,也为土地集约化经营创造了条件。同时,户口制度的重大改革,保证了农民进城自由迁移,让农民能够自由进入适应其生存的城镇。

**4. 处理好"四先四后"的关系。** 当前城市建设规划普遍重高楼大厦、道路、广场等功能设施,往往忽视地下管网、支路及绿地、湖泊、河流等能够拦储雨水的设施,到处出现没完没了折腾的"拉链工程",建设的是"好看、不好用、低效"的城镇。新型城镇化建设应树立城市规划"一管百年"的思想,以城市结构优化和功能完善为导向,以人们的生活便利、效率优先为导向,以交通高效率为中心来规划城市结构和功能,即建设"好用、高效"的城镇。要处理好"四先四后"的关系:即先规划后建设、规划优先,维护规划刚性;先地下后地上,打造城市共同管沟,确保地下管网几十年管用;先道路后开发,拉开城市建设的框架,再开始开发建设;先绿化后发展,构建城市生态空间,提升城市整体环境品质。

**5. 处理好土地城镇化与人口城镇化的关系。** 本世纪以来,我国城市的建成区面积扩张了50%,而城镇人口只增加了26%。这意味着,我国土地城镇化的速度比人口城镇化的速度快了近一倍。2011年镇江城市建成区面积达到173平方公里,比2001年的104平方公里增加了69平方公里,增加了63.3%,而同期城市化水平从2000年的50.4%提高到2011年的63%,只提高了12.6%。这都表明土地城镇化速度比人口城镇化的速度快了五倍,镇江市人口城镇化严重滞后。中央经济工作会议提出要积极稳妥推进城镇化,着力提高城镇化质量。要围绕提高城镇化质量,因势利导、趋利避害,积极引导城镇化健康发展。要构建科学合理的城市格局,把有序推进农业转移人口市民化作为重要任务抓实抓好,把生态文明理念和原则全面融入城镇化全过程,走集约、智能、绿色、低碳的新型城镇化道路。我们不能再走大占耕地、大搞房地产、推高房价、大造空城,使得几亿农民失去耕地却没有工作、没有就业、没有城市市民待遇,成为城市农村两不管的"边缘人"的城镇化城市化之路。这种对耕地涸泽而渔的占用和开发,引发了拆迁、占地补偿等许多社会

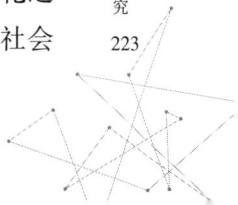

矛盾和不稳定因素,更加重要的是,使得大量农民因失去土地而成为"边缘人",或生活工作在城市却没有城市户口和待遇。造就了许多空城、荒城、"鬼"城,不少沦为贫民窟,城市出现了新的二元机制现象。我认为,城镇化的实质应该是,将农村剩余劳动力逐步转变为有就业、有住所、有社会福利和高素质的市民,并且逐步成为中等收入者。要尽快提高人口城镇化,应解决进城农民市民化问题,避免城市内部出现新"二元结构"。必须走出一条符合发展规律、以解决人的问题为根本、不能揠苗助长的城镇化之路。这条路就是就地城镇化,把现有农村村镇就地改造建设成城镇城市,就地消化转移农村劳动力;这条路就是先工业化、信息化和农业现代化,然后自然而然地带动农村城镇化,带动农民通过在工厂、企业、公司稳定就业后自然而然地转化为市民,随即享受到城市市民待遇。要走这条城镇化之路,就应出台相关区域的产业扶持政策及财税补贴措施,引导农民就地转移、就近发展,实现农村劳动力在工厂、企业、公司以及为之配套的各类第三产业就业,实现工业化、信息化、农业现代化和农民市民化协同推进,以此带动城镇化城市化之路。当然,城镇化不是简单的人口转移,不是通过土地征用、村庄合并等把农民的身份转变成城市居民就了结了。在新型城镇化过程中,应重点强调以人为核心,实现人口从乡村到城镇的迁移与人口从农民到市民身份转换同步推进,让符合条件的农民工在就业居住地有序落户,让迁移到城市的居民能够在子女就学、各种公共服务上与当地人口享受同等待遇,同时享受到城镇现代化的公共基础设施环境和服务,使得农村劳动力成为事实上的城市人,农民户籍彻底转变为城市市民。

**6. 处理好城镇外在美和内在美的关系**。事实上,加快城镇化建设步伐,既要硬件,更需要的是软件。在新型城镇化建设中,我们既要注重城镇的高大漂亮美观,还不可忽视城镇精神的形成和居民素质的提升。显然,"美丽镇江"不仅包括那些外在的东西,如蓝天白云和青山绿水,即便是基建投资,也应当吸取前些年城市建设的教训,把重点放在与老百姓生活密切关联的项目上,如城乡基础设施、交通、居住环境、生活环境等,而不是不靠边际的建设项目。同时还应包括一些看不见的内在指标,如政策、文化、制度、法律、思想观念等外部因素和条件构成的软环境,尤其以服务质量最为人们认同和感受。如果人们在一个旅游景点遭遇缺斤少两的服务,景区餐厅提供质次价高的食品,甚至还吃到地沟油,那有何美丽?近几年来,镇江市由一个"黑乎乎、灰蒙蒙"的旧镇江变成"绿油油、水泠泠"的山水花园的新镇江。当下,尤其要注重城镇的内在美建设。城镇的内在美是城镇的精、气、神,应体现城镇和区域内居民自强不息、厚德载物、和谐相处、追求美好的高尚心灵与完美德行,渗透于城市的物质层面、制度层面、技术层面和日常生活层面,构成城市综合竞争力的核心,成为鼓舞所有市民开拓前进的强大动力。在注重城镇的内在美建设中,重点是要提高农民素质,包括文化素质、对城市环境的认知、就业能力等,使农民成为真正的城市居民。镇江不仅要有"小城大爱",而且更要有科学理性的"狂者"之气,有"十八大"主题中的"解放思想,改革开放,凝聚力量,攻坚克难"的精神状态。

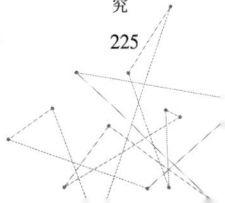

建设新农村　打造镇级市
构建特色鲜明的新型城镇化"界牌模式"

／王东良／

　　近年来,界牌镇紧紧抓住党中央提出的"生产发展、生活宽裕、村容整洁、乡风文明、管理民主"的二十字方针,大力发展界牌经济和各项社会事业,创新思维,敢为人先,建设新农村,打造镇级市,探索出一条具有鲜明特色的界牌新型城镇化的模式。

## 一、界牌新型城镇化的基本渊源

　　**1. 界牌镇概况。**界牌镇位于江苏丹阳市东北角,全镇总面积23.5平方公里,下辖5个行政村、3个居委会,本地人口2.1万人,外地人口超5万人。全镇以汽车制造、汽车摩托车配件、路灯、新材料为主要支柱产业,2012年,全镇完成地区生产总值51亿元,工业销售123亿元,财政收入4.24亿元,农民年人均纯收入达29060元。界牌镇是华东灯具城,全国千强镇,全国小城镇建设试点镇,江苏省环境与生活协调发展示范镇,镇江市首富镇,丹阳市新农村建设的试点镇、示范镇。

　　**2. 界牌新型城镇化符合各方的需求。**一是形势需求。中央提出城乡一体化发展战略和十七届三中全会提出的推进土地经营权流转、鼓励宅基地置换的政策为界牌建设新农村提供了强大的政治保证,省国土厅290号文件、231号文件以及丹阳市委常委会对界牌新农村的支持为界牌新农村建设提供了坚实的政策保证,这使得界牌新农村建设更加符合政策要求。二是群众需求。富裕起来的界牌农民对生活环境、生活方式提出了更高的要求,原来农村的环境、空气、水源、噪音、安全等都严重不符合农民对新生活的要求,广大

聚焦苏南现代化示范区建设——镇江发展研究报告

226

群众迫切需要一个环境优美、设施齐全、管理规范的安居场所,享受城市生活的乐趣。三是发展需求。界牌中小企业铺天盖地,但缺乏规模型的大企业,界牌的区域面积在全市最小,而企业数量达500余家,土地对经济发展的瓶颈作用越来越突显。界牌新型城镇化把农民集中居住,工业、农业进园区发展,解放土地资源放在首位,以适应大发展的需求。

**3. 界牌新型城镇化具备必须的条件**。经济条件:界牌镇是全国千强镇、镇江首富镇、华东灯具城、丹阳市经济发展"金三角",民营经济发达,有足够的经济基础。政策条件:最严厉的土地使用政策和最严格的耕地保护政策给界牌镇的新农村建设提供了政策机遇,万顷良田、宅基地置换政策为界牌提供了必须的政策条件。群众条件:界牌镇组织党员干部多次赴先进地区参观学习,召开各种类型的会议,广泛宣传,全面摸底,统一思想,全镇群众都有提高生活质量的需求,绝大部分的群众支持建设新农村。

## 二、界牌新型城镇化的主要做法

**1. 高起点规划**。投入1260万元邀请同济大学对全镇23.5平方公里进行总体规划,将全镇规划为农民集中居住区、规模工业园区、高效特色农业区、集镇商贸区和陵园区等五大功能区,并把新农村规划和城乡一体化规划、新市镇规划有机地统一,真正实现"农民向社区集中、工业向园区集中、农业向规模集中、土地向适度规模经营集中"的四集中集约发展模式。同时盘活存量土地6500亩用于发展经济,以推动界牌进一步跨越发展。作为新农村建设的示范区、先导区,2006年12月14日,丹阳市委常委会在界牌镇召开,专题研究并原则通过了《界牌社会主义新农村建设总体方案》,给予界牌新农村建设一系列扶持政策,2010年10月和2012年8月,市委市政府先后两次给界牌新农村建设追加扶持政策。

**2. 高强度建设**。按照"政府工程、阳光操作、造福人民、回报界牌"的总体思路,界牌镇成立了宏森农业发展有限公司和宏森新农村房地产开发有限公司,全面推进五大功能区的建设。集中居住区动迁农户3120户,房屋71.5万平方米,建成安置房93万平方米,安置动迁户2600户,10000人在新村居住生活;农业区国家级万顷良田项目完成,界南项目区土地复垦2650亩,通过省国土厅的验收;工业园区投入20亿元,建设两大工业园区:卡威整车产业园、界西工业园,总投资15亿元的长春一汽发动机项目也已落户整车产业园;其他配套区投入 8.5 亿元开展基础设施建设,完成市镇道路 6.6 公里、河道整治 5.18 公里、污水管网 22.62 公里,建成幼儿园 3 所,文体广场 1.5 万平方米,社区综合服务中心 1.02 万平方米,建成步行街 9 万平方米,农贸市场 4 万平方米。

**3. 高保障运行**。以民为本,保证农民离地不失地,失房不失居,"既有就业,又有保障,更能创业"是界牌新农村建设的根本。在保障体系的建设上,界牌镇创设了九道保障线:一是失地农民最低生活保障,每个界牌人享受 120 元/月,退休后调整为 200 元/月;二是企业职工养老保险;三是农村合作医疗保险;四是农民最低生活保障;五是商业保险;六是每征用一亩土地安置三个劳动力就业的政策;七是设立爱心基金,目前已筹集资金 600 余万元,建立帮扶保障体系;八是界牌农民全部参加丹阳市新农保;九是将流转的土地承包收益金全部返还原承包户。同时建设 1500 亩 50 万平方米的标准化厂房,统一优惠安置拆迁小作坊。建立 1500 亩中小企业创业园,安排征地 30 亩以下的企业入园发展。

**4. 高程度认同**。界牌新农村建设虽然经历了重重困难和千辛万苦,但界牌党委政府按照"走稳步、迈实步、坚决不走回头路"的要求,义无反顾,勇往直前,取得了界牌新农村建设的初步胜利。全国政协副主席张梅颖、江苏省委书记罗志军、原江苏省委书记梁保华、原国土资源部副部长王世元等中央、省、市各级领导视察界牌,对全镇一体化建设新农村、打造新市镇、集约使用土地的做法给予充分肯定,江苏省农业发展银行给予 3 亿元低息贷款;国家、省、市多家媒体多次报道界牌新农村;国家、省、市相关部门专题调研界牌新农村,界牌新农村建设得到越来越广泛的认同。

### 三、界牌新型城镇化的终极目标

**1. 努力把界牌建设成为功能更齐全、布局更合理的新市镇**。界牌新型城镇化再通过几年的建设,进一步强化功能配置,强化整体布局,强化土地集约化使用,形成全镇农民集中居住区、规模工业园区、高效特色农业园区、集镇商贸区和陵园区五大功能区,做到功能划分明显,功能配置齐全,整体布局科学。通过环境整治和长效管理,使界牌居住环境更整洁,生产环境更清洁,综合环境更优美,界牌将成为具有示范效应的新型城镇化的新典型。

**2. 努力把界牌建设成为综合实力最强的新园区**。新农村建设腾出的土

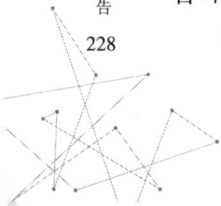

地资源正在不断地转化为项目用地,界牌经济的新增长点越来越多,界牌经济的发展后劲十足。一是做强工业。一大批超亿元、十亿元、百亿元的大企业落户界牌,瑞美福、江苏卡威、新美龙、彤明、金盛、金长江等企业成为界牌工业经济跨越发展的支柱。重点发展2000亩消防安全装备产业园、500亩氢能源产业园、高科技材料产业园、电能汽车产业、低碳环保产业等先导性支柱性产业,引领界牌经济做大做强。二是做特农业。积极实施"万顷良田"建设工程,大力做好农业规模化、现代化、高效化发展的大文章,把界牌农业做成特色、亮点。三是做优三产。钢材市场、整车及汽车零部件市场建成运营,成为界牌三产最大的亮点,界牌镇将成为全省、全市三产经济最活跃的地区。

**3. 努力把界牌建设成为生活水平最高的新社区。**界牌新型城镇化完成后,农民全部集中居住到占地2000亩的界牌新村,将原来行政村的机构过渡到社区,功能也进行逐步的调整,以更加适应社区管理的要求和群众的期盼,重点抓好原来村级资产的保值增值,确保农民受益稳步增长。同时,积极引进国内外知名餐饮、娱乐的品牌企业入驻界牌,在房租等方面制定优惠措施予以扶持,确保群众在界牌能享受到与上海大都市一样的高档服务,并吸引周边地区的客户来界牌消费,把界牌新村建设成为有高档生活水准的新社区。

**4. 努力把界牌建设成为最具幸福感的镇级市。**界牌新型城镇化的五大功能区建成后,人将成为界牌发展大舞台上最核心的要素。我们将把对人的教育、对人的培养、对人的提升、对人的熏陶落实到界牌经济和社会事业的各个层面,大力弘扬讲文明、树正气、有爱心、知荣辱、诚实经营、勤劳致富的新市民形象。用一流的社区环境让界牌人喜住新居,用一流的社区管理让界牌人享受全方位、高水平的社区服务,用一流的社区活动让界牌人享受丰富多彩的城市生活,用全民创业让界牌人更富裕,用完善保障让界牌人更幸福,用倡导五种新风让界牌人更和谐。界牌镇越来越成为令人向往的环境优美、经济发达、人民富裕、社会文明的新农村现代化镇级市。

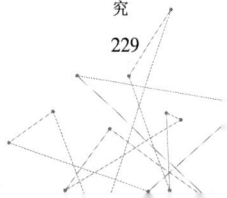

# 基于公众感知的城市发展质量评估及提升研究

/徐 兰 张贞凯 李晓萍 李金艳/

## 一、城市发展质量概述

### 1. 公众感知城市发展质量内涵

质量,除了产品质量、企业质量以外,城市发展同样也有质量可言,重视城市发展质量是在城市化过程中落实科学发展观的重要措施,也是面对日益严峻的城市质量现实所不容回避的问题。因此在城市发展过程中,迫切需要树立起城市发展质量的意识,以更为全面、系统的观点看待城市的发展,降低城市发展质量低劣造成的大量纠偏成本,从而提升城市的经济效益,使城市成为更加宜居的理想之所。现在看来,城市发展不单要看城市规模、人口和面积,更要强调城市的质量。

相比于一般产品,城市发展具有更为明显的不可重复试验性和不可逆性,对于城市发展出现的质量问题,人类将付出远比一般产品高昂得多的代价。在我们对一般产品质量要求越来越高的同时,理应要按对一般产品质量的重视程度来重视城市发展质量。

### 2. 城市发展质量定义

城市化是社会生产力发展的结果,随着我国城市化进程的快速推进,城市的规模与数量不断壮大,城市进入了高速发展的阶段①。城市发展是为了让公众的生活更美好,公众是城市发展的最直接和最广泛的参与者,同时也是城市发展成果的体验者和分享者,公众满意应是城市发展的重要价值取向。而现代质量观念即认为"质量"应是由顾客来判定,越满足顾客的需求,

---

① 徐春华:《城市发展质量研究综述》,《兰州学刊》,2009 年第 3 期。

"质量"越好,如何更好地满足顾客的需求应为质量的至上目标。ISO9000将"质量"定义为"一组固有特性满足需求的程度"。因此,我们将城市发展质量定义为:城市发展质量是城市在发展过程中,各种功能的发展水平及其满足公众当前与未来需求的程度。

公众对城市发展质量的感知,亦即对城市发展效用的总体评价,取决于公众对其自身需求满足程度的期望与实际感受之间的差距,差距越大,评价越低。据此,提出基于公众感知的城市发展质量概念模型(见图1)。

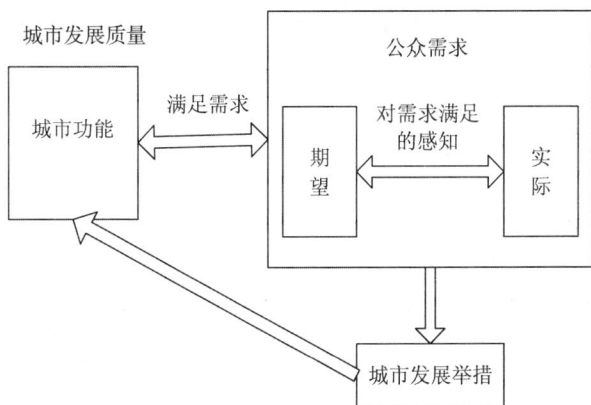

图1　基于公众感知的城市发展质量概念模型

公众个体对需求满足的感知是影响其生活满意度的重要因素,个体对其生活满意度的感知不是完全相同的,因此对需求满足的感知应是公众对城市发展质量评价的主要依据。政府必须及时了解公众对城市发展的感知,及时把握城市发展过程中公众心态的变化与倾向,针对公众最为迫切的需求,及时调整城市发展举措,了解公众对这些举措及其效果的感知情况,确保有限资源的配置效率,不断地提升城市发展质量。

## 二、基于公众感知的城市发展质量评估体系的构建

### 1. 公众感知城市发展质量影响因素

城市发展取决于诸多因素,而公众感知①的城市发展质量是公众在体验城市生活时,其所能感知到的利益与其期望状态进行权衡后对城市发展作出

① 吕维霞,王永贵:《服务设计、社会监督对公众感知行政服务质量影响的实证研究》,《山东社会科学》,2010年第8期。

的总体评价。它是主观的,因人而异,并且会根据不同的侧面有不同的感知结果,因此也是动态的,我们有必要了解其动态变化的原因①。

城市发展质量的内容包括经济生活、社会秩序、市容市貌、公共服务、社区建设、生态环境、城市规划等,其影响因素主要包括以下几点:

(1)经济发展。城市的经济发展水平直接影响到公众的收入和生活水平,对公众感知的城市发展质量关系最为直接和重要。

(2)社会发展。城市发展的体制机制、城市管理能力、居民收入、福利方面的差距以及社会稳定建设等均会影响到公众对城市发展质量的感知。

(3)环境保护。因为城市的空气质量、水资源的清洁优质程度、人口集聚程度等会影响到公众健康和生活质量,因此环境保护必定是城市发展质量提升的重要影响因素之一。

### 2. 城市发展质量评估指标体系的构建

John Friedmann② 指出,城市发展的理想状态应是:一个丰饶的城市、一个生态可持续的城市、一个适合于居住的城市、一个安全的城市、一个主动包容差别的城市、一个关爱的城市。这一表述反映了公众对城市发展的憧憬。联合国可持续发展委员会提出了城市发展质量的"压力 – 状态 – 反应"多指标菜单型评价体系,将城市发展领域分为经济、社会、环境及制度 4 个部分,其中,经济、社会、环境三方面属于城市综合发展战略提出的目标,而制度则属于城市综合发展能力建设的内容。这一思想对于进行城市发展质量评估具有较大的借鉴意义。本研究以该思想为借鉴,并基于公众感知的城市发展质量概念模型,结合江苏省城市发展的实际情况,设计了基于公众感知的城市发展质量评估指标体系。该评估指标体系共有三级。一级指标是最终评价结果,即城市发展质量的优劣;二级指标包括城市发展质量的经济生活、社会秩序、市容市貌、公共服务、社区建设、生态环境、城市规划③这 7 个方面,二级指标属于概念指标,无法直接测量,必须通过下一级指标给予解释;因此三级指标便是对二级指标的进一步细分与具体化,一共有 26 个指标,它们可直接

① 郝胜宇,白长虹:《基于顾客感知的城市品牌建设》,《开放导报》,2008 年第 1 期。

② Friedmann J. *The Governance of Uran – Regions in East and Southeast Asia*. 2005.12.26. http://www.orl.arch.ethz.ch.

③ 陈强,尤建新,鲍悦华:《基于市民生活满意度的城市发展质量评价》,《公共管理学报》,2006 年第 2 期。

测量,是影响评估结果合理性和有效性的关键所在,具体指标体系如表1所示。

表1 城市发展质量评估指标体系

| 一级指标 | 二级指标 | 三级指标 |
|---|---|---|
| 城市发展质量 | 经济生活 | 收入水平 $X_1$ |
| | | 消费水平 $X_2$ |
| | | 工作满意度 $X_3$ |
| | 社会秩序 | 社会保障 $X_4$ |
| | | 社会治安 $X_5$ |
| | | 政府打击犯罪情况 $X_6$ |
| | | 政府依法行政情况 $X_7$ |
| | 市容市貌 | 市容市貌维护与改善 $X_8$ |
| | | 市容景观设计建设 $X_9$ |
| | 公共服务 | 享受公共服务近便性 $X_{10}$ |
| | | 公共服务质量 $X_{11}$ |
| | 社区建设 | 社区服务 $X_{12}$ |
| | | 社区卫生 $X_{13}$ |
| | | 社区文化 $X_{14}$ |
| | | 社区环境 $X_{15}$ |
| | | 社区治安 $X_{16}$ |
| | 生态环境 | 大气环境 $X_{17}$ |
| | | 水环境 $X_{18}$ |
| | | 声环境 $X_{19}$ |
| | | 城市绿化建设 $X_{20}$ |
| | 城市规划 | 城市规划公众参与程度 $X_{21}$ |
| | | 城市布局设计合理性 $X_{22}$ |

## 三、实证研究及分析

应用本文所构建的基于公众感知的城市发展质量评估体系对江苏省13个地级城市进行评估与分析(见表2)。

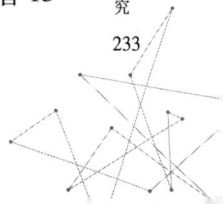

表 2  各城市的主成分得分和综合得分

| 城市 | 第一主成分 | 排名 | 第二主成分 | 排名 | 综合得分 | 排名 |
|------|-----------|------|-----------|------|---------|------|
| 南京 | 17.0653 | 5 | −1.084 | 10 | 13.240 | 5 |
| 无锡 | 18.879 | 2 | −0.457 | 4 | 14.707 | 3 |
| 徐州 | 15.653 | 7 | −1.048 | 9 | 12.140 | 7 |
| 常州 | 18.685 | 3 | −0.830 | 8 | 14.526 | 2 |
| 苏州 | 20.332 | 1 | −0.057 | 1 | 15.875 | 1 |
| 南通 | 18.296 | 4 | −0.621 | 6 | 14.239 | 4 |
| 连云港 | 15.460 | 8 | −0.507 | 5 | 12.033 | 8 |
| 淮安 | 14.151 | 12 | −0.314 | 2 | 11.027 | 12 |
| 盐城 | 14.357 | 11 | −0.385 | 3 | 11.182 | 11 |
| 扬州 | 16.840 | 6 | −1.354 | 13 | 13.042 | 6 |
| 镇江 | 15.186 | 10 | −1.181 | 11 | 11.765 | 10 |
| 泰州 | 15.430 | 9 | −1.188 | 12 | 11.955 | 9 |
| 宿迁 | 13.941 | 13 | −0.783 | 7 | 10.825 | 13 |

**1. 综合得分的结果分析**

从表2可明显看出,在江苏省13个城市的公众感知城市发展质量的综合评价中,按综合得分的高低排序依次为:苏州、常州、无锡、南通、南京、扬州、徐州、连云港、泰州、镇江、盐城、淮安、宿迁。

同时,表2的结果也说明苏州处于优势地位,无论是第一主成分,还是第二主成分,还是综合得分,苏州都是排在第1位,而镇江市的综合得分仅处于第10位,第一主成分得分在第10位,第二主成分得分在第11位。

**2. 第一主成分的结果分析**

主成分解释的是经济生活、市容市貌、公共服务、社区建设和城市规划。从第一主成分排名来看,苏州、无锡、常州排在前三位,即苏锡常在经济、市容市貌、公共服务、社区建设及城市规划方面的公众感知较好。而盐城、淮安和宿迁则在这些方面做得不尽如人意,处于后列。镇江市排在第10位,较为落后,应在这些方面加强。

**3. 第二主成分的结果分析**

第二主成分解释的是社会秩序和生态环境。从第二主成分的排名来看,苏州、淮安、盐城处于前三位,即苏州在社会秩序和生态环境方面做得令公众满意,淮安和盐城虽然在综合得分方面处于劣势,但是它们在社会秩序和生态环境方面做得令公众满意,有可借鉴的地方。而镇江、泰州、扬州则在第二主成分排名上处于最后三位,这也是在进一步提升其自身城市发展质量过程中要关注的地方。

## 四、镇江市城市发展质量提升策略及实现途径

综合上文的分析,镇江市城市发展质量在江苏省 13 个城市中处于劣势,与苏南各市存在一定的差距。经济生活、市容市貌、公共服务、社区建设、城市规划、社会秩序,以及生态环境等各方面表现比较平衡,均处于全省第 10 ~ 11 位的水平,与南京、苏州、无锡、常州等城市相比还有较大的差距。因此,要提升镇江市的城市发展质量,必须全面着手,全面提升。

### 1. 发展质量的提升

在经济生活方面,要加快促进工业转型升级,且在经济发展过程中加强对环境的治理和保护。第一,强化招商引资,以招商引资为突破口,把好项目关,严格审批,坚决杜绝污染严重、三废排放多、产品附加值低的项目,大力引进和发展科技含量高、市场前景好、产业链长、附加值高的新兴产业;第二,调整工业产业结构,积极出台针对高新技术企业的优惠政策,并落实到位,以政策为导向,促使企业进行产品调整;第三,加快企业技术改造,提高企业竞争能力,积极引导企业通过引进消化吸收及自主研发等方式,广泛采取新技术、新设备、新工艺以实现对传统产业的改造,加强研发能力,提高产品科技含量,提高产业竞争力,推动产业升级;第四,进一步推进兼并重组和淘汰落后产能,抑制部分行业的产能过剩和重复建设,综合运用法律、经济、技术和必要的行政手段,形成有利于落后产能退出的市场环境和长效机制。

随着经济全球化的进一步发展,生产要素将在全球范围加速重组,将促使发达国家的产业结构调整和产业外移加速,资本与技术密集程度较高的重化工业、新兴产业的部分制造环节也将加速向发展中国家转移。镇江市必须抓住机遇,积极用高新技术推进经济增长。同时,在承接技术转移的同时,更要注重城市自主创新能力的培育,这也是城市经济增长方式能否成功转变的关键。

### 2. 规划质量的提升

在城市规划方面,应坚持以人为本、生态优先、布局紧凑的理念与原则,高起点,远谋划,充分结合镇江的实际,对城市空间布局、特色设计、功能分

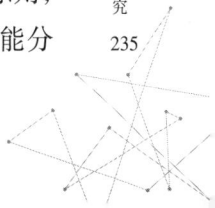

区、基础设施、环境保护等作出科学合理超前的规划。尤其在总体规划指导下,在历史文化名城保护规划的总体框架下,科学规划城市建设、交通、景区、水电等,从而调控并合理有效利用城市资源,科学引导和推动城市的建设和发展,确保城市发展质量目标与城市的发展相协调。

### 3. 建设质量的提升

在城市建设方面,只有加强城市建设,改善城市环境,提升城市档次和城市形象,才能够提升城市的吸引力,提高公众对城市发展的感知质量。

第一,结合镇江固有的自然地理条件和目前经济社会发展格局,合理布局,不断完善城市功能,提高城市承载能力。

第二,加快城市道路建设,加大对市区路网结构改造的力度,拓宽市区主干道,大力强化公共交通,构建合理、畅通、高效的交通运输路网结构,切实解决市区交通拥堵问题。

第三,进一步改造老城区,多方筹措资金,确保老城区改造进度,改善老城区面貌,同时,加快推进新城区建设及其相关配套设施的建设,完善新城区生活服务功能,从而提升城市形象。

第四,加大对城市环境的整治力度,加强城市垃圾的处理力度,进一步对城市进行绿化与美化,从而提升环境质量,充分展示镇江山与水的自然面貌,以提高公众对城市环境、市容市貌等的感知质量。

第五,加强城市社区建设,提高社区公共服务水平,满足公众对公共服务的需求,可提高居民群众的满意度和幸福感,从而提高公众对城市发展的感知质量。社区工作人员应加强业务学习,增强服务意识,提升社区服务水平。

在城市建设过程中,必须立足于协调城市发展与公众利益,立足于协调人民群众的现实利益与根本利益,合理设计并严格规范征地拆迁程序。征地拆迁政策和程序的设定,一方面,必须充分保护民众的合法权益和合理的利益诉求,有效保障拆迁户合理的财产权利、基本的居住空间和一定的就业出路,有效扩大受益面,最大限度地减少受损面,特别需切实保护弱势群体的基本利益,消除酝酿新社会冲突的隐患。另一方面,也必须确保城市建设的开展。忽视了任何一个方面,都不利于经济社会的正常发展,也不利于公众的利益。

### 4. 治理质量的提升

解决镇江市传统城市化积累的问题,重要保障是加强城市治理。城市治理强调公众参与和善治,必须注重提高城市公共服务的供给效率,最大限度

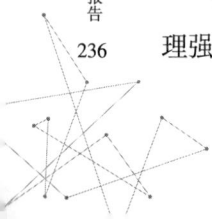

地利用社会资源,促成公共目标。新型城市化"新"在城乡统筹、服务管理体制创新及现代治理模式。加强城市治理是推进镇江市新型城市化发展的重要系统工程。为此,要建立健全城市政府、市民、私人营利组织、非营利组织、国际机构等多元共治的城市治理结构体系,主动吸纳多元社会力量参与促进城市善治;积极推进"政府再造"及建设有限政府、诚信政府、法治政府和服务政府,建立社会信用体系和市场监管体系,营造良好的居住创业环境;加大投入提高城乡社会公共服务水平和质量,推进城乡基本公共服务均等化,加强社会管理创新,不断满足公众对多元社会服务日益增加的需求。

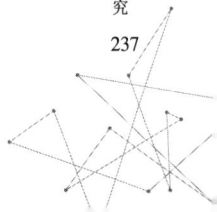

# 打造生态宜居的山水花园城市
## ——关于治理大气污染的思考和建议

/孙忠英/

大气是维持人类生存的基本条件,是反映人们生活质量的重要指标。随着工业化、城市化进程加快,经济社会得到快速发展的同时,环境污染成为一种"城市病"。大气污染尤其是城市灰霾污染日益严重,成为社会公众乃至世界关注的焦点和热点问题。目前,治理大气污染,提高空气质量是加快生态文明建设的一项重要任务。镇江在苏南现代化示范区建设中,如何治理大气污染,打造生态文明先行区,建设生态宜居的山水花园城市是一项需要重点研究的课题。

## 一、镇江环境问题与影响因素分析

### (一)产业布局不尽合理,环境污染压力加大

一是长期以来镇江经济发展以重化工业为主。2012年,镇江重工业产值占规模以上工业总产值的比重达到80%以上,其中化工、造纸、建材、电力等传统产业产值约占全市工业总产值的29%,二氧化硫和一氧化碳的排放量分别占到全市工业排放总量的90%和60%以上。这类"两高一低"的产业既是经济发展的支柱,也是污染环境的元凶。二是工业布局不尽合理。东部谏壁化工区,由于处于城市常年上风向的东部地区,各种污染物不断随风吹向市区,成为城市空气的一个主要污染源。城市西部地区高资镇由于承接了一批从市区搬迁的化工企业,成为一个新的污染集中区。这种工业布局对中心城市造成了东西夹击之势,不论是刮西北风还是东南风都有可能把污染物吹向市区,加重城市空气污染。

## （二）能源消费结构不合理，污染物排放总量难以控制

镇江能源消费以煤炭为主，新能源消费比例偏低。今后经济发展依然需要大量的煤炭资源，因燃煤而释放的污染物也将大量增加。2012年，全市工业煤炭消耗总量为2093.7957万吨，工业废气排放总量2648.5193亿标立方米，其中，二氧化硫排放总量70455.3490吨，氮氧化物排放总量81891.6774吨，烟（粉）尘排放量18079.5828吨。据测算，到2015年全市二氧化硫、氮氧化物排放量将分别达到8.6万吨、9.5万吨，其中电厂二氧化硫、氮氧化物排放量分别占全市排放总量的77%和84%。即使火电厂、水泥厂、钢铁厂采取脱硝、脱硫工程等减排措施，二氧化硫、氮氧化物排放总量仍然难以控制。

## （三）企业环保责任意识不强，节能减排措施难以落实

企业是实施节能减排的主体，环境质量的改善很大程度上取决于企业的行为，但企业缺乏环保责任意识和实施节能减排的动力。究其原因，一方面，市场行情影响着企业的盈利能力，实施节能减排不仅增加企业的成本，而且挤压企业的利润空间。另一方面，企业认为政府出台的节能减排政策激励力度还不够，在决定是否采用节能环保措施时往往进行权衡和博弈。部分企业环保责任意识不强，环境管理制度缺失，再加上国家环境法规也有空缺，存在着违法成本低、守法成本高的现象，企业偷排、不达标排放时有发生。

## （四）城市空气质量下降，大气污染引发民生问题

随着环保意识的增强，市民对环境问题的关注程度越来越高。据镇江市环保局统计：2012年共受理各类信访举报5443件，其中，大气污染占比47.36%。事实上，镇江的灰霾天数日益增多，市民每天能够通过媒体、网络了解城市空气质量报告，对PM2.5的危害也有所了解，因而市民对空气污染格外关注。从2012年10月开始，江苏启用新的空气质量指数评价标准（AQI）。新标准的实施使得空气质量优良天数比例大幅下降。2013年上半年，镇江城市空气质量优良天数比例仅为56.9%。这与老标准下空气质量优良天数占90%的情况反差太大。城市空气质量下降，市民对空气质量的诉求和期盼愈加强烈。

## （五）环境污染防治立法滞后，大气污染治理缺乏可靠法律依据

我国《环境保护法》《大气污染防治法》有关规定已不适应当今大气污染变化复杂形势的需要，急需修订和完善。比如，大气污染防治缺乏联防联控机制。一是城市环境管理缺乏系统的协调机制。目前城市大气污染监管基本以职能部门（环保部门）为主，缺乏相关部门尤其是执法部门（公检法）的配

合,造成监管不够,执法不严。二是缺乏区域性大气污染联防联控机制,城市之间大气相互污染、流动污染的问题难以解决。

　　大气污染蔓延加剧,灰霾污染加重是当今中国城市普遍面临的环境问题,也是一大难题,其成因比较复杂,影响因素颇多,大致有以下几个方面:一是大气污染物成分复杂,源多面广。研究表明,PM2.5(细颗粒物)是大气污染的主要来源,约50%来自燃煤、机动车、扬尘、生物质燃烧等直接排放的一次细颗粒物;约50%是空气中二氧化硫、氮氧化物、挥发性有机物、氨等气态污染物,经过复杂化学反应形成的二次细颗粒物。污染物排放源面广。既有火电、钢铁、水泥、燃煤锅炉等工业源的排放,又有机动车、船舶、飞机、工程机械、农机等移动源的排放,还有餐饮油烟、装修装潢等量大面广的面源排放。二是多因素叠加,大气污染加剧。工业化、城市化加速,企业废气排放、机动车尾气污染、建筑扬尘以及秸秆焚烧等各种污染物剧增,并且相互交织产生二次污染物,形成灰霾现象。城市建设大范围铺开,高楼大厦林立,遮挡了自然风的流动,不利于污染物的扩散,加重灰霾污染。不利的气象条件导致污染加重。当逆温层出现,对天气产生不利影响。逆温层阻碍空气的垂直运动,大量烟尘、水汽等聚集在逆温层下面,使能见度下降,造成大气污染。三是周边城市大气污染物互相传输、互相影响。随着城市规模的快速扩张,区域内城市连片开发和建设,受大气环流及大气化学的双重作用,城市之间大气污染物交叉流动、相互传输,导致区域性污染加重。如宁镇扬三市城市空气相互影响。然而,按照现行行政管理体制,地方政府对当地的环境质量负责。这种行政管理体制决定了城市大气污染防治基本以本地区域为主,缺乏城市之间的相互协作与联合治理,不利于城市大气污染的改善。

## 二、治理大气污染的几点建议

　　发达国家上百年工业化过程中分阶段出现的环境问题,在中国改革开放的30多年间集中出现。环境问题呈现出明显的结构型、复合型和压缩型的特征。这就决定了中国治理大气污染的复杂性、艰巨性和长期性。对于镇江的大气污染治理,提出以下几点建议:

### (一)强化生态文明理念,加快推进生态文明建设

　　党的十八大报告提出加快推进生态文明建设,并把生态文明列入政治、经济、文化和社会"五位一体"的总布局。党的十八届三中全会通过的《中共

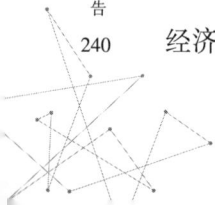

中央关于全面深化改革若干重大问题的决定》强调紧紧围绕建设美丽中国深化生态文明体制改革,加快建立生态文明制度。在新的发展时期,强化生态文明理念,按照《苏南现代化建设示范区规划》目标,落实《镇江市苏南现代化示范区建设行动纲要》和5个推进计划,努力把镇江建成经济发展与生态宜居协调融合、都市风貌与田园风光相映生辉、人与自然和谐共生的山水花园城市。

**(二)充分挖掘镇江的特色和优势,打造生态宜居城市"名片"**

在苏南现代化示范区建设中,虽然镇江与苏南4个城市同处在一条起跑线上,但是镇江如何与其他城市展开竞争呢? 运用SWOT(态势)分析法对现代化建设的优势、劣势、机会和威胁进行分析,得出一个基本结论:镇江在经济、城乡建设两方面处于劣势,而在社会、生态和政治方面有一定优势。尤其是经济发展方面,与苏南4市差距大。客观地讲,镇江在短短几年中经济发展要赶上苏南其他城市并不现实。但是,镇江有比较优势,有特色优势。当今社会,无论是国外还是国内,人们对一个城市的喜爱不只是看GDP,而是更看重城市发展的含金量,包括经济发展、生态环境、生活成本、交通条件、社会治安,以及人们的感受等城市的宜居环境。在这方面镇江这座小城市正好适合现代城市人的新观念、新要求。中国社科院发布的《2012年度中国城市竞争力蓝皮书》显示:镇江进入中国宜居城市前十强,说明镇江的优势所在。因此,在苏南现代化建设中,镇江不必与其他城市拼总量、拼实力,而应扬长避短,充分挖掘自己的优势和潜能,打造现代化建设的"镇江特色"。展现美丽的山水资源、宜居的生活环境、和谐的社会环境,让生态宜居成为镇江的城市"名片"。

**(三)采取综合治理措施,重点治理污染顽疾**

**1. 加快企业转型升级,减少污染排放**。对传统产业加大支持力度进行技术改造和产品升级,对电力、钢铁、水泥等全面实施脱硫、脱硝、除尘工程,降低企业环保成本,同时加强监督管理,对于偷排或治污设施不正常运行的企业加大处罚力度,对污染严重的企业依法关闭。对于新兴产业重点要把好"三关",即环评、能评和碳评关,从源头上控制污染排放。做到传统产业降低排污存量,新兴产业控制排污总量。

**2. 分类治理机动车尾气污染**。据统计,江苏省1/4的大气污染物来自汽车尾气排放,在城市这个比重占到了1/3。目前,江苏沿江八市全面供应苏五汽油,这对减少机动车尾气排放大有益处。但是,市区还有许多不达标的黄标车、黑尾车依然在路上行驶,应加大查处和淘汰力度。同时,扩大新能源汽车的使用范围,推广出租车、大客车、公交车使用天然气,单位、家庭使用新能源小汽车等,降低机动车尾气对空气的污染。

**3. 加强对扬尘的监督管理。**治理扬尘污染,不能仅限于清洗、清扫、洒水等简单的处理方法,应考虑从源头上治理。建议出台《镇江市扬尘管理办法》,明确扬尘责任主体和监管单位。明确规定工程建设单位是承担施工扬尘的污染防治的责任主体,将扬尘污染防治费用列入工程概算。施工单位制定扬尘污染防治方案并严格按规定施工,控制扬尘污染。运输过程中因抛洒滴漏或者故意倾倒造成路面污染的,由运输单位或者个人负责及时清理。还可以考虑统一征收扬尘费,由监管单位统一管理,专项用于治理扬尘污染。

**4. 用疏堵结合的办法消除秸秆焚烧污染。**秸秆焚烧具有季节性的特点,在夏秋两季,环保部门与有关部门加强联合督查和信息反馈,及时堵上焚烧秸秆的苗头。同时,大力实施秸秆综合利用工程项目,为农民解决秸秆回收的难题,使秸秆焚烧主要由堵而转向疏,从根本上解决秸秆焚烧污染空气的问题。

**5. 科学规划城市建设规模,给城市流出通风大道。**最近,上海、杭州等城市正在展开研究开通"城市风道",从城市最通风的地方引风来吹散灰霾。镇江北临长江,有自然的江风作为通风口,在城市规划中,不要大规模修建高层建筑,尤其是长江沿岸禁止修建高层建筑,保留宽敞的江面和自然风光,让城市有足够的空间接纳自然风进来,吹散空中的污染物,减少灰霾污染。

(四)建立大气污染联防联控机制,合力治理大气污染问题

**1. 建立城市大气污染联防联控机制。**目前,大气污染治理单纯依靠环保部门能力有限,应成立以环保部门为主,以发改委、经信委、住建局、城建局、工商局、安监局,以及公检法等多个部门联防联控的协调机制。各部门不仅要各司其职,还要加大监管力度;对于环境违法行为,执法部门要介入,加强处罚力度,对于严重的环境事件要依法制裁。

**2. 建立区域大气污染联防联控机制。**宁镇扬同城化和南京都市圈的建立和发展,为区域大气污染治理提供了契机,建议建立统一规划、统一监测、统一监管、统一评估、统一协调的区域大气污染联防联控机制。城市之间打破行政区划壁垒,加强合作和研究,形成共同制定污染治理规划,合力实施污染防治措施的联动机制。这样,不仅可以降低城市各自治理污染的成本,而且可以提高区域城市环境治理的效果。

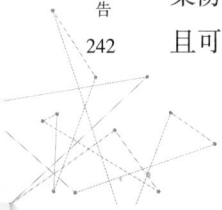

（五）改革现行政府考核体系，加快生态文明制度建设

加快推进生态文明建设需要强有力的制度保障。而加快建立生态文明制度，需要从改革现行政府考核体系，改变唯 GDP 的政绩观入手。

**1．建立和完善经济社会发展评价体系**。把资源消耗、环境损害、生态效益纳入经济社会发展评价体系，建立体现生态文明要求的目标体系、考核办法、奖惩机制。

**2．科学设计政府和领导干部考核指标体系**。对经济发展、生态环保和社会进步三大类指标进行统筹考虑，合理分配到政府和领导干部考核指标体系之中。

**3．把应对重污染天气纳入政府公共服务的范围，提高环境污染的应对能力**。建议出台《镇江市重污染天气应急预案》，将重污染天气纳入政府突发事件应急管理，当环保部门发布最高级别预警时，政府要采取一些强制性的减排措施，包括重污染企业限产限排、机动车限行，大型户外活动停办、中小学和幼儿园停课、企事业单位实行弹性工作制等。在重污染天，政府要带头减少公车出行，倡导公民低碳出行。

治理大气污染是一项复杂的系统工程，道路艰辛而漫长，加快生态文明建设，需要全民积极参与，全社会共同行动，在苏南现代化示范区建设中，把镇江建设成生态宜居的山水花园城市。

# 六、社会事业与社会管理研究

# 利用互联网再造城乡社区文化阵地的可行性研究
## ——以镇江市为例

／曾文兵　包建国　束剑竑　袁　媛／

近年来,伴随着经济的发展和城市化、现代化的推进,社区作为城乡最普遍的基层单位已经成为文化建设的重要载体。但是传统社区文化阵地弊端重重,"闲置浪费、有点无网、分散管理"导致难以为继的现象非常严重。怎样盘活社区现有阵地,更好地发挥社区作为,已经成为当前一项重点课题。本文以镇江市为例,就利用互联网对社区进行文化服务信息化改造、专业化运营、连锁化管理进行可行性分析,探索社区服务的新路子。

## 一、推进社区文化服务信息化改造的必要性

近年来,镇江市投入了大量资金通过老社区改造、新社区建设,建成了达标的文化活动中心,但是,虽然有达标的硬件,可仍避免不了有些社区甚至一半以上居民从未踏入过这类公共场所的尴尬。相当部分的文化中心、活动中心"变质""变冷""变旧"。分析原因:一是运营主体缺失。不少设施在建设时即缺乏对居民需求的深入调研,诞生之初即脱离群众,建成后又有点无网、分散管理、各自为政,没有自我生长、专业运作能力,运营主体缺失成为基层公益性文化事业长久以来缺乏生命力的关键。二是严重缺乏人力、物力。调研发现,镇江市一些小的社区仅配置 1 名工作人员,多的也仅 4~5 名,而社区居民却在几千人甚至上万人,人少事多现象十分突出,也使得维系和发展成为难题。三是传统办公模式瓶颈。伴随网络社会到来,越来越多的人选择网络作为获知信息的第一来源,愿意跑社区居委会的人越来越少,"走家串巷,张贴告示,辖区巡查"等传统社区办公管理模式已难以适应时代发展,社区工

作推进遭遇瓶颈。

与此同时,随着新市镇建设,越来越多的农村城镇化,农民转为市民,新的社区一个个如雨后春笋般出现,各级部门对社区文化建设的投入也越来越多,怎样使这些资源发挥最大效用,避免重复浪费投入,也成为一项迫在眉睫的任务。

## 二、推进社区文化服务信息化改造的现实意义

实施社区文化服务信息化工程,对社区文化中心信息化改造升级,组建专业公司连锁化管理、市场化运营,有着三大现实意义。

### 1. 有利于盘活现有文化阵地,充分整合和共享现有社会文化资源

社区文化资源可分为硬件和软件两大部分,硬件主要指文化设施,软件则是指文化活动内容及文化人才。现有文化阵地存在着重复建设、资源浪费的通病,可通过对原有旧文化设施进行改建,突破过去条块分割的纵向联系的传统模式,实现社区资源的横向联系,提升全市公共文化服务质量。

### 2. 有利于降低服务人员劳动成本,开辟社区服务新职能

互联网技术最大的特点是统一平台、分散终端。由专业公司、专业团队负责平台建设、软件开发和内容更新,既可以不断开辟社区服务的新职能、新内容、新应用,将家政、缴费、物业、装潢、托管老人和儿童等内容进行有机融合,也可以将社区服务人员从内容建设中解放出来,极大地降低社区服务人员的劳动量和劳动成本,使其更专注于提高服务质量,从而为社区居民提供更加全方位、更为优质的服务。

### 3. 有利于促使社区从传统工作方式向现代服务方式转型

社区已经走到社会管理最前沿,党建、卫生、体育、环保、科技等各部门纷纷通过社区这个载体实现管理职能的到位。事实上,当前各社区80%以上的工作都是政府交办的,社会救助、敬老助残、再就业服务、青少年社会实践、禁毒扫黄、刑释人员帮教、社区卫生、综合治理等方面的大量工作要依托社区来开展。打造基于互联网信息化的新型社区文化阵地,通过网络架设政府、社区之间有效沟通的桥梁,能促进政府部门与社区的条块结合,推进各部门工作的业务协同开展,并将吸引社区居民、业主委员会、物业公司等社区主体积极参与社区工作。

### 三、实施社区文化服务信息化工程的目标及内容

2013年,镇江在全市范围内进行调研,探索利用先进的互联网信息技术和海量的文化资源,盘活社区现有文化资源,进行信息化改造,实行专业化运营、实施连锁化管理,在镇江推行基于统一互联网平台的"幸福网苑"工程。

**1. 建设目标**

对社区现有的文化中心、设施进行整合、优化和信息化改造,统一规格建设信息化文化中心,打造一个个"幸福网苑"数字社区。每个"幸福网苑"以2万到3万居民为覆盖面,面积在150至200平方米,平均由50台电脑终端组成。分绿色上网服务区、多媒体培训阅览室和多功能演播厅三大服务区域,作为各级各类信息资源服务的实体载体,并以VPN宽带专网为技术支撑,实施统一的专业化联网连锁管理,最终打造建在社区、面向居民、基于互联网的新型公共文化服务平台,形成实体与网络相结合,硬件与软件相结合,覆盖全市的"天罗地网"式数字社区,为居民提供"一站式服务"。

"幸福网苑"数字社区工程,主要包括4个子工程:一是与社区文化活动中心改造工程配套,对主城的社区文化活动中心实现信息化功能、设施配置;二是以3万个居民居住区域为一个建设单位,利用3~5年时间,完成百个"幸福网苑"的硬件建设工作,并最终实现可持续运营;三是依托金山网,建设"金山数字家园"社区网站,并联通"网上居委会"平台;四是以文化信息服务为主干,建立面向全市用户的call center(呼叫服务中心)平台。

**2. 建设内容**

"幸福网苑"数字社区工程,相较传统社区文化服务阵地,强化了以下功能:一是强化社区文化传播功能。以公共公益性、网络安全性、内容健康丰富性以及管理专业性为要求,在社区建设互联网时期的文化传播新阵地,满足人民群众日益增长的物质文化需求。具体而言,在社区建视听多媒体、远程教育社区播放站;开设电子报刊阅览;举办报告讲座、会议活动、演播现场、网络直播;建设未成年人社区"第二课堂"数字实践基地、社区数字图书馆、数字影院社区放映点、全国文化信息资源共享工程基层中心、社区学校数字培训点、益智电子竞技社区辅导站,以及老年人、妇女、民工等电脑技能培训点。推动社区成为人们休闲、娱乐、交流、接受教育的重要场所,在潜移默化中提升居民素质。二是强化社区电子政务功能。整合当前镇江市各级政府和相

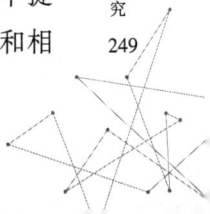

关机构的网站,在城市社区建立电子政务平台,设置多个服务终端,推动社区成为部门与居民双向互动的中介点。具体而言,可以指定社区为镇江市各级党务公开信息、政务公开指定查询终端、视频电话会议服务终端、"书记、市长信箱"等指定受理点、社区"网上警务室",开设"12345"公开电话、"镇江论坛"网络发言平台、"网上居委会"社区工作站、"校校通"社区服务延伸点、各级政府与百姓沟通的"数字信访"站等。一方面,方便各部门职能向社区延伸,另一方面,居民可以与各部门通过社区这一中介点直接发生联系,有效地减轻社区工作压力。三是强化社区信息服务功能。与各服务机构加强联系,在社区设服务点,方便群众办理各类事务。具体而言,在社区设互联网绿色上网服务点,通过办理实名制 IC 卡,让居民在家门口就可以享受"数字生活新天地";可以在社区设数字化考点、数字化便民服务支付点、社区远程医疗咨询点、文化及旅游等票务服务点、数码冲印服务点、创业理财咨询服务点等,还可与镇江本土连锁超市合作开通网上配送服务,满足居民不同的服务需求。

## 四、探索"政府主导、社会参与、专业运作"新机制

实施社区文化服务信息化工程暨"幸福网苑"工程,可探索"党委政府主导,社会各界参与,专业实体运作,政策法规管理"的推进模式,通过"三级下放投资、政府部分购买公益性服务、专业公司连锁运行管理"的方式,在保持项目公益性的基础上,既避免政府直接投资、自主管理的低效,又充分发挥社会融资、专业运作、集中管理的市场效能。

### 1. 党委政府主导,多部门协作共建

社区文化服务信息化工程有着公益性、福利性的特点,并涉及党委政府多个部门,这就决定了"幸福网苑"项目的建设必须由政府主导。要在市委市政府的支持下,成立工作领导小组,整合在项目建设中所涉及的职能部门,明确各部门在信息化建设中的具体职责和应完成的具体任务,协调社区公共服务点信息化建设和运行过程中出现的各种难点问题,促进部门协作,从组织管理体系上给予保证。可以成立由宣传部门牵头,组织部门、文明办、经信委、文广局、民政局等部门参与的领导小组,组建文化中心信息化建设服务中心,负责全市社区文化设施信息化的建设和管理工作。

### 2. 社会各界参与,拓宽资金筹措渠道

"幸福网苑"的建设离不开财力保障,要拓宽项目建设投融资渠道,建立

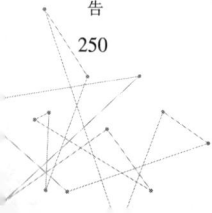

以"政府投入为引导,社会各界融资、企业自主经营为主体"的多元化投融资机制。在筹建阶段,应以财政投入为主,市里拨出专门资金建设基础平台设施,区、街道配套投入,设立"社区文化专项经费",实现市、区、街道三级分担投资,同时,考虑从市未成年人思想道德建设专项经费、市文化事业专项资金、市级党建经费中筹措一部分资金,并向省里申请资金扶持。在此基础上,由于"幸福网苑"项目本身具有商业价值,本着"谁投资,谁收益"的原则,还可以通过转让经营年限、共同投资等方式,引导、鼓励各类资本参与"幸福网苑"项目建设,还可以通过结对共建的方式,向社会各界筹措资金。项目全部建成后,以"政府购买服务"的方式,另行拨付管理费用和后续建设、更新、维护资金。支持其拓展增值服务,建立良好的运营模式和持续的利润来源,形成新型的数字社区服务产业链,探索社区文化服务持续运营模式。

**3. 专业实体运作,实施连锁化管理**

由于其专业性和实效性,社区文化服务信息化工程客观要求有一个专业的团队,依托信息化服务点,开展积极有效的服务,满足现代居民在生活、心理等各种服务上的多样化需求。这就要求"幸福网苑""管办分开",成立一个专业的"数字社区文化服务中心",按照"专业管理、连锁服务"的原则,对"幸福网苑"进行专业管理,实行连锁服务和管理,形成统一的装饰风格,统一的技术平台、统一的服务内容和品牌,使各个"幸福网苑"按统一的技术标准与要求运行,以降低运行成本,保证服务质量和标准,更好地为居民提供专业的网络教育、医疗保健、家政、信息提醒等增值服务,这也保证了党委政府部门从繁琐的事务中脱身,真正从"管脚下"转变为"管天下"。

**4. 政策法规保障,明确产权和相关权益**

"幸福网苑"项目是一个新兴的事物,通过商业运营来实现公益性。一方面,作为专业运营实体,在保证项目公益性的前提下,可充分利用文化信息产品贴近社区居民的特点争取商业广告,获得资金收入,作为项目日常运营维护和再投入的经费补充。另一方面,为保障机构运营公益方向,也应制定相关的政策法规,确定信息化社区公共服务点产权归当地街道所有,由街道按照"政府主导、市场化运作"的模式运营,并建立由社会各方人士参与的管理委员会或董事会对机构进行监管。广泛吸收辖区单位、热心人士及德高望重者等参与监督,最终形成"党委政府主导、社会各界参与、专业实体运作、联网连锁管理"的运营模式,实现群众性、公益性、开放性的统一,确保高质量的公益服务得以可持续发展。

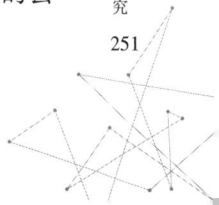

# 厘清职能　整合资源
## 推进医药卫生体制改革取得新实效

／蔡　萍／

　　组建医疗集团是实现卫生资源纵向整合的有力举措,而有效整合卫生系统内外部资源,则是加强卫生资源横向协作的积极尝试,对于推动各种要素有序流动、有机融合,深化医药卫生体制改革,促进医疗卫生事业健康快速发展,具有十分重大的意义。

**一、处理好公共卫生和基本医疗的关系,实现医疗卫生系统内部资源的有效融合**

（一）基本情况

**1. 基层医疗卫生服务体系建设方面**。随着医改工作的全面推进,镇江市基层医疗卫生服务体系建设全面展开。一是基层医疗卫生机构布局不断完善。现有乡镇卫生院 5 所、城市社区卫生服务中心 1 所、社区卫生服务站 5 个、村卫生室 40 个,城乡基层医疗卫生服务网络初步形成。二是基层医疗卫生机构标准化建设步伐不断加快。全面实施科室设置、设施设备、机构标识、服务内容、人员培训"五个统一",截至 2012 年年底,全市村卫生室基本完成标准化建设任务。到 2013 年年底,100% 的基层医疗卫生机构达到省定规范化建设标准。三是基层医疗卫生机构运行机制不断优化。完善基层医疗卫生服务功能,积极实行双向转诊,市人民医院、中医院与各乡镇卫生院签订了双向转诊协议,制定了双向转诊的具体规定,并正式开始实施。

　　**2. 公共卫生服务体系建设方面**。市级机构有疾控中心、卫生监督所、妇幼保健所;农村由 6 家乡镇卫生院(城市社区卫生服务中心)及其管辖的村卫生室(社区卫生服务站)提供基本公共卫生服务,覆盖全市的市、镇(街、区)、村(社区)三级公共卫生服务网络已经形成。一是各项公共卫生服务项目顺利实施。全面落实住院分娩补助、增补叶酸以及"两癌"筛查项目,累计发放住院分娩补助金223.58万元,增补叶酸6785人,完成"两癌"筛查93986人。二是全面启动上消化道肿瘤重点人群筛查项目。在完成上述公共卫生服务项目的基础上,镇江市又在全省率先启动上消化道肿瘤筛查项目。2013年计划完成2000例重点人群筛查,已完成2386例,共检查出食管癌7例,胃癌5例,上消化道癌前病例37例。三是积极推进基本公共卫生服务。截至目前,全市已建立居民健康档案24.2万份,建档率72%;儿童一类疫苗接种率达96%以上;结核病、艾滋病防治以及血防管理工作扎实推进;精神病人登记管理以及高血压糖尿病规范管理不断得到强化。

(二)存在问题

一是城乡公共卫生资源分布不均。目前,全市公共卫生资源总量不足,分布不够均衡,优质公共卫生服务资源主要集中在城区,农村公共卫生资源数量和质量较之城区有很大差距,基础设施和基本检测设备相对落后,服务能力和水平相对不高,不能完全满足基层群众公共卫生服务需求。

二是基层医疗卫生机构工作职责不清。近年来,由于公共卫生服务项目增加迅速、种类繁多,一些基层医疗卫生机构因为防保工作人员相对不足,经常抽调卫技人员从事公共卫生服务工作,出现了"一人多事"或"一事多人"现象,不同程度地存在任务不清、职责不明等情况,直接影响了公共卫生服务项目的有效落实。

三是基层防保从业人员总体素质不高。由于历史原因,目前我市基层医疗卫生机构防保工作人员以非卫技人员为主,人员年龄偏大,专业知识缺乏,业务能力不强,总体素质不高,难以满足新形势下开展公共卫生服务的需求。同时,由于基层医疗卫生机构收入偏低,难以留住或吸引专业人员。

(三)相关建议

国家医改相关文件明确,基层医疗卫生机构主要承担公共卫生服务和基本医疗服务职能,如何在新形势下处理好两者之间的关系,逐步实现均等化,成为当前医改工作的一项重要课题。近年来,各地围绕两大服务体系的协调发展,探索实践了多种形式的农村医疗卫生服务模式,主要有医防合一、医防分设、依院设所、购买服务等。

结合镇江实际,建议采取"依院设所"模式,即"一套班子、两块牌子",依托乡镇卫生院成立防保所,防保所在行政上、经济上接受乡镇卫生院管理,财政上实行定额补助、分账核算,承担辖区内预防保健和公共卫生服务工作。这种模式既强化了防保机构公共卫生服务职能,又不对现有机制作重大变革,有利于促进医疗与防保协调发展,进一步整合城乡公共卫生和医疗服务资源,实行公共卫生服务市镇村一体化。

在城区,结合城区医疗卫生机构的布局调整,将市直医疗卫生机构及城市社区卫生服务中心的卫生监督、疾病控制和妇幼保健资源进行整合,设立市级防保中心,在保障城区公共卫生服务的同时,为基层提供业务培训和指导服务。在农村,将乡镇卫生院原防保科升级为防保所,在村卫生室委派公共卫生联络员,具体负责辖区内疾病预防控制、妇幼保健、卫生监督、健康教育、卫生应急等管理与服务工作。

在推进公共卫生服务一体化、均等化进程中,需重点把握以下几个方面:

一是坚持公益原则。明确各级政府公共卫生服务职责,切实加强领导,增加卫生经费投入,加大对基层的扶持力度,以促进公共卫生服务均等化为目标,强化农村卫生基础建设和人力资源配置,健全农村公共卫生服务网络,为基层群众提供更加优质的服务。

二是完善准入制度。对基层防保所的专业人员、技术运用、基础设施等卫生服务要素建立严格的准入标准,从制度上规范机构设备设置、质量控制和技术标准等,促进卫生服务绩效水平的提高。加强轮岗交流、进修培训,进一步完善人才流动制度,不断提高基层公共卫生从业人员服务水平。

三是加强督查监管。制定完善公共卫生服务和基本医疗服务绩效考核管理办法,健全公共卫生服务评估机制,切实加强监管、考核,确保政府补助资金效益最大化。

## 二、在加大医疗机构内部资源融合的同时,要切实加强医疗卫生资源与其他机构资源的整合

一是整合卫生与养老机构资源,进一步加快养老服务事业发展。近年来,镇江已进入加速老龄化阶段,据统计,全市现有 60 岁以上老年人 5.7 万人,占全市户籍人口的 20.1%。目前,镇江养老形式主要是居家养老(占97%)和养老机构养老(占3%)。全市现有老年公寓 1 所、床位 150 张;镇(街、区)敬老院 6 所、床位 915 张;民办养老机构 4 所、床位 230 余张;农村"老

年关爱之家"11所,可提供床位300余张,远远不能满足实际养老服务需求。市民政部门正在积极筹建新福利中心,各镇(街、区)也计划在"十二五"期间对敬老院进行新建或改扩建,进一步提高养老服务承载能力。

医疗服务是养老服务的重要组成部分,一些地区和民营医疗机构已经开始尝试推行养老机构与医疗机构合作,通过开办老年护理院、爱心护理院等形式,整合相关资源,提供养老服务。镇江乡镇卫生院病房使用率普遍不高,闲置房屋较多,可以充分利用这些条件,加强部门合作,整合相关闲置资源,发展养老服务产业。建议卫生部门加强与各镇(街、区)以及民政部门之间的合作,采取在乡镇卫生院内部单独设立病区,在镇(街、区)养老机构周边建设医疗卫生机构或利用闲置业务用房成立爱心护理院等形式,进一步拓展服务范围,引导基层医疗卫生机构及其工作人员积极参与居家养老服务,为老年人群提供便捷、高效的基本医疗卫生服务,实现基层医疗卫生机构的健康、可持续发展。

二是整合卫生与计生资源,进一步提高基层计生技术服务能力。目前,我市计划生育技术服务网络基本建成,各基层计生技术服务机构基本配备了常规的检查和治疗设备,在市计划生育指导站(世代服务中心)和各级医疗卫生机构的指导支持下,为育龄群众提供计划生育技术服务。为放大卫生和人口计生部门的综合服务效应,建议加强两部门资源和技术合作,借助基层卫生医疗机构的人员和技术力量,进一步放大计生网络优势,提高计生服务覆盖率和内涵质量。可以购买服务的形式,将农村计划生育技术服务项目交由基层医疗卫生机构实施,以有效化解计生专业人员不足的问题。

三是整合卫生与残疾人康复资源,进一步提高社区康复服务水平。目前,镇江市卫生部门和残联已经开展了一系列合作,卫生部门将残疾人社区康复纳入了城乡基层卫生服务范围,依托社区卫生服务中心(站)和乡镇卫生院、村卫生室开展残疾人康复工作;基层医疗卫生服务机构选定了1~2名全科医师或相关卫生技术人员专门从事残疾人康复工作。市残联也为基层医疗卫生机构配备了残疾人康复训练器具。基于镇江残疾人康复工作现状,建议卫生部门与残联共建,在乡镇卫生院设立单独的残疾人康复科,开设残疾人康复病区,实现人员、经费、设施设备等资源的有效整合,为残疾人康复提供更为便捷的服务。

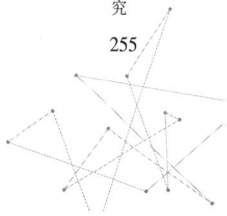

# 扬中市构建公共资源交易监管的县级模式

／姚敬源／

2011 年以来,扬中市按照"理念＋科技＋制度"的思路,充分发挥纪检监察工作的职能优势,稳步推进招投标体制改革,建立了以集中交易、行业管理、廉政全程监督为特点的公共资源交易监管县级模式。

## 一、坚持三个理念,打造科学监管的机制

一是专业监督与高位监督相同步。在不改变行政主管部门监督职责的同时,成立市纪委招投标廉政监管办公室。各主管部门依法依规,负责本行业的招投标监管工作,查处违法违规行为;监管办常驻招投标市场,代表市委市政府以及市纪委履行监督职责,把重点放在对工作程序的监管上、对主管部门的监管上,对违法行为从严问责,做到"管理不干预、监督不干涉",实现了廉政资源的有效整合。

二是一级市场与二级市场相衔接。在建立了市级招投标交易市场的基础上,将招投标廉政监管工作向镇级延伸,实现镇级招投标交易站全覆盖,要求预算价在 50 万元以下的建设工程项目、金额在 5000 元以上的物资采购、预算价在 10 万元以下的产权交易等镇村公共资源交易,全部纳入统一管理。2011 年以来,全市市级公共资源交易额 65 亿元,镇级公共资源交易额 1.45 亿元。

三是廉政监管和诚信建设相结合。分别建立投标人及投标项目负责人、招标代理机构及项目代理组长、工程造价咨询单位及从业人员诚信档案,将企业围标、串标、恶意投诉等 24 种不诚信行为记入档案。在标前实行诚信审查,标中实行"三合一"评标新办法,将企业诚信等级与招投标结果直接挂钩。

建立廉政资质准入制。对审查合格的企业发放《廉政准入通知书》，对在招投标交易过程中发现有不廉洁行为的企业，开具《廉政告诫书》和《不廉政退出通知书》。2011年以来，共发放《廉政准入通知书》1200余份，先后对12家投标人给予一年或两年内限制准入的处理，对4家招标代理机构不良行为实行记分并对外公示。建立廉政保证金制度，将廉政责任与经济效益挂钩，与投标人签订廉政合同。中标人须在工程竣工验收合格后，凭招标人出具的《诚信守诺确认表》，方可办理退款手续。

## 二、建立五大系统，塑造高效监管的流程

一是评标过程直播系统。在招投标市场配备电子声像监控、语言变声答辩等22个功能设备，对开标、评标的全过程进行音像监控。在信息发布区设置电子屏幕，对评标过程进行现场直播，实时监督。

二是招投标网上运行系统。全面实施建设工程全程电子招投标，在"扬中市招标投标信息网"上统一发布招投标信息，提供招标公告、招标文件、图纸、工程量清单等下载，所有项目从进场委托招标，到签订中标合同，均按法律规定的流程，在网上规范运作。目前，已对所有市政、绿化、水利、交通以及监理工程实行远程评标。

三是招投标电子监管系统。研发廉政监管软件，用电子化的手段规范招投标交易的每项活动，对关键节点实行在线监控，增设廉政把关的"一键通"必经程序，实现"项目入市—投标报名—评标专家产生—评标—定标—中标结果公示"全过程电子化、程序化管理，任何关键节点未经监管人员审核同意，整个招投标交易都不能进入下一个环节。两年多来对7起有明显围标、串标嫌疑的投标人进行了"一键终止"。

四是廉政资质查询系统。将"扬中市招标投标信息网"与检察系统的"行贿犯罪档案查询系统"进行联网，在开标时能在网上实时快速查询到投标企业的"廉政资质"。两年多来取消50家投标单位及项目经理的投标资格。

五是现场考勤远程报送系统。在全省率先采用面部识别考勤系统，对中标的项目主管人员进行图像采集，建立档案；工程开工后，在施工现场安装面部识别考勤机，进行眼瞳和人脸识别、采集并同步传送到招投标大市场监管人员的电脑中，每天考勤两次，保证了"谁中标，谁施工"。两年多来，先后采用了这一系统对全市60多个重点工程进行标后监管。

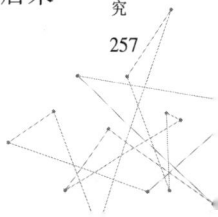

### 三、紧扣三个节点，建立刚性监管的体系

一是标前做到公开透明。建立招投标信息公开制度，所有工程在招投标市场和专业网站上及时发布招标信息。建立招标单位负责人提前告知制度。统一印制《招标人须知》，下发给招标单位"一把手"，明确要求招标文件不得有限制和排斥投标人的条款，严禁先定后招，主要领导不得担任评委。规定在政府投资房屋建筑和市政基础设施工程中，招标人不派代表参与评标。

二是标中做到公平公正。完善评标专家和专家库管理制度，建立600余人的评委库，实行电子化管理和电脑语音随机抽取评委制度。同时，积极做好与省、镇江专家评委库以及周边地区评标专家库的联网工作。对单项估价在300万元以内的市政基础设施工程，推行招标资格后审和随机抽取中标人制度。开标前，合格的投标人不确定，开标后再对投标人进行资格审查，对合格的投标人采取随机抽取的办法，确定中标候选人。大力推行"合理低价中标法"，两年多来已成功实施23次，有力地防止了围标、串标现象的发生。

三是标后做到严格履约。成立标后联合督查小组，动态跟踪项目履约情况。严格变更管理，遵循"必要性、可行性、经济性"的原则，对工程变更的范围、内容和相关责任方进行界定，完善合同中对工程变更的定价标准，进一步规范审批权限和程序。出台问责办法，明确了责令整改、通报批评、经济处罚、停职待岗、取消评先评优资格、调离、责令辞职、免职8种问责手段，情节严重的，给予党纪政纪处分，并依法追究刑事责任。2011年以来，全市共有5名党员干部因在公共资源交易中出现违法违规行为被查处和问责，其中镇局级领导干部2人，并有2人被移送司法机关。

没有规矩不成方圆。扬中构建公共资源交易监管模式的实践表明，制度化、规范化管理是对权力最好的约束，只有将权力关进制度的笼子，方能堵住每一个漏洞，管住每一个节点，让招投标双方不能腐、不敢腐。当然，面对层出不穷的新情况、新态势，我们必须与时俱进加以健全，创新思路加以完善，不懈努力。

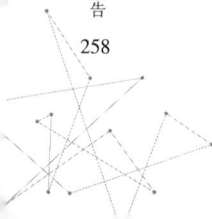

# 政府会计与公益性医改的协同机制研究
## ——基于镇江市医疗改革试点的实践

／李靠队　徐惠珍　赵叶灵　周新燕　潘　俊　苗　晴

周以林　常海虹　陈卫军　严书欢　孙　月／

## 一、研究背景与意义

医疗改革与政府会计改革是当前社会改革的两大热点,医疗改革的目标是公益性(陈竺,2009),政府会计改革的目标是解除政府的受托责任。根据国务院医改工作统一部署,财政部会同卫生部等有关部门在 2011 年同步推出了医疗机构财务、会计、注册会计师审计等五项制度,2012 年 1 月 1 日起在全国执行。政府会计改革为医改铺路,医院会计制度充分体现出公益性的特点,财务、会计信息披露增强了医疗机构业务活动和成本构成的透明度(王军,2011)。但是医疗会计制度的有效性尚需检验,医疗会计制度必须建立起大医疗会计制度系统,通过合理的机制安排来实现医疗公益性。公益无非是利益配置问题和受益的监督问题两个方面,会计核算和信息披露无疑可以作为公益控制、监督的手段和方式,而通过会计制度的安排和设计可以协调各方的利益关系。如何通过合理会计制度设计、通过政府会计与医疗的协同改革,从顶层制度安排来实现政府公共管理下的卫生事业的公益目标是值得探讨的问题。

## 二、主要观点及对策建议

### (一)主要观点

(1)医疗会计制度是医改"公益化"的制度约束。会计提供政府资金使

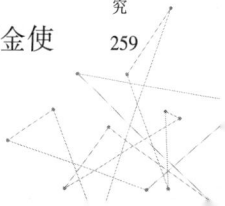

用、公众医疗成本、医院运行成本信息,直接控制和反映着"公益"资金的使用。医疗会计制度是提供利益信息的信息系统,表达了各方利益的分配关系,同时也是实现对各方利益均衡的监督和控制手段。(2)医疗会计制度是利益均衡机制的具体化。医疗会计制度是利益均衡机制的组成部分,公众健康、政府公信和医院生存最终都反映为一定的经济利益关系,会计制度是财政政策、医保政策的微观具体化,是政府、公众和医疗机构利益协调的具体机制。(3)医疗会计制度的适时调整是利益动态均衡的基础。医疗会计制度是利益表达机制的具体体现,是利益均衡实现的制度基础。利益均衡的动态性需要医疗会计制度能够根据医疗环境跟踪适时调整,渐进深化改革。(4)医疗会计制度是医疗公益化信息透明的保障。医疗会计制度是降低医疗成本的有效途径,是利益相关方利益均衡的监督机制。财务信息披露是公益化医改信息透明的保障,医疗会计制度最终能增加医疗信息透明度、解决信息不对称,在接受公众、政府和社会的监督中实现惠民目标。

## (二)建议与对策

### 1. 公益实现:会计与医改的协同

通过调查分析我们可以看出,"公益性"对于政府层面来说是医改的导向,政府只能实现制度上的安排,而公益的结果是公众的一种感知,应该从制度上进一步考察其运行机制和协调机制,根据结果来导向制度的调整和安排。医疗会计制度是医疗改革协同改革的主要方面,因其不仅仅成本控制、信息透明,更可以达到对公益性的监督和公益性医疗的"非分配约束"和收益均衡,具体来说要注意以下几个方面:

(1)政府与医疗改革的协同效果在公众感知层面比较低,可能是医疗会计制度的公益性仅仅流于形式,而缺乏在实际中运行的有效机制。而会计制度是政府宏观的制度安排,需要进一步研究完善医疗会计对于医疗公益性的约束机制。(2)医疗会计制度的专业性也是公众对于会计制度本身认知较低的原因,政府应该在一定程度上加大医疗会计制度改革的宣传力度,增加公众对政府制度安排的认同。(3)医疗财务信息作为医疗服务信息的重要方面尚没有被医疗机构进行充分有效的披露,这不仅仅是公众知情权的主要内容,而且是监督医疗机构公益性的主要方式。政府应该从制度方面约束医疗机构对于财务会计信息的公开和透明,强化社会和公众监督。(4)民众对于医改中维护自身利益的知情权等相关权利模糊,缺乏公民参与和社会监督意识。政府应该加大宣传力度,明确公民权利,在政府转变职能建设服务型政府的过程中调动群众的力量,达到公共治理和公益事业开展的上下层互动局面这样才有利于政策的执行和公众的支持,实现民生的最终目标。

公众作为公共治理下的委托方,有权利要求公共部门提供履行义务和责任的信息,但是我国的公共治理机制尚在建立完善中,民众的公民意识不强,对自身的权利定位也比较模糊,所以把更多的希望寄托于执政方,缺乏公民参与意识。但随着公共管理体制改革,公民对信息的获取要求会逐渐增强,将必然更关注医改过程中的个人利益,对医疗财务会计信息的诉求会逐渐增强。最后,从调查的过程中被访者发表的主观意见来看,公众对于医改态度是期待与怀疑并存的,人们一方面寄希望于医改,但同时又难以相信医改的成效,可见医改也关系到政府公益管理的公信力,政府会计改革以及政府会计信息透明是重塑政府公信力的重要举措,从政府会计与医改协同改革的角度合理安排医疗会计制度将是社会公益和政府公信建设的重要一环。

**2. 激励机制:核算方法优化设计**

新《医院会计制度》围绕医改的公益性目标也进行了协调,比如,(1) 与旧《医院会计制度》相比取消"药品进销差价"科目及其核算,也就是通常所认识的取消了药品加成收入;(2) 与《事业单位会计制度》相比,没有开设"经营收入""经营支出"等反映营利行为的科目和核算;(3) 与政府会计改革的指导思想和方向相比较,开设了"累计折旧""待转基金"等科目,这是与政府会计协调一致下相同的改革点;(4) 与营利组织相比没有类似的"利润"分配,即使《事业单位会计制度》中的"结余"分配也没有提及。

尽管《医院会计制度》否定了药品加成收入,也回避了医院经营行为等一系列制度规定,从形式上来看是符合了"公益"特点,但是否医院就立刻表现出公益的面貌呢? 是,但也不是。说"是"那是因为会计制度确实具有非营利组织的特征,说"不是"是因为《医院会计制度》并没有从根本上改变医院业务核算的利益机制,改变的仅仅是信息反映的形式。举例来看,固定资产折旧是把专用基金的提取模式给予替换,确实更加符合会计的处理原则,但是对医院的公益性并没有影响;不核算"经营收入"似乎充分体现医院的公益专一性,但不核算并不等于不存在,医院的经营收入照样存在,反而是这种避而不见的做法更加掩盖了医院可能从事的经营行为,掩盖了医院获得税收上的经济好处及获得不营利的社会声望好处! 但这其实是一种掩耳盗铃的行为,公众并不认可医院的"非营利性",这就说明会计制度如果仅仅从形式上维护这种"公益"特征是不会被公众认可的,是失败的。再看药品加成,从核算收益

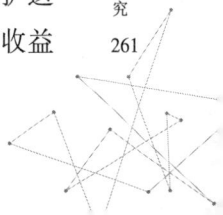

上是少了一大块,但仅仅局限在一定的药品范围内,而不是所有的医疗材料或服务都取消了"加成"。药品的加成可以不复存在,但是医院完全可以通过仪器损耗的折旧成本来弥补,这只是一个此消彼长的游戏而已。

### 3. 分配机制:智力资本分配会计

患者对"看病难、看病贵"的感知主要来自"以药养医"和"过度医疗",以药养医和过度医疗的根源在医院的绩效评价机制以及收益分配机制。传统绩效机制过于注重对物力劳动量以及相关指标的考核,如就诊人数、医疗器械的使用率,而忽视医生的"脑力劳动"及其价值,所以医生更愿把更多的诊断和检查交付给机器,因为机器检查便意味着收费和效益,而人力的诊断则显得"没有价值"。事实上将人力诊断变为机器诊断的附属程序,就本末倒置了机器诊断这一附属作用的本质。以镇江某三甲医院为例,挂普通号的费用为5元,而挂专家号的费用为10元。在这种情况下患者可能优先选取专家号,导致的结果是普通号经常门可罗雀,而专家号人满为患,极大地挤占了原本需要专家诊治的病人的位置,也使专家往往超负荷工作,降低了专家的诊断质量。曾发生过有些知名医院知名专家的挂号费用在黑市卖到300元、500元甚至更高,但仍然出现有些急需患者多天排不到一个号的情况。

专家号的资源分布不平衡与黑市高价挂号费的出现说明市场认可,但市场同时又缺乏配置。专家对于医院来说就是一种稀缺的人力资源,是一种有价资源,这种有价资源在于其拥有的智力资本与技术资本。所以专家创造的价值更大,体现出来就是对疑难危重病人生命的挽救,所以应获取与其价值所相当的报酬,即人力资本收益。人力资本收益分配和医疗定价一方面可以解决稀缺资源的市场配置问题,使更需要救助的患者得到最有价值的治疗;另一方面人力资本收益以智力资本形态取得收入,肯定了人力的本质价值,而不仅仅是外在物力价值。通过人力资本激励可以一定程度替代以药养医和过度检查,这就是人力资源会计方法的核心思想之一。

医疗是一个技术和智力资本密集的活动,收益的分配和服务的定价应该从劳动力资本和物质资本转向医生的智力资本,肯定知识的价值。所以在医院收益分配中可以借鉴人力资源会计思想,开展人力资源会计。开展人力资源会计首先要避免人们认识的误区,人力资源会计并非需要单独开设新的会计制度和核算方法,只要把人力资源价值定价和薪酬分配的技术方法应用到会计管理之中即可实现,是在不改动现行传统会计制度的基础上引入人力资源参与分配的会计机制。人力资本参与的分配实现了医生收益与劳动的对

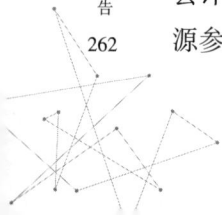

称,能更好实现医生的价值乃至医疗部门的利益,使得医疗部门为主体的医生的利益与医疗服务对称,与患者的需求期望达到一个互相满意的均衡状态。

**4. 监督机制:医疗统一会计信息平台**

完善对相关会计信息公布的各项会计法规,有必要及时修订《会计法》《预算法》或抓紧制订公益医疗监督方面的法律法规,如《政府会计信息披露条例》,明确医疗会计信息公开原则和方式,明确公益医疗监督的主体、程序、后果等,规定医疗财务必须公开透明,医疗财务信息以公开为原则,不公开为例外,全面构建起政府监督、公众监督等多种监督途径。(见图1)

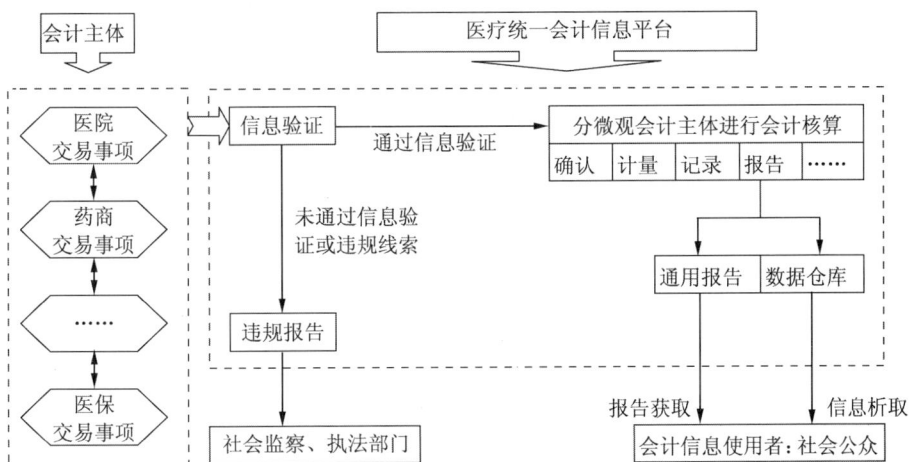

**图1 医疗统一会计信息平台的基本结构与工作过程**

医疗卫生事业服务信息透明是公立医疗公益化改革的主要实现途径之一,信息不对称是医疗缺失公平、公益的主要原因。公益化不仅需要卫生体制的改革,同时需要建立有效的监督和激励机制。信息透明和对利益相关者的信息充分披露是有效监督的基础,医疗部门的社会公益性决定了其信息的披露义务,财务会计信息是利益相关者最为关心的并且直接反映各方利益的最重要的信息。同时,医疗会计制度也反映和控制着政府、医院和公众等各方的利益分配政策,是集中反映和实现各方利益的关键所在。搭上信息化平台的医疗财务信息透明可以有效地实现政府、社会和公众的监管,从而解决公益性医疗的市场失灵问题。

以和谐社会建设指引下公益性医疗改革中的利益均衡为目标,对新医疗会计制度实施效果和公益性进行跟踪检验,从医疗改革、事业改革和政府会计改革三个维度确定影响医疗会计制度改革的具体因素,对医疗公益化从政府、医院和公众为主要三方及相关利益单元的扩展进行利益均衡分析,从而以公益性为导向构建利益均衡的涵盖多种形式医院的完整的医疗会计制度模式体系。对医疗会计制度的进一步改革和完善,从具体的会计专门方法进行设计,以公立医疗信息透明为前提完善财务信息披露和监督机制,同时尝试引入智力资本要素分配方法对医疗人员进行激励分流,更加合理的配置医疗资源。建立与绩效配合的引导利益均衡的评价机制,并通过对评价机制和具体医疗会计制度的设计进行一定的实践检验,对会计制度的实施和可能的变化进行预计并适时调整,更好地实现目标。

# 优化创业环境　助推大学生创业

/鲍玲智/

在逐年增加的就业压力下,引导大学生创业以缓解就业难题已经成为一项可持续性的激励性公共政策。2012年教育部公布的《关于大力推进高等学校创新创业教育和大学生自主创业工作的意见》中,明确指出大学生创业是落实党的"十七大"提出的"提高自主创新能力,建设创新型国家"和"促进以创业带动就业"发展战略的要求,国家、省相继出台了多项大学生创业优惠政策,各地高校纷纷增设创业教育课程,宣传大学优秀毕业生创业成功案例,创业不仅成为缓解高等教育大众化之后就业压力的有效途径,更是更多大学生实现梦想的重要途径。

2012年镇江推出十项举措促进大学生创业就业,分别从就业政策指导、创业载体、项目推介、就业培训、援助服务等十个方面对大学生创业提供了全方位的帮扶服务,同时,针对大学生创业初期启动资金少、融资难的情况,出台《镇江市大学生创业扶持资金管理办法(试行)》。虽然大学生创业人数逐年递增,但是真正创成业、做好业的就凤毛麟角了。目前,大学生创业主要集中在服务业,面临创业档次低、高科技含量少、缺乏核心竞争力、发展后劲不足等问题。如何更好地引导大学生创业,提高大学生创业成功率,已经成为各界关注的问题。笔者试从大学生创业环境入手,浅谈如何进一步优化大学生创业环境,助推大学生创业。

## 一、大学生创业环境构成

所谓创业环境,是指创业者在进行创业活动和实现其创业理想过程中必须面对和能够利用的各种因素的综合。大学生的创业环境主要包含5个方

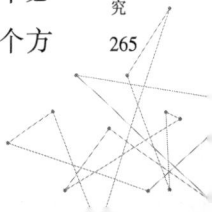

面:政策环境、经济环境、教育和培训环境、融资环境、社会文化环境。

政策环境,包括政府在新创企业设立、信贷、税收、知识产权保护、规范市场行为等方面的政策以及政府的行政服务质量等。经济环境,包括整个国民经济的发展水平、创业企业所处的地理位置及其基础设施、创业企业目标客户群体的收入和购买力情况等。教育和培训环境,包括高校对大学生创业的支持、创业教育以及政府和社会中介机构等开展的大学生创业和商业技能培训等。融资环境,包括创业专项扶持基金、风险投资、金融机构贷款等对创业的支持力度和获得的难易程度。社会文化环境,包括社会公众对创业的态度和对创业失败的宽容、家人和亲朋好友的支持、媒体的舆论导向,以及社会诚信状况等。

## 二、大学生创业环境中存在的主要问题

近几年,镇江市围绕大学生创业出台了许多富有成效的举措,确实对大学生创业产生了重要作用。然而,由于多种因素的影响,镇江市大学生的整体创业环境尚存在一些亟待解决的问题,与蓬勃发展的大学生创业活动还不太匹配,主要体现在以下几个方面:

### (一)缺乏有力的创业扶持政策

近年来,中央政府及地方各级人民政府高度重视大学生创业,相继出台了一系列优惠政策,对大学生创业起到了积极的推动作用。可在3年内免交登记类、管理类和证照类的各项行政事业性收费。同时,还可以向当地经办银行申请小额担保贷款,对从事微利项目的,贷款利息由财政承担50%。然而,由于大学生并非现阶段创业大军的主体,因而政府对大学生创业的扶持并没有上升到战略高度,各项工作都处于启动阶段,还有待进一步加强。一方面,从中央和地方出台的各项扶持政策来看,主要集中在创业企业注册、税收和资金支持等方面,而针对大学生创业教育、培训和指导等方面的政策则明显不足,而且各个职能部门都是基于各自的视角制定相应的政策,不太注重各项政策之间的协调和整合。另一方面,一些优惠政策缺乏相应的配套措施和实施细则,难以执行。据了解,不少大学生创业者在办理各种登记手续时,由于相关部门不知如何操作,结果还是按正常程序走,大学生创业者并没有受到优惠待遇。此外,在实际操作中,有关资金扶持的创业政策对大学生创业企业的规模、创业领域等具有一定的要求,能享受到这些优惠政策并不

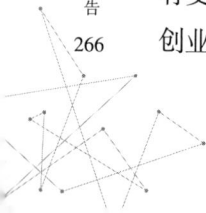

是一件容易的事情,再加上本身的资金支持力度不大,从而使很多大学生创业者没有申请的积极性,政策的执行效果大打折扣。

### (二)创业教育和培训体系不健全

有学者指出,系统的创业教育是大学生成功创业的重要保障。发达国家基本上都有比较完善的创业教育体系,如美国的创业教育贯穿从小学、初中直至研究生的整个正规教育过程。我国的大学生创业教育始于20世纪末,以1998年清华大学举办的大学生创业计划竞赛为开端,主要着眼于解决大学生的就业问题而不是培养创业人才,虽然取得了一定的成绩,但与国外相比仍然存在较大差距。作为当前大学生创业教育的重要基地,各个高校虽然也重视大学生创业教育,但由于受办学理念和应试教育等因素的影响,并没有将创业教育上升到应有的高度,缺乏对创业教育的正确认识。在教育对象上,很多高校只是将大学生创业教育视为就业指导工作的一部分,主要面向即将毕业的学生,而没有将其融入大学生培养的全过程;在教育师资方面,高校教师大多是学术专家出身,普遍缺乏创业经历和实践能力,难以胜任大学生创业教育的需要;在课程体系设置方面,创业教育课程所占的比重偏低,有的甚至没有列入培养计划;在教育方式上,偏重于理论教育,如向大学生灌输创业的意义以及创业的基本知识等,忽视对大学生创业技能的培养。除高校外,地方政府虽然也都针对大学毕业生开展了创业培训活动,并收到了一定的效果,但培训的层次总体上还比较低,培训内容的针对性也不强,而且缺乏系统性和连续性,难以收到预期的培训效果。

### (三)创业融资面临较大困难

资金是任何创业者都必须具备的一项重要资本,对大学生创业者来说更是如此。如果缺乏足够的资金支持,大学生创业就很难取得成功。一项有关大学生自主创业的调查显示,大学生创业资金中有82%来自于个人和家庭,其他渠道的融资则非常有限。不少大学生尽管具有很高的创业热情,但因为缺乏足够的启动资金而没有实施创业或因为中途资金缺乏而导致创业失败,资金条件被受调查的大学生列为创业失败的主要原因之一。虽然政府部门和一些高校设立了专门的大学生创业扶持基金,但基金规模普遍不大,而且由于牵涉面广,对大学生创业个体的扶持力度较小。据了解,一些高校对大学生创业的启动扶持资金少的仅有几百元,最多也就几千元,主要目的是激发大学生的创业意识,实际帮扶作用并不大。同时,社会上尽管也有一些风险投资基金,但由于我国的资本市场还不完善,而且风险投资机构对投资项

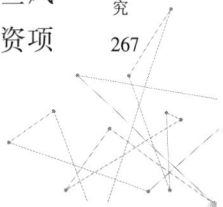

目的发展前景和创业团队的管理能力等要求较高,现实中很多大学生根本达不到这么高的要求,申请风险投资对大多数大学生创业者而言可望而不可即。此外,由于大学生创业申请的信贷额度一般较小,且缺乏有效的信用担保,银行出于控制信贷风险、降低信贷审批成本等方面的考虑,也往往不太愿意给大学生创业项目提供信贷支持,因此使国家出台的相关信贷优惠政策难以得到有效执行。

### (四) 缺乏良好的创业文化环境

我国延续几千年的传统文化比较强调安稳、守旧,而不太鼓励创新和创业。尽管改革开放已有30多年,但传统文化中的一些消极因素对当前的创业仍然产生了较大的负面影响。从整个社会来看,虽然有很多人通过自力更生、艰苦创业取得了成功,也引起了很好的社会反响,但社会的整体创业氛围还不够浓厚,依然有不少人认为学生考上大学就是端上了铁饭碗,毕业后就应该去政府机关、事业单位工作或者起码到大公司就职,对选择自主创业的大学生则会产生诸多联想和猜疑,认为其没本事找到好的工作才去创业。一般而言,家长也都希望子女在毕业后能找到一份稳定的工作,而不太支持甚至坚决反对子女去冒险创业,压抑了不少大学生的创业欲望。同时,当前社会上流行以成败论英雄,颂扬成功的创业英雄但却难以宽容创业失败者,从而使大学生在放弃工作选择去创业时面临很大的心理压力,担心创业失败而不敢大胆开拓。除了缺乏良好的创业文化外,社会诚信文化意识还比较淡薄,一些人不以失信为耻反以为荣,各种违法、违规经营和商业欺诈行为屡见不鲜,严重扰乱了市场经济秩序,给涉世未深、缺乏商场历练的大学生创业者带来了很大阻碍,影响了大学生创业活动的顺利开展。

## 三、完善我国大学生创业环境的对策建议

金融危机尽管对我国的实体经济和大学生就业产生了较大冲击,但同时也给大学生创业带来了难得的机遇。从中央到地方,各级政府陆续出台了一系列经济刺激方案,对经济复苏、积极就业、引导创业起到了积极的促进作用,大学生创业所面临的经济环境必将得到逐步改善。除此之外,笔者认为,还应该从以下几个方面着手,进一步完善大学生创业环境。

### (一) 强化扶持政策,为大学生创业提供有力的政策支持

国外的成功经验表明,政策扶持是大学生创业的重要保障。在我国大学

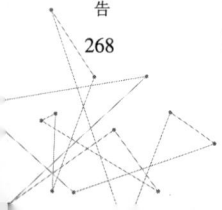

生创业尚处于起步阶段的情况下,政府政策的支持无疑具有更为重要的意义。因而,各级政府都要在现有的基础上更加重视大学生创业,将其作为促就业、保民生的一项战略性工作来抓,进一步强化大学生创业扶持政策。一方面,政府应深入调研分析大学生的创业现状,了解大学生创业的真正需求,以增强各项创业扶持政策的现实针对性。要切实加强相关职能部门之间的沟通和协调,整合政策资源,充分发挥政策的合力效应。另一方面,要继续加大对大学生创业在行政事业收费减免、税收优惠等方面的力度,并通过多种渠道筹集资金,扩大创业专项扶持基金的规模,同时要制定更具操作性的配套措施和实施细则,以利于政策的贯彻落实,让更多的大学生创业者能够比较便利地享受到优惠政策带来的好处。此外,针对大学生创业中普遍遇到的资金缺乏和银行融资难问题,应进一步完善信贷政策,相关金融机构尤其是国有银行要切实执行国家政策,在信贷风险可控的前提下优先为大学生创业项目提供低息贷款,简化贷款审批程序,增加信贷额度,必要的时候可由政府、高校等以适当的方式为大学生申请贷款提供信用担保,以缓解大学生创业的资金压力。

(二) 加强高校创业教育,为大学生创业奠定坚实的基础

创业教育是高等教育发展的内在要求和必然趋势,它是一种全新的教育理念,在传统教育的基础上更加注重培养学生的创业意识、创业精神、创业品质和创业能力。在当前建设创新型国家的时代背景下,高校要肩负起为社会培养创新创业人才的使命,逐步建立并完善大学生创业教育体系。一方面,高校要结合当前大学生的思想状况和创业需要,进一步加强和改进大学生的思想教育工作,通过多种方式引导广大学生树立正确的人生观、价值观和强烈的社会责任感,努力培养其吃苦耐劳、勇于面对挑战、自信心和诚信等良好的创业人格,为创业奠定坚实的思想基础。另一方面,高校的创业教育应建立在对教学内容和教育方式改革的基础上,注重创新和实践。要继续深化课程体系改革,加大创业教育课程以及实验、实习和社会实践等教学环节在整个课程体系中的比重,建立健全相应的教育质量评价体系,将创业教育贯穿于大学生培养的全过程。此外,高校要充分利用社会资源,加强与相关政府部门和企业界的联系,建立大学生创业教育实习基地。邀请社会上的一些创业成功人士到学校开设创业讲座,灌输创业理念,激发大学生的创业意识,拓宽大学生的创业知识面,增强大学生的创业自信心。

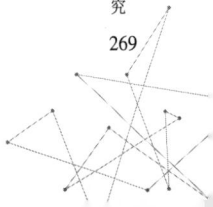

### (三) 培育创业文化,为大学生创业营造良好的社会氛围

人是环境的产物,社会文化环境会对人的价值观念和行为方式等产生潜移默化的影响,其中既有积极影响,也有消极影响。就大学生创业而言,社会文化环境的影响也是不容忽视的,大学生创业意识的形成、创业行为的产生和创业活动的顺利进行等都离不开良好的社会文化环境的支持。相关政府部门在加强大学生创业硬环境建设的同时,应进一步强化创业软环境的建设,充分认识到社会创业文化对大学生创业的重要影响,加快建立以政府为主导,高校和其他社会力量共同参与的创业文化建设机制。在具体实施方面,要综合利用电视、报纸和网络等多种媒介,加大舆论宣传力度,发挥创业成功人士的榜样作用,破除当前社会一些陈旧观念的束缚,在全社会营造起一种创业型的社会文化,形成鼓励创业、尊重创业、宽容失败的良好社会文化氛围,为大学生创业创造宽松、和谐的环境,从而激发更多的大学生投身创业浪潮。此外,要通过加强立法和制度建设以及宣传教育等多种途径,加快我国社会信用体系的建设步伐,在全社会树立守信光荣、失信可耻的观念,并形成一处失信、处处受制约的良好机制,增强全体公民的诚信意识,为大学生创业营造公平竞争、诚信经营的市场环境,促进大学生创业活动的健康开展。

综上所述,大学生创业离不开良好的环境支持。由于大学生创业环境涉及多个维度的多方面因素,因而其完善必将是一项长期、复杂的系统工程,需要政府、高校和社会等主体的共同参与和协同配合,积极构建三位一体的大学生创业环境建设体系。在当前情况下,政府无疑应发挥主导性和示范性的重要作用。

# 坚持四项治理
# 构建社会矛盾化解大格局

/周爱仙/

党的"十八大"和习近平总书记对全面深入推进平安建设提出了新要求、做出了新部署,省委明确了建设"平安中国示范区"的目标。当前,我们正处于转型发展的关键时期,发展中存在的不平衡、不协调、不可持续问题突出,由此引发了大量的社会矛盾和不稳定因素。防范和化解社会矛盾是当前深化平安建设,维护基层社会稳定的重要任务。如何把矛盾解决在当地,把问题化解在萌芽,现结合丹阳市实际,进行了调研思考。

## 一、丹阳市当前社会矛盾纠纷的特点和难点

**1. 发生类型多样化,具有复杂性**。新形势下,人民内部矛盾已经出现了新变化,从传统的婚姻家庭、邻里纠纷扩展到房屋拆迁、土地征用、劳动保障、环境保护、"三农"、涉法涉诉、非法集资等领域的新型矛盾纠纷。这些矛盾纠纷以经济利益诉求为主要特征,往往涉及政策、法律、经济和社会生活等多个方面,且民事、经济、行政、治安和刑事交织在一起。据统计,2012 年以来,全市社会矛盾纠纷中道路交通事故赔偿类占 36.6%,其他类型矛盾纠纷占比较高的有邻里纠纷、劳动争议、征地拆迁类纠纷,增长幅度位于前三位的是小区物业纠纷、人身损害赔偿纠纷和婚姻家庭纠纷。

**2. 发生规模群体化,方式激烈**。当前很多矛盾纠纷主体利益一致,要求相近,当事人往往容易结成利益共同体,形成集体上访。而且当事人寻求解决纠纷的方式呈现激烈化,异常、过激行为增多,对抗程度增强,堵门堵路、打横幅标语等现象时有发生,极易酿成群体性事件,给社会稳定带来较大影响。

**3. 利益诉求多元化,调处难度大**。各类矛盾纠纷的种种诉求诱因复杂,利益权益多元博弈,当事人合理的、不合理的诉求交织在一起,多数人的合理诉求与少数人无理取闹交织在一起。有的矛盾涉及多个主管部门,权责划分不清,如环境污染、民间融资等纠纷;有的矛盾是历史遗留问题,因制度、政策法律不完善、不配套、不连贯,如村组利益分配纠纷、宅基地使用权属、土地承包流转纠纷,往往使调处工作陷入两难或僵局。

## 二、社会矛盾纠纷产生的原因浅析

一是少数基层干部法律意识淡薄,民主管理制度执行不到位。随着社会的发展和进步,群众的法制意识逐步增强,关心集体经济,要求参政议政的人越来越多,而农村管理方式与这种发展的形势不相适应。少数干部在政务村务管理中,对于涉及村民利益的重大事项,如土地征用、房屋拆迁、财务收支、村民利益分配等,公开透明度不够、操作简单粗糙。

二是有关职能部门宗旨意识淡薄,工作作风有待进一步转变。目前正处于政治、经济的社会转型期,各种社会问题和人民内部矛盾不可避免,而由于有的公务人员和干部服务意识较差、政治敏锐性不强,对矛盾纠纷复杂性认识不够,工作态度不够端正,致使一些初始矛盾纠纷不能及时妥善解决;有的是极少数干部和执法人员作风较差,甚至自身违纪违法,群众对其缺乏信任,导致一些问题难以及时化解,累积成了陈年"老案",给社会稳定造成了较大的负面影响。

三是群众思想观念上存在偏差和误区。有些群众当自身利益与他人、集体、政府利益发生冲突时,片面要求维护自己的利益,只认对自己有利的"死理",爱钻"牛角尖";有些群众存在"信上不信下、信多不信少、信闹不信理、信访不信法"等观念,使许多本该通过正常途径解决的问题,变成越级上访、非正常上访,加大了化解难度。

四是制度和政策设计上存在某些缺陷。改革开放至今,我国社会管理整体滞后于经济发展。我国目前农村改革和制度存在一定的盲区和不够完善的地方,以至于各级政府部门在认识上存在偏颇,在执行上无据可依。部分基层政府急切追求发展,法治观念欠缺、程序规则意识不足,比如征地拆迁、项目落户中,少数地方出现一些程序不规范、工作不到位,甚至是违反法规政策、与民争利和损民利益的情况。由于信息网络的迅猛发展,而对虚拟社会

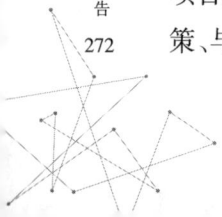

存在管理上的缺失或不规范、不严格,有些现实社会中的事被少数人利用和炒作,引发复杂的群体性矛盾。

### 三、有效化解社会矛盾纠纷的做法和建议

#### (一)做法

马克思主义哲学指出矛盾是推动社会前进发展的动力,社会的进步,某种程度上就是矛盾暴露和解决矛盾的过程。数据表明,我国大量的矛盾纠纷发生在基层,县市级是处理解决基层矛盾的重要关口。基层的矛盾和问题能不能处理好,关系群众的切身感受。近年来,我市按照加强和创新社会管理的总要求,秉承"向法制化迈进,向社会化拓展,向科学化提升"的理念,积极探索矛盾纠纷化解途径,构建多层次、全方位的社会矛盾纠纷解决机制,筑牢全市维护社会稳定的第一道防线。近三年来,我市各级各类调解组织共组织矛盾纠纷排查19031次,预防纠纷发生863件,受理矛盾纠纷21739件,成功调解21196件,成功率为97.5%,劝阻群体性上访213批2707人次,防止民间纠纷转化为刑事案件47起。2012年,进京、赴省、去镇江越级上访批次下降11.1%,集访批次下降13%,群体性事件下降13.3%。全市社会大局持续稳定,信访秩序逐年趋好,主要得益于全市上下坚持"四项治理"。

一是坚持源头治理掌握主动权。推动关口前移,解决源头性、根本性、基础性问题,最大限度地使社会矛盾不产生、不积累、不激化。全面推进社会稳定风险评估工作,坚持"重点领域全覆盖""相关项目应评尽评",加强稳评工作规范化、专业化、信息化建设,不断完善工作机制,充分运用好评估结果。定期开展"四项排查"以及矛盾纠纷和治安形势分析研判,进一步细化完善矛盾纠纷调处、维稳形势分析研判、隐患问题信息预警、信访案件交办督办联办、重大群体性突发性事件应急预案等工作,健全社会矛盾源头预防化解处置机制。常态化推进领导干部"三解三促"接访下访,开展"百村万户访民意、平安法治进万家"入户走访活动,倾听基层意见建议,解决群众所期所盼。推行"警村联动化解民间初始纠纷"工作机制,发挥村(组)社区干部人头熟、情况明、距离近的优势,联合调处民间初始纠纷,提高基层干部化解纠纷的意识和能力。

二是坚持系统治理统筹推进。矛盾纠纷化解是一项复杂的系统工程,往往跨区域或涉及多个部门,要发挥党委统揽全局、整体谋划的核心作用和政

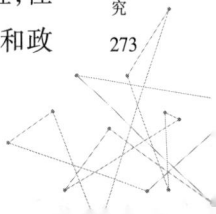

府主导性作用,跳出"就矛盾抓化解"的惯性思维,把矛盾纠纷化解置于经济社会发展的全局中来谋划推进,融入"五位一体"建设的各个方面,做到相互包容、促进、提高。(1)建立完善科学合理的考评指标体系。坚持以科学发展观为指导,既立足当前,解决好实际问题,又着眼长远,建立完善的工作体系机制。根据现代化建设监测指标的要求,建立一套完善科学管用的考核体系,切实提高初信初访办结率、社会矛盾隐患的排查化解、及时调处率、调解成功率和人民群众对调解工作满意率,推动信访工作、矛盾纠纷排查调处工作科学发展。(2)健全专门调解工作机制。丰富和发展"大调解"9个专业调委会和"4+1"(市镇村组+志愿者)机制,发挥公调、诉调、访调、检调和交通事故"三调合一"等调解平台作用,加强人民调解、司法调解与行政调解在化解社会矛盾纠纷工作中相互衔接、相互配合;加强大调解与信访、法律援助等部门的对接与沟通,畅通受理信访问题和矛盾纠纷的渠道。(3)健全工作协调和督促指导机制。市综治办牵头,成员单位参与,通过联席会议、工作例会等形式,建立互通互融互动联动机制,强化督促指导,推动形成社会矛盾排查化解工作整体合力。(4)完善保障机制。推进市镇两级调处中心规范运作,发挥全市456个调委会、4538名调解员和12500余位矛盾纠纷信息员这一调解组织网络作用,规范调解员选聘、培训管理、考核奖励等制度,开展"争当人民调解能手"活动,提高矛盾纠纷调处质效。(5)健全责任倒查追究制度。将矛盾纠纷化解纳入各级绩效考核,重大矛盾纠纷领导牵头协调,对公务人员违纪违法引发矛盾纠纷以及因领导责任不落实、处置不当引发重大群体性事件,造成严重后果的,做到有职必担当、问责必从严。

三是坚持综合治理形成整体合力。单靠过去的组织、单位之间条块分割的格局已适应不了化解当前社会矛盾的新形势,解决不了复杂的问题,只有充分发挥社会力量参与,形成多元化解机制,才能使矛盾得到有效化解。(1)强化属地和部门主体责任。按照"属地管理"和"谁主管,谁负责"的原则,强化党政"一把手"责任,把矛盾纠纷排查化解摆在突出位置,落实领导接待日、领导包案、"一岗双责"和重大信访问题、重大矛盾纠纷党组会研究等制度。(2)整合信息资源。建设社会管理综合信息服务平台、政法信息共享平台、政法部门与行政执法部门信息共享平台,将相关部门的社会服务管理职能整合,信息资源整合,建立一套完整的处理社会管理的指导协调联动机制,实现社会管理信息互通共享,监督制约,促进执法规范化,促进依法行政、司法公开。(3)综合施策。一是延伸服务,互动联动。加强矛盾纠纷化解中部门与部门、部门与基层的互动联动,如,法院和政府法治办构建预防和化解行政争议良性互动机制;法院、公安、司法、保险公司联合建立"道路交通事故保险理赔和诉讼中心",通过诉前调解和驻点法官巡回审判,促进道交纠纷便捷、高效、低成本处理;依托镇(区)政法综治工作中心,设立诉讼服务站和法律惠民服务站,在村(社区)设立群众诉求受理窗口,在十大行业商会设立法官工作室,为群众提供民事代理、法律维权、纠纷调处等服务。二是工作重心下移,打牢基础。开展"星级平安村(社区)"创建活动,我市出台实施意见和考评办法,将矛盾纠纷化解作为平安村的考核指标,每年对成绩优异的星级平安村(社区)、镇(区)实行"以奖代补"。开展信访"四无"镇(区)创建活动,努力做到"小事不出村,大事不出镇,矛盾不上交"。三是创新机制,拓展领域。在全市开展综治"两新三进"活动,发挥党组织、工会、妇联、团委等在化解纠纷上的独特作用,建立工作机制,做好企业治安保卫、排查调处矛盾纠纷、安全生产,推进平安企业、和谐劳动关系企业创建。

四是坚持依法治理加速民主法治进程。(1)努力提高干部群众的法治意识。以增强领导干部法治意识为关键,认真落实领导干部学法制度和行政机关负责人行政诉讼出庭应诉制度,加强和改进领导干部述法考评工作,发挥好政府法律顾问团和村(社区)法律顾问作用,提高各级干部依法决策、依法行政、依法管理的能力,使领导干部善于用法治的理念和方法管理社会事务、化解矛盾纠纷。扎实开展"六五"普法教育宣传,促进全社会学法遵法守法用法。(2)加强和规范基层服务社会管理。强化镇(区)政法综治工作中心规范化建设。推进社区管理"一居一委一站一办"服务管理体系建设。大力推进以"四民主两公开"为主要内容的民主法治村(社区)建设。推进基层法治服务阵地建设,拓展镇(区)"惠民法律服务站""诉讼服务站"等的功能,将其打造成"法治服务中心",积极引导公民有序参与基层民主法治实践。(3)积极推进民主法治建设。以开展依法行政、公正司法示范点创建为抓手,扎实开展执法检查、执法评议、案件评查等工作,总结完善司法与行政执法"两法"对接工作经验,推行"一案三防"责任制和执法办案风险评估预警处置机制,从源头上、根本上减少涉法涉诉信访矛盾的产生。加强基层民主法治系列创建活动,开展挂钩督导培育典型,完善法治镇、民主法治村(社区)考核机制,提高基层依法办事、依法管理的水平。

**(二)建议**

**1. 进一步完善信访考核机制。** 在考核中,不仅要看辖区、部门信访量的

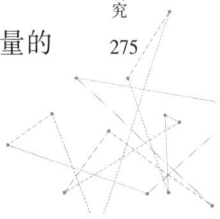

多少和增减,更要看解决群众反映问题的实效,看初信初访的结案率,建立以落实责任、加强基础工作机制和信访问题受理及解决的实际效果为主要指标的考核制度。要研究信访问题产生的根源,对于机关部门及其工作人员因渎职、不作为、乱作为等导致信访事项发生的,要严格依法追究责任。

**2. 加强对农村政策的研究,并加以配套改革和完善。**征地拆迁、农村土地利益分配、土地流转承包、社会保障等现有政策法律不配套、不完善。有部分"村规民约"超出法律政策的框架。当前要切实重视村委会改选及后续管理规范。我市要抓住城乡统筹发展试点县(市)的契机,通过统筹规划或向上级有关部门建议争取,加强顶层设计,完善现有政策制度,加强和规范社会管理,力求从根本上减少农村社会矛盾纠纷。

# 大学生村官化解社会矛盾作用的研究和探索

/吴海平 段洪波 蒋祥林 赵春龄

郭 杰 李 忠 吴建明 蔡 培 谢华明/

选聘高校毕业生到农村任职,是党中央从战略高度作出的一项重要举措,对加强农村基层组织建设、改善农村干部队伍结构,促进农村经济发展具有重大意义。从 2006 年起,镇江市逐步有了省聘、本市招聘、各辖市区招聘三种类型的"大学生村官"。基层大学生村官队伍的不断壮大,在健全基层组织、完善村务管理、宣传党和国家政策、引导村集体经济发展、丰富村民文化生活、提高居民整体素质等方面取得了显著的成效,但大学生村官作为基层组织的一支新兴力量,在加强培养使用过程中不断探索,各地也遇到了一些问题。本文试图从大学生村官参与基层社会矛盾化解的角度,探索将这支队伍放到矛盾一线予以锤炼的路径,促进大学生村官在基层这片广阔天地上建功立业。

## 一、大学生村官参与化解社会矛盾的必要性

大学生村官工作是党中央从党和国家长远发展需要出发,着眼于新农村建设培养骨干力量、改善基层党政干部来源作出的一项重大决策。自 2008 年中组部等 4 部门联合出台《关于选聘高校毕业生到村任职工作的意见(试行)》以来,大学生村官工作已进入系统规范和整体推进的新阶段。大学生村官在参与日常村务、发展村级经济、深入开展群众工作、参与调处矛盾纠纷等方面赢得了基层干部群众和社会各方广泛的赞许。

### (一) 理论层面的必要性

在化解社会矛盾中保持党同人民群众的血肉联系,这是新时期赋予大学生村官的神圣使命,是最实际、最有效的群众工作方法,也是大学生村官基层

工作实践的实践命题。

**1. 党的群众路线教育实践要求**。全心全意为人民服务是党的根本宗旨,群众路线是党的生命线和根本工作路线。大学生村官在联系服务人民群众方面做了大量富有成效的工作,塑造了党在人民群众中的形象,密切了党群干群关系,真正拉近了党委政府和人民群众之间的联系,从而在联系群众工作中强化作用发挥,成为党委政府联系群众的桥梁和纽带。

**2. 大学生村官基层实践的命题**。在农村社会管理面临着新情况、新问题下,一些农村基层干部队伍素质已不能适应形势变化的需要。大学生村官知识新、观念新、技术新,他们法制观念强、政策观念强、民主观念强,能够为农村社会管理带来新的理念和方法,能够为群众普及和运用法律知识,能够抛开宗族观念、人际关系,公平客观地处理乡村事务。大学生村官参与化解社会矛盾已成为新时期适应农村社会管理形势,维护农村社会和谐的使命课题。

**3. 培养基层党政后备干部的需要**。党的干部成长实践的重要途径之一就是密切联系群众、真情为民服务。大学生村官是农村基层党政干部建设的后备力量,是基层党组织建设的强基工程,通过走村入户,访贫问苦,了解村情民意,真正了解群众的所思所想所盼,真正感受群众最现实、最关心、最直接的利益是什么,从而能够在扎根基层干事创业、真心诚意服务群众中,逐步培养成为党的后备干部,国家的未来栋梁。

**(二) 层面的必要性**

大学生村官作为基层组织调处矛盾的新兴力量,对于加强农村基层组织建设,充分发挥大学生村官在基层组织和上级政府、基层群众和党委政府间的纽带作用具有积极的意义。

**1. 贯彻落实各级精神指示的需要**。2012 年中组部等 6 部门联合出台的《关于进一步加强大学生村官工作的意见》中,不仅要求大学生村官在参与日常村务、发展村级经济中发挥作用,而且还明确规定了大学生村官在"联系服务群众、参与排查调处矛盾纠纷、为村民代办各项事务"等方面的要求。作为基层组织调处矛盾的新兴力量,信访部门可以通过大学生村官更广泛、更直接、更及时地收集社情民意,能够有效预防和化解越级访、群体访、重复访。同时,对于加强农村基层组织建设,充分发挥大学生村官在基层组织和上级政府、基层群众和党委政府间的纽带作用具有积极的意义。

**2. 大学生村官能力拓展的需要**。群众工作一线是能力拓展最直接的平台,它拉近大学生村官与群众的距离,在他们倾情为群众服务的过程中,提高了处理复杂问题的能力,学习锻炼见微知著、防微杜渐的本领;提高了群众工作的能力,成为化解纠纷的行家里手;提高了调查研究的能力,学会了在群众工作中不断提高思考问题、谋划问题的方法。大学生村官通过基层社会矛盾化解工作能够使实际能力跃升,在艰苦中通过实践砥砺成才。

**3. 农村社会矛盾纠纷化解的需要。** 近年来,随着我市社会经济和城乡建设的持续快速发展,一方面,群众生活条件和城乡面貌发生了巨大改变,另一方面,改革开放主导的社会转型使我国社会主体间的关系处在了复杂的状态之中,各种观念与利益正发生着激烈的碰撞。农村生产、生活方式、利益分配出现了深刻而广泛的变化,各类矛盾纠纷不断凸显出来,其范围包罗了群众生产生活的各个方面。大学生村官作为农村基层干部,面对日益复杂的社会发展环境,必须把他们推向群众工作一线、矛盾纠纷化解一线,切实担当起维护农村社会和谐发展的重任。

## 二、大学生村官参与化解社会矛盾作用现状分析

### (一) 国内大学生村官在化解农村社会矛盾中的作用现状

我国有的地区已开始重视大学生村官这一群体在基层信息收集和矛盾化解中的作用,构建了基础模式。如四川达州开江县古郊乡党委将全乡18名大学生村干部纳入组工信息员队伍,从而形成"乡信息员 + 村支书 + 大学生村官"的乡组工信息员构成模式,达到充实和优化乡组工信息员队伍的目的。扬州市司法局就做好大学生村官调解技能培训工作曾下发《关于认真做好大学生村官调解技能培训工作的通知》,重点培训大学生村官调解工作的基本原则和工作方法。这些基础网络虽然构建了大学生村官参与社会矛盾化解的基础模型,并在实践中发挥了应有作用,但在了解社情民意、排查化解社会矛盾工作中还普遍存在结构层次偏低、职能要求单一、网络覆盖率偏低、信息互动平台建立不完善等问题。

### (二) 我市大学生村官参与社会矛盾化解现状

镇江市自2006年开始实施大学生村官选聘工作,已选聘1035名大学生村官,目前790人在基层任职。2009年4月29日,镇江市出台了《镇江市大学生"村官"培养管理工作实施细则》,细化明确了大学生村官的聘用、培养、管理、保障等工作制度,2011年提前实现省委组织部提出的"一村一社区一名大学生"的目标。大学生村官培养和使用正向着基层领导型、社会管理型、干

部后备型人才发展,也为大学生村官参与化解社会矛盾提供了实践平台。目前,我市大学生村官担任村(社区)"两委"主要负责人的占大学生村官总数的10%,其中426人任村(社区)"两委"副职,63人任村(社区)"两委"正职,一大批大学生村官进入乡镇(街道)领导班子。只要注重对大学生村官的培养、引导,他们定将会成为化解各类矛盾纠纷的主角,成为一支优秀的基层维稳队伍,成为联系党委政府和群众之间的桥梁和纽带。

(三)当前我市大学生村官化解社会矛盾的实践运用

2012年市委组织部、市信访局联合出台了《关于创建大学生村官社情民意信息网的实施意见》(镇信[2012]77号),标志着我市大学生村官参与社会矛盾化解工作进入到规范化、系统化的建设层次。目前,我市大学生村官化解社会矛盾研究运用位于全国同类课题的前沿,在我省属首创,具有组织层次较高、部门优势融合、覆盖范围广泛、制度机制健全、平台运用多样等优势,在实践中取得了成功经验和丰硕成果。2013年以来,共收到信息300多条,其中涉及社情民意的220多条、情况跟踪反馈的100余条。88.1%的信访问题已在辖市(区)、乡镇(街道)超前化解,少数跨地区、跨部门的信访问题由市信访局摘报责任单位或市领导。

表1　各辖市区大学生村官信息员社情民意信息报送情况汇总表

单位:条

| 单位<br>辖(市)区 | 社情民意<br>动态反馈 | 信访案件<br>跟踪反馈 | 信息数量<br>汇总 | 信访案件<br>化解数量 | 基层调研<br>汇稿数量 |
|---|---|---|---|---|---|
| 丹阳市 | 32 | 8 | 40 | 27 | 3 |
| 句容市 | 27 | 6 | 33 | 22 | 6 |
| 扬中市 | 22 | 6 | 28 | 19 | 3 |
| 丹徒区 | 49 | 22 | 71 | 42 | 6 |
| 京口区 | 36 | 20 | 56 | 33 | 4 |
| 润州区 | 42 | 27 | 69 | 38 | 4 |
| 镇江新区 | 46 | 32 | 78 | 43 | 6 |
| 汇　总 | 254 | 121 | 375 | 224 | 32 |

## 三、提高大学生村官化解社会矛盾能力的探索

经过一年多时间的运行,我市大学生村官社情民意信息网已取得了明显

的社会效应,系统形成了"一支队伍、两个平台、三项机制、五项制度、六个定位"的实践论证成果。

（一）创建培养了"一支队伍"

2012年10月,市委组织部、市信访局联合选定试行地区并选聘了29名优秀的大学生村官担任社情民意信访信息员,对29名大学生村官进行授权和培训,初步构建了信息网络并组织探索实践工作。在取得实践成果和充分论证的基础上,2013年6月,市委组织部、市信访局召开"大学生村官社情民意信息员工作推进会",着重明确了大学生村官社情民意信息员在基层开展社会矛盾化解工作中的职责要求,规范了信息网运行的制度机制。各市、辖市(区)委组织部门和信访部门以29名信息员为基础,迅速扩建信息员队伍,以区、镇(街道)为单位组织对受聘信息员开展轮岗培训、专题讲座、交流座谈等活动,快速提升信息员的信访矛盾调解、信访隐患排查、社情民意调研水平,为信息网工作开展和后备人才培养打下扎实基础。

（二）建立完善信息报送"两个平台"

**1. 以互联网技术为基础的信息报送与互动平台。**市信访局建立了"风语报晓"QQ群作为日常联络和信息互动平台,QQ群的日常监管由市信访局专人负责。7个辖市(区)建立本辖区QQ分群,由辖市(区)信访局各设一名联络员负责管理,并配合市信访局做好信息收集与调查研究工作。信息网开辟了"网情观察""政务通讯"等栏目,拓展大学生村官了解社情、政情的渠道。对重大信访信息,各级信访部门还公布联系电话、传真,从而形成以网络信息平台为基础,其他形式为补充的社情民意信息快速送达与互动平台。

**2. 运用视频接访系统建立的矛盾调处平台。**目前,我市正全力发展从省、市、辖市(区)、镇(街道)到村(社区)的五级信访视频接访系统,可实现同步接访,让群众就近、便利地反映诉求。利用该系统接入所在村的大学生村官可直接将排查的矛盾、纠纷等通过视频向各级信访部门反映情况,对可能引发较大范围波动的重大矛盾隐患和重点问题,市信访局和各辖市(区)信访局及时向市汇报并形成快速有效的应急预案。

（三）建立管理考核"三项机制"

**1. 分级管理模式。**即市委组织部、市信访局→辖市(区)委组织部、信访局→受聘信息员→全市大学生村官。由组织部门对受聘信息员进行授权,明确管理辖区和人员,并协助设立基层信访信息联络站。

**2. 轮岗聘用模式。**信息员聘期为一年,聘期满后原则上不离开信息

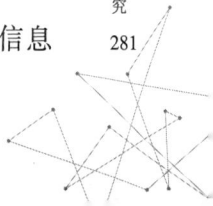

网,与信息网继续保持联系,对表现优异的信息员可推荐续聘。解聘、受聘仪式同时进行。信息员聘期满后,领导小组可在其他村(社区)重新选聘信息员。

**3. 考评奖惩机制。**市委组织部、市信访局组织受聘信息员开展轮岗培训、专题讲座、交流座谈等活动,快速提升信息员的信访矛盾调解、信访隐患排查、社情民意调研水平。对质量优、效果好、社会评价度高的社情民意信息及信息员,市大学生村官工作领导小组将会同市信访局予以通报表彰。

**(四)建立信息收集处理"五项制度"**

**1. 重大信息随报制度。**发生在基层的事关社会动态及稳定的突发性、群体性事件和苗头性、倾向性信访问题,信息员及时上报市、辖市(区)信访局联络员,由信访局负责协调、交办或上报。同时也可通过公布的信息报送电话、传真、"五级"视频接访系统直接向市信访局报送情况。

**2. 半月信息摘报制度。**每半月对所辖区域内的社情民意进行汇总分析后上报所在辖市(区)信访局联络员,再由联络员筛选整理后报送工作小组,市信访局将在一定范围内对网情进行通报。

**3. 每月工作通报制度。**每月初,由市委组织部、信访局联合印发《大学生村官信息网简报》,将工作动态、信息摘报及村官风采及时通报市领导及各辖市(区)委组织部、信访局。开展评选星级信息员活动,每个月在QQ群内公布聘用的29名信息员的工作情况,以星级量化每个村官信息员发布信访信息、处置信访问题情况,并及时在群内公示,营造积极向上、比学赶帮的良好氛围。

**4. 信访矛盾化解制度。**对信息员报送的各类信息,信访部门分门别类、及时梳理,主动深入到信访矛盾集中的村(社区),督促、指导和帮助信息员超前化解信访矛盾。对需要协调多部门解决的问题,由市信访局牵头组织会办协调解决。对重大事项和难以协调到位的问题,由市信访局向分管领导汇报并利用领导接待平台协调解决。

**5. 社会矛盾调研制度。**对全局性、倾向性、突发性以及群众关心、社会关注的重点信访问题,建立重大社情民意调研机制。2013年镇江市七届人大二次会议上,5位人大代表引用大学生村官采集的第一手信息,提出"关于建立农村因病致贫家庭数据库的建议"。根据建议,镇江市民政局已拿出了《镇江市居民最低生活保障实施细则》(征求意见稿),争取参照城市做法,以缓解农村重大疾病家庭的生活困难。

**（五）定位了大学生村官在社会矛盾化解中的"六个角色"**

**1．社情民意信息员。** 发挥大学生村官与群众零距离、与社情民意零距离、与生产生活零距离的工作优势，收集社情民意信息，及时准确地将民意诉求向各级党委政府传递。

**2．政策法制宣传员。** 发挥大学生村官群体综合素质较高的自身优势，在参与基层社会矛盾调解、法制宣传等社会管理活动中，能够更好地服务群众、解决民生问题。

**3．矛盾纠纷调解员。** 发挥大学生村官"参与基层矛盾纠纷化解"的职责要求，从源头上减少社会矛盾纠纷，防止矛盾积累，问题上行。

**4．信访事项代理员。** 发挥大学生村官联系上级党委政府和普通群众的纽带作用，积极疏导群众的信访活动，降低信访成本，解决群众不会访、无序访和走弯路的问题，不断提升协助镇、村两级加强社会管理服务的能力。

**5．困难群众帮扶员。** 发挥大学生村官在帮助村民发展致富创业项目中的资源优势和市场信息优势，积极引导困难群众通过自身的努力克服困难，让困难群众真切感受到党和政府的关怀和社会温暖。

**6．党委政府政策研究员。** 发挥大学生村官掌握基层社情民意第一手资料的优势，开展调研活动，提供分析报告，有针对性地提出解决社会矛盾的合理化建议，成为党委政府决策参考的重要信息来源。


总之，大学生村官参与社会矛盾化解是使命所需、时代所需、发展所需。我市在引导大学生村官参与社会矛盾化解中，一是构建实时有效的信息网，整合各方信息，做到信息快速传递、协调联动；二是建立健全大学生村官信息员在开展社会矛盾化解工作中的制度机制，做到有据可依、有章可循；三是确定大学生村官在化解社会矛盾中的角色，做到符合政策要求、符合农村社会矛盾化解工作需要、符合大学生村官培养的需要。同时，还帮助他们坚定做好基层工作的信心和勇气。广大大学生村官热情参与社会矛盾化解工作，深入基层、服务群众、排解难题，进一步密切党委政府与群众的联系作用，被《新华日报》《镇江日报》等多家媒体赞誉为社情民意的"观测哨"、沟通党委政府与群众的"连心桥"、大学生村官能力素质提升的"加油站"。大学生村官社情民意信息网也在实践中成为我市社会服务管理和信访工作的又一创新品牌。

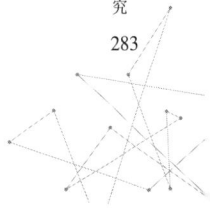

**参考文献**

[1] 中共中央组织部,等:《关于进一步加强大学生村官工作的意见》,2012 年。

[2] 中共中央组织部组织二局:《大学生村官计划:具有长远战略意义的选择》,凤凰出版社,2012 年。

# 关于"四个一"民情民意沟通机制的调研与思考

/陈新中/

"三解三促"是新形势下加强群众工作,推进社会管理创新的重要举措,说到底就是转变工作作风、密切干群联系,更好地为民服务、与民解忧。2011年,扬中首创以"一家一档""一户一卡""一人一区""一组一员"为主要内容的"四个一"民情民意沟通机制,以党员干部联系服务群众机制和体系建设为抓手,全力打通党群干群之间"最后一米",用他们无障碍沟通的生动实践诠释着村级基层党员干部的"三解三促",探索着村级社会管理工作的创新发展。经过一年的实践,该民情沟通体系是否有推广必要,实际成效如何,存在哪些困难和问题,下一步应如何完善提升? 近期,扬中市委组织部组织专题调研小组赴各村开展了专题调研和分析,现将有关情况综述如下:

## 一、一个发展与前行的理念

打造"四个一"民情联系机制,既是扬中探索农村党建"底层设计"的关键环节,也是谋沟通之"优",创管理之"先",求服务之"实"的重要途径;既是富民惠民之策,又是农村改革的创新之举,更是扬中实现科学发展、和谐发展的当务之急。

### 1. 实施"四个一"工作机制,是联系服务群众的根本要求

人心向背是决定事业成败的关键因素。我们的全部工作,只有顺民意、谋民利,才能得到人民群众的支持和拥护。随着群众的服务需求日趋多元化,基层党组织所承担的服务职能和任务日益繁重。只有实施"四个一"民情沟通联系工作机制,打通党群、干群之间"最后一米",才能更好地发挥农村基层党组织的作用,根据群众不同层次的需求,创新服务形式,丰富服务内容,

拓宽服务渠道,切实把涉及群众切身利益的工作做好、做细、做实,才能得到群众的真心拥护和支持,体现党的先进性,巩固党的执政基础。

**2. 实施"四个一"工作机制,是破解农村社会管理难题的现实所需**

当前,我们正处在一个新的社会转型期,农村土地征用、城镇房屋拆迁等领域的社会矛盾易发高发,因劳资关系、环境污染、公共服务管理等问题引发的社会矛盾明显增多,且随着人们的公平意识、民主意识、权利意识的不断增强,预防和处置矛盾的难度也明显加大。加强"四个一"民情沟通机制建设,就是要充分发挥党的思想政治优势、组织优势和密切联系群众优势在社会管理工作中的引领作用,调动全体党员的积极性,形成联系服务群众的网络和合力,切实把基层党组织的组织资源转化为社会管理资源,组织活力转化为推动发展的动力、服务群众的效力和社会管理的活力,更好地推动发展、凝聚人心、促进和谐。

**3. 实施"四个一"工作机制,是现有工作基础上的创新举措**

近年来,扬中以创先争优活动为契机,以争创党建工作先进市为总抓手,先后开展了"三增"主题活动、和谐企业党建工作法、非公企业党组织书记绩效管理、项目化推进党建"五百工程"、下基层"六步工作法"等一系列党建工作创新活动,架构了一批有影响、有效用的党建工作载体和平台。尤其是,2011年全市率先开展农村区域党建工作探索,按照"区域一体、共建互动、集约共享、发展共赢"原则,推进村(区)域党建工作,强化党组织对区域经济社会的领导和统筹,通过党组织工作重心下移和活动形式的创新,实现了村(区)域党的组织和工作两个全覆盖,有效解决了基层党建的实际困难,营造了良好的党建工作氛围,也奠定了构建全覆盖式民情沟通联系机制的工作基础。


## 二、一种创新与实践的碰撞

2012年10月以来,扬中市结合本地实际,在推进实施村(区)域党建工作的过程中,试点实施"四个一"民情民意沟通体系,探索破解党群沟通渠道不畅通、党员服务作用不明显等问题,着力提升农民群众生活质量和幸福指数,切实用真心聚民意、用服务赢民心。

**1. 一家一档,把握农民家庭变化"晴雨表"**

群众生活富裕,方能安定祥和。"一家一档",就是各行政村(社区)党委

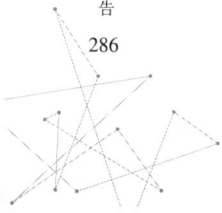

通过开展"走千户、访千人"等活动,为每个农民家庭建立一份家庭发展档案,确保做到家庭成员思想动态、就业状况、劳动技能、收入支出、迫切需求"五清楚"。其中,突出强调做好弱势群体的帮扶工作,了解基层群众的所思所想所盼,掌握群众最需要帮助解决的问题,切实帮助解决其实际困难,为充分发挥基层党组织和党员干部为民服务、带民致富的引领作用提供信息基础。

新坝镇双新村党委上世纪90年代就创新建立了农民家庭致富档案,后改进为农民家庭发展档案。2012年底,又率先自主研发家庭档案电子信息管理系统,并在全市推广。新坝镇立新村党委通过建立完善家庭发展档案,了解到新桥片12组困难户田先林自身腿部残疾,妻子精神失常,但是掌握一些养蜂技术,于是主动上门为其在农商行担保办理2万元小额贷款卡,帮助办理相关食品安全许可证,扶持其发展蜜蜂养殖解决温饱。目前,田先林的蜜蜂养殖规模已达80余箱,且周边邻居在其带动下,也纷纷投产养殖,共同发展致富。像这样的小额贷款卡,该村党委基于家庭发展档案,共为有创业意向的100余户农民家庭进行了担保办理。村民孙纪福在村党委的支持下,在扬中第一个尝试全封闭大棚种植葡萄,成为亩产效益最高、品种创新最超前的科技致富典型。三茅街道明华村党委基于家庭发展档案,建立起村级人脉资源库,为村级发展争取项目、筹集资金数十万元,为农民群众直接解决困难需求10余次。

截至目前,全市81个村(社区)按照调查摸底全面化、档案建立科学化、民情运用系统化的"三化"标准建立和完善了农民家庭发展档案67420份,并全部进行电子信息化管理,真正实现"鼠标一点,民情尽显"。2011年,全市农民人均纯收入达到1.5万元,城乡居民人均储蓄水平位列全省第3位;2012年上半年,全市城镇居民人均可支配收入、农民人均现金收入分别达到19685元和11697元,同比增长24.4%和29.2%;2013年居民人均储蓄月达到5.7万元,比2012年年末增长18.8%。我们认为:"农民收入的增加,现代农业结构的调整,弱势群体生活状况的及时改善,很大程度上要归功于我们覆盖全村数千户家庭的发展档案,在第一时间为村党委开展工作提供可靠基础性材料,为全村创业富民活动科学决策提供第一手依据。"

**2. 一人一区,理好村域网络包干"承包地"**

每名村级党员干部承包一个包片责任区,是对原有村干部分片包干工作基础上的进一步规范提升和创新发展。全市各村(社区)党组织按照村域管理范围,分片划区,实施网格化管理,强化目标化定责;每名党员干部对自己

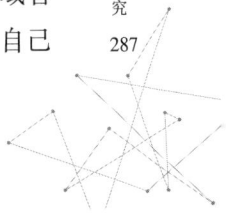

的片区包政策宣传、包任务落实、包联系群众、包安全生产、包社会稳定,努力做到情况掌握在一线,问题解决在一线,形象树立在一线。

新坝镇立新村老党员常征自活动开展以来,主动负责村临江包干区,针对该片区治安极为复杂的状况,他每周沿江巡逻两次,每次路程4000多米,累计巡逻路程384公里,相当于围绕扬中岛3圈多,先后发现并处理偷盗等不良情况7次,成功调解矛盾14次,为构筑治安防控体系发挥了党员示范作用。三茅街道企东村党委针对滨江新城建设工作量大,以及矛盾突发性、广泛性和复杂性较强的情况,创新推出"阳光工作法",要求每位村两委成员深入包片责任区,就地发现问题、解决问题,在服务大厅"晒出"村干部的片区工作日记,亮出村干部的工作轨迹和工作内容,接受群众和党员翻阅、监督和点评。这一做法让村干部互相之间有促动,自加压力比学赶超,在群众的"阳光监督"下切实主动联系群众,为群众办好事、办实事。开发区德云村党委结合本村实际,制定党员联户包片制度,在包片领导、联系村干部、村两委"三位一体"共推村级工作的基础上,组织有能力的党员和党组织联系1~3户困难户,对困难情况较为严重的农民家庭实行集体联户,切实联系帮扶农民家庭40余户。

目前,全市已建立这样的包干责任区766个,实现了81个行政村(社区)全方位覆盖,认领村域"承包地"也已然成为广大基层党员干部中的新风尚。农村群众都说,自从党员干部出现在责任区,他们心里就跟吃了定心丸似的,既安心,也放心。

### 3. 一户一卡,开好党群联系"直通车"

一张小小的便民联系卡——正面有村干部手机号码,背面是片区民警联系号码,在扬中市农村户户可见,成为村民们随身携带的必备品,深受群众欢迎。城北园区征地拆迁期间,三茅街道中华村的村干部一天时间就接到13个征地政策咨询电话,全村农户198户,通过电话咨询不到10天就对政策了然于胸。八桥镇红光村党委在发放便民联系卡的同时,随附《便民服务手册》,详细介绍村党委三年任期目标、村规民约、村(社区)服务标准、村(社区)服务承诺制度等,请群众参与,邀群众监督,真正实现知民情,帮民富,解民忧,集民智。

党员干部联系卡受到越来越多群众的欢迎,全市各行政村(社区)党委相继制作并发放联系卡60000余张,卡上明确了村域范围内"全程便民""代理服务"和"一站式"服务事项和责任人,村党员干部对群众来电实行首问负责,

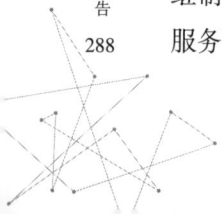

确保第一时间响应、第一时间处理、第一时间解决。部分村还将镇分工及村干部信息一并列入，进一步拓展服务范围，深化服务内涵，以更好地服务群众，赢得民心。村民朱玉祥说，"这就是村里给我们配的一个'万事通'，农忙服务、电力故障以及发生矛盾纠纷等大事小事，都离不开它，想问什么，有什么需求，一个电话马上'到站'。"油坊镇会龙村党委书记李跃荣更是感慨："自从民情联系卡发放以来，我们村干部更忙了，但是我们忙得高兴。现在只要有困难，群众第一时间就会想到我们，第一时间就能找到我们，我们与群众之间沟通更多了，心贴得更近了。"

### 4. 一组一员，织好民情民意"信息网"

信息是反映民情民意的重要窗口。在第一时间获得民情信息，就能在第一时间正确研判、科学决策、趋利避害，把握为民服务主动权。为此，扬中市各村党组织以"多层次、广覆盖"为原则，在每个村民小组选取部分政治素质和群众威信高的老党员或村民小组长担任民情信息员，建立起拥有2100多名民情信息员的信息网络，定期培训、定期座谈，引导他们当好党委政府政策宣传员和信息收集员，把握服务主动性，有效控制各种舆情应对局面，避免群体性事件发生。

八桥镇永胜村党委将民情信息员队伍建设与全程代理式服务有机结合，把从群众中观察和获取到的民情动态详细收集整理，通过提请村党群议事会、求助上级主管部门等途径，及时应对处理。"为了界址问题，我和邻居顾士文家争了好多年了，这次水网改造，本来打定主意不管跑多少趟村里，也要弄清楚搞明白，没想到唐久宝和王冬龙主动上门了解情况，还去镇国土所调取建房资料，仔细核实界址，答复有理有据，我们心服口服。"村民陈道清对不出家门就解除了一块多年的心病深表感激。目前，该村信息员已收集并成功代理解决此类关系党员群众自身利益的急、难、怨问题90多个，群众满意率达100%。

### 三、一场机遇与挑战的博弈

"四个一"民情联系沟通体系是一项系统工程，在实践中，有效打通了党群干群之间的"最后一米"，成为党群干群实现无障碍沟通、密切鱼水深情的得力载体。但与此同时，在这一体系的探索阶段，也存在着一些问题和不足，突出体现在：

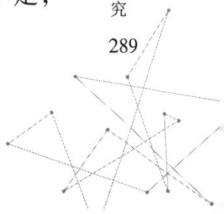

**1. 更新运行机制有待完备,易成为形式化的"面子工程"**

信息及时更新是沟通联系机制的生命力。"四个一"民情沟通联系机制运行以来,困扰最大的就是信息来源和更新速度。尤其是"一家一档"中,由于涉及隐私、家庭收入等信息,内容的准确度和真实度多有所保留;农民家庭第一手信息变化的收集整理和录入更新多因人手不够等问题而不能及时跟进,且多是按月更新,存在事后补录的情况等。村(社区)党员干部如何在第一时间获悉最新的民情信息变化成为首先需要解决的问题。这些信息更新反馈问题解决不好,我们的家庭发展档案就将仅仅停留在"建起来"的形象工程,并成为束之高阁的档案资料,而难以真正"用起来",成为领民致富、排忧解难的"及时雨"。

**2. 典型样板培育意识有待增强,欠缺亮点的挖掘和提炼**

目前,各镇区、街道结合前期试点,重点培育了一些典型村(社区),例如新坝镇的双新村、立新村,三茅街道的中华村、指南村,油坊镇的会龙村,八桥镇的永胜村,西来桥镇的幸福社区,开发区的恒跃村等。全市各村(社区)党委也结合实际,在规定动作基础上创新推出特色服务载体,探索研发档案信息平台,自主出台《便民服务制度》、《民情信息员管理考核制度等规范文件》,取得了一定的实践成果。但是这些典型村(社区)多是全市民情沟通联系体系重点关注的前提试点村(社区),各特色工作也多停留在"日常工作"的层面上,自主挖掘培育不多,总结提炼和外宣力度不大,影响力和外显度也不高。

**3. 民情联系服务队伍建设有待更加专业化、规范化、制度化**

目前,全市民情联系服务队伍主要由村党员干部、老党员和村民小组长组成。其中,村党员干部多年从事群众工作,资源充足,经验丰富,能力较强,是基层工作的中坚力量。但事务繁杂,从事群众工作的热情和态度对民情联系沟通有着直接主导性的影响;老党员较有威望,社会责任感强,在民情沟通和社会管理中发挥着重要作用,但因身体等原因,能参加社会管理工作的人员有限;村民小组长直接进行档案原始资料记载,是一线的民情信息员,可谓是村干部的"耳目",他们的工作效能直接影响到民情沟通机制的运行和作用的发挥。然而,他们中不乏因待遇问题、利益分配等原因而工作积极性不高,有的在村党委和群众之间高唱"两台戏",更有甚者带头上访闹事。如何发挥村民小组长的作用毋庸置疑成为一个值得探讨的课题。

**4. 各村(社区)在民情联系机制下的自选动作创新力度不大**

"四个一"民情联系沟通体系,是市委组织部结合创先争优活动,探索党

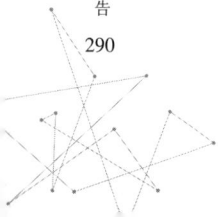

员联系服务群众机制的创新动作,是在全市81个行政村(社区)普遍开展的规定动作。一年来,随着该体系的深入推进,各村(社区)结合本地实际在规定基础上有一些探索创新,例如三茅街道企东村的"阳光工作法"、八桥镇永胜村的全程代理式服务、开发区德云村的群众工作站(室)等,但是从量上来看,尚未形成竞相发展、百花齐放的良好局面,从质上来看,具有代表性、影响力的品牌尚不多。这在一定程度上限制了民情联系沟通体系的长效发展,使得沟通体系应有的生命力没有充分绽放。

## 四、一种成长与跨越的展望

服务群众,是一项只有起点,没有终点,只有更好,没有最好的基础性、经常性和根本性工作。党群干群无障碍联系沟通是服务好群众的前提保障,它的必要性和重要性,决定了我们必须要在不断探索和实践有地方特色的创新道路上,咬定目标、破解难题、强力推进。

**1. 即时更新,规范管理,全面完善运行机制**

"四个一"民情联系沟通机制不是简单的常规工作罗列和堆砌,而是一个系统的、长效的综合运行体系。如果没有一个全面完善的信息更新运行机制,那么这个体系就如同失去经络很难取得预期实效。因此,我们要针对运行过程中已经暴露出的现实困难和问题,进一步创新举措,确保即时更新反馈,规范管理运行。

一是聘任专职"管家"。民情联系沟通机制的信息更新运行,主要体现在家庭发展档案信息平台的维护与运行、民情信息员的反馈信息的整理与分类,需要有专职人员来进行系统管理。结合行政村(社区)实际,建议让大学生村官来担任民情信息管理的专职管理员。从总量上看,目前我市共有大学生村官72名,全市81个村(社区)已基本有条件配备村官"管家";从能力上看,大学生村官接受过高等教育,掌握计算机、档案管理等基本技能,是村(社区)党组织中从事信息技术、计算机操作、档案管理等工作的不二人选;从发展上看,大学生村官以"管家"身份主动参与到党员联系服务群众工作中去,对提升其群众工作能力,积累基层工作经验有较大益处,尤其是一些新上任的大学生村官通过村家庭发展档案信息平台,能在较短时间内熟悉村情民情、开展实际工作。

二是创建互动"民情通"。第一时间掌握民情信息,是实现党群干群无障

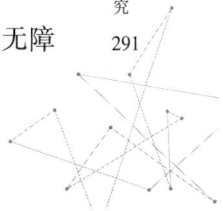

碍沟通的前提和保障。基于现有信息管理平台,可考虑与中国移动通信等公司合作,运用先进的信息技术和现代管理理念,探索构建区域型民情管理信息化平台——"民情通"信息平台。该平台对各职级人员配备对口权限账号,可通过手机、电脑和 PAD 终端登录,并随时进行查询、添加和修改操作,从而有效缓解网络不畅、人工填报、更新信息不能及时反馈等情况,充分实现各基层党员干部掌握全村(社区)或包干片区民情变更情况的即时性和全面性。

三是形成规范"路径"。有章可循是任何工作有效管理运行的基本保障。经过试点实践,我们应当将更多实践中得来的好做法、好经验,逐步落到制度层面上来,通过规章制度等形式,进一步促使"四个一"民情沟通联系更加稳定性实施、规范化推进,进而内化为全市基层党员干部主动积极联系群众、服务群众的自觉行为。例如,在民情档案的信息收集更新上,可以形成定人定岗定责的责任追究制,确保民情信息更新速度和准确度;在接收民情来电时,要实行首问负责制、限时办结制、全程代理制等制度,确保党员干部为民服务质量;在党员干部包片责任区,实行"五包责任制",确保群众有求必应、有始有终,片区有事必理、有理必果。

### 2. 准确定位,发挥优势,倾力打造特色样板

典型样板,代表着特色、影响和先进,是无形的示范、导向和辐射带动。我们要因地制宜,充分发挥各地优势,准确定位,科学规划,着力打造一批过得硬、立得起、叫得响、推得开的特色样板名片,积极营造百花齐放竞争春的发展氛围。

一是注重点面结合。作为党员联系服务群众的重点工作,"四个一"联系服务机制要把功夫花在点上,把成果运用到面上;问题解决在点上,要求提到面上;措施落实在点上,把经验推广到面上。要在前期试点的基础上,突出重点、突出特点、突出亮点,形成能够代表本地本单位地区特点、文化特质或精神风貌,在一定范围、一定领域、一定层次内领先的服务品牌,继而全面推开,抓出影响,抓出成效,得群众认可,让群众满意。

二是注重长效培育。我市基层党建在家庭发展档案、民情联系卡、村干部分片包干等工作上都有一定的工作基础,我们要在将原有基础性、常规性工作做实做优的基础上,充分考虑党员群众的需求,创优典型、创新典型,精心经营、长期培育,通过规范化运作、标杆化管理、重点工作项目化,使服务品牌融为党员日常行为规范,得到群众的广泛认同和充分信任,进而不断拓宽为民服务渠道,密切党群血肉联系,使品牌样板在党员群众中入脑入心。

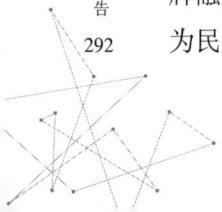

三是注重解决难题。"四个一"民情联系沟通机制,如何更好地服务基层、服务群众,使这项工作不是单纯口号或想法,必须通过机制的实践运行,实实在在解决一些基层党建和社会管理存在的实际问题。因此,要将品牌样板的创建与服务基层、服务群众结合起来,在解决基层反映的难点、热点问题中,把群众需要作为第一信号,把群众满意作为第一标尺,结合实际,亮出标准,亮出举措,亮出品牌,从而不断凝聚村民和辖区居民的认同感和归属感,让服务品牌变成一种行动,变成一份成果,变成让农民群众得到实惠的有效载体。

### 3. 分层分类,有的放矢,加快建设专业队伍

深化"四个一"民情联系沟通机制,实现党群干群无障碍沟通,关键在人,关键在不断培养造就亲民、爱民、为民的高素质民情联系服务队伍,形成朝气蓬勃、奋发有为的村(社区)领导班子。

一是抓队伍强管理。要进一步结合"为率先承诺、立跨越新功"主题实践活动,加强"五好"村(社区)党组织和"双强"村书记队伍建设,强化村级领导责任,严格履诺督诺考诺,有效提升村级党员干部的责任意识和干事能力。要结合大学生村官"双岗双成长"等活动,采用"一线工作法",加大大学生村官基层一线锻炼培养力度,加强服务群众的实绩评价考核。要突出抓好村民小组长队伍的选拔、任用和管理,更换调整谋私利、搞特殊的"带病上岗"的小组长,表彰奖励顾大局、得民心的小组长,真正在民情联系服务党员队伍中形成"心齐、气顺、风正、劲足"的和谐局面。

二是抓培训提效能。针对民情联系沟通机制中各类主体的特点,要本着"缺什么,补什么"的原则,以提高联系服务群众能力建设为重点,加强和改进基层党员干部教育培训工作。依托"百场讲学拉练大培训"等活动,加大法律法规、社会管理、群众工作规律等方面的培训力度,不断提高各类基层党员干部群体服务人民群众、管理社会事务、协调利益关系、开展群众工作、维护社会稳定等方面的能力和本领。

三是抓典型促引领。选树群众工作典型,发挥示范引领作用,营造比学赶超氛围,能够有效激发民情联系沟通队伍的内在活力,促进形成全市基层党组织和党员为民服务创先争优的普遍价值取向。为此,要通过民主评议党员、党员示范岗评选等活动,及时发展和掌握不同层次、不同类型、不同方面的身边典型;要组织专门力量,深入一线,深度挖掘,按照"发现一个推荐一个,成熟一个宣传一个"的原则,充分运用各级新闻媒体宣传平台,通过召开

事迹报告会、观看专题片、印发事迹材料,大力宣传颂扬队伍中的优秀典型;要深入开展"寻找党员身边的感动"等活动,组织基层群众工作党员对照典型找差距、查原因、明方向,实现用典型教育人、鞭策人,不断让党员干部"动"起来,让服务典型"多"起来。

**4. 激励创新,营造氛围,着力增强内生动力**

创新是活跃基层、打牢基础的根本途径。我们要在完成"四个一"民情联系沟通机制规定动作的基础上,创新"自选动作",谋求特色亮点,全力助推农村党建在实践中的社会管理作用,焕发勃勃生机。

**市镇层面:**要将深化"四个一"民情联系沟通机制作为新时期农村基层党建工作的新抓手、服务群众的新平台、促进和谐的新载体,高度重视,专项部署,定期督查,强力推进,力促该项工作出成效、出影响。要有效整合党组织资源、党员资源和社会管理资源,为基层党委创新开展民情联系沟通工作开拓空间,提供指导。对基层的特色创新工作,每年年终专门进行创新工作评选表彰,组织专门力量帮助总结提炼、宣传推介,提升创新工作的外显度和影响力。对积极创新、卓有成效的村(社区)党委,全力支持,鼓励发展,进一步制定完善激励制度,优先培养发展创新力、执行力"双强"村(社区)党组织书记,着力激活内在创新活力,营造浓厚创新氛围。

**村级层面:**基于"常德盛工作法"等创新成果的先进经验,创新来自基层,源于群众。目前,我市81个村(社区)党委中,或多或少存在将"四个一"工作机制作为一项一般工作简单完成、应付交差的情况。身处最基层的农村党组织,要进一步加深对"四个一"民情联系沟通机制的重要性认识,将机制运行考核情况纳入年终基层党建检查和干部考评内容中去,积极引导村(社区)党委从疲于完成"四个一"工作任务中解脱出来,狠抓载体创新、工作方法创新,不断提升工作敏锐性,增强实践创新力和执行力;不断强化信息宣传意识,勤总结,多提炼,逐步让新的想法付诸实践,让好的实践形成特色,让优的特色成为品牌,让品牌成为全市基层党建密切党群联系、助推社会管理、提升群众满意的强劲动力。

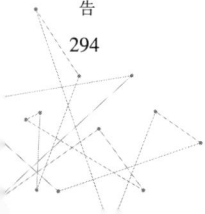

# 建立和健全工商行政责任制度研究
## ——以镇江工商局的实践与探索为视角

/黄春年　周健生　陈松林　牛玉兵/

在现代公共行政的层面,责任是现代政府应具备的基本品质,也是现代政府的基本特征。依照法治行政的理念,政府应该在法律的边界内行政。违反这个边界,政府就要承担相应的行政责任。所谓责任政府,意味着政府在获得权力的同时,也就承担了相应的责任。责任政府,必须通过依法行政责任体系的构建予以保障。因此,依法行政责任体系的构建是建立责任政府与构建法治政府的关键。

我国现行的依法行政责任体系,存在行政责任立法不够健全、行政责任追究制度存在不足、行政责任的归责原则不完善等方面的问题。应该通过健全行政责任立法、完善行政责任追究制度、建立以过错推定原则为主的行政责任归责原则等措施进一步健全我国的依法行政责任体系。

工商行政机关是我国行政组织体系中的重要组成部分,在行政管理中享有广泛的职权,承担重要的行政职责。工商行政责任制度是我国依法行政责任体系的有机内容。如何结合工商行政执法的实际,构建工商行政责任制度,既是完善我国依法行政责任体系的举措,也是工商行政执法自身的客观需要。江苏省镇江市工商行政管理首开风气之先,在构建法治型工商、推进工商依法行政工作过程中,将构建工商行政责任制度纳入了工作日程。近年来,镇江市工商局在构建法治型工商的工作中取得了一系列的成绩。镇江市工商局推行的说理式执法文书改革,获得江苏省工商行政管理局的高度评价,其做法被江苏省工商行政管理局在全省推广。镇江市工商行政管理局推行工商执法规范化的工作,进行了法治型工商指标体系的建设,发布了一系列推进工商工作法治化的规范性文件。2006 年以来,镇江市工商行政管理局连年被江苏省工商行政管理局评为"依法行政先进集体",被镇江市委市政府评为"镇江市行政执法工作先进集体",并先后获得"法治镇江示范点""江苏省行政执法示范点"等荣誉称号。2011年以来,镇江市工商行政管理局开始部署工商行政责任制度的构建工作,开始了工商行政责任制度构建的探索。

基于镇江工商行政管理局在工商行政责任方面的实践探索,结合行政法学原理以及近年来理论界关于行政责任制度的思考,我们认为,应该主要从以下几方面完善工商行政责任制度。

## 一、建立以工商行政执法人员个人责任为中心的工商行政责任制度

工商行政责任制度应该包括工商行政机关的行政责任与工商执法人员的个人责任,但应该以公务人员个人责任为工商行政责任制度的核心。

### (一)厘清工商行政执法的行政职权与行政职责,明确工商行政执法人员的个人责任

行政权是行政主体实施行政行为的基础。工商行政机关和工商执法人员必须依照组织法的规定,享有充分的行政职权,并以自己的名义行使行政职权,这样才能达成工商行政执法的目标。行政职责本身可以看成是行政职权的另一面,工商行政机关和工商执法人员在享有行政职权的同时,就已经肩负起行政职责,需要为自己的行政执法行为承担相应的法律后果。

我国行政法学理上对行政责任的重心到底是行政主体还是行政公务人员充满争议。第一种观点认为,行政责任是行政主体在行使行政职权过程中必须承担的法定义务[①],其强调承担行政责任的主体是行政主体而非行政公务人员。第二种观点认为,行政责任是指国家为了实现其行政职能而赋予特定的行政主体一定的行政任务并要求其完成的一种义务,行政责任最终落实到一定的行政职位及担任该行政职位的行政公务人员。[②] 我们认为,第二种观点较为合理。行政责任的概念主要是指行政主体以及行政公务人员的责任,尤其是行政公务人员的责任。对工商行政执法而言,由于工商行政执法所涉及的职权范围广,工商行政执法人员自由裁量权相对较多,因此,工商行政执法问责制的重心更应该是对工商行政执法人员的责任追究。

---

① 罗豪才:《行政法学》,北京大学出版社,1996年,第57页。
② 王学辉、宋玉波:《行政权研究》,中国检察出版社,2002年,第117-118页。

对工商行政机关而言,其行政职权取决于各类行政组织法的规定、相关单行法律的行政授权及行政法规、地方性法规规章等下位法以及非立法的规范性文件的进一步细化与明晰。对工商行政执法人员而言,其在行政执法过程中的权责主要取决于其所在的执法岗位,在不同的执法岗位,享有不同的执法权限。

**(二)建立工商行政执法岗位责任制或者工商行政执法责任状制度**

我们认为,可以考虑以下两种办法将工商行政主体的行政责任分解到工商行政执法人员,明晰工商行政执法主体和工商执法人员的行政责任边界。第一,可以实行工商行政执法岗位责任制,将工商行政主体的法定职责明确分解至各个执法岗位,通过尽可能细化的具体规范明确每一个执法岗位的职能权限,以岗定责,将工商执法人员执法过程中的自由裁量权减少到最小的程度。第二,实行工商行政执法责任状制度,即由工商行政主体和工商执法人员签订工商行政执法责任状,兼采以岗定责和以人定责,在以岗定责的基础上,将每一个工商执法岗位的行政责任进行一定的列举,同时,对以岗定责难以涵盖的涉及工商行政执法的自由裁量权部分以及一些特殊条件下的工商执法行为,采用以人定责,由每一个工商行政执法岗位上的工商执法人员与工商行政主体签订执法责任状,不仅将工商行政执法的法定职责细化,还可以规定一些需要履行法定职责的约定义务。

**(三)建立健全工商行政执法评议考核机制,严格落实工商行政执法责任追究制度,增强工商行政责任制度的执行力**

工商行政执法评议考核在工商行政责任制度中起着承上启下的作用。工商行政机关首先要建立健全本单位内部的检查考核制度,加强对本机关行政执法责任落实情况的自查,对于自查中发现的问题,要及时整改,不断完善制度建设。其次,工商行政机关的上级机关(本级人民政府和上级工商行政机关)对下级工商行政机关落实行政执法责任制的情况,要进行跟踪检查和督促整改。同时,在评议考核中可采取随机抽样或者明察暗访的方式,以保证评议考核的效果,必要时也可以尝试对工商行政执法状况进行社会评议,以体现工商行政执法评议制度的外部监督性。

**(四)强化工商行政执法人员的道德责任**

工商行政道德责任的建设需要从以下方面着手:一是要通过各种媒介和形式,对工商行政人员的道德文化意识进行教育,促使其形成正确的道德伦理与修养;二是要在工商系统内,在权限范围内,将可以上升为制度的道德要

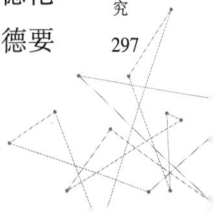

求制度化、规范化,明确违反道德要求的相应责任。

## 二、通过工商行政责任制度控制工商行政自由裁量权

**(一) 通过多种途径,强化工商行政执法主体的责任意识,实现对行政自由裁量权的主观控制**

在工商行政实践中,必须针对工商行政管理执法人员责任意识的实际状况,采取多项措施,不断提高工商行政执法人员的执法能力与执法水平,确保其正确合理地行使工商执法过程中的行政自由裁量权。具体可以考虑以下措施:第一,提高工商行政执法人员的法治意识。采取多项措施,大力培育和提高行政法治意识,要求工商行政执法人员真正知法、带头执法、自觉守法、坚决护法。第二,强化工商行政执法人员法律知识的学习,提高其对法律的认识水平与领悟能力,以确保其在准确领悟法律的基础上,正确地适用法律,从而准确地把握好工商行政执法自由裁量权。

**(二) 健全工商行政责任制度,实现对工商行政自由裁量权的客观控制**

在工商行政执法的实践中,应结合工商行政的实际情况,建立健全与行政裁量相关的各项责任制度。一是应加强体现我国行政体制改革精神和原则的工商行政规范的文件制定,提高法规的公开化和民主程度,并适时进行明确执法依据的法规清理工作,推进行政责任的制度建设。二是应健全工商行政裁量基准制度,通过分解执法职责,细化执行标准,使行政机关裁量权限逐项分解到执法岗位和执法人员。可以考虑将各地经济发展状况的差异、各种类型案件的特点、案件情节轻重程度,以当事人非法经营的规模、经营状况、经营时间长短、获利情况以及违法行为的事实、性质、情节、社会危害程度等可以量化的因素作为自由裁量的处罚要素,以客观事实作为量化标准,尽可能减少主观因素的影响。

## 三、完善工商行政执法责任制度的配套制度

**(一) 建立充分的信息公开制度,确保民众对工商行政执法责任制度的监督**

实行工商行政执法责任制度,应该按照行政公开原则,将一切不涉及国家机密和个人隐私的信息向社会公开,让民众有充分的渠道了解工商行政执法责任制度的具体情形,从而可以对工商行政执法责任制度进行公民监督。

列宁说过:"没有公开性而谈民主是很可笑的。"①工商行政执法责任制度信息的充分公开,体现了工商行政执法责任制度的民主性。在公开的前提下,让社会对工商行政执法责任制度进行充分监督,是确保工商行政执法责任制度良好实施的关键因素之一。在具体的公开方式上,可以考虑采用工商行政执法公开明示制度,即由工商行政机关将行政执法的执法权限、执法依据、执法程序、执行结果等各项执法活动以及违反公开明示的责任追究、社会监督渠道等,采用多种方式向社会公开明示。也可以采用建立工商执法特邀监察员制度,邀请人大代表、政协委员或者企事业单位工作人员、独立知识分子等担任工商执法特邀监督员,对工商执法进行监督。

**(二) 明确工商行政执法责任的承担方式**

要使工商行政执法责任制度落到实处,必须要明确工商行政执法责任的承担方式。明确工商行政执法责任的承担方式,需要注意以下问题:第一,工商行政主体承担工商执法责任的方式与工商执法人员承担责任的方式有所不同。有些承担工商执法责任的方式只对行政公务人员适用,如行政处分等;而有些承担工商行政执法责任的方式则只对工商行政主体适用,如撤销违法行政行为等;而另外一些承担工商行政执法责任的方式既可以对工商行政主体适用,也可以对工商执法人员适用,如通报批评等。因此,明确工商行政执法责任的承担方式,需要分清工商行政主体和工商执法人员承担责任方式的不同。第二,明确工商行政执法责任的承担方式,需要遵守法律的规定。第三,工商行政执法责任,在责任关系上是相互的,即工商执法人员对工商行政主体承担责任的同时,工商行政主体也要对工商执法人员承担相应的行政责任。工商行政执法岗位责任制或者工商行政执法责任状是明晰工商行政主体和工商执法人员责任的具体依据。如果工商行政执法岗位责任制或者工商行政执法责任状规定,当工商执法人员完成某类执法任务,达成某种执法目标时,工商行政主体需兑现某种行政奖励措施,此时,如果工商行政主体拒不兑现,就需要依照工商执法岗位责任制或者工商执法责任状的具体规定,承担相应的行政责任。

**(三) 逐步建立工商行政执法责任制度的法律救济机制**

工商行政执法责任制度的法律救济机制的建立,需要注意以下问题:第一,应该根据工商行政执法责任制度所追究的责任形式的不同,确立相应的

① 列宁:《列宁全集》,人民出版社,1956 年,第448 页。

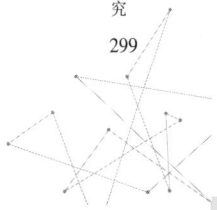

法律救济机制。工商行政执法责任的内容和形式的不同,其法律救济机制的途径与方式也应该有所不同。在实行工商行政执法责任状的情况下,如果工商行政主体要依照责任状追究工商执法人员的行政责任,而相关的工商执法人员对此持有异议,那么应该让相关的工商行政执法人员与工商行政主体协商,协商不成,可以让工商行政执法人员按照行政监察途径,向相应的上级机关提出申诉。第二,工商行政执法责任制度的法律救济机制的建立,需要符合合法性原则。如在工商行政执法责任制度实施过程中,工商行政主体对工商执法人员追究行政责任,给予工商执法人员行政处分时,一般认为,被处分的工商执法人员只能依照《行政监察法》和《行政处罚法》的规定向相关部门进行申诉,而不能向人民法院提出行政诉讼。因为,按照我国《行政诉讼法》的规定,这类行政机关对内部工作人员的行政处分,不是行政诉讼的受案范围。

## 四、完善工商行政执法责任制的问责程序

健全的工商行政执法问责程序,是确保工商行政执法问责成败的关键。我们认为,应该从以下几方面完善我国的工商行政执法问责程序。

### (一)完善工商行政执法问责的启动程序

首先,详细列明工商执法问责启动的条件。明晰启动问责的标准,是问责程序的重要内容,不可或缺。行政学家怀特认为,“政府行政的效率从根本上说是以行政组织中责任与权力的适当分配为基础的”。[①] 工商行政执法问责程序,应该对在什么条件下启动问责程序作出十分清晰的规定。我们认为,应该通过法治型工商构建过程中推行的工商行政执法岗位责任制来解决这一问题,即在构建工商行政执法过程中,通过体系化的法治工商指标,对工商行政主体内部各部门、不同岗位的工商执法人员的职责权限予以明确规定,在工商行政执法过程中,违反了这些规定,超越了本部门或者本岗位的执法权限或不当地放弃了本部门或本岗位的执法权限,或者未能达成本部门或本岗位的执法目标,就对相关部门或相关岗位的工商执法人员启动问责程序。

其次,明确工商行政执法问责的主体。一般而言,当被问责的对象是行政主体时,行政问责的主体是依照“组织法”上规定的拥有问责权限的相关上级行政机关或被问责的行政机关所属的人民政府;当被问责的对象是行政公

---

① 唐兴霖:《公共行政学——历史与思想》,中山大学出版社,2000年,第229页。

务人员时,行政问责的主体是被问责的公务人员所属的行政机关。对工商行政执法问责而言,其问责主体也应该符合行政组织法的一般规定,即如果被问责的对象是工商行政机关,则按照组织权限,由上级工商部门或者被问责工商部门所属人民政府启动问责程序;如果被问责的对象是工商执法人员,则由其所属的工商行政机关启动问责程序。

但是,依照行政法理论与实践,在某些情况下,问责的主体可能超出上述的同体问责的范围,而出现所谓异体问责的情形。所谓的异体问责,即不是由行政系统自身作为问责主体,而是由行政系统之外的立法机关、司法机关作为问责主体,启动问责程序。我们认为,在适当的条件下,工商执法问责的启动主体也可以考虑由非行政系统的国家机关担当。

### (二) 完善工商行政执法问责的进行程序

就整个行政问责的程序机制而言,行政问责的进行程序是行政问责程序的基本内容。由于我国至今没有行政程序法典,相关的行政程序散见于各单行法中,行政程序本身并不完善。现行法律中有关行政问责程序的规定,大多显得零散而无序,而且有很多基本的程序内容没有规定。就工商执法问责程序而言,情况也是如此。结合现行法律的相关规定,从一般的行政法理论出发,我们认为工商行政执法问责的进行程序应该包括以下内容:

#### 1. 工商行政执法问责的立案程序

如前文所述,工商行政执法问责的启动,应该根据法治型工商建设过程中实行的工商执法岗位责任制的具体规定、具体条件,启动工商行政执法问责。工商行政执法问责启动的标志是问责立案,其程序应该符合一般行政程序的基本要求,主要包括:应该采用书面形式立案,有相应的立案文书,立案文书应该载明案号、立案日期、案由等基本内容。立案文书应该存卷保存。

#### 2. 工商行政执法问责的调查程序

调查程序是工商行政执法问责程序中的主旨部分,其直接涉及工商行政执法问责所依据的事实的查明,影响到工商行政执法问责案件的实体处理结果。工商行政执法问责的调查程序应该明确以下内容:

首先,有关工商行政执法问责的调查权。依照行政法的一般原理,上级行政机关对下级行政机关,行政主体对其内部的行政公务人员,具有行政法上的支配和指挥权力,下级行政机关对上级行政机关,行政公务人员对其所属的行政主体,应该负有服从配合的义务。鉴于工商行政执法问责中,问责的主体是拥有支配权的上级行政机关或者行政主体,被问责的是负有配合义

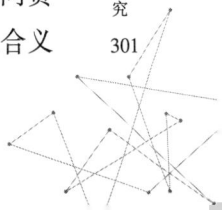

务的下级行政机关或者行政主体所属的行政公务人员,因而,工商行政执法问责中,问责主体拥有充分的调查权,被问责的对象应该负有对问责调查的配合义务。工商行政执法问责调查,由工商行政问责主体依法展开,作为被问责对象的工商行政机关或者工商行政执法人员,应该接受问责主体的调查,提交相关材料。其他涉及工商行政执法问责事由的个人或者单位,也有协助与配合调查的义务。

其次,有关工商行政执法问责的调查方式。工商行政执法问责调查可以采用谈话、询问、收集资料、实地查访、听证会、座谈会等多种灵活调查手段。其中听证会、座谈会的调查方式主要是针对涉及专业技术问题的工商行政执法问责案件,因为这类案件的事实问题往往掺杂着一些专业问题的判断,需要通过听证会、座谈会这种方式邀请相关领域的专家对有关技术问题进行质辩,以利于问责主体作出正确的判断。除了上述的公开调查方式外,必要时,工商行政执法问责主体可以采用暗访等隐蔽调查手段,收集有关案件事实材料。从行政行为的公开性原则出发,隐蔽调查只能作为一种辅助的调查手段,并且以不侵害当事人的隐私为限。

### 3. 工商行政执法问责的处理程序

在调查的基础上,工商行政执法问责主体应该根据调查的结果,对相关问责案件作出相应的处理决定。无论是对工商行政机关问责,还是对工商执法人员问责,其承担行政问责的方式,现行的法律法规有相应的规定,因此,工商行政执法问责主体只能根据相关法律的规定,对问责对象作出相应的处理。如果调查的结果显示相关事实不清,证据不足,就应该终止案件的处理,不对相关问责对象进行问责。需要注意的是,无论是作出何种处理决定,都应该按照一般的组织程序,由问责主体以公开集体讨论而后形成决议的方式进行。在问责主体讨论问责案件处理结果时,应该允许被问责对象通过口头或者书面的方式为自己进行相应的申辩。

### 4. 工商行政执法问责调查与处理的公开

鉴于社会对行政问责的高度关注,且从行政公开的原则出发,工商行政执法问责的调查与处理应该向社会充分公开。"现代行政是民主行政、法治行政,民主行政、法治行政的实质就是要公开、公正。"①工商行政执法问责的

---

① 郑传坤、青维富:《行政执法责任制理论与实践及对策研究》,中国法制出版社,2003年,第250页。

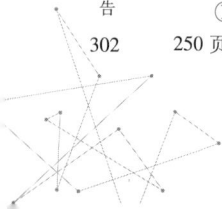

公开,既包括问责案件处理结果的公开,更包括问责过程的全方位公开,即在问责案件调查过程中,应该就调查的进程及时向媒体和社会发布。这种问责案件调查过程中的随时公开甚为重要,其充分照顾到了现代社会公民参与的行政原则。针对某些舆论高度关注的重特大问责案件,必要时应该考虑邀请人大代表、政协委员等参与案件的调查,或者邀请媒体代表旁听有关问责调查的听证会、座谈会。工商行政执法问责调查与处理的公开,既满足了公众的期望值,也使得问责制更具有公信力。

### (三) 完善工商行政执法问责的法律救济程序

没有救济程序的行政程序是不完整的行政程序。救济机制的主要作用在于保障问责的公正性。工商行政执法问责程序应该包括一整套救济机制,以确保被问责对象的程序权利和实体权利。工商行政执法问责程序中,根据被问责对象是工商行政机关或者是工商执法人员的不同,其法律救济权利有所不同。

**1. 工商行政机关作为被问责对象的法律救济**

工商行政机关被上级机关或者被所属人民政府问责时,作为被问责对象,应该具有相应的申辩权。作为被问责对象的工商行政机关,如果认为问责主体认定的事实不清或者适用的法律不当,可以就相关事实的认定提供证据,就相关法律的适用提出自己的看法。至于在作为被问责对象的工商行政机关的申辩意见得不到问责主体的认可时,作为被问责对象的工商行政机关是否可以经由一般的组织程序向更上一级机关反映,我们认为,答案是否定的。工商行政机关作为被问责对象,其法律救济权不应该包括越级向上级机关反映意见。因为问责主体和作为被问责对象的工商行政机关有着行政法上的上下级关系,作为被问责对象的工商行政机关,应该服从作为上级机关的问责主体的决定。

**2. 工商执法人员作为被问责对象的法律救济**

工商执法人员作为被问责对象时,应该依照其被问责所承担的责任形式的不同,确立相应的法律救济机制。工商行政执法问责的责任内容和形式不同,其法律救济机制的途径与方式也有所不同。如在问责过程中,问责主体依照工商行政执法责任状追究工商执法人员的行政责任,而相关的工商执法人员对此持有异议,那么应该让相关的工商执法人员与问责主体协商,协商不成,可以让仍然持有异议的工商执法人员按照《行政监察法》或者《行政复议法》的规定,向相应的上级机关提出申诉。

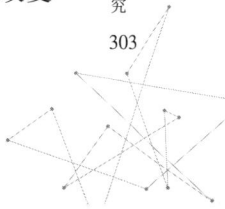

## 项目化安排 载体化推动 制度化管理
## 让志愿者成为城市的精神品牌

／王 莉／

志愿者活动是一项崇高的社会公益活动,自 1994 年以来,句容市的志愿者服务活动已经历了 19 年的风雨历程。近年来,我市志愿服务活动广泛开展,志愿服务组织在创新领导体制、构建管理网络、健全运行机制等方面进行了积极探索和实践。在各级党政领导的大力支持、各级志愿服务组织的共同努力、社会各界和广大志愿者的积极参与下,我市的志愿服务事业呈现出良好的发展态势。但是,当前在志愿服务工作取得一定成效的同时,也面临诸多发展中的问题。基于这方面的考虑,笔者开展了全市性的志愿服务状况调研。通过专题调研,以掌握句容全市志愿服务发展状况的第一手资料,为下一步打造志愿服务品牌、推进句容志愿服务事业的可持续发展提供依据,为人们展示自我价值、提升自身素质搭建更广阔的舞台。

### 一、句容市志愿服务现状

2011 年成立了句容市志愿者协会,市文明办主任担任会长。志愿者协会将全市各类志愿服务组织统筹起来,由文明办和团市委进行统一管理,并建立独立的账户。协会现有各类志愿者服务队 66 家,涵盖医疗卫生、敬老助老、抢险救灾、环保、关爱儿童等方面,总人数达 12000 人。近年来,各志愿服务组织开展了各类志愿服务活动,有些活动被各级各类媒体进行了报道,在社会上产生了广泛而良好的影响。

#### 1. 句容市志愿服务组织的分类

(1) 机关事业单位志愿服务组织。目前,已有 61 家政府部门和机关单位

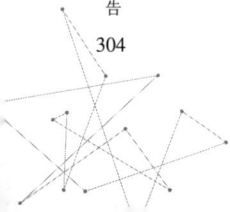

建立了专门的志愿服务组织,其中相对活跃的组织有:

| 序号 | 志愿服务组织名称 | 管理部门 |
|---|---|---|
| 1 | 青年志愿者服务队 | 团市委 |
| 2 | 巾帼志愿者服务队 | 妇联 |
| 3 | 地税志愿者服务队 | 地税局 |
| 4 | 医疗志愿者服务队 | 人民医院 |
| 5 | "五老"志愿者服务队 | 关工委 |
| 6 | 红十字志愿者服务队 | 红十字会 |
| 7 | "红马甲"志愿者服务队 | 供电公司 |
| 8 | 大学生志愿者服务队 | 农林学院 |

（2）网络志愿服务组织。主要包括句容义工团、社会儿女句容站、山水句容网、百姓互帮网、句容热线网。网络志愿服务组织的特点是:这些志愿服务组织没有官方机构支持,也没有主管单位,甚至有的都没有登记注册,但是,它们在服务经济建设、扶贫帮困、环境保护等工作中发挥着不可忽视的作用。

还有一些单位以及乡镇虽然也常组织开展一些志愿服务活动,但目前尚未建立志愿服务组织,活动开展相对零散,缺乏系统性。

**2. 志愿服务活动的分类**

（1）物质资助为主的:比较多的是捐资助学。如"爱在句容"千人包裹传递活动、"蓓蕾计划"助学活动等。有些单位长期资助贫困学生,如国税局。还有很多网友自发进行捐资助学,如山水句容网有位网友长期资助开发区某小学生直至其大学毕业;网友们还经常组织开展为大病儿童捐款活动,比如为患血液病的朱金、张堃等孩子组织的捐款活动,每次都收到所捐款物数万元;百姓互帮网实施捐资助学 A 计划,采用多对一的模式,定期捐款资助非义务教育阶段（高中）的家庭贫困学子,每学期 1200 元生活费补贴。市志愿者协会还积极调动文明单位的积极性,通过信息沟通,将文明单位纳入志愿服务的行列中来。如 2013 年 7 月《京江晚报》报道句容陈家母女无人照料,也无钱医治的事后,市志愿者协会在文明单位中进行了发动,市供电公司立即响应,组织单位职工捐款 2 万元送到母女二人手中,句容农业银行也派人买了生活必需品,镇江电视台和《京江晚报》进行了连续报道,产生了良好的社会影响;10 月,团市委一直在帮扶的天王镇残疾青年李福海因下肢瘫痪需要手术,却因家庭贫困无法筹到手术费用时,市志愿者协会、团市委、市残联等单

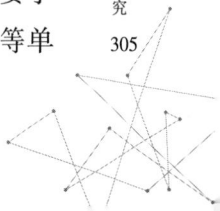

位共同筹足了手术所需费用,并安排车辆将其送到镇江市第一人民医院进行手术,出院后接回家,解决了一家人的后顾之忧。

(2)精神关爱为主的:如义工团每月组织成员赴敬老院陪伴老人,组织去特殊教育学校帮孩子清洗衣物、与孩子交流,这都已形成惯例性活动;"社会儿女"志愿者长期照顾一定数量的空巢、孤寡和失独老人;市妇联组建"爱心妈妈"队伍,组织留守儿童开展活动,团市委组织的青春呵护蒲公英——"关爱农民工子女"活动,医护工作者与网友每逢节假日都自发组织看望空巢老人活动等。

(3)爱护家园行动:网友常自发组织开展"保护母亲河"义务植树活动、"我给句容河洗洗脸"活动,市志愿者协会组建市民义务巡防团、交通协警员等,协助维护社会、交通秩序,社区义工也常常自发组织扫雪、清除"牛皮癣"等志愿服务活动。

(4)专业性较强的:主要涉及金融、税务、医院、供电、消防等部门,如地税成立的"纳税人之家",为纳税人提供政策方面的咨询和帮助,供电部门组织的169名"客户经理进社区",人民医院常年开展的义诊活动,消防大队组织的消防宣传和查找火灾隐患等活动,他们依托自身的专业技能和资源优势,有针对性地开展志愿服务活动。

(5)提供交通便利的:高考期间,通过网络发动,组织了200多辆自愿报名的出租车和私家车,系上黄丝带和"爱心送考"标贴,组成一支"爱心送考车队",成为温暖学子的一道城市风景线。

(6)义购活动:市志愿者协会策划开展的义购聋哑姑娘画作和义购白血病患者葡萄的活动,在网上引起强烈反响,广大网民热烈响应,积极参与。春城有2名白血病患者家里种植的葡萄销路不畅,很是着急,志愿者协会得知情况后,通过电视、报纸和网络媒体发出倡议,没几天爱心网友和单位就抢购了6000多斤葡萄,患者家人专程送来了"心系困难家庭显爱心,帮助重病患者展文明"的锦旗表达感谢之情。

此外,还有全市常年开展的义务献血、捐献造血干细胞等志愿服务活动。

**3. 创新志愿服务管理的实践探索**

2013年起建立了月度主题活动机制,每月一个活动主题,将全年的活动分为生态文明服务月、实用知识推广月、爱心助考助残月、公共文明引导月等不同主题,各地、各部门围绕不同主题策划开展或参与志愿服务活动。在句容电视台、《句容快报》及多个门户网站开设"志愿行动 情暖句容"专栏,每

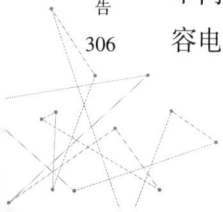

月月初发布本月主题下的主要活动和参与单位;以《句容快报》"文明在线"专版等为载体,不定时地报道各地、各单位志愿活动开展情况,宣传特色志愿服务工作;每月底推出一期《志愿者协会简报》,总结全月活动开展情况,普发至市四套班子领导和全市所有机关事业单位。在志愿服务活动开展过程中,志愿者协会充分利用网络平台,加强民众与志愿者协会之间的交流互动。开通"句容志愿者"官方微博,市各网站论坛开设"身边的感动"栏目,网友发帖参与讨论,说说身边令人感动的人和事,《谢谢你,好心人》等网帖在网友中引起广泛共鸣;开展"拍客行动",广大网民纷纷拿起手中的镜头记录身边的好人好事。

志愿者协会积极创新,探索志愿服务理念传播新途径。策划开展了"爱在句容"志愿者虚拟代言人征集活动,评选出名为"句小志"的 Q 版形象,寓意"句小志,容大爱",制作了"句小志的中国梦"漫画进行宣传,并以"句小志带你做公益"为主题,开展了"句小志走进新农村"等系列志愿服务活动,使得善良可爱的"句小志"形象逐渐深入人心,使人感念。在全市制作发放"爱心存折",记录志愿者参与志愿服务的时间,作为年底评定星级志愿者的重要依据。同时,开展首届"句容好人"、2012 年度优秀志愿者和志愿服务集体评选活动,在全市文明委全体扩大会议上表彰。一系列举措的实行大大激发了各地各单位、各志愿服务团体开展志愿活动的积极性。

## 二、当前志愿服务工作面临的主要问题

总体来说,我市的志愿服务工作由于适应城市发展进程、符合社会成员的需求而获得较快发展,呈现出了社会化参与、项目化运作、整体化推进和事业化发展的良好态势。然而,受到客观条件限制以及人们观念意识差距的影响,我们在推进志愿服务工作发展过程中仍不可避免面临一些发展中的问题,主要有以下几个方面:

### 1. 公众对志愿服务认识不够深刻,参与面不够广泛

在走访过程中了解到,很多志愿者感到"人们对志愿服务不够了解"是当前开展志愿服务面临的最主要的困难。很多人不理解,认为志愿服务是作秀,影响了人们参与志愿服务的热情和积极性。有些人认为志愿服务就是团市委的事,是团员青年的事,加上之前志愿服务主要集中在 3 月 5 日这一天,容易给公众留下"学雷锋一阵风"的印象。

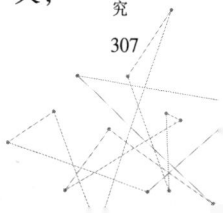

## 2. 机关事业单位的积极性不高

从已经开展的志愿服务活动来看,民间志愿服务组织相对活跃,主动策划开展活动,而且能够长期坚持。草根志愿者的自发性更强,积极性更高,活动开展的效果更好,它所蕴涵的影响力和发展趋势是异常强劲的。相对而言,按要求成立的文明单位的志愿服务组织积极性欠缺,志愿服务的理念不足,往往需要行政力量的推动去参加一些活动,缺乏主动性、创新性、坚持性,也很少有产生较大影响的活动。

## 3. 经费不足,捐款管理成问题

具体表现为:一是总量不足。虽然市委市政府和社会各界已经给予志愿服务工作大力支持,但是由于总量不足,有限的资金相对于庞大的志愿服务队伍和迅猛发展的志愿服务事业来说只是杯水车薪。二是资金筹集方式单一。目前,我们的资金来源主要靠政府财政支持和事业企业赞助,比较有限。志愿服务组织对政府依赖性过强,项目运作能力欠缺,筹集资金和财务管理的意识、能力都比较弱。三是民间组织缺乏管理捐款的资质。有些民间组织会为一些重症患者发动社会捐款,但是由于这些志愿服务组织是自发成立的,没有筹集资金的权限,也往往让公众对他们的资质和钱财的管理、支配等问题产生怀疑,让这些志愿服务组织陷入"出力不讨好"的境地。

# 三、新形势下更好地开展社会志愿服务的建议

为在全市进一步发扬"奉献、友爱、互助、进步"的志愿者精神,打造"志愿行动 情暖句容"志愿服务品牌,不断树立全市志愿者的良好形象,让志愿者成为句容的一个精神品牌,笔者提出"四个一"的建议。

## 1. 建立一个管理系统

建立全市志愿者统一注册系统,系统规范地抓好志愿者信息管理,在全市志愿者中普发"爱心存折",个人志愿服务的内容、时间等信息都将被永久保存,采用积分制管理办法,充分调动全市志愿者参与志愿服务的热情和积极性,鼓励更多人长期坚持。在有需要的情况下,该平台还可为志愿者出具与志愿服务相关的证明材料。通过系统发布需求信息,让大家有选择地去提供帮助,并公布各类志愿服务组织开展的活动情况,建立志愿服务长效管理机制和评价激励机制,让做志愿者成为一种传统、一种生活方式。

## 2. 创设一批互动平台

利用句容山水网、百姓互帮网等社会网站平台,借助微博、微信、QQ群等新兴互动平台,结合《志愿者协会简报》,多渠道、多形式地宣传志愿者工作,招募志愿者队伍,促进志愿服务项目化建设。同时创设一个志愿者相互交流的平台,激发志愿者队伍的活力,增强队伍的凝聚力。如定期开展志愿者公益沙龙等,通过这样的活动,让志愿者深入交流在帮困或帮教过程中的心得和困惑,并对今后的志愿服务活动开展提出意见和建议,加深各志愿服务组织和成员之间的相互了解,形成资源共享、优势互补、加强合作的良好局面。

## 3. 健全一套服务体系

充分发挥志愿者协会的统筹管理作用,通过争取政策、健全组织、丰富项目、完善机制等措施,统筹全市各志愿者队伍的工作资源,引导广大志愿者服务市委市政府中心工作,实现中心工作与志愿者组织的良好对接。设立学雷锋志愿服务广场,常年开展"志愿服务 情暖句容"志愿服务活动,打造志愿服务品牌。评选句容市志愿者形象大使,传递、展示"志愿句容、微笑句容、文明句容"的良好形象。策划制作志愿服务公益短片在电视台播放。评选"最美志愿者",邀请媒体记者进行深度报道。为开展志愿服务活动提供必要的经费支持,积极鼓励企事业单位、公募性基金会和公民个人对志愿服务活动进行资助,形成多渠道、社会化的筹资机制。允许在志愿者协会账户下设立各民间志愿服务组织的子账户,用于接纳社会捐款,赋予志愿者协会监督权。同时,志愿者协会给予民间志愿服务组织以必要的经费、办公场地等方面的支持,帮助其规范化运作,吸纳更多的人加入到志愿服务的队伍中来。

## 4. 树立一种价值感

走访中笔者发现,志愿者往往来得快,去得也快。一边是志愿者队伍中的新鲜血液不断加入,另一边却是一些志愿者逐渐流失。为什么志愿者的脚步"来去匆匆"?通过对这一问题的调查发现,主要原因有:首先,无法在志愿活动中找到价值感是志愿者流失的关键因素。有一半以上的人退出志愿服务,并不是因为没有时间,而是觉得在志愿服务中无法满足自己的价值感。比如,无事可做,浪费时间;招之即来,挥之即去,得不到应有的尊重;组织管理不到位,缺乏激励机制;活动没有创意等,都是导致志愿者流失的因素。其次,志愿者行为需要得到社会各界的关心、呵护。一颗珍贵的公益之心,需要以激励和回报来呵护。人们对志愿者的不理解、不支持,也会打击他们的热情和积极性。我们对志愿者的工作要进行培训、记录、评估、表扬,要让志愿

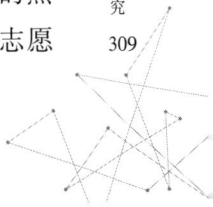

者与公益组织有共同的归属感。我们要通过"句容好人"评选、优秀志愿者评选、媒体开设《志愿者风采》专栏、请志愿者到道德讲堂宣讲等方式来增强对志愿者的社会礼遇，提升他们的价值感和认同感，从而鼓励更多的人投身社会志愿服务工作。

# 以法治思维和法治方式为导向
# 开展公安机关执法能力建设研究

## 一、法治思维和法治方式体现了公安机关执法能力建设的时代特点

（一）运用法治思维和法治方式开展执法工作是坚持在党的领导下，推动公安法治建设的本质要求。从党的执政历程来看，法治思维和法治方式更加体现了党的治国理念。我们党在长期执政过程中，始终并愈加重视法治建设。特别是党的"十八大"以来更强调"法治是治国理政的基本方式"。在这一大背景下，运用法治思维和法治方式开展执法工作，已成为公安机关上下的共同要求。而法治思维和法治方式恰恰是公安机关开展法治建设的具体体现，应当成为全体民警与党委、政府保持一致、提升执法水平、加强执法能力建设的重要内容。

（二）运用法治思维和法治方式开展执法工作是顺应经济社会发展，回应人民期盼的现实要求。随着社会主义民主法治建设的快速发展，依法治国、依法行政等理念日益深入人心，人民群众的维权意识和政治参与意识不断增强，整个社会对公权力的制约明显加大，来自社会各方面的执法监督机制日趋完善，公安机关的执法环境发生了重大变化，迫切需要通过科学的理论指导公安法治建设。法治思维从意识形态和思维方式方面为执法工作提供了全新的指导思想。因此，"严格公正规范，理性平和文明"的执法理念也必将成为公安机关运用法治思维和法治方式开展执法工作，顺应经济社会发展，回应人民群众对公平正义新要求的必然选择。

（三）运用法治思维和法治方式开展执法工作是公安机关自我加压，促进

自身进步的客观要求。法治思维和法治方式下开展公安执法工作的最重要的效用之一是促进民警执法形象的有效改善,不断和谐警民关系,以此更好地赢得群众的信任和支持。近年来,公安机关通过大力推行执法规范化建设,执法行为进一步规范,执法形象进一步改观,群众满意度有了进一步的提高。但是基于公安机关的重要职责和特殊地位,要求我们必须始终坚持改善和促进自身发展,探索法治思维和法治方式指导下执法规范化建设的新路径,以此推动公安机关在执法行为上实现"三大提升",即执法人性化程度、执法公开程度、执法公正程度的大幅提升;在执法成效上实现"三大飞跃",即执法主体能力、执法办案质量、执法公信力实现大幅飞跃。

(四)运用法治思维和法治方式开展执法工作是贯彻上级工作部署,实现赶超发展的迫切要求。近年来,公安部下发了一系列指导基层公安机关开展执法规范化建设的执法制度,进一步完善了考核机制和评价机制。各地公安机关立足于解决执法突出问题,有针对性地开展各类专项治理工作,解决了一大批人民群众最关心、最直接、最现实的问题。特别是 2013 年以来,江苏省公安厅下发一号文件对法制队伍履职能力建设提出了明确具体的要求。今年我市公安法制工作会议的总体思路中也明确"要学会运用法治思维和方式,围绕执法规范化建设的总体目标,在抓巩固、抓深化、创品牌上下真功夫、下狠功夫"。这就更加需要我们找准法制思维、方式与公安执法工作的契合点,把依法决策部署转化为行动,把宏伟蓝图转化为现实。

(五)运用法治思维和法治方式开展执法工作是维护社会稳定大局,顺应社会管理的任务要求。实现公平正义是社会稳定的根本。要真正做到人民利益至上、维护群众合法权益,将利益诉求、纠纷解决纳入法治轨道,为改革发展营造和谐稳定的社会环境,法治具有无可替代的重要作用。运用法治思维和法治方式化解矛盾、维护稳定,是公安机关在加强和创新社会管理中必须具备的首要能力,更是实现"十八大"提出的加快形成"党委领导、政府负责、社会协同、公众参与、法治保障"的社会管理体制的基础保障,强化这方面的能力建设,显得更加紧迫和必要。

## 二、法治思维和法治方式在提升公安执法能力的实践中必须坚持和把握的基本原则

运用法治思维和方式开展执法工作,是对所遇到的问题进行综合分析、

推理判断和形成决定的思想活动的过程,突出了对法治的理解和态度,需要在执法过程中把握好三大基本原则,即合法性、合理性和高效性。

（一）合法性是公安机关执法工作的根本原则。表现在执法主体的设立和执法活动要有法可依,行使执法职能必须由法律授权并依据法律规定。民警执法资格的设立及其职权的设定必须要有法律依据,执法过程也必须在法律规定的职权范围内活动,非经法律授权,不能具有并行使某项职权。根据这一原则的要求,公安部确立了执法资格等级制度,目前,我市已有4000余名民警通过初级考试,为广大民警的执法资格提供了有效保障。同时,执法的内容必须有法律依据,不得背离立法目的、法律精神及社会公共利益,执法既要保护人权,维护公民的合法权益,也要符合法定步骤、顺序,并按照各自不同的执法内容来决定所适用的程序,不能任意简化、改变、调换和省略程序。

（二）合理性是公安机关执法工作的价值追求。当前警务工作泛化,非警务活动增多,法律不可能都作出具体的规定,在许多领域只能规定基本原则、基本规则,给民警执法留有较大的自由裁量权。执法的合理性原则就要求民警在执法活动中,特别在行使自由裁量权进行执法和管理时,必须做到适当、合理、公正,即符合法律的基本精神和目的,具有客观、充分的事实根据和法律依据,与社会生活常理相一致。为此,执法的民警就要平等对待行政相对人,对于实施了同样或类似行为的行政相对人应予公平对待处理;对于法律只有原则规定或没有规定的,就应以客观、充分的事实根据为基础,依据法律的基本精神和目的,遵循与社会生活公理相一致原则,公平合理地处理。同时,执法也要符合当地的善良风俗,尽可能做到适宜、恰当。

（三）高效性是公安机关执法工作的客观需要。与国家立法机关、司法机关相比,公安机关作为最重要的行政机关之一,更强调执法效率,要求民警从保护公民权利和国家利益出发对相对人的各项请求及时作出反应,对各种事务及时通过执法作出反应。具体指在依法执法的前提下,公安机关在对社会实行组织和管理过程中,以尽可能低的成本取得尽可能大的收益,取得最大的执法效益。民警必须严格按照法定程序和法定时限执法,不能借口效率而违反法律规定,必须确立效率原则是建立在合法性基础上的基本理念。

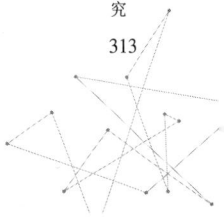

### 三、在法治思维和法治方式指引下开展公安机关执法能力建设的必由之路

首先,在法治思维和法治方式视野下公安机关应从加强依法履职能力建设入手来推动执法工作。

(一)完善制度体系,全面提升公安机关依法履职的保障能力。要进一步推动完善执法执勤标准体系,组织协调各警种部门完成执法执勤标准修订任务,着重围绕接处警、案件办理、日常勤务、管理服务等环节,进一步细化完善各警种、部门、岗位的职责任务、工作标准和行为标准。要进一步推动完善执法取证标准体系,组织协调相关警种部门制定完成适应新刑诉法和新刑事、行政案件办理程序规定要求的执法办案取证指引,细化完善常见多发性刑事、治安案件证据规格、调查取证要求和标准,为办案民警执法取证提供统一明确的取证规范。要进一步推动完善执法指导制度体系,组织协调相关警种部门针对新刑诉法实施带来的证据制度、强制措施、辩护制度、侦查措施、特别程序等重大制度变革,尽快制定内部规范性文件和执法指导意见,不断提高指导办案、服务实战的能力水平。

(二)健全工作机制,全面提升公安机关依法履职的管理能力。当前,要紧紧围绕提高公安机关整体执法规范化水平的目标,全面构建全流程监督管理、全方位服务保障的公安执法工作新格局,切实促进各项执法工作机制高效、协调运转。要进一步健全执法研判机制,完善由公安法制部门牵头的执法活动检查评估、定期研判和预警通报等工作机制,切实提升发现查纠执法问题、规范执法行为的前瞻性和预见性。要进一步健全执法协调机制,严格执行由法制部门牵头的多警种部门执法联席会议制度,强化警种条线的监督指导作用,真正形成执法监督管理合力,同时普遍建立健全公检法联席会议制度,更好地统一执法指导思想,准确把握政策法律,妥善解决执法难题。

(三)打造特色亮点,全面提升公安机关依法履职的引领能力。推进公安机关依法履职能力建设,必须始终坚持以提升公安机关执法战斗力为核心,全力打造具有公安特色的执法新亮点、新特色。要深化执法文化建设,制定出台执法文化建设指导意见,大力选树执法文化建设示范点,切实促进民警执法习惯养成,确保执法队伍素质展现新形象。要深化基层执法基础建设,积极适应修改后《刑事诉讼法》执法办案装备新要求,加大基层一线执勤执法

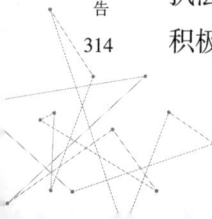

装备投入,进一步推进执法场所和办案中心建设,完善执法办案场所电子监控、同步录音录像、信息采集设备建设,完善基层所队执法执勤制度规范,全面实现基层执法装备科技化、管理使用信息化、执法办案规范化,确保执法基础工作达到新水平。

其次,在法治思维和法治方式视野下公安机关应从全面开展法制宣传教育入手来推动执法工作。

(一)从创新工作方法上寻求突破。(1)建立导向型的法治教育模式。广泛宣传各级公安机关文明执法、公正执法的正面形象,大力宣传公安民警中践行法治的优秀人物,大力宣传用法治推进科学发展、解决影响社会和谐稳定问题的典型事迹,切实在广大民警队伍中形成良好氛围,促进对法治价值的认同。(2)建立参与型的法治教育模式。多采取典型案例、视频课件等教学方式,有侧重点地组织群众参与行政复议、旁听案件审理等实践教学,提高法治教育活动的思辨性、互动性,在生动的法治实践中促使民警和群众法治意识、法律素养的提高。加强现代信息技术的运用,通过解读、访谈、调查等网上互动方式,提升广大民警运用法治思维和法治方式处理问题的前瞻性和主动性。(3)建立渗透型的法治教育模式。当前的重中之重是要结合全市公安机关开展的社区"两网警务"工作模式开展法制宣传教育,牢固树立"网上有阵地、网下聚合力"的指导思想,依托互联网属地管理工作模式,将社区网格化管理、完善警务室运用与法制宣传教育有机融合,借助信息化工作手段把"网上"与"网下"的宣传教育工作统筹兼顾发展,切实找准社区警务融入社区管理和法制宣传的切入点,着力夯实公安执法基础和群众基础。

(二)从优化工作体系上寻求突破。(1)要注重提升法治教育内容的时代性。以宣传宪法、法律和各新部门法为核心,加强对法律基本原理的学习教育,切实增强执法主体的法治意识。同时,注重推介当前法学前沿领域发展的新趋势和新成果,启迪执法主体的法治思维,培养执法主体对法律的兴趣,引导其理解和认识法治的目的和本质特征,奠定提升运用法治思维和法治方式能力的坚实基础。(2)要注重法治教育领域的广泛性。在法治教育的对象上,要切实将各级公安民警特别是基层一线的公安民警纳入其中,实现法治教育工作的全员化;在法治教育环节的设置上,将法治教育工作贯穿于公安机关领导干部依法决策、依法行政的始终,促进领导干部进行理性反思,在直接的法治体验中形成法治思维,掌握法治方式。(3)要注重强化工作机制的协同性。探索将依法决策、依法管理、依法办事等考核结果作为领导干部综合考核评价的重要内容,运用纪律和组织等手段督促领导干部"真学、善用、坚守"。同时,加强学法用法路径设计,细化各部门的法制宣传教育任务,切实为基层执法民警提供方便快捷的获取法律知识、解决实际问题的服务渠道,从而以刚性制约和柔性服务的双重机制共同促进全体民警法治能力的提升。

（三）从强化工作力量上寻求突破。各级公安机关要进一步发挥法制部门专职开展宣传教育工作的主导作用,加大队伍培训力度,进一步增强政治意识、责任意识、发展意识,不断提高政治素质、业务指导能力和组织协调能力,以队伍能力的提升推动全民普法工作的创新发展。要进一步加强普法讲师团队伍建设。不断充实普法讲师团人员力量,充分激发这支队伍的创新热情和工作活力,从而以其独特的专业优势不断提升普法工作层次,为普法工作发展增添新的活力和生机。要进一步加强公安机关法制人才库建设,充分发挥其作为领导干部参谋助手的作用,并在提供法律服务中促进领导能力的提升。要更加重视法制宣传新闻工作者队伍建设,加强公安机关宣传部门和大众媒体的联系沟通,构建符合时代要求、符合我国国情、符合法治精神的法治舆论导向。

最后,在法治思维和法治方式视野下公安机关应从树立公信权威入手来推动执法工作。

（一）创新执法服务机制,让群众在优质服务中感受公信权威。要全面推行说理执法工作,以人民群众反映强烈的执法环节为切入点,将说法晰理工作融入日常执法工作中,积极引导民警说清事理、说透法理、说通情理,努力做到"案结事了,案结人和"。要整合人民调解员、驻所调解室等社会资源,创新公开调解、查处模式,将执法办案、行政管理的过程全面展示给相关当事人,主动听取当事人意见建议,推行面对面沟通,提高执法办案与行业管理的效能。要把更多的服务项目纳入网上服务范围,完成从"信息上网"到"服务上网"的真正转变。要深化行政审批制度改革,不断加强和创新户籍、出入境、交通、消防等管理服务,积极推行直通车服务、预约服务和登门服务,方便群众办事。

（二）创新执法公开机制,让群众在阳光警务中感受公信权威。要坚持"以公开为常态、不公开为特例",按照行政处罚、行政管理、行政许可、刑事执法及其他执法依据五大类别,除涉密及敏感信息外,将所有执法依据面向全社会公开。要以电子政务的互联网站为依托,从群众普遍关心、重点关注、认

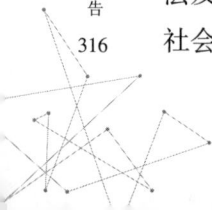

为存在"猫腻"或"暗箱操作"的执法环节入手，逐步将执法办案中的受(立)案、调查取证、强制措施采取等执法过程和行政处罚、人员处理、追赃返赃、移送起诉等执法结果，向案件当事人公开。并将群众评议穿插进查询系统的数个阶段，实现执法信息公开与接受群众监督同步推进，打造"百姓家中的公安局"。

（三）创新执法评价机制，让群众在主动参与中感受公信权威。要建立科学的评价标准体系，将群众满意度、执法办案质量、队伍违法违纪情况、工作执行力度等内容列为考核重点，合理设定分值关系，科学评价各地执法公信力建设成果，带动各级公安机关下真功夫、硬手段强力推进执法能力建设，确保工作不走过场、不流于形式。为保证各级公安机关能够不折不扣地加强执法能力建设，要积极营造"用干部看工作"的良好氛围，研究制定科学的考核标准，对民警学法、用法、执法等情况进行综合评定，评定结果与干部考核任用、评先评优等个人发展相挂钩，通过实行执法排名靠前的单位领导和民警予以优先考虑，对年度排名靠后或存在严重执法问题实行"一票否决"的用人导向，倒逼广大民警变"要我做"为"我要做"。

# 附录一

## 苏南现代化建设示范区监测评价指标体系

### （2013 年制订，试行）

| 类别 | 序号 | 指标 名 称 | | 单位 | 目标值 | 权重 |
|---|---|---|---|---|---|---|
| 经济发展 | 1 | 人均地区生产总值 | | 元 | 180000 | 4 |
| | 2 | 服务业增加值占 GDP 比重 | | % | 60 | 3 |
| | 3 | 工业全员劳动生产率 | | 万元/人 | 50 | 3 |
| | 4 | 城镇化率 | | % | 75 | 3 |
| | 5 | 信息化发展水平 | | % | 92 | 3 |
| | 6 | 现代农业发展水平 | | % | 95 | 4 |
| | 7 | 研发经费支出占 GDP 比重 | | % | 3 | 3 |
| | 8 | 高新技术产业产值占规模以上工业产值比重 | | % | 50 | 2 |
| | 9 | 自主品牌企业增加值占 GDP 比重 | | % | 15 | 2 |
| | 10 | 万人发明专利拥有量 | | 件 | 13 | 2 |
| 人民生活 | 11 | 居民收入水平 | 城镇居民人均可支配收入 | 元 | 75000 | 6 |
| | | | 农村居民人均纯收入 | 元 | 38000 | |
| | | | 城乡居民收入达标人口比例 | % | >50 | |
| | 12 | 居民住房水平 | 城镇家庭住房成套比例 | % | 95 | 3 |
| | | | 农村家庭住房成套比例 | % | 90 | |
| | 13 | 居民健康水平 | 人均预期寿命 | 岁 | 80 | 4 |
| | | | 每千人拥有医生数 | 人 | 2.3 | |
| | | | 居民体质合格率 | % | 93 | |
| | 14 | 公共交通服务水平 | 城市居民公共交通出行分担率 | % | 28 | 3 |
| | | | 镇村公共交通开通率 | % | 100 | |
| 社会发展 | 15 | 现代教育发展水平 | | % | 92 | 5 |
| | 16 | 人力资源水平 | 每万劳动力中研发人员数 | 人年 | 120 | 4 |
| | | | 每万劳动力中高技能人才数 | 人 | 650 | |

| 类别 | 序号 | 指标名称 | | 单位 | 目标值 | 权重 |
|---|---|---|---|---|---|---|
| 社会发展 | 17 | 基本社会保障 | 城乡基本养老保险覆盖率 | % | 98 | 5 |
| | | | 城乡基本医疗保险覆盖率 | % | 98 | |
| | | | 失业保险覆盖率 | % | 98 | |
| | | | 城镇住房保障体系健全率 | % | 99 | |
| | | | 每千名老人拥有养老床位数 | 张 | 40 | |
| | 18 | 基尼系数 | | – | <0.4 | 2 |
| | 19 | 和谐社区建设水平 | 城市和谐社区建设达标率 | % | 98 | 3 |
| | | | 农村和谐社区建设达标率 | % | 96 | |
| | 20 | 文化产业增加值占 GDP 比重 | | % | 6 | 2 |
| | 21 | 人均拥有公共文化体育设施面积 | | 平方米 | 3 | 2 |
| | 22 | 居民文明素质水平 | 居民科学素质达标率 | % | 12 | 4 |
| | | | 居民综合阅读率 | % | 90 | |
| | | | 注册志愿者人数占城镇人口比例 | % | 15 | |
| 民主法治 | 23 | 党风廉政建设满意度 | | % | 80 | 3 |
| | 24 | 法治建设满意度 | | % | 90 | 3 |
| | 25 | 公众安全感 | | % | 90 | 3 |
| 生态环境 | 26 | 单位 GDP 能耗 | | 吨标煤/万元 | <0.45 | 4 |
| | 27 | 单位 GDP 二氧化碳排放强度 | | 吨/万元 | <1.15 | 2 |
| | 28 | 主要污染物排放强度 | 单位 GDP 化学需氧量排放强度 | 千克/万元 | <2.0 | 4 |
| | | | 单位 GDP 二氧化硫排放强度 | 千克/万元 | <1.2 | |
| | | | 单位 GDP 氨氮排放强度 | 千克/万元 | <0.2 | |
| | | | 单位 GDP 氮氧化物排放强度 | 千克/万元 | <1.5 | |
| | 29 | 环境质量 | 空气质量达到二级标准的天数比例 | % | 90 | 6 |
| | | | 地表水好于Ⅲ类水质的比例 | % | 80 | |
| | | | 生活垃圾无害化处理率 | % | 98 | |
| | | | 城镇污水达标处理率 | % | 95 | |
| | | | 康居乡村建设达标率 | % | 90 | |
| | | | 村庄环境整治达标率 | % | 99 | |
| | 30 | 绿化水平 | 林木覆盖率 | % | 25 | 3 |
| | | | 城镇绿化覆盖率 | % | 40 | |
| 评判指标 | | 人民群众对基本现代化建设成果满意度 | | % | 70 | |

注：（1）人均地区生产总值目标值为 2010 年不变价；
（2）涉及人均的指标，按常住人口计算。

# 附录二

## 江苏全面建成小康社会指标体系

### （2013 年修订，试行）

| 类别 | 序号 | 指标 名 称 | | 单位 | 目标值 | 权重 | 资料来源 |
|---|---|---|---|---|---|---|---|
| 经济发展 | 1 | 人均地区生产总值 | | 元 | 90000 | 6 | 省统计局 |
| | 2 | 二、三产业增加值占 GDP 比重 | | % | 92 | 3 | 省统计局 |
| | 3 | 城镇化率 | | % | 65 | 3 | 省统计局 |
| | 4 | 信息化发展水平 | | % | 80 | 5 | 省经信委 |
| | 5 | 现代农业发展水平 | | % | 85 | 5 | 省统计局 |
| | 6 | 研发经费支出占 GDP 比重 | | % | 2.5 | 4 | 省统计局 省科技厅 |
| 人民生活 | 7 | 居民 收入水平 | 城镇居民人均可支配收入 | 元 | 46000 | 8 | 江苏调查总队 省统计局 |
| | | | 农村居民人均纯收入 | 元 | 20000 | | |
| | | | 城乡居民收入达标人口比例 | % | >50 | | |
| | 8 | 居民 住房水平 | 城镇家庭住房成套比例 | % | 90 | 4 | 省住建厅 |
| | | | 农村家庭住房成套比例 | % | 80 | | |
| | 9 | 公共交通 服务水平 | 城市万人公交车拥有量 | 标台 | 15 | 4 | 省交通厅 |
| | | | 行政村客运班线通达率 | % | 100 | | |
| | 10 | 城镇登记失业率 | | % | <4 | 3 | 省人社厅 |
| | 11 | 恩格尔系数 | | % | <40 | 3 | 江苏调查总队 省统计局 |
| 社会发展 | 12 | 现代教育发展水平 | | % | 85 | 5 | 省教育厅 |
| | 13 | 基本 社会保障 | 城乡基本养老保险覆盖率 | % | 97 | 8 | 省人社厅 |
| | | | 城乡基本医疗保险覆盖率 | % | 97 | | 省人社厅 省卫生厅 |
| | | | 失业保险覆盖率 | % | 97 | | 省人社厅 |
| | | | 城镇住房保障体系健全率 | % | 90 | | 省住建厅 |
| | | | 每千名老人拥有养老床位数 | 张 | 32 | | 省民政厅 |
| | 14 | 文化产业增加值占 GDP 比重 | | % | 5 | 3 | 省统计局 |
| | 15 | 人均拥有公共文化体育设施面积 | | 平方米 | 2.3 | 3 | 省文化厅 省体育局 |
| | 16 | 每千人拥有医生数 | | 人 | 2 | 3 | 省卫生厅 省统计局 |

| 类别 | 序号 | 指标名称 | | 单位 | 目标值 | 权重 | 资料来源 |
|---|---|---|---|---|---|---|---|
| 民主法治 | 17 | 党风廉政建设满意度 | | % | 80 | 4 | 省纪委 |
| | 18 | 法治和平安建设水平 | 法治建设满意度 | % | 80 | 4 | 省委政法委 |
| | | | 公众安全感 | % | 90 | | |
| | 19 | 城乡居民依法自治 | 城镇居委会依法自治达标率 | % | 92 | 4 | 省民政厅 |
| | | | 农村村委会依法自治达标率 | % | 97 | | |
| 生态环境 | 20 | 单位 GDP 能耗 | | 吨标煤/万元 | <0.62 | 5 | 省统计局 |
| | 21 | 环境质量 | 空气质量达到二级标准的天数比例 | % | 60 | 8 | 省环保厅 |
| | | | 地表水好于Ⅲ类水质的比例 | % | 60 | | 省环保厅 |
| | | | 城镇污水达标处理率 | % | 90 | | 省住建厅 |
| | | | 村庄环境整治达标率 | % | 95 | | 省住建厅 |
| | 22 | 绿化水平 | 林木覆盖率 | % | 22 | 5 | 省林业局 |
| | | | 城镇绿化覆盖率 | % | 38 | | 省住建厅 |
| 评判指标 | | 人民群众对全面建成小康社会成果满意度 | | % | 70 | | 省统计局 |

注：(1) 人均地区生产总值目标值,为 2010 年不变价;(2) 涉及人均的指标,按常住人口计算;(3) 城镇化率,县级目标值为 55%;(3) 研发经费支出占 GDP 比重,县级目标值为 1.5%;(4) 文化产业增加值占 GDP 比重,县级目标值为 3%。

# 附录三

## 江苏基本实现现代化指标体系

### （2013 年修订，试行）

| 类别 | 序号 | 指标名称 | | 单位 | 目标值 | 权重 | 资料来源 |
|---|---|---|---|---|---|---|---|
| 经济发展 | 1 | 人均地区生产总值 | | 元 | 130000 | 4 | 省统计局 |
| | 2 | 服务业增加值占 GDP 比重 | | % | 60 | 3 | 省统计局 |
| | 3 | 工业全员劳动生产率 | | 万元/人 | 45 | 3 | 省经信委 |
| | 4 | 城镇化率 | | % | 70 | 3 | 省统计局 |
| | 5 | 信息化发展水平 | | % | 90 | 3 | 省经信委 |
| | 6 | 现代农业发展水平 | | % | 90 | 4 | 省统计局 |
| | 7 | 研发经费支出占 GDP 比重 | | % | 2.8 | 3 | 省统计局 省科技厅 |
| | 8 | 高新技术产业产值占规模以上工业产值比重 | | % | 45 | 2 | 省统计局 省科技厅 |
| | 9 | 自主品牌企业增加值占 GDP 比重 | | % | 15 | 2 | 省统计局 省工商局 |
| | 10 | 万人发明专利拥有量 | | 件 | 12 | 2 | 省科技厅 省知识产权局 |
| 人民生活 | 11 | 居民收入水平 | 城镇居民人均可支配收入 | 元 | 70000 | 6 | 江苏调查总队 省统计局 |
| | | | 农村居民人均纯收入 | 元 | 32000 | | |
| | | | 城乡居民收入达标人口比例 | % | >50 | | |
| | 12 | 居民住房水平 | 城镇家庭住房成套比例 | % | 95 | 3 | 省住建厅 |
| | | | 农村家庭住房成套比例 | % | 85 | | |
| | 13 | 居民健康水平 | 人均预期寿命 | 岁 | 78 | 4 | 省统计局 |
| | | | 每千人拥有医生数 | 人 | 2.3 | | 省卫生厅 |
| | | | 居民体质合格率 | % | 93 | | 省体育局 |
| | 14 | 公共交通服务水平 | 城市居民公共交通出行分担率 | % | 26 | 3 | 省交通厅 |
| | | | 镇村公共交通开通率 | % | 100 | | |

| 类别 | 序号 | 指标名称 | | 单位 | 目标值 | 权重 | 资料来源 |
|---|---|---|---|---|---|---|---|
| 社会发展 | 15 | 现代教育发展水平 | | % | 90 | 5 | 省教育厅 |
| | 16 | 人力资源水平 | 每万劳动力中研发人员数 | 人年 | 100 | 4 | 省统计局 省科技厅 |
| | | | 每万劳动力中高技能人才数 | 人 | 600 | | 省人社厅 |
| | 17 | 基本社会保障 | 城乡基本养老保险覆盖率 | % | 98 | 5 | 省人社厅 |
| | | | 城乡基本医疗保险覆盖率 | % | 98 | | 省人社厅 省卫生厅 |
| | | | 失业保险覆盖率 | % | 98 | | 省人社厅 |
| | | | 城镇住房保障体系健全率 | % | 99 | | 省住建厅 |
| | | | 每千名老人拥有养老床位数 | 张 | 40 | | 省民政厅 |
| | 18 | 基尼系数 | | – | <0.4 | 2 | 江苏调查总队 省统计局 |
| | 19 | 和谐社区建设水平 | 城市和谐社区建设达标率 | % | 98 | 3 | 省民政厅 |
| | | | 农村和谐社区建设达标率 | % | 95 | | |
| | 20 | 文化产业增加值占GDP比重 | | % | 6 | 2 | 省统计局 |
| | 21 | 人均拥有公共文化体育设施面积 | | 平方米 | 2.8 | 2 | 省文化厅 省体育局 |
| | 22 | 居民文明素质水平 | 居民科学素质达标率 | % | 10 | 4 | 省科协 |
| | | | 居民综合阅读率 | % | 90 | | 省委宣传部 |
| | | | 注册志愿者人数占城镇人口比例 | % | 15 | | |
| 民主法治 | 23 | 党风廉政建设满意度 | | % | 80 | 3 | 省纪委 |
| | 24 | 法治建设满意度 | | % | 90 | 3 | 省委政法委 |
| | 25 | 公众安全感 | | % | 90 | 3 | 省委政法委 |
| 生态环境 | 26 | 单位GDP能耗 | | 吨标煤/万元 | <0.5 | 4 | 省统计局 |
| | 27 | 单位GDP二氧化碳排放强度 | | 吨/万元 | <1.15 | 2 | 省发改委 |

| 类别 | 序号 | 指标名称 | | 单位 | 目标值 | 权重 | 资料来源 |
|---|---|---|---|---|---|---|---|
| 生态环境 | 28 | 主要污染物排放强度 | 单位 GDP 化学需氧量排放强度 | 千克/万元 | <2.0 | 4 | 省环保厅 |
| | | | 单位 GDP 二氧化硫排放强度 | 千克/万元 | <1.2 | | |
| | | | 单位 GDP 氨氮排放强度 | 千克/万元 | <0.2 | | |
| | | | 单位 GDP 氮氧化物排放强度 | 千克/万元 | <1.5 | | |
| | 29 | 环境质量 | 空气质量达到二级标准的天数比例 | % | 80 | 6 | 省环保厅 |
| | | | 地表水好于Ⅲ类水质的比例 | % | 70 | | 省环保厅 |
| | | | 生活垃圾无害化处理率 | % | 95 | | 省住建厅 |
| | | | 城镇污水达标处理率 | % | 95 | | 省住建厅 |
| | | | 康居乡村建设达标率 | % | 90 | | 省住建厅 |
| | | | 村庄环境整治达标率 | % | 99 | | 省住建厅 |
| | 30 | 绿化水平 | 林木覆盖率 | % | 24 | 3 | 省林业局 |
| | | | 城镇绿化覆盖率 | % | 40 | | 省住建厅 |
| 评判指标 | | 人民群众对基本现代化建设成果满意度 | | % | 70 | | 省统计局 |

注:(1)人均地区生产总值目标值为 2010 年不变价;(2)涉及人均的指标,按常住人口计算。

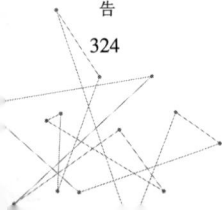

## 附录四

# 镇江市基本实现现代化目标分解表

| 类别 | 序号 | 指标名称 | 单位 | 目标值 江苏 | 目标值 国家 | 2012年实绩 | 目标分解 2013年 | 目标分解 2015年 | 目标分解 2020年 |
|---|---|---|---|---|---|---|---|---|---|
| 经济发展 | 1 | 人均地区生产总值 | 元 | 130000 | 180000 | 80073 | 89500 | 115000 | >180000 |
| | 2 | 服务业增加值占GDP比重 | % | 60 | 60 | 42.3 | >43 | 48 | 60 |
| | | ▲2-1 现代服务业集聚区营业收入占服务业营业收入比重 | % | | | | | 60 | |
| | | ▲2-2 旅游总收入 | 亿元 | | | 452.9 | 630 | 700 | |
| | | ▲2-3 生产性服务业增加值占服务业增加值比重 | % | | | 40.3 | 40.5 | 41 | |
| | 3 | 工业全员劳动生产率 | 万元/人 | 45 | 50 | 27.52 | 30 | 35 | 50 |
| | 4 | 城镇化率 | % | 70 | 75 | 64.2 | 65 | 67 | >70.0 |
| | 5 | 信息化发展水平 | % | 90 | 92 | 83 | 85 | 88 | 92 |
| | 6 | 现代农业发展水平 | % | 90 | 95 | 77.7 | 81 | 90 | 95 |
| | | ▲6-1 现代农业产业园区产值占农林牧渔业产值比重 | % | | | | | 50 | |
| | 7 | 研发经费支出占GDP比重 | % | 2.8 | 3 | 2.31 | 2.45 | 2.65 | 3 |
| | | 7-1 科技进步贡献率 | % | 65 | 65 | 57.1 | 58.5 | 61 | 65 |
| | 8 | 高新技术产业产值占规模以上工业产值比重 | % | 45 | 50 | 45.7 | 46 | 50 | 55 |
| | | ▲8-1 战略性新兴产业销售收入占规模以上工业销售收入比重 | % | | | 37.9 | 42 | 50 | |
| | | ▲8-2 先进制造业特色园区销售收入占规模以上制造业销售收入比重 | % | | | | | 70 | |
| | | ▲8-3 规模以上工业增加值率 | % | | | 23.3 | 24 | 26 | |
| | 9 | 自主品牌企业增加值占GDP比重 | % | 15 | 16 | 12 | 12.5 | 13.5 | >15 |
| | 10 | 万人发明专利拥有量 | 件 | 12 | 13 | 7.27 | 9 | 12 | 20 |

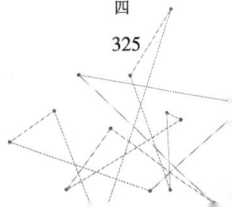

| 类别 | 序号 | 指标名称 | | 单位 | 目标值 | | 2012 年实绩 | 目标分解 | | |
|---|---|---|---|---|---|---|---|---|---|---|
| | | | | | 江苏 | 国家 | | 2013 年 | 2015 年 | 2020 年 |
| 人民生活 | 11 | 居民收入水平 | 城镇居民人均可支配收入 | 元 | 70000 | 75000 | 30045 | 33350 | 43000 | 70000 |
| | | | 农村居民人均纯收入 | 元 | 32000 | 38000 | 14518 | 16250 | >21000 | 35000 |
| | | | 城乡居民收入达标人口比例 | % | 50 | 50 | | | | >50 |
| | 12 | 居民居住水平 | 城镇家庭住房成套比例 | % | 95 | 95 | 92.33 | 92.8 | 95 | 95 |
| | | | 农村家庭住房成套比例 | % | 85 | 90 | 69.01 | 72 | 80 | 90 |
| | 13 | 居民健康水平 | 人均预期寿命 | 岁 | 78 | 80 | 77.23 | 77.4 | 78 | 80 |
| | | | 每千人拥有医生数 | 人 | 2.3 | 2.3 | 2.18 | 2.24 | 2.33 | 2.45 |
| | | | 居民体质合格率 | % | 93 | 93 | 92 | 92.5 | 93 | 94 |
| | 14 | 公共交通服务水平 | 城市居民公共交通出行分担率 | % | 26 | 28 | 20.3 | 22 | 26 | 28 |
| | | | 镇村公共交通开通率 | % | 100 | 100 | 69.4 | 100 | 100 | 100 |
| 社会发展 | 15 | 现代教育发展水平 | | % | 90 | 92 | | 70 | 85 | 92 |
| | 16 | 人力资源水平 | 每万劳动力中研发人员数 | 人年 | 100 | 120 | 98.3 | 102 | 115 | 150 |
| | | | 每万劳动力中高技能人员数 | 人 | 600 | 650 | 510.72 | 560 | 610 | 650 |
| | | | ▲16-1 新增国家"千人计划" | 人 | | | 18 | 20 | 25 | |
| | | | ▲16-2 新增省"双创计划" | 人 | | | 45 | 50 | 50 | |
| | 17 | 基尼系数 | | | <0.4 | <0.4 | 0.31 | <0.4 | <0.4 | <0.4 |

| 类别 | 序号 | 指标名称 | | 单位 | 目标值 | | 2012年实绩 | 目标分解 | | |
|---|---|---|---|---|---|---|---|---|---|---|
| | | | | | 江苏 | 国家 | | 2013年 | 2015年 | 2020年 |
| 社会发展 | 18 | 基本社会保障 | 城乡基本养老保险覆盖率 | % | 98 | 98 | 97.3 | 97.5 | 98 | 98 |
| | | | 城乡基本医疗保险覆盖率 | % | 98 | 98 | 97.4 | 97.5 | 98 | 98 |
| | | | 失业保险覆盖率 | % | 98 | 98 | 97.7 | 97.8 | 98 | 98 |
| | | | 城镇住房保障体系健全率 | % | 99 | 99 | | | 99 | 99 |
| | | | 每千名老人拥有养老床位数 | 张 | 40 | 40 | 32.2 | 33 | 35 | 40 |
| | 19 | 和谐社区建设水平 | 城市和谐社区建设达标率 | % | 98 | 98 | 68.5 | 83 | 98 | 100 |
| | | | 农村和谐社区建设达标率 | % | 95 | 96 | 63.7 | 83 | 96 | 100 |
| | | | 19-1 每万人社会组织数 | 个 | | 8.8 | 7.42 | 7.84 | 8 | 8.8 |
| | 20 | 文化产业增加值占GDP比重 | | % | 6 | 6 | 4.95 | 5.1 | 5.6 | 7 |
| | 21 | 人均拥有公共文化体育设施面积 | | 平方米 | 2.8 | 3 | 2.67 | 2.8 | 2.8 | 3 |
| | 22 | 居民文明素质水平 | 居民科学素质达标率 | % | 10 | 12 | | 5 | 7.2 | 12 |
| | | | 居民综合阅读率 | % | 90 | 90 | | 75 | 85 | 90 |
| | | | 注册志愿者人数占城镇人口比例 | % | 15 | 15 | 11.6 | 12.1 | 14 | >15.0 |
| 民主法治 | 23 | 党风廉政建设满意度 | | % | 80 | 80 | 78.94 | >78 | 80 | 80 |
| | 24 | 法治建设满意度 | | % | 90 | 90 | 84.71 | 86 | 88 | 90 |
| | 25 | 公众安全感 | | % | 90 | 90 | 93.9 | 94 | 94.5 | 95 |

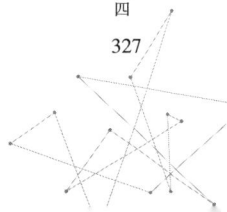

| 类别 | 序号 | 指标名称 | | 单位 | 目标值 | | 2012年实绩 | 目标分解 | | |
|---|---|---|---|---|---|---|---|---|---|---|
| | | | | | 江苏 | 国家 | | 2013年 | 2015年 | 2020年 |
| 生态环境 | 26 | 单位GDP能耗 | | 吨标煤/万元 | < 0.5 | < 0.45 | 0.636 | 0.61 | 0.56 | 0.45 |
| | 27 | 单位GDP二氧化碳排放强度 | | 吨/万元 | < 1.15 | < 1.15 | | | | |
| | 28 | 主要污染物排放强度 | 单位GDP化学需氧量排放强度 | 千克/万元 | < 2.0 | < 2.0 | 1.72 | 1.56 | 1.26 | 0.53 |
| | | | 单位GDP二氧化硫排放强度 | 千克/万元 | < 1.2 | < 1.2 | 2.9 | 2.64 | 2.19 | < 1.2 |
| | | | 单位GDP氨氮排放强度 | 千克/万元 | < 0.2 | < 0.2 | 0.21 | 0.19 | 0.16 | 0.06 |
| | | | 单位GDP氮氧化物排放强度 | 千克/万元 | < 1.5 | < 1.5 | 3.71 | 3.04 | 2.29 | 1.35 |
| | 29 | 环境质量 | 空气质量达到二级标准的天数比例 | % | 80 | 90 | 92.4 | 50.6 | 55 | 80 |
| | | | 地表水好于Ⅲ类水质的比例 | % | 70 | 80 | 75 | 51.5 | 60 | 70 |
| | | | 生活垃圾无害化处理率 | % | 95 | 98 | 100 | 100 | 100 | 100 |
| | | | 城镇污水达标处理率 | % | 95 | 95 | 80 | 82.5 | 85 | 95 |
| | | | 康居乡村建设达标率 | % | 90 | 90 | 72 | 80 | 85 | 90 |
| | | | 村庄环境整治达标率 | % | 99 | 99 | 45 | 100 | 100 | 100 |
| | 30 | 绿化水平 | 林木覆盖率 | % | 24 | 25 | 25.88 | 26 | 26.6 | 27 |
| | | | 城镇绿化覆盖率 | % | 40 | 40 | 34.7 | 34.8 | 37 | 40 |
| 评判指标 | | 人民群众对基本现代化建设成果满意度 | | % | 70 | | 70 | | | |

注:带"▲"为增加特色指标。

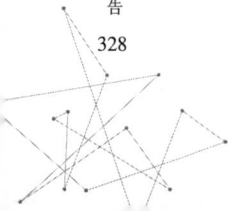

# 后 记

现代化是中华民族的百年梦想,苏南现代化更是令人憧憬、充满向往。江苏在中国特色社会主义现代化建设道路上已经迈出了坚实步伐,打下了坚实基础,苏南现代化正迎面向我们走来。

今年5月,国务院批准实施《苏南现代化建设示范区规划》重大国家战略,江苏省委、省政府及时出台了关于贯彻落实《苏南现代化建设示范区规划》的实施意见,要求把苏南的苏州、无锡、常州、镇江、南京等五市,建成自主创新的先导区、现代产业集聚区、城乡发展一体化先行区、开放合作引领区、富裕文明宜居区,到2020年把苏南建成全国现代化建设示范区,到2030年要全面实现区域现代化,经济和社会事业发展达到主要发达国家水平。

中共镇江市委、市政府认真贯彻落实党的"十八大"以及十八届三中全会精神,抢抓苏南现代化示范区建设的重大战略机遇,以邓小平理论、"三个代表"重要思想、科学发展观为指导,科学研判,果断决策,迅速行动。把苏南现代化示范区建设放在转型发展新阶段来谋划,放在"两个率先"新进程来考量,放在实现"两个百年"目标来定位,放在实现中华民族伟大复兴的"中国梦"来奋斗,迅速出台了《镇江市苏南现代化示范区建设行动纲要》,全力推进经济现代化、城乡现代化、社会现代化、生态文明和政治文明建设,努力把镇江建设成繁荣和谐、特色鲜明、业态领先、品质高雅、令人向往的现代化山水花园城市。

苏南现代化示范区建设是一项全新的事业,没有多少现成的经验供参考和模仿,必须集中每个人的智慧和力量,必须调动每个人的积极性和创造性,同心同德,齐心协力,共图大业。机遇难得,责任重大,使命光荣,时不我待。对镇江而言,现代化示范区建设,既是机遇,也是挑战。与苏南其他城市相比,我们有基础、有优势,也有差距、有困难。市委、市政府作出"发力起跑线,聚焦特色化"的总体要求,希望全市上下进一步解放思想,坚定信心,改革创新,科学规划,分步实施,强势推进。

杨省世书记在市委六届六次全会上强调,"苏南五市同建现代化示范区,是对各级干部智慧、能力、作风的考验",要"积极探索具有镇江特色的现代化建设之路"。镇江市社科联积极响应市委号召,要求全市社科理论界增强机遇意识、争先意识、责任意识,立即行动起来,充分发挥智力优势和"思想库"、

"智囊团"作用,立足本职岗位,比作为争贡献,加强对现代化示范区建设路径、方法、举措以及可能出现的新情况、新问题进行前瞻性研究,为苏南现代化示范区建设献计献策。同时,镇江市社科联组织多种形式的座谈会、学术研讨会、报告会、交流会,认真研究苏南现代化示范区建设的指导思想、奋斗目标、重点任务、保障举措,联系镇江发展实际,有重点地选择一批与镇江苏南现代化示范区建设相关的重大课题,向全市社科理论界发布,组织开展应用性课题研究与攻关。社科理论界围绕研究课题,理论联系实际,深入基层、深入实践,开展调查研究,努力探索镇江特色的现代化示范区建设之路,取得了一批又一批的研究成果,一些重要研究成果已经引起决策层的高度重视,为市委、市政府及相关部门科学决策提供重要参考。

为进一步调动社科理论界应用性研究的积极性,更好地宣传、展示、应用已有的研究成果,同时,鼓励更多的社科理论界的专家学者参与到镇江的现代化示范区建设中来,开展应用性课题研究,为镇江的现代化示范区建设做贡献,共同谱写"中国梦"的镇江新篇章,镇江市社科联决定将2013年组织的部分社科理论界的相关研究成果整理编辑出版。这是社科研究成果应用和转化的一种有效创新,有利于发挥社科界思想库和智囊团的职能和作用。

本书收录了镇江市社科联2013年度部分重点应用课题、一般应用课题研究成果,市委社科专家调研座谈会部分专家的研讨成果,部分省、市与辖市(区)协同应用研究课题成果,有关学会研究成果等五方面的优秀论文,共计44篇。全书共分为现代化示范区建设综合研究、创新型经济研究、农业现代化研究、新兴服务业发展研究、城乡建设与生态文明研究、社会事业与社会管理研究等六个专题,涵盖面较广,是对镇江哲学社会科学研究力量和研究水平的一次集中展示和检阅。

本书由江苏大学教师教育学院院长李晓波教授负责主审,京口区教育局教研室高级教师姜琴芳同志参与审稿。市社科联唐明觉、邵利明、薛玉刚、潘晓丽、房利华、刘小玲、汪建莉、徐晓丽等同志参与编辑,并承担了部分文稿征集、筛选、相关资料整理等工作。柴樵先生提供了封面图片,江苏大学出版社给予了出版协助,在此一并表示感谢。

由于经验不足、水平有限、时间仓促,编辑出版过程中的不足之处,敬请读者批评指正。

中共镇江市委宣传部　镇江市社科联

2013 年 12 月 8 日

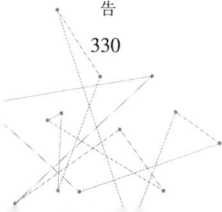